फाइटर की डायरी

[डेमोक्रेसी का दस्तावेज]

फाइटर की डायरी

डेमोक्रेसी का दस्तावेज

मैत्रेयी पुष्पा

राजकमल प्रकाशन
नयी दिल्ली पटना इलाहाबाद

ISBN : 978-81-267-2286-0

मूल्य : ₹ 350

पहला राजकमल संस्करण : 2012

प्रकाशक : राजकमल प्रकाशन प्रा.लि.
1-बी, नेताजी सुभाष मार्ग
नई दिल्ली-110 002

शाखाएँ : अशोक राजपथ, साइंस कॉलेज के सामने, पटना-800 006
पहली मंज़िल, दरबारी बिल्डिंग, महात्मा गांधी मार्ग, इलाहाबाद-211 001

वेबसाइट : www.rajkamalprakashan.com
ई-मेल : info@rajkamalprakashan.com

आवरण : महेश्वर

मुद्रक : बी.के. ऑफसेट
नवीन शाहदरा, दिल्ली-110 032

FIGHTER KI DIARY
by Maitrai Pushpa

नई पीढ़ी की
बहादुर लड़कियों के नाम

लिखने से पहले

वह जून की गर्म दोपहर थी। तारीख 24.6.08। मुझे हरियाणा पुलिस एकेडमी के ए.डी.जी. साहब ने मधुबन करनाल बुलाया था। जूडिशियरी के लिए चुने गए जज यहाँ ट्रेनिंग के लिए आए थे। उनके सामने मुझे 'स्त्री की न्यायालयों तक पहुँच' पर बोलना था और यह शीर्षक मुझे खुद ही बना लेने की छूट मिली थी। वह सत्र अच्छी तरह निपट गया और मैं वापिस दिल्ली (नोएडा) जाने के लिए तैयार हो गई।

ए.डी.जी. श्री विकास नारायण राय को देखकर मुझे लगा, उन्होंने मेरे जाने का इन्तजाम किया नहीं, हो सकता है इतनी व्यस्तता में भूल गए हों। जब मैंने याद दिलाया तो मुझे इल्म हुआ कि वे भूले नहीं हैं क्योंकि उन्होंने मेरे सामने एक प्रस्तांव और रख दिया—हमारी महिला रैक्रूट्स एक हॉल में आकर बैठी हुई हैं, आप उनको भी सम्बोधित करें। मैं थक चुकी थी। मुझे यह प्रस्ताव रुचा नहीं, लेकिन बात स्त्रियों/लड़कियों की थी, मना करने की दिल ने गवाही नहीं दी। खाना खाने के बाद तीन बजे हमने उस हाल की ओर रुख किया, जहाँ महिला कांस्टेबिल थीं।

हॉल में घुसते ही दिखा, सफेद सलवार, कमीज और दुपट्टे के लिबास में बैठी सैकड़ों लड़कियाँ और गर्मी का अपना तीखा तेवर। कुर्सियों पर हम बैठे और लड़कियाँ फर्श पर थीं। परिचय दिया गया मेरा, लेखिका के रूप में। मैं समझ रही थी ये लड़कियाँ लेखक/लेखिकाओं के विषय में क्या जानती होंगी? इनको रचना और रचनाकार से क्या मतलब? साथ ही यह भी समस्या कि मैं इनके सामने किस मुद्दे पर बोलूँगी? ये तो अभी ट्रेनिंग में आई हैं। पुलिस थाने जितने एक साधारण औरत से दूर हैं, उतने ही इनसे भी दूर हैं। अब ऐसा क्या कहूँ जिससे इन लड़कियों के सिपाही बनने की जरूरत को रेखांकित किया जाए। उस जरूरत को, जो वाकई आधी दुनिया

की जरूरत है। मुझे गम्भीर और सारगर्भित भाषण देना था, लेकिन मैं अनायास ही उस इतिहास में जा पहुँची, जो मेरे लड़कपन का था। एक भावात्मक ज्वार जो स्मृतियों के रास्ते पूरे वेग से चला आया इन्हें देखकर।

'मुझे याद आ रहा है वह मंजर, जहाँ मैं नवविकसित बदन की किशोरी थी। पढ़ने स्कूल जाती थी। गाँव से छह मील दूर था विद्यालय। बस में जाया करती। बसें प्राइवेट ही चलती थीं। ड्राइवर-कंडक्टर मुझे पहचान गए थे, क्योंकि मैं गाँव से पढ़ने जानेवाली अकेली लड़की थी। आने-जाने के दौरान मेरे साथ एक बार नहीं, अनेकों बार ड्राइवर-कंडक्टरों ने बदसलूकी की। वे इतनी पीड़ा देते, वे इतनी छेड़छाड़ करते कि मैं रोने लगती। बस थाने के सामने होकर निकलती थी, मैं बड़ी हसरत से थाने में उपस्थित सिपाहियों को देखती, लेकिन उनसे डर जाती। वे शिकायत करनेवाली औरतों को अकसर रात तक थाने में बिठाए रखते। मैंने कुछ कहा तो मुझे भी बिठा लेंगे, मुझे लेने भी कौन आएगा, मेरे न पिता हैं, न भाई। थाना डराता था, बसवाला तड़पाता था। ऐसे पूरी कर रही थी मैं अपनी पढ़ाई।'

मैंने सिपाही लड़कियों की ओर इशारा किया–'काश, तुम होतीं उस थाने में तो मैं भागकर आती और तुमसे लिपटकर रो पड़ती और तुम बिना कहे ही मेरी मुश्किल समझ जातीं। समझ जातीं क्योंकि तुम भी लड़की होतीं।' कहते-कहते मेरा गला भर आया और मेरे बोल चुकने के बाद लड़कियाँ एक-एक करके माइक के सामने बोलने आने लगीं।

मैं कितने भ्रम में थी, सिपाही-लड़कियों की सूझ-बूझ और चेतना-सम्पन्नता देखकर मैं हतप्रभ रह गई। गाँवों से आई इन लड़कियों ने आखिर कितना संघर्ष किया है कि इनके अनुभव विचार बनकर बोल रहे हैं। इनकी आँखों में भावात्मक ऊष्मा की चमक है और इनके चेहरे लगाव से लबरेज हैं।

कार्यक्रम खत्म हुआ। मैं अपने घर पहुँच गई। लेकिन पूरे सप्ताह मेरे सामने महिला सिपाहियों के चेहरे अपने साहस के साथ उभरते रहे। मैं इन्हें भूलती क्यों नहीं? मैंने अपने से पूछा। यों तो मैं हमेशा साहित्य की सभा-गोष्ठियों और सेमिनारों में जाती रही हूँ, इतनी जीवन्त यादें तो कभी बनी नहीं। क्या मैं अपने आपको इन लड़कियों में देखती हूँ? क्या मेरे भीतर वह लड़की अभी तक जिन्दा है, जिसने

इन जांबाजों से हेलमेल बनाया था? निश्चित ही जिसे मैं अपनी जद्दोजहद मानती हूँ, इनका संघर्ष उससे कई गुना बड़ा है।

आत्मकथा के दो भाग लिखनेवाली मैत्रेयी पुष्पा के संघर्ष का माथा इन लड़कियों की आत्महंता स्थितियों और उनका सामना करने के साहस के सामने झुक गया।

और फिर...

मैंने ए.डी.जी. श्री विकास नारायण राय को फोन किया—इन सिपाही लड़कियों का संघर्ष और साहस दर्ज होना चाहिए, यह आपकी भी मंशा है। नहीं तो आप वह नजारा एक लेखक को क्यों दिखाते, जिससे उसका रचनाकार बेचैन हो जाए।

और अबकी बार, मैं अपने कपड़े, किताबें और कलम-कागज के साथ मधुबन करनाल में आ गई, जहाँ मेरी बेचैनी को मुस्कुराने के मौके मिले।

इस पुस्तक के माध्यम से मैंने यह कहना चाहा है कि लड़कियाँ पारिवारिक कठघरों को तोड़कर मुक्ति की तलाश में...और ताकतवरी हासिल करने के लिए उस एरिया में हस्तक्षेप करती हैं जिसमें अभी तक उनके लिए सामाजिक मान्यता प्राप्त जगह नहीं थी। इस क्षेत्र में आने के बाद यह देखने का विषय हो जाता है कि क्या इन्हें वह ताकत मिल पाई, जिससे ये अपने मुक्ति संघर्ष को आगे बढ़ा सकें। और स्त्री समाज के लिए आपराधिक माने गए मामलों की बेगुनाही साबित कर सकें। यह भी कहना है कि मेरा 'गुनाह बेगुनाह' उपन्यास इन्हीं फाइटर्स के वृत्तान्त की अगली रचनात्मक कड़ी है।

—मैत्रेयी पुष्पा

अनुक्रम

आसमान में उड़ रही हूँ 13

छनाछन बाजै बीजना 38

अम्मी मुझे पहचानो 44

फाइटर की डायरी 69

क्योंकि मुझे ताक़त चाहिए 83

लड़की के पाँव 94

साहस को सलाम 117

जाना तो बाहर ही है 125

लेकिन अब पर्दा पलटता है 142

यह रहा मेरा बयान 151

जवाबी कागज 188

हाथों में तालियों की लय थी 205

हमारा समय ही दूसरा है 226

आसमान में उड़ रही हूँ

11.7.08 शाम

आज का दिन...प्लाटून से मिलने का था। एक प्लाटून में लगभग 50 लड़कियाँ होती हैं। मैंने अपने स्कूल के दिनों से कॉलेज के दिनों तक और तब से अब तक, जब मैं साहित्य के संसार में हूँ, समय की ऐसी पाबन्दी नहीं देखी। क्लास का समय चार बजे से शुरू होता है, मैं यह सोचकर 4 बजकर पाँच मिनट पर चलती कि लड़कियों के आने में 5-10 मिनट तो लगेंगे ही। मैं अपनी पंक्चुएलिटी के लिए इसलिए शर्मिन्दा होती रही हूँ कि दिए गए समय पर हर हालत में पहुँचने की मेरी आदत है। इसी कारण चाहे साहित्यिक गोष्ठी हो या जनवादी लेखक संघ की बैठकें, समय पर पहुँचकर सभा-स्थान पर अकेली बैठी, आनेवालों के उपहास का विषय बन जाती हूँ। बस वहाँ भी यही था मेरे दिमाग में कम-से-कम इन पुलिसवाली नवयुवतियों के मखौल की पात्र न हो जाऊँ, मैं पाँच-दस मिनट लेट जाने का उपक्रम करती।

लेकिन, यहाँ मैं हास्य की पात्र तो नहीं बनती, खुद की लज्जा का विषय हो जाती। युवतियाँ सिपाहियों के रूप में बेहद चुस्त-दुरुस्त, लाइन-दर-लाइन सफेद पोशाकों में करीने से बैठी उपस्थित मिलतीं। हर एक के पास 'मैत्रेयी पुष्पा से दोस्ती' नाम की पुस्तिका, जिसे पढ़कर वे मेरे लेखक के तेवरों को पहचाने हुए होतीं। इसका कारण यही रहा होगा कि ये पुस्तिकाएँ उनको दो दिन पहले दे दी जातीं। यकीन मानिए मैं पुलिस-सिपाहियों से पढ़ने (अध्ययन करने) की उम्मीद हरगिज नहीं करती थी।

मगर जब वे युवतियाँ मुझसे मेरे लिखे पर सवाल करतीं तो यह भ्रम डगमगा जाता कि सोच-समझ वाले सिर्फ इंटलैक्चुअल्स ही होते हैं। वे ही होते हैं, जो बड़े-बड़े नामों के साथ मनीषी चिन्तक और विदेशी साहित्य के अध्येता माने जाते हैं। अध्येता बड़े-बड़े सिद्धान्त हमारे सामने रखते हैं या विभिन्न विचारधाराओं के कंठस्थ फलसफे।

मेरे सामने बैठी पुलिस प्रशिक्षण पानेवाली ये लड़कियाँ जब अपनी योग्यता मेरे

सामने खोलने लगती हैं तो शिक्षा अभियान और सामाजिक सच का खुलासा होता है।

बहरहाल यहाँ मैं उनके दिए हुए कुछ वक्तव्यों के अंश दे रही हूँ—

सुदेश मेरे सामने है। कहती है, वे पाँच बहनें हैं और एक भाई (परिवार नियोजन यहाँ इसी को कहते हैं) मैं तीसरी कक्षा में थी, पापा खत्म हो गए। पढ़ाई फिर कैसे होती? वैसे भी लड़कियों के लिए पढ़ना-लिखना यहाँ जरूरी तो नहीं। फिर भी मैं पढ़ती रही क्योंकि फीस माफ थी। किताबें सहेली से ली लेती थी। घर का सारा काम करती थी।

मेरी शादी हुई, तब मेरा पति दसवीं में पढ़ रहा था और मैं प्लस टू कर चुकी थी। मेरी उसी सहेली ने मेरा पुलिस का फार्म भर दिया, जो मुझे बचपन में किताब देती थी।

मेरा सलैक्शन हुआ तो मुझे विश्वास नहीं होता था। तब यकीन हुआ जब मेरे पति मेरे सामने शर्मिन्दा और दुखी से खड़े थे। मैंने अपने लिए उनसे माफी माँगी—मैंने तो तुम्हारे सलैक्शन के लिए भगवान से दुआ माँगी थी, मेरा सलैक्शन क्यों हो गया?

कोढ़ में खाज, गाँव में लोग पति को 'हवलदार' कहकर चिढ़ाने लगे। मैं पुलिस में जाऊँ तो कैसे जाऊँ? मेरे पास दो बच्चे भी थे। छोटा छह महीने का ही था। मेरा दिल बार-बार जाने का करता, लेकिन पति का मुँह देखती तो सारी आशाएँ ढेर हो जातीं। मेरी जगह पति का सलैक्शन होता तो उनको छोटे-छोटे बच्चे का बाप होने के कारण नौकरी से रुक जाने की कोई मजबूरी होती क्या? न उनके सामने यह शर्मिन्दगी होती कि पत्नी से पहले उनकी नौकरी लग गई।

मैडम, कैसे रिवाज हैं हमारे कि लड़की का पत्नी होना और माँ बनना, लड़की की योग्यता पर ताले डाल देता है।

दीपिका बताती है, मैं सुनती हूँ अपने साथ भर्ती हुई लड़कियों की कहानियाँ तो मैम मुझे ताज्जुब होता है कि ये लोग पुलिस विभाग में आने के लिए ऐसी इच्छुक क्यों थीं? उफ् यहाँ कितनी मेहनत...फटीक कराते हैं। हम झाड़ू लगाएँ ओ माय गॉड। मैंने तो ऐसा कभी नहीं सोचा था। इंग्लिश में एम.ए. किया, कम्प्यूटर में डिप्लोमा लिया। क्या इसलिए?

वर्दी का पैशन था, बस। दिमाग में यह भी आया देखूँ लोग डरते हैं या नहीं? शादी होती है या नहीं? क्या पुलिस में सब बुरे होते हैं?

यहाँ की मेहनत और डिसिप्लिन। तौबा! मैम मैंने दो बार ट्रेनिंग छोड़ने की कोशिश की। चार बजे उठना इज बिग प्रॉब्लम? हम इतने कष्ट की कल्पना भी नहीं कर सकते। भाग्य में कोई दुख तकलीफ लिखी ही नहीं तो हम क्यों इसमें फँसे?

'ओ, तुम्हारा भाग्य!' मैंने कहा।

एक लड़की खड़ी हो गई, नाम है सोनिया—मैम, मैं बीच में बोलना नहीं चाहती थी, लेकिन आपने ही कहा था कि बहस करनी पड़े तो जरूर करनी चाहिए। बस मैं यहाँ यही कहना चाहती हूँ कि खाकी वर्दी तो मुझे भी अच्छी लगती थी, मेहनत का पता न था। कई दिन तक असमंजस में रही कि चली जाऊँ यहाँ से या यहीं रहूँ? सारी दुविधाओं के बाद यही समझ में आया कि हमारे साथ जो दूसरी लड़कियाँ हैं, वे क्या हम जैसी लड़की नहीं? माँ-बाप की दी हुई सुविधाओं को सारी जिन्दगी के लिए रिजर्व नहीं किया जा सकता। सुख-सुविधाएँ जो हमारी ही मेहनत से पैदा होंगी, वही हमारी हैं।

दीपा मेरे सामने है। फख्र से कहती है—मैं हूँ, जिसके पास अपनी जॉब है। जब मैंने शादी के लिए मना कर दिया तो पापा घर छोड़कर चले गए थे। मैं बराबर पढ़ती रही किसी तरह। हम गरीब ही माने जाएँगे क्योंकि आमदनी का जरिया कमजोर था। चाचा ही थे एकमात्र सहारे। चाची की डैथ हो गई। छोटे-छोटे बच्चों की जिम्मेदारी मुझ पर आ गई। मैंने जी-तोड़ मेहनत की। मैं बी.ए. पास हो गई। उन्हीं दिनों 'बॉर्डर' फिल्म देखी। ठान लिया कि बॉर्डर पर तैनात होने की कोशिश करूँगी। मगर सुना कि लड़कियों को नहीं लेते। पुलिस में आ गई, मेरे गाँव के लिए तो यही अजूबा है। और हमारी बुआ जी मेरी शादी की रट लगाए हुए हैं, जिससे मैं औरत जैसी औरत बनूँ। यह नहीं देख रहीं कि मेरे होड़ा-होड़ी अब गाँव में घर में घुसी रहनेवाली जाटों की लड़कियाँ भी चोरी-छिपे पुलिस भर्ती होने के फार्म निकलने का इन्तजार कर रही हैं।

शादी करके मैं दूसरे गाँव चली गई तो इन लड़कियों की मदद कैसे करूँगी? मैं तब तक अपने गाँव की लड़की बनकर रहना चाहती हूँ, जब तक यहाँ लड़कियों को अपनी तरक्की के लिए चोरी-छिपे कोशिश करनी पड़े। आखिर मैंने बॉर्डर पर जाने के सपने देखे थे, गाँव की सीमा को कैसे छोड़ दूँ?

14.7.08 शाम

'बस प्रतिज्ञा' गीता कहती है—मैंने टेलीफिल्म 'उड़ान' देख-देखकर ही समझा, हम तभी कुछ कर सकते हैं, जब शिक्षित हों। और देखिए मैम, तभी मेरी पढ़ाई छुड़ा दी। मैं तो पढ़ते हुए भी घर में और खेतों में काम करती थी, उनके काम में मेरी पढ़ाई से क्या रोड़ा पड़ा? बस मेरे पिता रिवाज निभाकर गाँववालों की जमात में फख्र से शामिल थे और मेरे गुस्से का पारावार न था। माँ ने बार-बार समझाया—इतना गुस्सा करेगी तो पराए घर में कैसे निभेगी?

मैं अपने ही घर कहाँ निभ पा रही हूँ मम्मी? मैंने कहा तो माँ भी नाराज हो गई। मैंने खाना-पीना छोड़ दिया। स्कूल के दौरान अनशन देखा था अध्यापकों का।

मगर यहाँ कोई असर नहीं...लड़की मर जाए तो परिवार हल्का हो जाता है, ब्याह के बवाल से मुक्ति। नहीं, मैं फिर खाना खाकर स्कूल ढूँढ़ने लगी। मैं अपनी मर्जी से दाखिल हुई। अबकी बार पढ़ने ही नहीं, खेलने भी लगी। परिवार सकते में आ गया। पापा को बुरा-भला कहने लगे, क्योंकि मेरे ऊपर वश नहीं चलता था।

पापा परेशान ही नहीं, मेरी जिद के आगे असमर्थ से हो गए थे। जिद्दी लड़कियों को हमारे इलाके में अकसर मार दिया जाता है। पापा क्या सोच रहे थे, कह नहीं सकती। लेकिन तभी मुझे खेल के लिए इनाम मिलने लगे। देखते-ही-देखते इनामों से बैग भर गया। पापा उस बैग को लेकर गाँव आए तो लोग खुश हुए या नहीं, बोलती जरूर बन्द हो गई।

मैं सोचती थी, पुलिस में न जाने कितनी पढ़ाई के बाद जाते होंगे। बात चली तो पापा ने कहा, वहाँ रुपए का खेल है, तुम्हारा खेल और इनाम कितना चलेगा? हाँ, मैं पहली बार में सलैक्ट नहीं हुई।

'एक चांस और' मेरी आत्मा ने मुझसे कहा। मैं सलैक्ट हुई। पापा पर फिर मेरी शादी करने का दौरा पड़ा। मैंने मना किया। पापा मान गए। उन्होंने छोटे भाई की शादी कर दी।

पहले गाँववाले कहते थे–पढ़कर के करेगी यो। गोबर ही तो ढोना है। अब लड़कियाँ कहती हैं–गीता दीदी की तरह हम भी पढ़ेंगे तभी तो नौकरी मिलेगी।

यह ज्योति है। इस प्लाटून में सबसे अलग। यहाँ आने के कारण दुखी है। जुनून है अपना-अपना। इसके लिए खेल ही जीवन है। बॉस्केटबॉल की प्लेयर। पुलिस का फार्म घरवालों ने भर दिया। 'मैं नहीं जॉब करूँगी' उसने कहा। बस फिजिकल टैस्ट देने आई। मगर फिर से लैटर आया। घरवाले पीछे पड़े। यहाँ जब सुनती हूँ कि घरवाले राजी नहीं थे दीपिका के, सोचती हूँ हाउ लकी दीपिका यू आर। मेरा फिजिकल टैस्ट क्लीयर हो गया, ऐसे ही जैसे बिना देखे अनचाहे शादी तय हो जाती है। जब इंटरव्यू आया तो मैं पांडिचेरी खेलने गई थी, मैंने सकून पाया। उस दिन मेरा इंटरव्यू कैंसिल हो गया। साथ ही पापा ने एप्लीकेशन दे दी कि लड़की खेलने गई है। बाद के लिए इंटरव्यू तय हो गया। इंटरव्यू देते समय सोच रही थी, यह नौकरी नहीं लगे, मैं किसी जरूरतमन्द की जगह घेर रही हूँ। मगर सवालों के जवाब सही देती जा रही थी। यानी मैं यह जॉब नहीं चाहती, मगर खुद को अयोग्य साबित कैसे करूँ?

मेरा सलैक्शन हो गया। गेम खेलने की चाह में आई हूँ क्योंकि खेल के बिना रह नहीं सकती। आपसे सच कह रही हूँ मैम, मुझे खेलने की सुविधा न मिली तो निश्चित ही लौट जाऊँगी। मेरी बात सर तक पहुँचा दें, यहाँ खेल के लिए दो दिन ही मिलते हैं और यह सूट (सलवार कमीज दुपट्टा) पहनकर बहुत तकलीफ होती है। अपने गाँव में मैं टी-शर्ट और लोअर पहनती थी। पुलिस में आए हैं, कपड़े वही पुराने!

19.7.08 शाम

'जय हिन्द!' कहकर वह लड़की खड़ी हो गई।

'मैं रीना...'

ज्योति की तरह हम जिद नहीं कर सकते थे मैम। जिद करने का समय या माहौल तब होता है, जब सामनेवाला हमसे ताकतवर हो। यहाँ तो पापा शराब में धुत और भाई हैंडीकैप्ड। ऊपर से एक लड़के ने भाई के ऊपर केस लगा दिया तब, जब वह प्लस टू का आखिरी पेपर दे रहा था। इतनी परेशानियों में कोई भी नार्मल नहीं रह सकेगा। लड़कियाँ घर-परिवार में होनेवाली रंजिश का शिकार होती हैं, इसलिए उन पर बंधन लगा दिए जाते हैं। मेरा भी पढ़ना छुड़ा दिया गया। गाँव में दसवीं तक स्कूल था। जींद शहर जाने में खतरे दिखते थे। मैं सोचती, सभी लड़कियाँ आराम से घर में रहती हैं, माँ-बाप की आँखों के सामने सुरक्षित रहकर शादी करके ही गाँव बाहर जाती हैं। मैं क्यों रोती हूँ?

मैं जिद में नहीं, खतरों से गुजरने के लिए अकेली ही जींद पढ़ने जाने लगी। वहाँ देखा, खेल का अलग महत्त्व है। हमारे पास मैदान तो दूर खेत भी नहीं कि प्रैक्टिस कर सकें। जितना जींद में सीखा था, वही पुलिस के सलैक्शन के लिए हमारे पास था।

किसी तरह खेत में प्रैक्टिस करने गई। पाँव में ठूँठ पड़ गया। मांस फट गया। चलना मुश्किल। अब हाई जम्प और रेस कैसे होगी? लेकिन उस समय मुझे अनुभव हुआ कि लड़की में इच्छा-शक्ति हो तो उसे कोई कहीं से रोक नहीं सकता। मैम, मैंने अपने आपसे ही जिद की है, किसी दूसरे से नहीं।

25.7.08 सुबह

पूजा कहती है, जब वह पैदा हुई तो घर में सब रोए थे। इसका पालन-पोषण फिर कैसे हुआ होगा, आप सोच सकती हैं। पूजा ने भी खुद के लड़की होने की कमजोरियों से जिद की है मैम। इसके लड़की होने से ही तो सब रोए थे। आज वही दादी खुश होती है, जिसने अपनी छाती पीटी थी, सिर धुना था, इसके जन्म पर। दादी कहती है—हमारी पूजा मर्दों की तरह पुलिस में है। मैम, औरत के लिए मर्द ही सबसे बड़ी नियामत माने जाते हैं। कैसे हैं रीति-रिवाज!

'हाँ, रीति-रिवाज...' समता बोल पड़ी। मेरे पापा बीमार हो गए। जब मैंने प्लस टू किया, पापा ने कहा था—तू पुलिस की नौकरी करना, देखती तो होगी, गाँव में अत्याचार कितने हैं। पुलिस का कोई सहारा नहीं। तू जाएगी तो इस गाँव से और भी लड़कियाँ जाएँगी। लड़की से बेईमानी और कामचोरी की उम्मीद मुझे नहीं लगती।

शायद इसलिए ही तेरे भाई से ज्यादा मुझे तुझ पर विश्वास है। हमदर्दी है तेरे अन्दर, यही समझ ले।

मेरे पापा खतम हो गए। अब मैं क्या करूँ? भाई से उनको ही आशा नहीं थी, मैं क्या उम्मीदें लगाऊँ?

जो उससे आशा थी, वही हुआ, पापा के मरते ही मेरी शादी का ऐलान हो गया। पिता का बोझ लड़की, इसे भाई जल्दी से जल्दी उतारना चाहता था।

मैंने घबराकर अपने आपको कोठे में बन्द कर लिया। कितनी दुविधाएँ कितने असमंजस थे रीति-रिवाजों को लेकर। इधर पापा का तर्पण हो रहा है, उसके तुरन्त बाद मेरा अर्पण होनेवाला है। कहते हैं, घर में कोई मर जाए तो एक साल तक न त्योहार मनाए जाते हैं, न शादियाँ होती हैं। मगर भाई कहते थे, लड़की के ब्याह के लिए तो आदमी उसके जन्म लेते ही तैयारी करने लगता है। चिन्ता उसी दिन से शुरू हो जाती है।

मैं अब रोना भूल गई पापा के लिए क्योंकि मेरे खयाल में मेरे विदा करने के लिए तैयारियाँ होने लगीं। मैंने मम्मी से कहा—पुलिस में भर्ती के फार्म निकले हैं, मैं भरूँगी, भइया से कह दो।

मम्मी ने मेरी बात भइया से कहने की हिम्मत नहीं की। यह क्या हुआ मम्मी को! पापा के सामने तो पापा की हाँ में हाँ मिलाती थीं। उनके जाते ही भइया का मुँह देखकर चुप हो गईं और यह चुप्पी मेरे खिलाफ पड़ रही है।

भाई के सामने मैं ही खड़ी हो गई, क्योंकि भाई पर मेरा जीवन निर्भर नहीं था, न शादी के पहले न शादी के बाद, मैंने ऐसा ही माना।

भाई ने मेरी बात अनसुनी कर दी। जैसे कह रहा हो—फालतू की बात क्यों करती है?

मैंने भी उससे फिर कोई बात नहीं करनी चाही।

बस, जब वे लड़का देखने जा रहे थे मेरे लिए, मैं उनकी अनुपस्थिति में पुलिस में भर्ती होने का फार्म भर रही थी। रीति-रिवाजों में हम बहन-भाई एक दूसरे के विरुद्ध थे।

'विरुद्ध तो हम थे अपने गाँव-समाज के भी, क्योंकि हम मर्दों वाली नौकरी पसन्द करते थे।' वेदवंती ने समता के मत में अपना मत मिलाया।

25.7.08 सुबह

तारीख और दिन बदल गए। जगह भी क्लासरूम जैसी नहीं है। यह एक बड़ा कमरा है, ऑफिसर्स मैस का वी.आई.पी. रूम। मेरे सामने कुर्सी पर बैठी सफेद सलवार-कमीज वाली लड़की भी नहीं है। लड़की है खाकी पुलिस वर्दी धारण किए,

बेहद चुस्त स्मार्ट कांस्टेबल। पाँवों में मर्दाने जूते, आई थी तो चाल में आत्मविश्वास। चेहरे पर चेतना की दमक!

मेरा मन खिल गया। ऐसी लड़की तो मेरे सपनों की ताबीर है। पाँच फीट नौ इंच लम्बा कद! मजबूत कद-काठी।

हमने एक दूसरे की ओर मुस्कराकर देखा, यही परिचय था। जहाँ 'दोस्ती' वाली पुस्तिका नहीं होती, मेरी और सिपाही लड़की की आँखों ही आँखों में दोस्ती हो जाती है।

'मैम मैंने सुना था, आप आई हैं। मैं मिलना चाहती थी, मगर मेरी ड्यूटी दूसरी जगह थी।'

'मैं भी तुमको ढूँढ़ रही थी क्योंकि रुचि ने बार-बार तुम्हारा नाम लिया था। अगर किसी लड़की का नाम रुचि ले रही है तो मुझे लगता है, उससे मिलना चाहिए। जरूर वह लड़की हमारी लड़की परम्परा से अलग होगी। अलग तो यहाँ सभी लड़कियाँ हैं, मगर विशेष में भी विशिष्ट होती ही हैं।'

'कहाँ से शुरू करूँ मैम?'

'जहाँ इन दिनों तुम्हारा मन अटका हुआ हो।'

वह हँस पड़ी। अपनी खिलखिलाहट में वह खील मखानों की तरह थी।

'चलिए मैम, अब संकोच ही नहीं रहा जिन्दगी में किसी तरह का तो मेरा मन कहाँ अटका है, यह बताने में झिझक भी क्यों होगी?'

मैंने हँसकर उसके आख्यान का स्वागत किया।

इन दिनों ही माँ-बाप ने एक लड़का खोजा, शादी के लिए। हमारी रिश्तेदारी का। रिश्तेदारी हो तो जाति-गोत्र का झंझट नहीं पड़ता है। नहीं तो आपने सुना या पढ़ा होगा, हमारे हरियाणा प्रदेश में एक औरत को शादी होने और बच्चे हो जाने के बाद भी गोत्र का खुलासा होने पर अपने पति की बहन बना दिया। पंचायत के अन्धे-बहरे पंचों से कौन जूझ सकता है? इसलिए रोग के इलाज से पहले निदान जरूरी हुआ करता है।

लड़का तय हो रहा था। घरवाले खुश थे। मगर जैसे ही उस लड़के ने सुना—मैं पुलिस में हूँ, शादी करने से मुकर गया, 'मैं पुलिसवाली से शादी नहीं करूँगा।'

पापा को धक्का लगा, अब हमारी बेटी की शादी कैसे होगी? कौन चाहेगा पुलिसवाली दुल्हन?

चाची की बन आई, बोली—हमने तो पहले ही कहा था। अच्छा हुआ, बड़ी को छुटपन में ही ब्याह दिया, भले तुम्हें अपना बाड़ा (पशु बाँधने की जगह) बेचना पड़ा, वह वक्त रहते अपने थान पर तो बँधी। अब इसको देखते रहो नौकरी करते हुए, कलेजा खूँदेगी तुम्हारा।

मम्मी जब न तब याद करती थी–अभागी है। बाप की आँख एक ही है, एक का भी ऑपरेशन होना है, कर्ज में बाड़ा गया। लड़की के भाग्य से भगवान देता है, पर इसकी तकदीर देख लो, इसकी दादी भी तभी मरीं, जब इसने इस नौकरी के फार्म भरे। असुगन पल्ले में बँधा है।

मुझे गुस्सा आ रहा था, मम्मी की बातों से गुस्सा बढ़ गया। चाची ने जैसे आग में घी डाला हो। जो एक वाक्य आग के शोले सा मेरे भीतर भड़क रहा था, मैंने उसी को घर में दे मारा–वही एक लड़का रह गया है मेरे लिए? उसे तुम लोगों ने पसन्द किया है, मेरी राय-मंजूरी कहाँ शामिल थी?

मेरी राय पर तो तुम सब राजी भी कहाँ होते हो? शुरू से देख लो, प्लस टू गाँव से कर लिया सो कर लिया। इसके बाद पढ़ाई बन्द। अड़ोसी-पड़ोसी तक आ गए मुझे रोकने। तुम न आने देते तो कौन आ सकता था?

मम्मी ने मेरी बात का जवाब दिया–कोप भवन में बन्द हो गई थी तो किसे पता न चलता। तेरी जिद जैसे तू राजकुमारी शहजादी हो। अरे शहजादियों की भी जिदें नहीं चलीं, तू क्या चीज है? तीन दिन खाना मत खा, सात दिन मत खा। भूख लगेगी तो माँगेगी रोटी।

इसके बाद मैम, मैंने घरवालों से कॉलेज की पढ़ाई के लिए कुछ न लेने की ठानी। क्या ये मेरे पाँवों को भी रोक लेंगे? हाँ रोक लेंगे, क्योंकि बड़ी बहन के साथ ही मेरी शादी करने का इरादा था, तब तो मैं दसवीं क्लास में ही थी। चौदह वर्ष की उम्र में विरोध करना मुश्किल था और मैं विरोध करने पर आमादा हो गई। घेरबाँध हो रही थी। कहीं भाग न जाऊँ, इसलिए मुझे कमरे में बन्द कर दिया। तीन दिन तक मैं अँधेरे में रही, नहीं देखा कि दिन कैसा होता है? खाना और पानी खिड़की के रास्ते देने की कोशिश करते, लेकिन मैं इस जीवन से बेजार थी तो खाना क्यों खाती?

'मैं मर जाऊँगी, पर शादी नहीं करूँगी।'

घरवालों ने मुझे मरने नहीं दिया, वे खुद झुक गए थे उस समय।

'बी.ए. बस।' मम्मी ने कहा और समझाया–'तू जितना पढ़ेगी, उतना ही संकट खड़ा करेगी। हम तेरे लिए इतना पढ़ा लड़का कहाँ से खोजेंगे? दहेज माँगेगा ढेर सा। कहाँ से देंगे? हमारे ऊपर रहम खा। अपने भाई का मुँह देख।'

मैंने न किसी पर रहम खाया, न किसी का मुँह देखा, अपनी ही ताकत परखी। मैं आखिर क्या-क्या कर सकती हूँ? शादी से बचने के लिए मैंने जान की बाजी लगा दी थी और तब मैं जीत गई थी। मैंने सोच लिया था शादी का किस्सा खत्म हो गया, कितनी गलतफहमी थी मुझे। अब पता चला कि संस्कारों को स्थगित भले कर दो, उन्हें खतम करना मुमकिन नहीं। फिर भी मैं इस संस्कार से लड़ना चाहती थी। कोशिश करो तो कुछ न कुछ हो ही जाता है। सर्वशिक्षा अभियान से जुड़ गई।

मैं ए.आई.ई की क्लासें लगाने लगी। जो बच्चे बीच में ही स्कूल छोड़ देते हैं, उनको फिर पढ़ाने स्कूल में लाना था मेरा काम। घर-घर जाती अपने अभियान के लिए।

कुछ दिन बाद गाँव नाते के चाचा से पता चला, पुलिस भर्ती के फार्म निकले हैं। मौसी की लड़की ने इतना डराया कि हाथ-पाँव फूल गए। मैं अपनी इच्छा भूल गई। चार लाख रुपए कहाँ से आएँगे? इतने में तो मेरे माँ-बाप मेरी शादी कर देंगे और जिन्दगी भर के लिए गंगा नहाने जाएँगे।

मौसी की लड़की ने कहा—मैं शर्त बदती हूँ, तेरा सलैक्शन होगा नहीं। नौकरी के सपने मत देख। मौसी की लड़की मेरे साथ ही पढ़ती थी। वे लोग अमीर हैं, फिर भी उनके लड़कों को नौकरी नहीं मिली।

'जिनके पास पैसे नहीं होते उनके पास हिम्मत के खजाने होते हैं' मेरी दादी कहा करती थी। मैंने कब सुनी यह बात और कब अपने भीतर उगा ली। इसी बात के पौधों पर उम्मीदों के फूल खिलने लगे। क्या थोड़ा सा भी न्याय नहीं होता नौकरी के मामले में? क्या बेईमानी को पुलिस-पॉलिसी कहा जाता है? मैं कोशिश करके देख लूँ।

सोचा बहुत, किया कुछ नहीं।

मैं अपने चबूतरे पर लगे नल के नीचे बर्तन माँज रही थी। हाथ में राख में सना जूना और पतीली थी, जो राख मलने से चमकती जाती। कालोंच में भी किसी चीज को चमकाने का कैसा गुण होता है। मेरे कालोंच भरे जीवन का क्या होगा?

तभी उधर वह चाचा आ निकले, जिन्होंने फार्म के बारे में मुझे बताया था।

'रज्जो, फॉर्म भर दिए?'

'नहीं, चाचा।' मैंने पतीली माँजना रोककर कहा।

'तू तो च्छोरी बासन ही माँजेगी, तेरे बस की कुछ नहीं।'

चाचा की चुनौती। अब मैं कहाँ जाऊँ, क्या करूँ? झटका ऐसा लगा कि बर्तन वहीं छोड़े। अपने गाँव की एक लड़की के पास चली गई। वह सहायक के रूप में साथ आई। नहीं तो मुझे यह पता नहीं था कि डोमीसाइल कहाँ और कैसे बनवाया जाएगा।

जब मैं अपने सलैक्शन की दौड़ में थी, मम्मी घर की जिम्मेदारी मेरे ऊपर डालकर अपने पीहर शादी में चली गई। रोटी बनाना, बर्तन माँजना, पानी भरना, डंगरों की खिदमत करना, गोबर डालना, धार काढ़ना मेरे जिम्मे था। फिजिकल टैस्ट होगा, मैं क्या करूँगी? फिर भी मैं आने-जाने के लिए किराए का इन्तजाम कर रही थी।

फिजिकल भी आसानी से नहीं हुआ। तीन बार डेट बदली। जितना किराया लगना था, उसका तीन गुना लगा। किराए के कारण ही तो अकेली जाती थी, सब बेकार हो गया। एक दिन जब फिजिकल न होने और डेट बदलने के बाद मैं घर लौटकर आई तो देखा जो काम मैं किया करती थी पापा ने कर दिया। चौका लीपने से लेकर चूल्हा पोतने तक। मेरे लिए पापा चुपचाप चाय बनाकर लाए।

लगा कि कोई पापा अपनी बेटी को आगे बढ़ने से रोकते हैं तो क्या अपनी इच्छा के कारण? जरूर पापा लोगों को अपने भाई-बन्धुओं, जाति-बिरादरीवालों का डर लगता है। जब वे पापा को डराते हैं, तो भाई-बन्धु किस तरह हुए? जब वो पापा की तरह नहीं सोचते तो उनकी जाति के कैसे हुए? सम्बन्ध और बिरादरी किस आधार पर बने हैं, उसका पता लगाना, मेरी उलझन का विषय है। अब मेरे मन में इन बातों पर सन्देह उठने लगा।

सारे टैस्ट पास करने के बाद मेरा सलैक्शन हो गया। मुझे जब यह खबर मिली, मेरे हाथ-पाँव काँपने लगे। मेरे गाँव में जिनके पास पाँच सौ बीघा जमीन है, उनका सलैक्शन नहीं हुआ। माना कि उनको फर्क नहीं पड़ता, तो भी उनको अपनी नाकामयाबी अच्छी तो नहीं लगी होगी।

मुझे रह-रहकर मौसी की लड़की की बात याद आ रही थी। और सबसे पहले मैं उससे ही मिलना चाह रही थी। अमीर लोग गरीबों को पैसेवाला न मानकर अयोग्य भी मान लेते हैं और पस्तहिम्मत भी।

मैं नौकरी करने लगी। वेतन मिलने लगा। अब चाची-मौसी मम्मी से कुछ नहीं कहतीं। मम्मी की ओर इशारा करके बस इतना कहती हैं, इनकी बेटी पुलिस में है। इसका मतलब आप ही समझ लीजिए मैम।

सब ठीक है। मेरा पहला मकसद था, बहन की शादी में जो बाड़ा बिक गया, उसकी जगह कुछ जमीन खरीद लें कि घर के डंगर पराई जगह न बँधे। गाँव में दूसरे की जगह इस्तेमाल के लिए किराया नहीं जाता, मगर बेगार करनी पड़ती है। छोटा भाई रोने लगता था। मैंने सबसे पहले बाड़ा खरीदकर बेगार से छुटकारा दिलाया।

अब मैं मम्मी-पापा का क्या करूँ, जब-जब शादी की बात करते हैं, साथ ही दहेज की बात चला देते हैं। मुझे बहुत दुख होता है। मैंने लड़की की जिन्दगी के ढर्रे पर चलने से इनकार कर दिया, लेकिन माता-पिता शादी के बहाने सड़े-गले रिवाज को परम्परा कहते हैं। मैं घर कैसे जाऊँ? छुट्टी होने पर भी घर जाना टाल जाती हूँ। जबकि गाँव की लड़कियाँ मुझसे मिलना चाहती हैं।

यहाँ हमने चेतना स्कूल चलाया है। मजदूरों के बच्चों को पढ़ाना इस स्कूल का उद्‌देश्य है। यहाँ वही सर्वशिक्षा अभियान का अनुभव काम आ रहा है। मैंने अपना नाम इच्छापूर्वक से काम के लिए लिखवाया था। तब कुछ लड़कियों ने यहाँ मेरा

मजाक उड़ाया। फिर धीरे-धीरे कुछ साथ खड़ी हो गईं। अपने ही रास्ते पर चलती हुई एक बार मैं पछताई थी मैम, क्योंकि मुझे दुख हुआ था।

क्यों दुख हुआ था मुझे? तब 1857 की क्रांति का नाटक खेला जा रहा था। 850 लड़के-लड़कियों ने भाग लिया था यहाँ से। एक बहुत बड़े स्तर पर था यह महोत्सव। मैं अपने चेतना स्कूल के कारण इसमें शामिल नहीं हो सकी। मेरा धीरज टूटने लगा था। कहाँ युद्ध के बिगुल नगाड़े और आजादी की आग में कूद पड़ने के संगीत भरे दृश्य और कहाँ चेतना स्कूल, जिसमें गन्दे व मैले, कुचैले बच्चों के मुँह साफ कर रहे हैं। नाई से उनकी कटिंग करा रहे हैं। उनको कपड़े पहनना सिखा रहे हैं।

युद्ध की भाषा, वीरों की बोली!

और हम बिहारी मजदूरों के नंग-धड़ंग बच्चों को गोद में लिए उनकी बोली समझने का अभ्यास कर रहे हैं। मैं लगभग रोने लगी थी, क्रान्ति उत्सव के बारे में सोचकर।

लेकिन मैम! क्रान्ति का उत्सव खत्म हो गया। हमारी बारी आई तब, जब हमने पढ़ा-लिखाकर बच्चों को गवर्नमेंट स्कूल में दाखिल कराया। उनमें जीवन की क्रान्ति देखिए मैम, स्कूल में भर्ती होकर जो इतने बुद्धिमान साबित हो रहे हैं, जितने तात्या टोपे होंगे, रानी लक्ष्मीबाई होंगी। अब वे क्रान्ति के नाटक में खुद उतरने वाले हैं मैम। लगता है कि यही हमारी भी क्रान्ति है।

'तुम्हारा भाई खुश है न तुम्हारे सहयोग से?' मैं पूछती हूँ।

रज्जो फीकी हँसी हँसती है।

'जी मैम खुश है। परेशानियाँ खत्म नहीं हुईं, मगर कम तो हो गई हैं। वह अब सोलह साल का हुआ है, मेरी शादी की चिन्ता करता है। सोचता है शायद, बहन के विवाह का जिम्मा पिता और भाइयों पर ही होता है। इतना सब करने के बाद भी शादी का फैसला घरवाले अपने हाथ में लेकर जिम्मेदारी निभाना चाहते हैं।'

मैं चाचा की लड़की की शादी में गई थी। शादी के जैसे कपड़े पहनना अब अजीब-सा लगता है। फिर भी शायद पहनने चाहिए। लेकिन कपड़े पहनना भी आदमी की आदत में शुमार हो जाता है। पैंट-कमीज वाली खाकी वर्दी ही हमारी आदत हो गई है। प्राइवेट कपड़ों के नाम पर जींस और शर्ट, ट्रैकपैंट और टी-शर्ट।

शादी में लगा कि अब मुझसे चमकीली साड़ी या सूट के संग दुपट्टा न साधा जाएगा। चूड़ी बिन्दी भी नहीं सुहाती, जब कन्धे पर राइफल रख ली हो। अल्ता कैसे लगाऊँ, पायल किस तरह पहनूँ, पाँवों को भारी बूटों या आरामदायक चप्पलों की आदत है, जो मर्दानी चाल में आसान रहें।

'जींस और टी-शर्ट पहन लूँगी।' मैंने सोचा। पापा ऐतराज करेंगे तो पहले पूछ लेती हूँ। वैसे पूछने का कोई कारण नहीं है। चाचा ताऊओं को भी तो मुझे इस वेश में देखने की आदत हो गई है।

जींस और टॉप पहन लिया। मेरे लिए यही सजावट है।

भाई से सामना हुआ, वह मुझे देखकर चौंक गया। जल्दी ही उसके चेहरे पर नापसन्दगी फैलने लगी। और वह गुस्से से भर गया।

'तू यह क्या पहन रही है। रिश्तेदार आ रहे हैं, देख नहीं रही? क्या कहेंगे वे?'

'क्या कहेंगे?'

'मैं कह रहा हूँ, ये कपड़े बदल।' भाई हुक्म देने लगा।

'क्यों कह रहा है तू? 'अरे तू मुझसे छोटा है, तब तो यह हाल है। बड़ा होता तो न जाने क्या करता? कहाँ-कहाँ से रोकता।'

'जो कुछ रोक रहा हूँ, अभी तो उसे ही सुन ले।'

'सुन, रोकना था तो तभी रोकता, जब मैं इस नौकरी के लिए गई थी। तू तब क्या था? मेरे बाप ने नहीं रोकी। या उनसे भी नहीं रुकी। तू क्या रोकेगा?'

'तू कपड़े नहीं बदलेगी तो समझ ले कि ब्याह में न तू जाएगी, न मैं।'

'ठीक है।'

पापा बीच में आ गए। पापा ऐसे तैश में बोलते नहीं जैसे अब बोल रहे थे– 'यो तो जागी। तू न जाणा चाहे तो घर में बैठ।'

'ले जाओ इसे। फिर मत कहना ब्याह ना होता इसका। वो लड़का बिदक ना गया था इसणे देख कें।'

भइया अपनी अक्ल झाड़ने लगा।

'तू चिन्ता मत कर राजेश, मेरी शादी हो न हो, पर मैं दहेज के साथ ना जाने की। वो कार माँग रहा था मैं मना ना करती तो क्या करती?'

2.8.08 शाम

मैं सोच रही थी, संगीता ने मुझसे प्राइवेट तौर पर मिलने के लिए नाम लिखाया था क्लास के बीच, वह अपनी निजी परेशानी बताएगी, जैसी कि लड़कियों के सामने अकसर रोकबाँध के कारण आती हैं। वह परिवार और सम्बन्धियों के बारे में साथ की लड़कियों के बीच नहीं बताना चाहती क्योंकि सहकर्मी लड़कियाँ या तो मजाक बनाती हैं या नीची नजर से देखती हैं। मुझे ऐसी लड़कियों को देखकर रहीम का दोहा याद आता है–

रहिमन निज मन की बिथा, मन ही राखौ गोय।
सुनि अठिलइहै लोग सब, बांट न लेहै कोय॥

मगर मैं लड़कियों को विश्वास दिलाती हूँ कि मैं आपकी व्यथा बाँटने ही नहीं, फैलाने आई हूँ और लोगों को दिखाने भी, आइने की तरह तुम्हारी कहानी में उनका चेहरा दिखे।

संगीता का मामला एकदम दूसरी ही तरह का है। वह निराश-हताश लड़की, मैं ताज्जुब करती हूँ, जहाँ लड़कियाँ अपने सलैक्शन को लेकर खुश हैं, वह उदास है।

—मैम स्पोर्ट्स को लेकर जो उद्देश्य था, वह पूरा नहीं हुआ। हॉकी मेरा गेम है। मैं और अनीता एक ही बैच के हैं। एक बैच के होने से एक से नेम फेम नहीं मिलते। हॉकी में जो प्रॉब्लम हुई, वही मेरे साथ हैं। नेशनल गेम हो रहे थे, नाम देना तो कोचेज के हाथ होता है। हैदराबाद में गेम हुए, मैं एकदम तैयार थी। मुझे किस कमी के तहत छोड़ दिया गया, आज तक पता नहीं। हम तो जी-जान लगाकर खेले थे, नाम उनका आया जो प्ले करती नहीं थीं। सर ने ऐसा क्यों किया? पापा कहते हैं, एप्रोच की बात है। तो फिर देहली से इंडिया कैम्प के लिए मेरा नाम कैसे आ गया? हमने तो कोई एप्रोच नहीं लगाई थी। तब मुझे लगा था शुरुआत हो गई।

'तुम तो फिट होगे?' कोच की इस बात का क्या मतलब था, मेरी समझ में नहीं आया।

मैं तो पूरे महीने जान लगाकर प्रैक्टिस करती रही।

तब चौंकी जब मुझे छोड़कर छह लड़कियों का नाम आ गया। चौंकने के बाद जैसे दुख ने मुझे घेर लिया। तकदीर को कोसूँ, यह मेरी आदत नहीं, क्योंकि भाग्य जैसी चीज पर भरोसा नहीं। मैं हर मैच में रोया करती थी। रोने के बीच आशा न जाने कहाँ से चली आती मन में। अब नहीं, फिर ले ली जाऊँगी।

समय निकला जा रहा था। मेरा कुछ नहीं हो पा रहा था। मेरे भाग्य विधाता वे थे, जिनके हाथ में पावर थी। उनसे मैं उनकी ही नाइंसाफियों को कैसे कहती? मुँह पर बोलनेवाला खिलाड़ी प्ले ग्राउंड का अपराधी माना जाता है। उसे खेल से सस्पेंड किया जा सकता है।

'मेरे जैसे भी होंगे' मैं यही सोचती रहती हूँ। मेरी सर्विस को अब तक पाँच साल हो गए होते, लेकिन मेरी प्रैक्टिस ही रह गई। मेरी जूनियर्स इंडिया से खेल गईं, और नौकरी करने लगीं।

मैं आपसे अपने दिल की बात बताने आई हूँ छिपाने नहीं। मैम मुझे बहुत दुख होता है, मैं क्या करूँ? पुलिस में मैं आना नहीं चाहती थी, शायद घबराकर फॉर्म भर दिया। सलैक्शन हो गया तो और दुख हुआ, क्या मैं कांस्टेबिल की पोस्ट लायक थी? मेरे साथ की अनीता डी.एस.पी. के लिए चुनी गई है। अपने कोच के अन्याय का नतीजा मैं भुगत रही हूँ, किस-किससे कहूँ? लड़कियाँ चिढ़ाती हैं। मैं एक महीने तक अनीता से आँखें चुराती रही। सामने आया ही नहीं जाता था।

अब बस इतना कहना है आपसे, मेरी दास्तान लिखते समय यह जरूर लिखें कि वी.एन. राय सर मुझे मौका दें, मैं हॉकी की टीम खड़ी कर सकती हूँ। हॉकी की टीम होनी ही चाहिए, मैं भी हॉकी के बिना रह नहीं सकती, खेल तो पूजा जैसी भावना है, इसमें वरदान मिले यह जरूरी तो नहीं।

4.8.08 शाम

आज जब मेरे कमरे में उसने प्रवेश किया तो मैं चौंक गई—यह लड़का क्यों आया है मेरे पास? हो सकता है, इसे किसी ने बताया हो कि मेरे पास लड़कियाँ आती हैं इस समय, इसी आकर्षण में चला आया हो।

बॉयकट बालों के साथ सफेद कमीज-पैंट। चलने का अंदाज भी मर्दाना। होंठों पर मोहक मुस्कान, गले में काले धागे के साथ कोई लॉकेट।

'तुम कैसे आए?' मैंने कुर्सी पर बैठने का इशारा करने के बजाय उससे पूछा।

'मैं नीलू, आपसे मिलने का टाइम लिया था।' साथ ही अपना प्लाटून नम्बर बताया।

आवाज से लगा लड़की है। मैं उसकी ओर देखकर हँसने की हद तक मुस्कराई। वह भी इतना हँसी कि दाँतों की सफेद पंक्ति झिलमिला उठी।

'बोलो', मैंने कहा।

—मैं बॉक्सिंग की प्लेयर हूँ। आप मुझे देखकर सोच सकती है कि मेरे ताऊ-चाचाओं ने टेंथ के बाद मुझे पढ़ने से रोक दिया था। पापा आर्मी में थे, मगर लड़कियों के बाहर निकलने के पक्ष में नहीं थे। शायद इसलिए भी कि वे घर से दूर थे, मुझ पर नजर नहीं रख सकते थे। यह तो मैं अब सोचती हूँ कि नजर रखना क्यों जरूरी था? लड़कियों को पढ़ते-पढ़ते रोक दो, यह नियम कहाँ लिखा है?

और मुझे दसवीं के बाद रिवाड़ी जाने का जुनून। मम्मी कहती—तू और लड़कियों जैसी लड़की क्यों नहीं है? मैं जवाब देती—मैं अपने जैसी लड़की तो हूँ न? सारा काम करती हूँ, तुम्हारी मदद करती हूँ, बस पढ़ने के लिए बाहर जाना चाहती हूँ? यही मेरा कसूर है?

'कसूर यह है कि जुबान चलाती है।'

जिसने जो कहा, मैंने अनसुना कर दिया। रिवाड़ी चली गई। सुनते हैं कि गाँव में 'कहाँ चली गई' का शोर मच गया। सन्देह उठने लगे तो मुझे घर लौटा लिया। मेरी समझ में नहीं आ रहा था कि मेरी जिन्दगी दूसरों के सन्देहों से क्यों बँधी है?

मेरी बातें बड़ों को गलत क्यों लगती हैं? हर समय यह क्यों कहा जाता है कि लड़की को इसकी इजाजत नहीं, उसकी इजाजत नहीं। इजाजत हमेशा ही गायब रहती है। क्या हमारे लिए कोई इजाजत बनाई ही नहीं गई? सिवाय इसके कि ब्याह हो जाए।

गाँव के स्कूल में ही एक दिन बॉक्सिंग के कोच आए। वे लड़कों का चुनाव कर रहे थे। मैंने देखा तो शरीर में बिजली सी दौड़ गई और मैं घर की ओर बेतहाशा दौड़ी। मम्मी को बड़े उत्साह से बताया। मम्मी ने कहा–पापा से पूछे बिना कुछ नहीं हो सकता।

क्यों नहीं हो सकता? पापा इतनी दूर बैठे हैं और तो यहाँ सब कुछ होता है उनके बिना। क्या खेत नहीं बोए जाते, क्या पशु नहीं पाले जाते? क्या कुत्ते-बिल्ली को रोटी नहीं डाली जाती? क्या भइया की पढ़ाई नहीं होती? क्या मम्मी कहीं आना-जाना नहीं करतीं? मेरी बात आते ही पापा का नाम आ जाता है।

पापा से पूछा गया, फोन करके, उन्होंने मना कर दिया। मैं समझ गई कि पापा को बीच में क्यों लाया जाता है? केवल मना करने के लिए। मम्मी ने उनकी मना मान भी ली? क्या अपने लिए ये उनके सारे हुक्म मानती हैं? अगर भानती हैं तो हमें भी मनवाना चाहती हैं, भले हमारा कैरियर बने या बिगड़े।

मैंने मामा जी से प्रार्थना की। मामा जी ने सिफारिश की। मम्मी फिर भी नहीं मानी।

'जब आज्ञा नहीं मिलती तो आज्ञा का उल्लंघन करो।' तभी से मैंने यह सिद्धान्त बना लिया। आप सोच लीजिए मैम, मेरी क्या छवि बनी होगी। ज्यादातर बातों को लेकर हमारे लिए मना होती थी और उन्हीं ज्यादातर चीजों को मैं कर गुजरती थी। मैं ढीठ, बदतमीज और जिद्दी लड़की। मुझमें अब वे लक्षण कहाँ, जिनकी एक नेक लड़की से उम्मीद की जाती है। जो बातें लड़कियों के लिए आदर्श बताई गई हैं, मैं उनसे कोसों दूर होती गई।

मैं स्कूल में जाकर बॉक्सिंग की प्रैक्टिस करने लगी। लम्बे बालों से परेशानी होती थी, मैंने कटा दिए। सलवार-कमीज और दुपट्टा जी का जंजाल लगने लगा, लड़कों वाले कपड़े पहनने लगी। डाँट और मार का वर्णन करना बेकार है। अंदाजा लगाया जा सकता है कि अपने गाँव में लड़की मर्द का रूप धरकर घूमे, घरवाले किस मुँह से बाहर निकलें? 'बिगड़ गई, बिगड़ गई' का कीर्तन होने लगा। माँ के हाथ मुझे मारते-मारते चोट खाने लगे। एक दिन जब मैं गुस्से से उनका सामना करने के लिए ग्लब्स पहने ही रही, माँ डर गई कि जवान लड़की हाथ न चला बैठे। मैंने देखा तो अचरज लगा, ऐसे तो माँ-पापा से डरती हैं या जब कभी भाई गुस्सा होता है, तब भी उनके चेहरे की रंगत उतर जाती है। मुझे दुख हुआ, मम्मी को मैंने क्यों डरा दिया।

अब मैं घर में तब आती, जब लोग सोने लगते। यह सवाल तुरन्त उठ खड़ा हुआ कि मैं कहाँ रहती हूँ? मैं बिगड़ी हुई तो थी, बदमाश भी लगने लगी।

मेरा नाम हिसार में होनेवाले कैम्प के लिए आ गया। पता नहीं क्यों मेरे मन में आया–घर पूछ लिया जाए? इस बात पर कोच गुस्सा हुए क्योंकि वे जानते थे, इजाजत नहीं मिलेगी। हो सकता है, यह सर का पुराना अनुभव हो।

जब मैं हिसार कैम्प से आई, प्रदर्शन इतना शानदार रहा कि मैं खुशी के मारे छलकी पड़ रही थी। सफलता अपनों से बाँटी जाए तो मम्मी को बता सकती हूँ कि मैं कैसा खेली। जो मिला उसको भी दिखा सकती हूँ। माँ से ज्यादा खुश कौन हो सकता है?

गाँव-भर में शोर था—नीलू भाग गई। काला मुँह कर गई।

ऐसे गाँव में किस तरह, कितने दिन रहती? मैं खेल रही थी। नेशनल में फर्स्ट पोजिशन थी, 31 हजार रुपए इनाम मिला था। अखबार में फोटो आ गई। माँ और पापा को बल मिला। उनकी बेटी कहाँ भागी थी, जान गए। ताऊ-चाचा बराबर हल्ला मचा रहे थे। मम्मी कहने लगीं—घर में से कोई बाहर नहीं निकला, इसलिए सोच रहे हैं कि नीलू क्यों जा रही है।

मैंने अपने आपको प्रमाणित किया, अब रोकने कौन आता? घर रहकर कैम्प में जाने लगी और मैंने कॉलेज में दाखिला ले लिया। मैं महसूस कर रही थी कि अब मैं जिद से नहीं, आत्मविश्वास से आगे बढ़ने लगी हूँ।

कॉलेज के दिनों में पंगा हो गया। हुआ यह कि एक लड़का बॉक्सिंग को लेकर मुझ पर व्यंग करने लगा। उसने मेरे खेल को गन्दा खेल कहा। मैंने उसे झाड़ा। यकायक उसने मेरी कमीज की कालर पकड़ ली। मेरी गर्दन पर अपना पंजा गड़ा दिया।

मुझे तो बॉक्सिंग का अभ्यास था, तुरन्त थप्पड़ मारा, उसकी नाक से खून आ गया। वह मुझे पीटने लगा और मैं उसे धुनने लगी। बीच-बचाव लड़कियों ने किया या लड़कों ने, मुझे याद नहीं।

बहरहाल साथ की लड़कियों ने मुझे बताया कि मैं घर कहूँगी तो बवाल मचेगा। लेकिन मेरी गर्दन पर लड़के के पंजे के खूनी निशान थे। कहूँ या न कहूँ दुविधा तो थी, लेकिन सोचा, इसमें घरवाले क्या करेंगे।

मैंने लड़कों से ही सलाह की और फिर पुलिस में रिपोर्ट कर दी। पुलिसवालों ने छूटते ही कहा, तूने कुछ तो शरारत की होगी। बोल कौन-सी अदा दिखाई। पुलिसवाले ने इतने सवाल किए कि मैं घबरा गई।

मैंने कुछ लड़कों से पूछा, वह लड़का कहाँ का था? पुलिस ने कुछ पता नहीं लगाया। पुलिस को जाना था, मैं गई पता लगाने। जब मैंने पुलिस को उसका पता दिया, पुलिस उस लड़के को ले आई।

लड़के ने पुलिस के सामने मुझसे कहा, यह मुझे बदमाश कह रही थी, ऐसे बोलेगी तो पिटेगी ही। मेरे ऊपर इल्जाम, मैं सन्न रह गई।

ऊपर से पुलिस का सिपाही कह रहा था, 'इतनी आवारा न बन, तू लड़की है। इन सबसे कब तक बचेगी? आज तो लड़के से माफी मँगवा देंगे, पर आइन्दा खुद को कंट्रोल करके रहना। अरे, लड़के तो छेड़ते ही रहते हैं। तू गुंडागीरी करेगी?'

यह पुलिस! मैं कहाँ जाऊँ? मुझे सदमा था। मैं दो दिन कॉलेज नहीं गई। वह लड़का कॉलेज में कहता फिर रहा था, 'बड़ी बॉक्सर बनती थी, निकाल दी हेकड़ी। बैठ गई घर में।'

मैंने यह सब सुना तो सीधी लड़के के पास गई और उसे पीटना शुरू कर दिया। अब तो रिवाड़ी में यह बात पूरी तरह फैल गई कि मैं बिगड़ी हुई लड़की हूँ। बात छिपी कब तक रहती, मम्मी ने सुनकर रिवाड़ी जाने के लिए मना कर दिया।

मैंने आखिर ऐसा क्या किया था? उस लड़के के कमेंट्स चुपचाप सुन लेने थे? फिर मैं बॉक्सिंग क्यों सीख रही हूँ? केवल इनाम जीतने के लिए? जीवन में इसका कोई उपयोग नहीं? जिस खेल में ताकत न मिले, उस खेल को बेकार मानती हूँ मैं।

मम्मी मेरी जिद को जानती थीं। यह भी पता था कि अब मुझे रशिया (रूस) जाना है टूर के लिए। संयोग ही था, तभी पुलिस भर्ती के लिए फार्म निकले। मम्मी से साफ कह दिया—मैंने प्रतिज्ञा की थी, पुलिस की नौकरी करूँगी, तुम पापा को मेरे फॉर्म के बारे में न बताना।

रशिया में बहुत कुछ सीखने के लिए मिला।

लौटकर कैथल में फिजिकल दिया। 100 में से 25 लड़कियाँ लेनी थीं। मेरा फिजिकल बहुत अच्छा हुआ। अभी तक घर में किसी को कुछ नहीं बताया था। क्योंकि घर में अब मेरे इस अगले स्टेप को सब खतरनाक मानते। लड़की होने के नाते पुलिस मेरे लिए नहीं थी। कैथल अकेले ही गई थी। रात हो जाती तो डर भी लगता था। सोचती, ऐसा जुनून क्यों सवार हुआ है कि मैं एकदम अकेली होती जा रही हूँ। इंटरव्यू होगा, मैं किससे पूछूँ कि क्या पढ़ूँ? मैं अपनी बात किसी को नहीं बता सकती। घर की गुनाहगार हो गई घर की लड़की!

इंटरव्यू हो गया। अब मेडिकल होना था। सफलता मुझे बेचैन कर रही थी। पापा को पता चलेगा तो? मैंने छिपा-छिपाकर खुद को दोषी बना लिया है। छिपाने की बात भी क्या थी? मैंने गुनाह तो नहीं किया। लड़के लोग चोरी-बदमाशी करते रहते हैं, मारकाट मचाते हैं, लड़कियाँ छेड़ते हैं, बलात्कार करते हैं, तब भी मुश्किल से दोषी माने जाते हैं। मैंने तो ऐसा कुछ नहीं किया। मैं क्यों डर रही हूँ?

डर का कारण स्पष्ट हो गया। पापा इतने बिगड़े कि मेरा घर से भाग जाने का मन किया। मैं समझाना चाहती थी, वे मौका नहीं दे रहे थे। ऐसे घर में कोई कैसे रहे, जहाँ मुझे हर कदम पर मुजरिम की तरह देखा गया।

मैं मेडिकल के लिए नारनौल जा रही थी, मम्मी को पता भी था। जैसे ही कॉलेज में पता चला कि नीलू यहाँ नहीं आ रही, फिर हल्ला हो गया कि मैं भाग गई। मम्मी कहतीं—नौकरी लग गई है।

लोग कहते—माँ बहाना न करे तो क्या करे?

मम्मी रोने लगतीं?

अब मेरी जगह गुनाहगार मम्मी थी, जिसने मुझ जैसी को जन्म दिया। मैं क्यों बुरी हूँ? मैंने क्या बुरा किया है? लोग मेरे पीछे क्यों पड़े हैं? मैं शादी करके चली जाती, मैं दहेज के लिए जला दी जाती तो क्या तब भी ये लोग इतनी ही खोजबीन करते कि ऐसा क्यों हुआ? मेरा कसूर यह है कि जो घर में अब तक नहीं हुआ था, वही मैंने किया। मैंने मर्दों को मर्द नहीं समझा। कुछ न बना तो मेरे कपड़ों पर ही मुझे इलजाम दिए गए कि जींस और टॉप मुझे कौन दिलवाता है? मैंने कौन फँसा रखा है, जिसने नौकरी दिलवाई?

मुझे किसी ने नौकरी नहीं दिलवाई। जिस दिन पुलिसवालों ने मुझे परेशान किया था, उसी दिन सोच लिया था पुलिस में जाऊँगी तो लड़कियों की बातों पर गौर करूँगी। मैं भुगत चुकी हूँ कि लड़कियों पर कितनी जल्दी इल्जाम लगते हैं।

अब मैं पुलिस में भर्ती होने के बाद जब छुट्टी में रिवाड़ी गई तो वही पुलिसमैन खड़ा था, जिसने मुझसे कहा था—ज्यादा आवारा न बन।

मैंने कहा—जै हिन्द सिपाही जी।

मुझे देखकर वह पहचानने की कोशिश करने लगा। फिर झटका खाकर बोला—तू! तू क्या पुलिस में चली गई!

मैंने बताया—तुमने कहा था सिपाही जी कि तेरी जैसी लड़कियाँ बदमाश होती हैं, सो मैंने सोचा बदमाश महकमे में ही चली जाऊँ।

6.8.08 दोपहर

यह लता थी आज। प्लाटून नम्बर बताकर मुझे सलूट किया और सावधान की मुद्रा में खड़ी हो गई। मैंने कुर्सी पर बैठ जाने का इशारा किया, फिर भी उसी तरह खड़ी रही। मैंने बताया—मैं तुम्हारी अफसर नहीं, एक मामूली औरत हूँ। मेरी जैसी तुमने अपने गाँव और शहर में कहीं देखी होंगी।

इन लड़कियों को आत्मविश्वास में लेना ही यहाँ मेरी सबसे बड़ी सफलता है। सोचा, कहाँ से बात शुरू करूँ? इनका दबा-छिपा गूढ़-गोपन ही जैसे इनकी पूँजी हो और इसी पूँजी में मुझे इनकी स्वाभाविकता की झलक मिल पाती है। मुश्किल यह है कि ये लड़कियाँ संस्कारों में इस तरह जकड़ गई हैं कि स्वाभाविकता को दर्शाना अपराध लगता है। फिर भी यहाँ तक का सफर संस्कारों के बाड़े तोड़कर ही शुरू होता है, इस मान्यता पर मैंने जो कुछ पूछना चाहा, इस एकान्त कमरे और बिना किसी नाते रिश्ते की मैं, लता को ऐसे ही लगी जैसे निर्जन में पेड़ की छाया में बैठकर वह किसी राहगीर को अपना किस्सा सुना रही हो।

—मैंने प्रभाकर और प्लस टू किया है मैडम। मेरे पिता हेडमास्टर हैं, प्राइमरी में। बहुत प्यार करते हैं हम दोनों बहनों को। खेल से भी कभी रोका नहीं, मैं एथलीट रही हूँ, हाई जम्प की खिलाड़ी भी।

सब कुछ कर लो, शादी तो होनी ही है, इसलिए ब्याह हो गया। जल्दी-जल्दी बच्चे हो गए। मैं शादी की शालीनता ओढ़कर मुँह-आँखें ढके रही कि पिता की इज्जत की चादर को बेदाग रखने के लिए घर से बाहर कदम नहीं निकाला।

लेकिन पिता, पिता भी इतने चतुर सयाने होते हुए जब धोखा खा जाए तो इज्जत को कैसे बचाए कोई। मैं क्या करूँ इसके लिए कि उनका दामाद, जो लाखों में एक बताया गया था, वह शराब पीकर घर में घुसता है। बीड़ी फूँकता रहता है। मैं क्यों परेशान हो जाती हूँ, यह तो मर्दों का दस्तूर है, गाँव भर में। और दस्तूर यह भी है खेत कम हों या ज्यादा, मेहनत की कमी भले हो जाए, सरकार से ज्यादा से ज्यादा कर्ज लो। बैंकों से उधार खाता रखो और उस रकम को मुफ्त समझो। चुकाने की आदत है ही नहीं, नीलामी, कुर्की हो तो भागो या आत्महत्या कर लो। ससुर ऐसे ही झगड़े में मारे गए। ये सब कहते हैं कि परिवार में आपसी रंजिश थी मैडम जी, वैसे गाँव में परिवार वह चीज है जिसके लिए आदमी जीता है या जिसके द्वारा मारा जाता है।

बहरहाल कंगाली से ही बदहाली ऐसी हुई कि मेरे पढ़ने-लिखने के सपने काफूर हो गए। पापा ने बी.ए. में एडमीशन करा तो दिया, लेकिन पढ़ने के लिए समय तो मुझे ही निकालना था। मैं भैसों की देखभाल करती, बच्चों को पालती, घर का काम करती, खेतों में जाती या पढ़ती? अब समझ गईं आप गाँव का जीवन लड़की या औरतों को ऊँची पढ़ाई के लिए न सुविधा साधन देता और न समय। मगर मैंने बी.ए. की परीक्षा दी। पास भी हुई। इस खुशी से ज्यादा मुझे इस बात का गम था कि मेरे बच्चों की फीस न जाने के कारण उन्हें एक दिन स्कूल के बाहर बिठा दिया। निकाल ही दिया समझो।

तब लगा कि पढ़ाई हमारे लिए जरूरत नहीं विलास जैसी है, पैसे की कमी के कारण। बच्चे बीमार हो जाते तो सास कहती—परिवार वाले दुश्मन हैं, उन्होंने हमारे बच्चों पर जादू-टोना किया है। मुझे हँसी आ जाती, कड़ुआहट भरी हँसी। कैसे समझाऊँ कि गरीबी में बीमारी भी आसानी से चली आती है। रोगों को रोकनेवाला भी पैसा ही होता है, चाहे खुराक का जरिया बने या दवाओं का। मैं अपनी बीमारी छिपाकर बच्चों को स्वस्थ रखने की कोशिश करती हूँ।

पति चुपके-चुपके रोते हैं, मैंने देखा। शराब का अभ्यस्त आदमी या तो गालियाँ देता है या रोता है। मैं जगह-जगह नौकरी के लिए फॉर्म भरती, गाँव के लोग कहते—खुद तो पीकर पड़ा रहता है, औरत को फिरा रहा है। अब उसकी कमाई खाएगा। मुफ्त की रोटियाँ तोड़ने की आदत पड़ गई है। ब्याह के बिचौलिए अब कहाँ गए,

जिन्होंने गारंटी ली थी कि लड़का योग्य है। सब तरह से समर्थ है। मेरे पिता की तरह तमाम पिता बेटियों को दाँव पर लगाकर ऐसे ही जुआ खेलते हैं। बेटी गोटी के रूप में पिटने लगती है तो दो-चार कपड़े देकर, सौ-पचास रुपए देकर उसे सांत्वना देते रहते हैं, जैसे बेटियों का आत्मसम्मान ही नहीं।

मैंने आव देखा न ताव, पुलिस में भर्ती होने के लिए फार्म भर दिए। लोग और भी हँसे—मर्दों की नौकरी पर औरत जात। इसे मिलेगी नौकरी? घास लाती है दिन में तीन बार, वही शोभा देता है इसे। शेखचिल्ली के सपने देख रही है।

हुआ वही जो लोग कह रहे थे। मेरी हाइट यानी कि लम्बाई कम पड़ गई। कद छोटा था, मैं बहुत रोती थी अपने दुर्भाग्य पर। मेरा रोना पति के लिए चिन्ता का विषय हो न हो, इस समय भावना का विषय जरूर था। वे पिघल गए। बोले--लता तुझे याद है, एक दिन मैंने भाषण दिया था। जब मंत्री जी चुनाव के दौरान आए थे, जब मैंने माइक के सामने बोला था। उस दिन मंत्री जी मुझे एक कार्ड दे गए थे। लता रुपया-पैसा तो कभी मेरे पास हुआ नहीं, वह कार्ड ही ऐसे रख लिया जैसे पूँजी हो। क्या हम मंत्री जी को फोन करें, शायद उन्हें याद हो...

मुझे हँसी आ गई, यह भी शेखचिल्ली का सपना है। पति फोन करके ही माना और मेरी आशाओं के विपरीत मंत्री जी ने फोन ले ही लिया। उस एस.पी. को फोन किया, जिन्होंने मेरी हाइट कम बताकर मुझे निकाल दिया था।

अब हम एस.पी. साहब के पास जा रहे थे, मगर समय हमसे कई गुना तेज भाग रहा था। हमने अपनी पूरी ताकत लगा दी भागने में। मगर एस.पी. साहब हमें मिले ही नहीं।

एक दिन, दो दिन, तीन दिन, चार दिन, हम रोज गए, वे चौथे दिन मिले। मुझे हाइट में पास कर दिया।

जहाँ जाए भूखा, वहाँ पड़े सूखा, फिजिकल के लिए जा रही थी, रास्ते में रैली मिल गई। हम जाम में फँस गए। जाम को क्या पता, हमारी यह पीढ़ी भूख से मर रही है। पुलिसवालों का काम था जाम को कन्ट्रोल करना, वे हम जैसों को गन्दी-गन्दी गालियाँ देने लगे। धक्का मारने लगे।

उफ्! पुलिस ऐसी होती है, जिसके लिए मैं जी-जान लगा रही हूँ। मैं नहीं जाती। मगर मैं कैसे नहीं जाती, सास-ननद, तीन बच्चे और पति के लिए रोटी का जुगाड़ करना था। मैं जहन्नुम में भी जाती।

एक बार यह भी लगा कि अगर फिजिकल टैस्ट में पास करने के लिए रुपए माँग लिए तो? तो हम अपने इसी नरक में रहेंगे।

मैंने फिजिकल टैस्ट पास कर लिया। एथलैटिक्स और हाई जम्प यहाँ बड़ी काम आई। पिता के लिए दुआएँ निकलीं। कुछ दिया हो या न दिया हो, यह कला तो दी।

भाग्य फिरना इसी को कहते हैं कि मेरा सलैक्शन हुआ। खानदान वाले हमें सामने देखते ही थूक देते थे। आँखें निकालकर चलते थे। सास कहती थी—लता नौकरी में जा रही है और मुझे लग रहा है, मैं आसमान में उड़ रही हूँ।

सच मानिए मैडम यहाँ योग करते हुए जब मैं आँखें बन्द करती हूँ तो सामने माँ-बाप दिखाई नहीं देते, सास प्रकट हो जाती है। उन्हीं का आशीर्वाद लेकर मैंने कसम खाई थी—कभी किसी से कुछ न लूँगी, कभी किसी को न सताऊँगी।

एक थाने पर ड्यूटी के समय मैंने देखा ए.एस.आई. ने एक आदमी से पच्चीस सौ रुपए ले लिए। न उसे शर्म लगी, न डर। पाँच सौ हम लड़कियों को भी दिए, हमने साफ मना कर दिया। देखा था सड़क पर चलते ट्रकों का, कारों का, स्कूटरों का बेकार ही चालान करते हैं और रुपए लूटते हैं। हमसे कह रहे थे—नहीं लेती, हाँ अभी तुम नई हो।

8.8.08 सुबह

अब वह मेरे सामने, मुझसे मुखातिब हुई तो उसका हुलिया मेरे दिमाग में ऐसे दर्ज हुआ—लम्बे कद की लड़की, इकहरे शरीर की है, इसलिए और लम्बी लगती है। वर्दी में नहीं होती, जींस और टॉप पहने रहती है। उसे खूबसूरत नहीं कह सकते, स्मार्ट बहुत है।

अब वह मुझसे पूछ रही थी—मैम, हम हमेशा पिता और भाई को खुश करने की कोशिश क्यों करते रहते हैं?

'तुम्हीं बताओ क्यों? क्या तुम ऐसी कोशिश करती रहती हो? तुम्हारा ऐसा अनुभव न होता, तो यह सवाल तुम उठाती भी नहीं।'

वह तो दो क्षण मुझे देखती रहती है और मैं देख रही हूँ कि उसकी आँखों में शायद पिछली बातें हलचल मचाने लगीं, क्योंकि उसकी नजर स्थित हो गई जब उसने पलकें झपकाईं और इधर-उधर देखा, मैं समझ गई, कुछ कहना चाहती है।

मेरे डैडी की तबीयत खराब ही रहती थी। समझिए कि उनको मेंटल हॉस्पिटल में भर्ती करना पड़ता था। एक भाई है और हम पाँच बहनें हैं। हम गाँव में नहीं शहर में रहते हैं। घर के हालात बिलकुल अच्छे नहीं थे। सारा वजन भाई पर पड़ रहा है, ऐसा हम मानते थे। पिता का होना न होना बराबर है। बहनों का बड़े होते जाना घर के लिए संकट, फिर भी मम्मी ने बड़ी बहन को कहीं और भेज दिया कि पढ़ाई छुड़ाकर ताया जी शादी न कर दें क्योंकि घर के मर्दों से आमने-सामने पड़कर बात करना खानदान की तौहीन थी।

मैं घर के मर्दाने काम ज्यादा से ज्यादा करती, ताकि भाई खुश रहे, बस। बैल की तरह काम। इसलिए ही शायद भाई मुझे बैल कहता है।

स्कूल में मैं पढ़ने के अलावा गेम खेलती जैसे कबड्डी। मगर कबड्डी पापा को पसन्द नहीं थी, बस इसलिए ही मैंने छोड़ दी। सर ने जोर दिया और मुझे कैप्टन बनाकर टूर्नामेंट के लिए भेज दिया। मैं मन-ही-मन पापा-भइया से डरती क्यों रही मैम? मेरा टूर्नामेंट अच्छा रहा था। डाइव बहुत अच्छी थी। मेरा बाहर जाना ही शायद मेरा अपराध था? है न?

मैंने खेल में कलस्टर, रिजनल, जोनल, क्लीयर किए हैं। जोनल राँची में था। एक लड़के से मैंने चॉकलेट माँग ली, सर ने कहा, तुम किस गन्दे खानदान से हो। सुनकर मेरी रूह काँप गई। खानदान माने पापा और भइया और ताया जी!

ग्वालियर खेलने गई तो लड़के-लड़कियों को साथ रखा गया। गरिमा दीदी का वहीं अफेयर हो गया। एक लड़का मुझसे कहने लगा—मैं तुम्हें प्यार करता हूँ—मैं रोने लगी थी मैम। क्यों रोने लगी थी? वह प्यार ही तो करना चाहता था, मेरा नुकसान तो नहीं कर रहा था। अजनबी जगह, अजनबी लोग, ऐसे में कोई प्यार करे तो कितना अच्छा लगता है। मगर मैं थी कि कमरे में बन्द हो गई जैसे मेरे भइया मुझे देख रहे हों, पापा अपनी बदहवास आँखों से ही घबरा रहे हों। मैम, हम कहीं भी जाते हैं अकेले होते हैं। नहीं, हमारे संग हर समय 'डर' रहता है। तभी तो जब मैं मैच हार गई और रो रही थी, वह लड़का आया, धीरज बँधाने लगा, मैं उसकी दोस्ती को बदमाशी समझना चाहती थी क्योंकि घर में यही माना जाता है।

आप क्या कहती हैं मैम?

'यही कि दोस्ती नियामत इसलिए है कि यह तुम्हारे ऊपर रिश्तों की तरह थोपी नहीं जाती। दोस्त को चुनते हो क्योंकि वह तुम्हारे विचारों और भावनाओं के बहुत नजदीक होता है।'

मम्मी सोचती थी मैं गलत संगत में न पड़ जाऊँ। मैम खेल में साथी तो साथी ही होते हैं, उनकी संगत से कहाँ तक बचें? बचें या खेल की प्रैक्टिस करें? भाई-पापा-ताया और मम्मी के साथ तो प्रैक्टिस होगी नहीं।

लड़कियों में रहना हमारे घरों में सबको सेफ लगता है। मगर मैम लड़कियों को एक दूसरे प्यार करते मैंने देखा है, वे एक दूसरे को लम्बे-लम्बे किस करती हैं। ब्रेस्ट छूती हैं और चादर ओढ़कर...बड़ी हलचल दिखाई देती है। क्यों करती हैं ऐसा? मुझे कैसा-कैसा लग रहा था...

इसलिए कि इस उम्र में हार्मोंस का जो सीक्रेशन होता है, तूफानी होता है। लड़कों से इंटरैक्शन खतरों भरा लगता है और मुश्किल से मौके बनाए जा सकते हैं।

लड़कियों के साथ आसानी ही नहीं, शक-सन्देहों और सजाओं का डर नहीं रहता। सामाजिक डर अकसर अप्राकृतिक, अस्वाभाविक क्रियाओं को जन्म देता है।

इसलिए ही मैम मेरे साथ ऐसा हुआ। सर ने मुझे कैचर के लिए तैयार किया था। उनको मैं बहुत मानने लगी शायद चाहने लगी थी। मेरी उम्र चौदह-पन्द्रह साल रही होगी और सर 25 के थे। अट्रैक्शन किसे कहते हैं, अच्छी तरह जानती नहीं थी, लेकिन सर का छूना अच्छा लगता था। स्पर्श का आनन्द क्या होता है, उसका रोमांच क्या होता है तभी जाना और जब उन्होंने मेरी चाहत को नजदीक आने को कहा, मैं रोने लगी। सर नहीं, मेरा डर था, जो मुझे रुला रहा था। मैं ठीक समझ रही हूँ न मैम? मैंने मम्मी को भी सर के बारे में यह नहीं बताया कि उन्होंने मुझे कैचर के लिए तैयार किया है। उस घटना को हादसे की तरह लिया। हाँ, मेरी उठान पाती उम्र की जरूरतें नष्ट नहीं हुईं। जो सर से पाया, उसी को बढ़ाने के लिए एक लड़की की ओर झुक गई। वह मुझे प्यार करती थी, गले मिलती मगर मुद्रा अलग तरह की होती। हमारा घूमना साथ-साथ और खाना एक ही प्लेट में होता।

एक टीचर ने हमें जानबूझकर अलग कर दिया। मेरी फ्रैंड ने तड़पकर लैटर लिखा, आई मिस युवर किस।

जब-जब मैंने दोस्त बनाए, किसी न किसी बहाने ये बिछड़ते चले गए। इधर भइया के एक्सीडेंट से मेरी पढ़ाई पर असर पड़ा। पढ़ाई से ज्यादा मैंने भइया की सेवा को महत्त्व दिया। मुझे सेवा करते हुए किसी भी काम से घिन नहीं आती, सूसू और लू साफ करने की मुझे आदत है, जब से पापा ने अपने होश खो दिए थे। कई बार तो मन में आया अस्पताल में नर्स ही क्यों नहीं बन जाती।

घर की हालात में सुधार के अवसर नहीं थे। इन दिनों मैं खेल को भूल गई। भइया और पापा में मारपीट होने लगती, हम दहशत के मारे अधमरे हो जाते। लगता कि भइया के पाँव पकड़ लें, माफी माँगे कि एक तो पापा की मानसिक हालत खराब है, ऊपर से इस घर पर पाँच लड़कियों का बोझ है। सच, हम गुनाहगार की तरह पैदा हुए हैं। और हमारी खपत केवल घर के कामों तक ही है। हमारा पढ़ना-लिखना अय्यासी के रूप में देखा जाता और खेलना-बदतमीजी।

मैं जॉब करूँगी। बारहवीं पास हो गई, मैंने कहा था। बताया भी कि मैं खेल के कारण स्कॉलरशिप से पढ़ी हूँ, बड़ी बहनों ने ट्यूशन किए हैं, स्कूल में नौकरी की है।

'तू बैल है बैल, तू कुछ नहीं करेगी', भइया ने सबके खेवनहार के रूप में खुद को रखते हुए फैसला दिया और मैंने बी.ए. में दाखिला ले लिया। मुझे एथलैटिक्स में भाग लेने पर रुपए मिले थे। मेरा खर्च कॉलेज उठा रहा था। मुझे खेल के लिए गोल्ड मैडल मिल रहे थे। यही कारण रहा होगा कि आत्मविश्वास पैदा होने लगा।

भइया ने हमारे सर से कहा था–'मनी वाइज कैश दिलाओ।' मैं यह भी नहीं कह पाई, अभी नौकरी नहीं, गेम की पीक पर हूँ। मुझे नौकरी करनी पड़ी। आत्मविश्वास छीजने लगा। जाना कहाँ था, किस रास्ते पर मुड़ गए।

मैं सोचती हूँ मैम, अपना भाई होते हुए भी मैंने अरुन भइया को भइया क्यों माना? या सिर्फ उन्हें भइया कहा, माना तो दोस्त और सहयात्री ही। 'भइया' शब्द बड़ा पवित्र है मैम, पाप-शंकाओं को ये धोता रहता है। हमारे देश की 75 प्रतिशत लड़कियाँ 'भइया' शब्द के शुद्ध सफेद पर्दे की आड़ में रहती हैं और अपने लिए राहत के क्षण निकल लेती हैं। राहत तो किसी तरह चाहिए ही न बंदियों को।

असलियत तो यह है कि एक दिन अरुन हमारी एस.टी.डी. पर फोन करने आए थे। फोन करने के बाद बैलेंस पूछने लगे। मैंने कहा, '27 अंकल।' उन्होंने कहा माई सेल्फ अंकल! मैं तो केवल 27 साल का हूँ। 'ठीक है, अंकल नहीं आप भइया हैं' मैंने कहा था।

'आया करो मेरे यहाँ' का निमन्त्रण मिलने लगा। मैं उनके यहाँ जाने लगी। उनकी पत्नी से मिली। आना-जाना बना रहा। एक दिन जब उनका तबादला यहाँ से हो गया तो जाते समय उन्होंने साफ कह दिया, 'मैं तुम्हें प्यार करता हूँ', क्या मैं यह बात जानती नहीं थी? जान तो उसी दिन गई थी, जब उन्हें अंकल पुकारे जाने पर ऐतराज हुआ था। बस मैं अनजान सी बनी रहकर असलियत को छिपा रही थी क्योंकि डर था, घरवालों का डर, वह भी अपने भइया का डर बाघ जैसा।

मैं इस बात को किसी से भी शेयर नहीं कर सकी। हम बहुत अच्छे दोस्त हैं। क्या इस बात को आसानी से कहा जा सकता है? या लोग मान लेंगे कि हमारे सैक्सुअल रिलेशन नहीं हैं। हर घर में लड़की का किसी लड़के से सम्बन्ध एक ही तरह का माना जाता है, सेक्स की तुला पर रात-दिन तोलते रहते हैं।

अरुन भइया के दिल में नातों का महत्त्व नहीं, दोस्ती का जज्बा है। निश्चित ही वे 'भइया' शब्द का ढकोसला नहीं पालना चाहते। मैं राखी बाँधने लगी। उन्होंने इनकार कर दिया तो मुझे लगा था कि सम्बन्ध के सम्बोधन के बिना मैं उनको कब तक अपने नजदीक रखूँगी?

उन्हें नजदीकी कितनी चाहिए, वह भी मुझे पता नहीं, अभी तो इतना ही है कि मैं यहाँ से जाऊँ, वे मुझे लेने आते हैं बस स्टैंड। कहीं चलकर बैठते हैं, बातें करते हैं। रेस्टोरेंट में हम दोनों खाते हैं। एक जुमला अकसर मुँह से निकल जाता है–'तुमने मुझे जिन्दगी जीना सिखा दिया स्वाति।' फोन न करो तो परेशान से हो जाते हैं। एक बार तो मुझे लगा बहुत अपसेट हैं। मेरे भावुक मन में आया कहीं वे आत्महत्या न कर लें। फिर सोचा यह बात मैं उनके लिए सोच रही हूँ या अपने लिए? वे मेरे भावानात्मक सहारे हैं।

इससे पहले मेरी जिन्दगी क्या थी? मैं टीचिंग कर रही थी और गेम्स के बारे में सोचा करती, बस।

गेम्स मेरी जिन्दगी है, यही सोचकर सॉफ्ट बॉल खेलना शुरू किया। स्कॉलरशिप मिली। मेरे सगे भाई ने अब इतना समझ लिया कि मैं कमाऊ बन सकती हूँ। रुपए की कीमत अपने खूनी रिश्तों के बीच क्या होती है, मेरी समझ में आ गया। मेरा बड़ा भाई अब खुद मुझे कोचिंग के लिए ले जाता था, सॉफ्ट बॉल मेरी नाक पर लगी थी, चोट बहुत थी मगर भइया के दिमाग में बैठ गया था—मैं मनी सोर्स बन रही हूँ।

इस बीच पुलिस में भर्ती के फार्म ले आई। मेरी हिम्मत नहीं पड़ रही थी कि यह भाई से कैसे कहूँ? उपाय सूझा, पड़ोस के अंकल को बुला लाई। भइया ने मेरी बात कभी नहीं मानी, पड़ोसी की मान गए, मुझे ताज्जुब यही होता, घरवाले लड़की की बात क्यों नहीं मानते? उसकी रुचि, उसके फैसले, उन्हें गलत ही क्यों लगते हैं। 'लड़की को गलत शब्द से जोड़कर अपराधी बना डालते हैं।' बताइए मैम, अपराधी कैसे सिर उठाकर बात करे?

'तेरी शादी में बहुत प्रॉब्लम आएगी', भइया ने कहा था। मेरा सलैक्शन हो गया, मेरा भाई खुश नहीं हुआ, मैरिट में मेरा पहला नम्बर है इस बात पर गर्व कौन करे? मैम हमारी योग्यताएँ ऐसे ही खारिज होती रहती हैं और हम उनसे अपनी योग्यता और क्षमता के लिए तारीफ चाहते हैं जो हमारे जन्म से ही बोझ से लदे हैं, वे हमारी शादी को हमारे कैरियर से ज्यादा अहमियत देते हैं, इसलिए ही भाई लोग बहन को कभी अपने घर का सदस्य नहीं मानते।

यहाँ भी मैं थर्ड पोजीशन लेकर पास हुई, मगर हुई तो क्या तीर मारा? मेरे भाई की कोई प्रतिक्रिया नहीं। अरुन भइया ने मुझे इनाम में मोबाइल सेट दिया।

मैम, जो हमें रिजेक्ट करता है, हम उसी की एक्सेप्टेंस के लिए जिन्दगी लगाते रहते हैं। यही कारण है मैम याकि हम जैसी लड़कियों, बहनों की कमजोरी कि मैं अपनी तनख्वाह का पैसा भाई को भेजती हूँ फिर भी अपने खर्चे के लिए कम-से-कम भाई से ही लेना चाहती हूँ। बहुत बार सोचा है, क्यों करती हूँ ऐसा? अन्त में मन में यही आया, न मैं स्वीकृति चाहती हूँ, न अस्वीकृति से घबराती हूँ, जिस भावना से प्रेरित होती हूँ, वह है घर में भइया का पुरुष होना और पुरुष वर्चस्व का लोहा माननेवाली ग्रन्थि मेरे भीतर तब से पैदा हो गई थी, जब से मैंने होश सँभाला। मम्मी ने हमेशा भइया का मुँह देखा और हमें इसी बात के लिए मजबूर किया। इस संस्कार से जिस दिन छुटकारा पाऊँगी, अपनी कमजोरी से मुक्ति होगी मेरी।

छनाछन बाजै बीजना

9.8.08 शाम

'मेरा नौ डांडी का बीजना' इस गीत की झनकार ने मेरे मन के मौसम बदल डाले। यह आराम का समय, रात ग्यारह बजे हैं। मैं अकेली ही गुनगुना रही हूँ—

मेरा नौ डांडी का बीजना
मेरे ससुरे ने दिया गढ़वाय
छनाछन बाजै बीजना...
मेरी सास कहै बहू पीसले
मेरे सैयाँ जी हिलावें हाथ
छाले पड़ जावें हाथ में

मुझे लग रहा है, इस कठोर समय में अपने गीतों की लयभरी गीत-कथाओं को बचा लें तो इसके अलावा और कुछ का कोई अर्थ नहीं। निश्चित ही मेरे होंठ अपनी मुस्कराहट में बहुत मीठे हो गए हैं।

क्या आज मंच पर वे लड़कियाँ थीं, जिनसे मैं क्लास में संवाद करते हुए उन क्षेत्रों में पहुँच जाती हूँ, जहाँ सामाजिक चलन में कन्या भ्रूणहत्या ही नहीं, लड़कियों की जीवित क्षमता का विनाश करना तक जायज माना जाता है। आज मैं अपने आसपास अचानक आए बदलाव के कारण उस माहौल से निकल आई हूँ। हाँ, जब यह गीत मेरे सामने अपने पूरे रूप में साकार होता हुआ नृत्य पर थिरक रहा था। मैं भूल गई कि इन्हीं लड़कियों के सपने, आकांक्षा और मामूली सी इच्छाओं पर रीति-रिवाजों की ऐसी बमबारी होती है कि उनके वजूद की धज्जियाँ उड़ जाएँ। कभी-कभी तो मैं ऐसी सहम सिहर जाती कि लगता अगली क्लास रद्द कर दूँ। इन लड़कियों के पास बुरी खबरों के सिवा और क्या है? इनकी सखी-सहेली और बहनें शादी के बहाने दुर्भाग्यों की शिकार हुई हैं। दिन-रात उनके तन-मन को ससुराल के लोग रौंदते रहते हैं। जो-जो ऐसी आत्महन्ता स्थितियों को अपनी नियति मानकर झेलती रहें, वे ऐसी ही बहू के लिए रिश्तेदारियों के दरवाजे खटखटाया करते हैं। पूछते

हैं, ऐसी सुशील कन्या किस खानदान में है? अगर हाँ, तो तुरन्त ब्याह के महूरत छँटने लगते हैं। ऐसे लोगों के चुंगल से बच पाना तब तक सम्भव नहीं, जब तक कि आप अपनी लड़की के विवाह के बारे में ही सोचते हैं। वे लोग वहीं पहुँच बनाते हैं, जहाँ दहेज और दुल्हन चुपचाप मिल जाते हैं। ऐसी कुलीन और सुशील बहुओं को वे इनामों की तरह सजाकर दिखाते हैं। ऐसा करना अपने बड़े-बूढ़ों और बीमारों के अलावा मान-मर्यादा के नाम पर सेवा करनेवाली और आदर देनेवाली औरत को हथियाने की मुनादी करना है।

मगर यह 'नौ डांडी का बीजना' वाला गीत किसने बनाया है? इस गीत में ससुर, जेठ और देवर बीजना (पंखा) गढ़ाकर लाते हैं और बहू उसे छनाछन बजाकर गर्मी से निजात पाने के लिए झलती है। उसकी सास अगर चक्की पीसने के लिए कहती है तो सैयां जी हाथ के इशारे से मना कर देते हैं।

स्त्री ने ही बनाया है यह गीत। अपने गीत में सपने सजा दिए हैं और सन्देश दे दिया है कि उसे विवाह के बाद ससुराल में ऐसे ही इंसान मिलें। नहीं मिले न? मिलते रहते तो इन गीतों को गाने की जरूरत ही न पड़ती। स्त्रियाँ मृत्युयात्रा से असमय ही न गुजरतीं।

आज का ही सबेरा था। मेरी आँख तो साढ़े चार बजे खुल गई थी, मगर शरीर में चिन्ता और उदासी, सुस्ती के मुकाबले बहुत ज्यादा थी। सोच रही थी, आज बस लिखने का काम करूँगी।

मगर वे लड़कियाँ? जिनकी ड्यूटी मेरे साथ लगाई जाती है कि क्लास अरेंज करके मुझे वहाँ तक ले जाएँ...हाँ, सब काम यहाँ पुलिस मिजाज में होते हैं, यानी मैं किसी कैदी से कम नहीं, मुझे लगा। लगता क्यों नहीं, जब न जाना चाहो तभी महिला पुलिसकर्मी लिवा जाने के लिए हाजिर। सबेरे-सबेरे तैयार होकर आती हैं लड़कियाँ और मेरी सहमति के लिए पूछती तक नहीं। ड्यूटी पूरी करने में सहमति-असहमति जानने का क्या काम? एक मिनट भी सोचने की जरूरत नहीं होती।

इन लड़कियों को जितना ही अपने घरों में नहीं पूछा गया, यहाँ आकर वे अपने आपको उतनी ही महत्त्वपूर्ण मान रही हैं। क्यों न मानें, लम्बी जद्दोजहद का अनुभव है। अपनों से कितनी-कितनी मुठभेड़ें हुईं, तब जाकर यह मुकाम हासिल हुआ कि लोगों को इल्म हो कि वे हैं। वे केवल किसी के हुक्म पर चलने के लिए ही नहीं, वे किसी को अपने साथ चलाने के लिए भी हैं। मैं यों ही तो उनके साथ चलने को तैयार हो जाती हूँ, क्योंकि उन्होंने जो ब्यौरे मुझे दिए हैं, जो आपबीती सुनाई है, वे इतनी हैरतनाक और खतरनाक हैं कि वह मेरे दिमाग से अलग नहीं होनेवाली। ऐसा दिल-दिमाग भी कहाँ से आए कि इन्हें पचाकर शान्त हो जाए। बेशक इस शानदार कमरे को मैंने उदास आवास बना लिया है। यही सोचती हूँ कि अब तक

अपने संघर्ष को मैंने उत्पीड़न का चरम समझा था, लेकिन अब? मैंने जितनी भी जद्दोजहद की, बाहर के लोगों से की। मुठभेड़ें हुईं, मन समझा लिया, इनमें मेरा अपना कोई नहीं। यह सब पिता के मरने और भाई के न होने पर हो रहा है। कैसी गलतफहमी थी! लड़कियों ने बता दिया कि पिता और भाई का संरक्षक के रूप में कैसा कोड़ा चलता है, देख लीजिए हमारा शरीर ही नहीं आत्मा तक उधेड़ डाली। ऐसा ऊधम हुआ कि आठों याम मन पर आतंक छाया रहे। अपने ही घर में अपनी इच्छा से जीने की एक दिन की भी मोहलत नहीं। रोक-बाँध मार-पीट और अगली सजा की चेतावनी...

उफ्! यह सब सुनकर मैंने किस तरह नाश्ता गले में उतारा था। हमारे समय से भी बुरा यह नया समय...तब की लड़कियाँ तो अज्ञानवश उसी को नियति मान लेती थीं, जैसी कि जिन्दगी उन्हें दी गई थी, लेकिन आज की ये युवतियाँ क्या करें, जो शिक्षा के आलोक में आँखें खोलकर देखने लगी हैं और नजर आ रहा है कि आज भी उनका जीवन गुलामी के बीच है। जबकि यह भी पता है कि यह देश स्वतन्त्र है। नागरिकशास्त्र बताता है कि हर व्यक्ति को सम्मानजनक तरीके से जीने का हक है और आश्चर्य नहीं कि ऐसी जानकारियाँ आए दिन अखबारों और किताबों में पढ़ने पर मिल जाती हैं। जागरूक होने की अपनी पीड़ाएँ हैं—क्यों हमें यहाँ छोटी भी इच्छा जताते ही इस तरह घेरा जाता है कि अब बन्द गलियारों के पार जाने का रास्ता नहीं।

बन्दिनी, उससे कौन पूछता है कि तू कैसा महसूस कर रही है? जबकि उसके लिए घर के चप्पे-चप्पे में भूचाल आया हुआ होता है और वह कहीं भी भागने की गली नहीं पाती। यदि कोई राह सड़क दिख भी जाए तो मालूम है कि वह घर से भी ज्यादा खतरनाक होगी।

मगर इन सिपाही लड़कियों ने क्या किया...घर के बजाय खतरनाक रास्ता चुन लिया। छेड़छाड़ और बलात्कारों की गन्ध तो इनके लिए गाँवों से शहरों तक फैली है और गैलघाट कोहरा ही कोहरा है। घरों में छिपाकर रखी जा रही थीं तो भी कुछ ऐसा घटित होता तो वह भी छिप जाता था, मगर आत्मरक्षा का यह बेतुका ढंग इन्हें कहाँ से गुजारेगा? मैं भयंकर रूप से डर रही हूँ और ये हैं कि चेतावनी मिलने पर भी सगे दुश्मनों के सामने होती हुई चली आईं। गोलियों की वर्षा के बीच लाशें बिछ सकती थीं इनकी, ये ऐसे ही लोकतन्त्र को चीरती हुई चली आई हैं।

और नौ अगस्त, इनका स्वतन्त्रता दिवस!

रजनी, रुचि, शिवानी, मीनू, वहीदा और राजन, सभी ने मुझको अपने प्यार भरे घेरे में घेर लिया। हँसी में उमंगें और होंठों पर उल्लास रचा है। इनके तन-बदन में बिजली की सी चुस्ती और पाँवों में तूफानों की आवाज...आज से आजादी का जश्न

शुरू होता है। बीते वर्षों की सामाजिक और घरेलू घटनाओं के पार आते हुए आज मुक्ति की उम्मीद जागी है। संघर्ष समाप्ति की उम्मीद, शान्ति स्थापित होने की उम्मीद, अपना समाज अपनी तरह रचने की उम्मीद।

'यानी उम्मीदों का दिवस बनाम स्वतन्त्रता दिवस!' रुचि कह रही थी और मैं खामोश थी।

यदि मैं इनसे कहूँ कि तुम अपने रास्ते खुद बनाने के लिए तैयार न हो जातीं तो लोग तुम्हारे ऊपर हमले करने के मौके न ढूँढ़ते। अभी तुम्हारे संघर्ष खत्म नहीं हुए। तुम्हारे अंग्रेज बहादुर तुम्हारे आसपास हैं। हाँ, यह माना कि तुम सेनानी सिपाही की भूमिका अपने घरों के दायरों में ही सीख आई हो।

लड़कियाँ मुझे जो कुछ बता रही हैं, मैं उतना नहीं जानती। जबकि यहाँ के बारे में बहुत कुछ जानना मेरे लिए जरूरी है। वातावरण में छाई हरियाली और लड़कियों के मन में मचलते उत्सव, आखिरकार इस प्रशिक्षण-केन्द्र के अनुशासन और गलतियों के बारे में देखने से ज्यादा मैं सुनकर ही सुविधापूर्वक अपना मत बनाने लगाती हूँ। वैसे भी पुलिस का माहौल और उसके तौर-तरीके क्या होते हैं, रास्ते में चलता बच्चा बता देगा। वही प्रामाणिक भी मान लिया जाएगा।

मगर अब मैंने तय किया कि मुझे अपने विचार बदल देने चाहिए। किसी को भी लग सकता है इनका प्रशिक्षण सही तरीके से नहीं हुआ, मगर ऐसा नहीं है। लोग अकसर यही मानते हैं कि पुलिस-अनुशासन का मतलब होता है, हर हालत में मुजरिम के नाम पर आदमी को संगीन से संगीन सजा देना और क्रूर से क्रूर व्यवहार करना, क्योंकि पुलिस के लोगों की दिली इच्छा यही रहती है। मगर यह नहीं सोचा जाता कि क्या इन सजाओं से जुर्म समाज से खत्म हो जाते हैं? ऐसा होता तो धरती से अपराध का नामोनिशान मिट गया होता। इस सवाल को पूछने का मन परिवारों और समाज से भी होता है कि क्या लड़कियाँ घरों की कैदें काटती हुई सुरक्षित और पवित्र रहती हैं? ऐसे सवालों पर अंग्रेजी पुलिस शासन की तरह और हमारे समाज पर काबिज लोग पुरुष व्यवस्था की तरह चुप रहते हैं।

मैंने इन सवालों को लड़कियों के सामने रखा तो वे हँस पड़ीं। उनकी हँसी ही हमारी फूहड़ समाज व्यवस्था का जवाब थी।

और यह रंगशाला!

पुलिस प्रशिक्षण केन्द्र में रंगशाला का क्या काम? भारी गमबूटों वाले खाकी वर्दी में सजे सिपाहियों के कन्धों पर रायफलों की कतारों में झाँझ बजे तो? बाँसुरी और मंजीरों के स्वर मचलें तो?

आज तो कवि सम्मेलन था। यहाँ मुझे साहित्यकार के तौर पर बुलाया गया। मुझे हैरत थी, कवि कहाँ से यहाँ? यहाँ तो मैंने परेड, ड्रिल, घुड़सवार, रैपलिंग, ड्राइविंग और शूटिंग (गोली चलाना) देखी हैं।

मगर कवि सम्मेलन!

कवि? सब-इंस्पेक्टर हैं। कवयित्रियाँ महिला सिपाही हैं। मैं बारी-बारी से एक-एक को देखती हूँ। अरे जगमती, तुम कविता भी करती हो? अरे राजेश तुमने लघुकथा लिखी है! मैं अब अपने कौतूहल पर शरमाती हूँ, क्या सिपाही कविता नहीं लिख सकते? उनके हृदय में कोमल भावनाएँ नहीं होतीं? क्या उनको समाज में हो रहा अनाचार उद्वेलित नहीं करता? मैं खुद की भूल सुधारती हूँ–विपरीत स्थितियों में अपनी कविता को जिन्दा रखनेवाले ये रचनाकार ही सच्चे साहित्यकार हैं। और ये ही अपनी साहित्यिक संवेदना को जनता के बीच आसानी से ले जा सकते हैं क्योंकि इन्हें दिन-रात समाज से जुड़कर रहना होता है। समाज और पुलिस का साझा हर उस दुख में होता है, जहाँ आम आदमी के साथ कोई नहीं होता, घनिष्ठ से घनिष्ठ भी नहीं।

'कादम्बिनी' के सम्पादक विष्णु नागर मेरे पास ही बैठे थे। उनके लिए भी यह एक अविश्वसनीय सा संसार था। अब देख लीजिए साहित्यकार कितने मतिभ्रम में रहते हैं। देखा, यहाँ तो संचालन करनेवाली महिला पुलिसकर्मी भी गजब है। नपे-तुले शब्द और रोचकता के लिए शेर और कविताओं की चन्द पंक्तियाँ। कहानी में जीवन और जीवन में कहानी, लघुकथा वाचकों ने विमुग्ध कर दिया। मैं कितना कुछ कहूँ, सबकुछ यहाँ नहीं बता सकती।

बहरहाल वह सब सम्भव हो रहा था, जिसकी उम्मीद हम समाज के लोग पुलिस से करते नहीं। अप्रत्याशित करिश्मे मन को मोह लेते हैं, इसमें तो शक नहीं। क्रूर पुलिस पर ही रचा गया नाटक। योग था नृत्य मुद्राओं में।

जूड़ो-कराटे माना कि प्रशिक्षण के विषय हैं और फुटबॉल, वॉलीबॉल, बॉक्सिंग, कबड्डी जैसे खेल, जो लड़कियों से परिवार और समाज छीन लेते हैं, यहाँ रोजाना के अभ्यास के रूप में उपलब्ध हैं और प्रतियोगिताओं के रूप में भी अपने नतीजे दिखाते हैं। लड़के-लड़कियाँ यहाँ अपनी स्वाभाविकता के अनुसार उपस्थित रहते हैं। यह सब तो मैं जानती थी।

गिद्दा, भांगड़ा करते हुए रिक्रूट्स के ग्रुप सामने से गुजरने लगे। रंगशाला झंकृत होने लगी।

ढोलक की ताल पर हरियाणवी नाच! मेरी आँखें विस्फरित हुईं। अरे! क्या ये वे ही लड़कियाँ हैं जो खाकी वर्दी में बेल्ट बाँधे हुए बूटों के साथ मेरे कमरे के बाहर खड़ी मुझे सलूट करती हैं। मैं इनकी टोपी देखती रह जाती हूँ, चेहरे पर नूर और

रुतबा! क्या लड़कियों के इस लिबास के बारे में कभी मैंने सोचा था? कभी कल्पना की थी कि पाँव दबा-दबाकर सास-ननद के पाँव छूनेवाली बहुएँ न बनकर ये सिपाही बन जाएँगी?

और ये सिपाही आज अपनी ही तरंग में हैं। दामन, कुर्ती और चूँदड़ी पहने हुए। बोलड़ा, नथनी, गले में झांझर-कंठी में सजी हुई, लाल-नीली-पीली-हरी आभा बिखेरती हुई गुजरिया कतारों में आकर रंगशाला के मंच पर उपस्थित हैं। सामने हैं जनसमूह में बैठे हजारों दर्शक और ढोलक बजी, मजीरे बजे, तरह-तरह के वाद्य कि चारों दिशाएँ गूँज उठीं। नर्तकियों के हाथों के पंखे लहरें लेने लगे–

मेरौ नौ डांडी कौ बीजना...
छनाछन बाजै बीजना...

अम्मी मुझे पहचानो

यदि पापा का इन्तकाल न हुआ होता तो हिना अब तक पढ़ रही होती, ऐसे ही, जैसे अब तक पढ़ती रही थी। गाँव में पापा के न रहते ही लड़कियों की पढ़ाई छुड़वाई जाती है, क्या सारे पैसे पापा के साथ ही खत्म हो गए। अम्मी यही तो कहती है कि–अब पापा का राज नहीं कि तेरा स्कूल चलता रहे। क्या होता है राज? कहाँ होता है राज? हिना पूछती है तो अम्मी चुप हो जाती है। ज्यादा जिद करती है हिना तो वह रोने लगती है। उसी दिन से अम्मी रो रही है, जिस दिन से पापा खाट पर डालकर कब्रिस्तान ले जाए गए और उनको गहरे गड्ढे में डालकर मिट्टी से दबा दिया गया। क्या पापा को खाट में लिटाकर घर में नहीं रख सकते थे? अम्मी अपने आँसू पोंछते हुए कहती है–मुर्दों को घर में नहीं रखा जाता। उन्हें कब्र में सुला दिया जाता है।

'और पापा के राज को कहाँ सुला दिया?' हिना पूछती है।

अम्मी के पास जवाब नहीं।

हिना स्कूल जाने के लिए बस्ता उठाती है, अम्मी मना करनेवाली नजरों से देखती हैं, मगर मना नहीं कर पातीं। उसी समय अगर बड़े भाई आ गए तो अम्मी उनकी ओर देखती हैं। अम्मी की आँखें कैसी हो जाती हैं। अम्मी का चेहरा डरा हुआ, बिलकुल ऐसा ही जैसे मास्टर जी के आगे हिना का चेहरा हो जाता है, जब उससे कोई सवाल गलत होता है या उसके जब तक किताब का पाठ ठीक से याद नहीं होता। हाँ, छोटे भाई से अम्मी बातें करती हैं और कहती हैं–देख ले सादिक, हिना मानती तो नहीं, मना करते-करते बस्ता लेकर भाग जाती है। मेरे पास चाँदी की पाजेब हैं, क्या करूँगी पहनकर अब, तू इन्हें बेचकर हिना की किताबें ले आना, कॉपी भी और पेन भी। जो रुपए बचेंगे, उनसे फीस चली जाएगी। वैसे सुनते हैं कि लड़कियों की फीस लगेगी ही नहीं।

सादिक भइया ने वही किया, जो अम्मी ने कहा। मगर आसिफ भइया यानी बड़े भाई से किसने कह दिया कि हिना के लिए पाजेब बेची हैं। जरूर सादिक भइया ने ही बताया होगा। वे अम्मी से कितना बिगड़ रहे थे। यह भी कहा था–'पापा चाहते होंगे

इसे पढ़ाना, हम नहीं चाहते। हमारे ऊपर इसको खिलाने-पहनाने की जिम्मेदारी है और फिर इसकी शादी। अम्मी तुमने शादी के लिए पाजेब तक बचाकर नहीं रखीं, वाह!'

अम्मी डर गईं। जमीन पर आँखें झुकाए हाथ से जमीन को खरोंचती रहीं। ऐसा करके क्या दिखा रही हैं अम्मी? हिना को कभी समझ में नहीं आया। जब कभी ऐसा हुआ है, उसने अम्मी के कन्धे पर अपना हाथ टिका दिया है। तब उसे महसूस होता है वह अम्मी के बहुत नजदीक है।

रात को अचानक उठ गई थी हिना। नहीं, अम्मी की रोने की आवाज आई थी, उसे लगा कि बुरा सपना देख रही है। कोई आदमी अम्मी को डाँट रहा है। हड़बड़ाकर उठी और अपनी खाट पर बैठ गई। जो कुछ था, उसे समझने की कोशिश करने लगी। अम्मी गिड़गिड़ाकर आसिफ भाई से कह रही हैं—'बेटा, दसवीं पास कर लेती हिना तो मेरी और उसके पापा की आरजू पूरी हो जाती। उसका भी मन पढ़ने में लगता है। तू चिन्ता-फिक्र क्यों करता है, बेटी अपनी किस्मत का लाती है। अभी तो छोटी है, शादी-ब्याह कहाँ।'

'तो पढ़ाओ। खूब पढ़ाओ। हमारी गृहस्थी में आग लगा दो।'

'अरे बेटा, यह क्या कहता है मेरे लाल।'

बहुत देर तक कोई न बोला। एकदम सन्नाटा खिंच गया। हिना क्या करे? वह खाट से उतरकर पानी पीने भी गई तो आसिफ भइया उसको भी डाँटने लगेंगे। वैसे अम्मी जो डाँट खा रही हैं, उसी के कारण ही तो। भइया क्यों नाराज हैं, वह क्या हिना को पता नहीं? पता है—बकरी चराकर लानी थी, वह नहीं गई। गोबर डालना था, नहीं डाला। सारा कुछ स्कूल जाने की धुन में भूली रहती है। मगर हिना का सारा काम अम्मी ने तो कर दिया था। नहीं, अम्मी इसलिए ही खेत से चारा काटकर नहीं ला पाईं।

अम्मी कहती हैं, भइया बेचारे क्या करें, बहन के ब्याह शादी की चिन्ता रहती है। वक्त पर शादी न हुई तो लोग कहेंगे बाप मर गया बहन अनब्याही डोल रही है। न पढ़ेगी तो कौन कहनेवाला है कि आसिफ-सादिक की बहन पढ़ी नहीं?

हिना उस रात सो गई। सबेरे जब वह जागी तो अम्मी ने सीधा तसला उसके हाथ में थमा दिया और कहा, 'तू बारह साल की है, पहले काम निपटा और फिर स्कूल जा। हम जहाँ खाते हैं, वहाँ काम भी करते हैं, समझी।'

हिना ने तसला ले लिया ले तो लिया मगर वह अम्मी की बात का अर्थ नहीं समझी। खाते और रहते तो पहले भी थे। तब तो इतनी बड़ी आवाज में अम्मी ने कभी नहीं कहा। क्या अब मैं ज्यादा खाने लगी हूँ? अब तो मैं दूध भी नहीं पीती। भाभी देती है तो भी नहीं, हिना सोचती है। जानती है कि दूध की मना करते ही भाभी उसके सिर पर प्यार से हाथ फेरती है—'कितनी समझदार है हिना।' भाभी के इस मीठे वाक्य के लिए वह दूध नहीं पीती।

अब वह जल्दी-जल्दी गोबर डालती है। हाँ, बकरी चराने नहीं जाएगी। स्कूल की घंटी बजनेवाली है।

आसिफ भइया अच्छे हैं। भाभी भी अच्छी हैं। दोनों ने अम्मी से कह दिया, 'हिना को दसवीं तक पढ़ा ही देंगे।'

'बेटा, मैं तुम्हारी बाँदी बनकर रहूँगी।' अम्मी अहसानमन्द हो गई और उस दिन की बात सुनकर हिना इतना काम करने लगी कि भइया ही कह उठते, 'तू इतना काम करेगी, ऐ!' कहकर मीठी चपत लगाते सिर पर।

क्या हुआ कि भइया तैयार हो गए पढ़ाने के लिए? हिना ने अम्मी से पूछा था। अम्मी ने बताया, 'स्कूल के मास्टर जी आए थे, कह रहे थे, हिना का स्कूल मत छुड़वाओ। पढ़ाई में तेज है, मैं वजीफा बँधवाने की कोशिश करूँगा, किताब-कॉपी भी मिल जाएँगी। सोचो, लोग तुम्हारे बारे में कितनी अच्छी राय कायम करेंगे कि तुम अपने बाप की जिम्मेदारी ही नहीं निभा रहे हो, सबाब कमा रहे हो, ऐसों को ही तो जन्नत नसीब होती है, इसी में हज-नमाज का हिस्सा समझो। खुदा तुम्हारे घर खुद ही बरकत करेगा।'

अम्मी का चेहरा देखकर लग रहा था पापा जो राज ले गए थे, वापिस भेज गए। भेज गए इसलिए कि उनकी हिना दुख न पाए। वह स्कूल के लिए तरसे नहीं। वह कॉपी-किताबों के लिए तरसे नहीं। वजीफा भी अल्लामियाँ ने पापा से ही भिजवाया है। मरकर पापा पैगम्बर हो गए हैं, बन्दों को सन्देश भेजते हैं। नहीं तो मास्टर जी अपने आप ही यहाँ क्यों चले आए? उनको किसने बताया कि आसिफ भइया बहन की पढ़ाई से खुश नहीं हैं?

हिना ने दसवीं पास कर ली। खूब अच्छे नम्बर आए। नम्बर क्या आए उसे पढ़ने का लालच लगा गए। प्लस टू करने की इच्छा रुके ही नहीं। मगर कहा भी कैसे जाए, आसिफ भइया ने मास्टर जी और अम्मी दोनों के सामने बस दसवीं तक पढ़ने की मोहलत दी थी।

'हिना दसवीं पास हो गई। अब लड़का भी तैयार है अम्मी। मैंने पहले से ही खोजकर रखा था।' आसिफ भइया ने अम्मी को खुशखबरी दी और यह बात सादिक भइया को भी बताई गई। सबकी सलाह से शादी का महूरत निकलवाना था।

अम्मी इस समय हिना की तरफ देख तक नहीं रही थीं। जरूर अम्मी जानती थीं कि हिना के मन में क्या है। आँखें मिलते ही यह लड़की अपनी मंशा जता देगी। अम्मी डर रही थीं हिना से। कैसी हैं अम्मी कि सबसे डरती हैं, कभी आसिफ भइया से और कभी हिना से। उस दिन तो सादिक भइया से भी डर गई थीं, जब उन्होंने अम्मी से अपना चाँदी वाला ताबीज माँगा। दे नहीं पाईं अम्मी, डरती हुई सी देखती रहीं। कुछ बताया भी नहीं कि ताबीज कहाँ गया। सादिक भइया गुस्सा हो गए थे।

पीर की मजार पर फुँकवाकर लाए थे, माँ ने कहाँ खो दिया। हिना भी चुप ही रही, नहीं तो उसने देखा था कि एक ताबीज अम्मी ने शब्बो बुआ के हाथ बेच दिया। अम्मी को बीस रुपए की जरूरत क्यों आन पड़ी और इतने रुपए किसी से उधार न मिले, यह बात हिना कैसे पूछती उनसे? उनकी आँखें तो खुद ही डबडबा रही थीं।

ऐसे में हिना कैसे कहती, जिसे वह दिन-रात सोच रही थी। इतना तो समझ चुकी थी अपनी इच्छा जताने के लिए घरवालों के बीच कैसा माहौल ठीक रहेगा। इनमें तो आपस में ही ले दे मची रहती है। सादिक भइया पढ़ना छोड़ चुके हैं। उन्हें काम की तलाश है। दो खेतों से इतनी फसल नहीं आती कि साल भर तक सबके पेट भरते रहें और फिर पेट भरने के बाद भी तो जरूरतें बाकी रह जाती हैं। सादिक भइया को दूसरा काम जरूर करना पड़ेगा। अब समझ में आया अम्मी ने सादिक भइया को किराया-भाड़ा देने के लिए इनका ताबीज बेच दिया।

अपनी बात कहना चाहती थी हिना, लगता है गले में ही फँसी रह गई वह बात। बात क्या थी, वही प्लस टू करने का आलाप। पापा थे तो हिना के मुकाबले जिद करनेवाला बच्चा आस-पड़ोस में था नहीं। अब इस घर की तस्वीर इतनी ठंडी हो चली है कि उसका जोश जमता जाता है, बर्फ की तरह। कक्षा में संघर्ष करने की बात कितनी कहानियों के जरिए बताई गई थी, वे बातें घर में तो लागू नहीं होतीं। तो फिर क्या वे लड़कियों के लिए नहीं थीं? हिना को तो सारी जद्दोजहद घर में ही करनी है जैसे। वह उठी, नीले सूट पर दुपट्टा ओढ़ा।

'मैं शादी नहीं करूँगी अम्मी।' यकायक हिना के मुँह से निकल गया या अम्मी को देखकर कह दिया उसने क्योंकि माँ ही ऐसी शख्स है, जिसकी झोली बच्चे अपनी जायज-नाजायज इच्छाओं से भरते रहते हैं। यहाँ जोश और हिम्मत जुटाने की जरूरत नहीं पड़ी हिना को, बस जिद की डोरी से अपनी इच्छा बाँध ली, जैसे बचपन में वह जिन्दा बर्र या ततैया को लम्बे धागे में बाँधकर लटकाए फिरती थी। ततैया बँधा हुआ भी फर्र-फर्र करता हुआ उड़ने की कोशिश करता। ऐसे ही कोशिश करके हिना ने जहाँ-तहाँ पता लगा लिया कि प्लस टू वह किस-किस रास्ते को अख्तियार करके कर पाएगी।

'नही, शादी नहीं। मैं घर से भाग जाऊँगी।' अम्मी के सामने यह कहा तो अम्मी की आँखें कौड़ी की तरह खुली रह गईं। उनके होंठों में हरकत थी, जैसे कह रही हों—भाग जाएगी! भाग जाएगी!!—उन्होंने जो साफतौर पर कहा, वह तीर की तरह चुभा हिना को—'भाग जा, रंडियों के कोठे पर बैठ जाना और तू करेगी क्या?'

'रंडी! रंडी कौन होती है अम्मी। बताओ तो, हमने तो कभी देखी नहीं, उनके कोठे कहाँ होते हैं, वह जगह भी हमने नहीं देखी।' हिना ने मासूमियत से कहा तो अम्मी रोने लगीं। अब हिना क्या कहे? रोती हुई अम्मी से जिद भी कैसे की जा

सकती है। हठ करने के लिए भी तो सामने मजबूत और अड़ियल आदमी होना चाहिए। हिना ने कुछ भी कहना नहीं चाहा। अम्मी ने तो सफेद दुपट्टे का घूँघट माथे तक सरका लिया। हिना से ही जैसे बचना चाहती हो अम्मी, चेहरे पर यही भाव था कि अब उन्हें अपने ही बच्चों से डर लगने लगा है।

आसिफ भइया का ऐलान था, शादी अब करनी ही है।

वह यानी होनेवाला दूल्हा हिना को देखने आ गया और हिना थी कि घर के अन्दर ही, अपनी इच्छा को मरते हुए देख रही थी तो किसी दूल्हे की ओर वह कैसे देख पाती? वह शोक में थी, घर में होते संगीत को सुन ही नहीं पाई। उसकी शादी होनेवाली है और उसका ही वहाँ कोई वश नहीं। आसपास जितनी लड़कियों की शादी हुई है, वे खुश क्यों थीं? उन्होंने तो सजावट के लिए गाँव से शहर जाना जरूरी माना था, क्योंकि वहाँ ब्यूटी पार्लर है। क्या वे सजने और सुन्दर परी लगने के कारण खुश थीं? हाँ, हिना ने देखा है, रेशमी रंगीन कपड़े, उन पर चमचमाते सितारे, सोने-चाँदी के गहने और पावों में चमकीली चप्पल पहनकर लड़की सितारों से उतरी शहजादी लगती है। क्या इसी कारण लड़कियाँ शादी के दिन का इन्तजार करती हैं?

हिना क्यों नहीं करती ऐसे दिन का इन्तजार? क्या वह अपनी मामूली कमीज-सलवार और दुपट्टे में लिपटकर जिन्दगी बिता देना चाहती है? इन सवालों के जवाब उसके पास नहीं हैं। मगर अब वह छोटी भी तो नहीं, सत्रह साल की जवान लड़की है। आसपास विवाहितों के जीवन को देखती है। अपने साथ की लड़कियों को भी। प्लस टू करने के बाद भी वे शादी का खूबसूरत सपना देख रही हैं।

हिना अनोखी है। मन में अजीब सी बातें आती हैं। सजने के लिए, गहने-जेवर पाने के लिए शादी का ही दिन मुकर्रर क्यों किया है? क्या लड़कियों की पढ़ाई-लिखाई या बाहर काम करने को बन्द करके सुनहरा वेश उनको घर के भीतर नहीं ले जाता? अम्मी जैसी औरतें कहती हैं, जवान औरत को मर्द का घर सँवारना चाहिए क्योंकि वही उसे रोटी-कपड़ा और घर की छत देता है। वह उसके बाल-बच्चे पैदा करती है, मर्द सारी जिन्दगी के लिए उसकी जिम्मेदारी लेता है कि वह हर हाल में उसकी छाँव में महफूज है। अम्मी भी महफूज थी या नहीं, मगर अब पापा नहीं हैं, अम्मी बीच में ही रह गईं अपनी जिन्दगी को इधर-उधर लुढ़काती सी...अब न साज न शृंगार! रोटी भी मुहाल।

हिना नहीं मानती, एक दिन सजने और ताजिन्दगी शृंगार का अधिकार लेने भर की एवज अपनी इच्छाओं को कुचलने के लिए शादी की जाए। बस ऐसा ही कुछ

सोचकर वह मना करती है। क्या यह बात वह भाई-भाभी और आस-पड़ोस के लोगों के सामने कह सकती है? तर्क देकर कहे तो भी उसे बेवकूफ माना जाएगा। रिवाज के खिलाफ जाने पर तो उसके धर्म में फतवे दिए जाते हैं, यदि वह फिर भी अड़ी रही तो शादी से इनकार करनेवाली लड़की में बदचलनी के लक्षण देखे जाने का चलन है, पुराना चलन।

हिना के खयाल चाहे जितने अच्छे हों, चाहे जितने मजबूत हों, वह गाँव में चलती आ रही नेक, पाकीजा और मजहबी बीबियों के चलन से बढ़कर नहीं थी। अगर उसे मौलवी साहब के दरबार में पेश कर दिया जाता तो निश्चित ही कोई सजा दी जाती और उसकी माँ को भी दोष दिया जाता, जिसने अपनी बच्ची को ऐसे पाला। हिना अठारह साल की लड़की क्या नहीं कर सकती थी? जो चाहती, वह कर डालती। अम्मी की जिन्दगी और भाइयों की इज्जत, पापा मरहूम की रूह, इस सबके बारे में उसने सोचा तक नहीं। बस इतना ही, यह घर भाइयों का है। अम्मी का घर भी है और मेरा भी, लेकिन अम्मी और मैं औरत हैं। औरतें मर्दों के घरों में रहा करती हैं। भाइयों की मर्जी, मेरे लिए एक मर्द का घर खोज दिया है और अब मुझे उस अजनबी घर जाना है। भाई बार-बार कह रहे हैं, अपने घर जाकर जो मर्जी में आए सो करना, यहाँ से विदा हो जा, बस। कोई फजीता न करना नहीं तो...समझ ले फिर।

हिना ने हालात को कुछ इस तरह लिया, अपने पापा का घर मेरा नहीं हुआ तो दूल्हे का घर मेरा कैसे हो जाएगा? अम्मी कम-से-कम झूठ तो नहीं बोलतीं, साफ कह दिया–हिना, तू यहाँ की बेटी है, वहाँ की बहू हो जाएगी। तेरा घर मेरा घर–यह बात भूल जा। जिसकी मर्जी तुझे रखने की जितने दिन तक होगी, वह उतने ही दिन तुझे घर में टिकने देगा। यहाँ रह या वहाँ रह।

कितनी बार हिना डूबने को तैयार हुई? कितनी बार गहरे पानी में से घुटन के मारे उछाल मारी? क्या यही सिलसिला चलनेवाला है?

'जिन्दगी की कश्ती छोड़ दी मंझधार में' अम्मी उसे देखकर कहतीं और उदास हो जातीं। कुछ देर सोचती रहतीं, फिर थोड़े उत्साह में आकर समझातीं–'तेरे भाई तेरा भला चाहते हैं। लड़का सी.आर.पी.एफ. में है। मुफ्त में शादी करने को तैयार नहीं हो गया। हाँ, तेरे दोनों भइया किसी तरह पीछे नहीं हटे। एक ही बहन है, पूरी सामर्थ्य लगाकर ब्याह करेंगे। नौकरीपेशा लड़का तुझे दुख क्यों देगा? पढ़ा-लिखा है, समझदार ही होगा न? और फिर देख, तेरी भाभी बगैरह क्या यहाँ दुखी हैं?'

हिना अब कुछ नहीं कहना चाहती थी। कुछ कहे तो उसे काटने के लिए यहाँ मीठी धार वाली दलीलें हैं।

ब्याह हो गया। अस्सी हजार मेहर बँधा मुस्लिम रिवाज के अनुसार।

शादी के बाद पहला प्रवेश लिया ससुराल में। परिवार बड़ा था। सास-ससुर, पाँच ननदें और एक देवर। जो खाविन्द था वह भी इसी में शुमार।

सास ने बाँह खींचकर कहा, 'यहाँ बैठ, वहाँ क्या खड़ी है।' यह ढंग उसे अच्छा नहीं लगा। हिना भी नखरीली बहू बनना चाहती थी क्या? सासें तो ऐसे ही बात करती हैं नहीं तो उनका रौब कौन-सी बहू मानेगी?

सास की बात मानकर हिना ने वहाँ का टाइम टेबिल अपना लिया। सुबह चार बजे उठना होता क्योंकि सास की बेटियाँ यानी ननदें पढ़ने जातीं। कोई स्कूल में पढ़ती, कोई पॉलिटैक्नीक में। सही तो कहा था भइया ने कि वे लोग पढ़ाई की कीमत जानते हैं और तू पढ़ने के लिए दीवानी है, वहाँ पढ़ सकती है।

भाइया की बातें सौ प्रतिशत सच हैं, लेकिन ये ही ननदें अपने भाई से हिना की शिकायत क्यों लगाती हैं—आज इसने पर्दा नहीं किया। आज खाना ऐसा बनाया कि तुम मुँह में नहीं दे पाते। आज इसने भैंस को सानी नहीं दी। कामचोर है पक्की।

पति तमाम शिकायतें सुनता और चुप रह जाता। हिना भी अपनी तरफ से सफाई देती तो भी चुप।

एक दिन चुप्पी टूटी तो शराब के भभके के साथ।

'देख रही है, यह पुलिस की वर्दी? ऊपर नजरें उठा और मुझे देख, एक मिनट में तेरा कीमा बना दूँगा। यहाँ तुझे मैं अपनी माँ-बहनों से बकवास करने के लिए नहीं लाया। तेरी बदतमीजियाँ मेरे घर का कोई शख्स बर्दाश्त नहीं करेगा और न मैं। सुन ले कान खोलकर।' कहने के बाद उसने हिना का कान इतने जोर से उमेठा कि वह दर्द के कारण चीख पड़ी।

'चीख और चीख। देखें यहाँ कौन आता है तेरी चीख सुनकर।'

हिना ने शादी के बाद के जीवन की कम-से-कम ऐसी कल्पना नहीं की थी।

पति की छुट्टियाँ खत्म हो गईं, वह अपनी ड्यूटी पर चला गया। अब हिना और हिना का घर।

अपने घर से भाई आए, हिना को इस घर से लिवा ले गए। अम्मी ने खैरियत पूछी, हिना खैरियत से है, इसके सिवा क्या कहे? वह जानती है, अम्मी का इस घर में ही दखल नहीं चला, उस घर में क्या चलेगा। उसे लगा, लड़कियों की विवाह के बार यही, ऐसी ही खैरियत रहती होगी और वे हिना की तरह ही अपने आपको ठीक-ठाक बताती रहती होंगी, यह भी चलन है। इसे हर विवाहिता लड़की को निभाना होता है।

दस दिन बाद ही ससुराल से बुलावा आ गया। भाभी ने कहा, 'हिना कितनी प्यारी बहू है! देख लो, भइया ने कैसा भरपूरा घर देखा है। हमारी तरह नहीं कि

मायके चले गए तो फिर कोई पूछनेवाला नहीं, घर सँभालने को अम्मी तैनात तो रहती है। मालिकी तो सासों की ही होती है। हिना की सास तो मिसाल है, बहू के मामले में।'

सास मिसाल थी, भाभी के चलते। तभी तो लाड़ के मारे सारा काम हिना के ऊपर छोड़ दिया। 'घर सँभालना, घर-द्वार सौंपना' जैसे शब्द उसके कानों में पड़ते रहते और वह भैंसों की सानी-पानी, गोबर कूड़ा, घर में चौका चूल्हा करना, सबके कपड़े धोना कर रही थी। ज्यादा काम रहे तो ज्यादा गलतियाँ भी हो जाती हैं। गलतियाँ सुधारने का मौका ही न मिलता। जब तक वह भूल-चूक समझ पाती, सास वही भाषा बोलने लगती, जो सासें अकसर बोलने लगती हैं। वे साफ कहती हैं कि उन्होंने खुद कितना सुना है बहू बनकर पर उफ नहीं किया। हिना में इतनी अक्ल तो थी कि समझ सके, यह भी रिवाज है कि जो सास ने झेला है, बहू को सहना ही सहना है, तभी एक सुगढ़ घरेलू स्त्री बनकर तैयार होती है। अम्मी उसी तरह की औरत हैं और भाभी उसी ट्रेनिंग से गुजर रही हैं। यहाँ भी सास कर्कश नहीं, वह अपनी बहू को घरेलू अनुशासन में ढालना चाहती है कि सब हिना को शाबाशी दें और सास की ताकत का लोहा मानें। सास की औलाद इस काम में उसकी सहयोगी है। ऐसा ही होता है, इसमें नया या अजूबा कुछ भी नहीं। यह परम्परा है।

'तू अपने घर से क्या लाई है? तेरे भाई ने कहा था, दो महीने बाद मोटर साइकिल देगा, हमारे लड़के ने उसका भरोसा किया यही गलती की। हमारा लड़का गाँव का आवारा या निठल्ला नहीं, जो साइकिल पर घूमता फिरे। वह वर्दीवाला जवान है, उसकी इज्जत में तेरे भाई ने क्या दिया? धोखा! न देता मोटर साइकिल, नकदी पकड़ा देता। भरपाई हो जाती। पर बेईमान कैसे होते हैं।'

हिना जो भाई की बातें हरदम काटने को तैयार रहती थी, अम्मी के सामने आज उसी भाई पर तानों की बौछारें सुनकर रोने लगी। उन्हें बेईमान धोखेबाज किस हक से कहा जाता है?

'अस्सी हजार का मेहर बँधवाया नासपीटे ने और यह घोड़ी हमारे घर में ठेल दी। यह अस्सी हजार के मेहर लायक थी? रंग की गोरी है और कदकाठी की अच्छी मानी जा रही है तो क्या हमें लूट लेगा इसका भाई? ज्यादा से ज्यादा लेने का हीला कर लिया और देने के नाम पर अँगूठा!'

बातों पर बातें, तानों पर ताने! हिना किस बात का जवाब देगी। जवाब देना तो यूँ भी मना है बहू के लिए। अल्लाह, कान क्यों दिए लड़कियों को। वे कुछ सुनें न तभी अच्छा। होश सँभालते ही ऐसी-ऐसी बातें जो बिना दाँतों के ही काटने लगती हैं। अब तो बातें बसूले की तरह उसकी चमड़ी छील रही हैं। रोज-रोज का यही रवैया...

तीन महीने बाद आया खाविन्द। सास ननद की तीन महीने की हिना-रिपोर्ट तैयार की हुई थी, उसके सामने पेश कर दी, उससे पहले जब तक कि वह अपनी बीवी के पास जाए। परिवारों में यह चलन प्रचलित है, ऐसे ही जैसे ऑफिसों में अफसरों के सामने कामगारों की रिपोर्ट रखी जाती है।

उस रिपोर्ट में काम की लापरवाह के साथ यह भी शामिल था कि हिना शौहर की गैरहाजिरी में देवर से ताल्लुकात बढ़ा रही है। पति के गुस्से में धधकता शोला रखने की बुद्धिमानी पर हिना चकित थी। क्या था उस दिन, जब ननद भड़की थी। सास ने हिना के मुँह पर तमाचा मारा था, कहा था—बेशरम कुतिया!

याद आया, हिना और देवर भैंस को पानी पिला रहे थे। वह कुएँ से पानी खींच रही थी, नाँद भर रही थी। देवर भैंस हाँककर कुएँ तक लाया था। उसी दौरान हँसकर बोला—भाभी एक बात बताऊँ? हँसोगी तो नहीं?

'नहीं बिलाल, नहीं हँसूँगी। हँसने की बात होगी तो कैसे रोकूँगी हँसी?'

'अच्छा चलो हँस लेना। मगर किसी से कहोगी तो नहीं?'

'हँसी की बात किसी से क्यों नहीं कही जाए? दूसरा भी हँसेगा कितना अच्छा लगेगा। लगेगा न?'

'वह भी मेरी हँसी उड़ाएगा। चलो, मैं नहीं बताता।'

'मत बताओ, पर तुम बिना बताए रहोगे नहीं, यह शर्तिया बात है।'

'नहीं बताता।'

'मत बताओ,' कहकर हिना पानी खींचने लगी। जब भैंस ने पानी पी लिया तो एक बाल्टी पानी खींचकर उसने भैंस की पीठ पर डाल दिया। ठंडी हो जाए भैंस। गर्मी बहुत है।

'भाभी, कोई मुझे चिट्ठी लिखती है।' वह यकायक बोला।

'कौन!' हिना ने खूब मुस्कुराकर पूछा।

'एक है।'

'जरूर होगी।'

'तुमसे मिलना चाहती है। तुम पढ़ोगी उसकी चिट्ठी?'

'अरे चिट्ठी तुमको लिखी और पढ़ूँ मैं! मुझे दोष लगेगा।'

'यही, ऐसे बातें हुई थीं बिलाल से, इसमें मैंने ताल्लुकात क्या बना लिए? वैसे भी हममें देवर-भाभी का रिश्ता है। एक वही है, जो मेरे काम में हाथ बँटाता है। क्या इसलिए ही मुझ पर शक किया गया है?' हिना ने सोचा तो हाथ की रस्सी ढीली हो गई। बाल्टी कुएँ में गिर गई।

शौहर को इन बातों से क्या मतलब? क्या हुआ, क्या नहीं हुआ, की जाँच-पड़ताल में नहीं जाया करते पति। उन्हें तो एक जुमला हाथ लग गया—इसके

ताल्लुकात बढ़ रहे हैं देवर से। इसी जुमले के कोड़े से लहूलुहान करने लगा शौहर। 'बदचलन औरत' नाम देकर गालियाँ दे सकता है कोई। इन गालियों को सिर झुकाकर सुनना है। सफाई में कुछ कहकर मर्द को यकीन नहीं दिला सकती औरत, यह हिना ने अपने तजुरबे से जाना। पावों पर सजदा किया तो शौहर को और भी गुनाहगार लगी, जैसे वह अपने किए की माफी माँग रही हो और जुर्म कबूल कर लिया हो।

पाँव पकड़ने के बाद उसने हिना को बाँह से खींचा और आँगन में लाकर इतना मारा कि सहना मुश्किल हो गया। जब हिना गिड़गिड़ाई–'खुदा के लिए मुझे छोड़ दो।' उन्होंने ऐसे छोड़ा कि नल के ऊपर गिरी। नल से सिर टकराया, सिर फट गया। खून से नहा गई वह। सलवार, कमीज सुर्ख जोड़े सा खून से रँग गया।

अम्मी ने कहा था, वहाँ जाकर पढ़ना-लिखना। कुछ भी करना। मगर यहाँ लोग उसके साथ कुछ भी कर रहे हैं, वह अकेली है, खड़ी रहे या गिर जाए। होश में रहे या होश खो दे। इन हालातों में हिना की क्या हिम्मत कि वह कहे–मुझे आगे पढ़ना है।

'शादी से मुझे क्या मिला?' हिना ने सोचा और देवर की मदद से भाई को फोन कर दिया, 'आसिफ भइया, अब मैं कहाँ जाऊँ। जल्दी आओ। बहुत जल्दी नहीं तो ये लोग मुझे मार डालेंगे।'

भइया ने समझाया–'तू गुस्से में है हिना। कहना मानेगी तो क्यों मारेंगे? जिद नहीं किया करते मुनियाँ। वे कुछ भी कहते रहें, जवाब मत देना। तेरी जवाब देनेवाली आदत ही फजीहत करा रही है और हाँ, कह देना, मोटर साइकिल का इन्तजाम कर रहा हूँ।'

'मेरा मन फट गया है।' हिना ने आखिरी बात यही सोची।

हर बार के वाकये क्या बताए जाएँ, जब किसी पर एक बार हाथ उठ जाता है तो फिर उससे छोटी से छोटी बात पर भी मारपीट से ही निपटा जाता है। बस इसी ढर्रे पर जूता-चप्पल या चिमटा-बेलन, खुरपी जो भी मिले, हिना पर दे मारो।

मार ही नहीं प्यार भी मिलता था इस घर में, शौहर बहुत प्यार करते थे। रात के समय बिस्तर पर बीवी का अंग-अंग चूमते काटते सहलाते और उसे सीने से लगाते। पाँवों को चूमते। नाचीज औरत में आखिर क्या ऐसा है कि शौहर कदमों से माथे तक चुम्बन में नहला देता है, यह पूछने बताने की बात नहीं है, सब जानते हैं, यह अपनी जरूरत और मौज की बात है। क्या हिना इसलिए ही रतिक्रिया में रुचि नहीं दिखाती थी? सोचती भी थी, वे कौन होती हैं, जो इतनी क्रूरताएँ सहकर भी शौहर को पूजती हैं। उसकी उम्र की सलामती माँगती हैं।

हिना बार-बार भइया को फोन किए जा रही थी और कह रही थी, 'मैं भाग जाऊँगी यहाँ से। देख लेना भाग जाऊँगी।'

यह तीर निशाने पर लगा। बहू भागे तो लड़की के माँ-बाप की बदनामी ज्यादा होती है। भइया-भतीजे मुँह दिखाने के काबिल नहीं रहते। हिना ने ऐसा गलत कदम उठा लिया तो घर की इज्जत चली जाएगी।

हिना समझ चुकी थी, यहाँ पर आदमी को बहन-बेटी से ज्यादा इज्जत प्यारी होती है और इज्जत लड़की के हाथ ही होती है, उसे डुबो दे या बचा ले।

भइया अकेले नहीं आए। गाँव के कुछ आदमी साथ लाए। सवाल-जवाब होने लगे—

'हिना की गलती?'

'बदसलूकी करती है।'

'कैसी बदसलूकी?'

'यही कि आप लोगों को फोन कर दिया। घर की बात दूसरे गाँव तक पहुँचा दी। ऐसी होती हैं भले घर की बीवियाँ? इसके अलावा किसी की बात न मानना। जवान लड़की है, काम से जी क्यों चुराती हैं? जवान औरत को गैर मर्द से क्या हँसना-बोलना?'

हँसने-बोलने पर सजा, काम से थक जाने पर दंड, गैर मर्द के सामने जाने पर तोहमत...इसमें बेजा क्या है? ठीक ही तो कहते हैं ससुरालवाले। ऐसे कामों से बचकर रहो बेटी। अपने मरहूम बाप और आसिफ, सादिक जैसे भाइयों की इज्जत पर कीचड़ मत उछालो।

गाँव के लोग भाई के साथ आए और चले गए। समझा-बुझाकर बेफिक्र हुए कि लड़ाई-झगड़ा खत्म हो गया। भाई ने चैन की साँस ली।

गाँव जाकर अम्मी को समझा दिया होगा।

शौहर भी अपनी नौकरी पर चले गए।

अब कलह का मुद्दा यह था कि इस कलमुँही बहू ने गाँव से आदमी बुलाकर उनकी बदनामी करा दी। ससुराल का कायदा नहीं रखा। छह-सात महीने इसी बात का ताना देकर कलहखाना चलाया। हिना को लगता कलह करने का मकसद क्या है, शायद यही कि वह इन सबसे दबी रहे। दबी-घुटी औरत के सामने अपनी माँगें रखें तो वह कहाँ तक नहीं मानेगी?

दो ननदों की शादी साथ-साथ हुई। इस मौके पर हिना से कहा गया कि अब कुछ पैसे चाहिए, मोटर साइकिल का पैसा अपनी माँ से लेकर आ।

हिना गई और लौट आई खाली हाथ।

ननदों की शादी के बाद सुकून हो गया, हिना सोच रही थी, लेकिन घर से कलह जाती नहीं। शौहर शादी में आए थे। शराब के आदी हो चुके थे। रात के प्यार में

उन्होंने जिद की कि हिना को भी पीना है। कितना ही मना किया, मगर उसे कसम देकर पिला दी। यह तो वही जानती है कि उसने कसम के कारण पी या डर के कारण। शराबी का क्या भरोसा जुनून पर आए, गर्दन दबा दे। वह पीती रही दो-चार दिन, मगर जल्दी ही बीमार हो गई। एक हफ्ता बीमारी में निकल गया। तब सादिक भइया को बुलाया गया और कहा, यहाँ से इसे ले जाओ। तुम्हारी बहन दारूबाज है। रोज शराब की जिद करती है। यह सास ननद ने नहीं, हिना के शौहर ने कहा। और कहा, 'दिन-रात लड़ती-झगड़ती है।'

हिना गुस्से से लाल हो गई। लाज-लिहाज का घूँघट फेंका एक तरफ और खुली आवाज में बोली, 'मैं नहीं रहूँगी तेरे साथ। अपने घर चली जाऊँगी। समझता क्या है?'

शौहर उठा और लात-घूँसे बरसाने लगा, 'जाएगी! जाएगी? बोल फिर से, जाएगी?'

सँभलती हुई हिना खड़ी हो गई। बाल बिखर गए थे। कपड़े अस्त-व्यस्त थे। भाई बीच-बचाव कर रहा था।

'हाँ जाऊँगी। जाऊँगी। तू बेशक दूसरा ब्याह कर ले।'

पता नहीं इस बात को सुनकर वह क्यों शान्त हो गया। छोटा भाई रुआँसा-सा बहन की ओर देख नहीं पा रहा था।

हिना ने कहा, 'भइया, तुम यहाँ कुछ नहीं कर सकते। यहाँ से जाओ। जाओ तुम। यहाँ अब मत आना।' कहते हुए उसकी दाँती भिचती थी और होंठ काँप रहे थे। इतनी सुन्दर हिना मुँह पर बाल छितराए भयानक लगने लगी।

यह रात कैसी रात!

हिना को डंडे से पीटा गया। रीढ़ की हड्डी पर चोटें मारी। ननदों और सास ने हिना को पकड़ लिया, पति ने जी भरकर मारा। पीठ पर खरोचें बनीं या खूनी निशान? जलन भरी टीसें ऐसी थीं कि तड़पना ही साँस लेने देता। बैड पर लिटाकर पीटता पति और उसकी सहायता करती औरतें...हिना की शादी का हासिल है। क्या वह गलत सोच रही थी? या चले आ रहे रीति-रिवाजों के खिलाफ सोचकर औरत बनने से इनकार कर रही थी।

'मुझे यहाँ से भागना होगा।'

हिना भागती तब तक रात हो गई। पीठ में असहनीय दर्द था। पति आया, उसके हाथों में पानी का गिलास और एक गोली थी। गोली जहर की होती तो भी हिना खा लेती, यही सोचकर गोली निगल ली।

कमरे का दरवाजा बन्द था। पति बहुत प्यार करने के मूड में था। अपनी ताकत दिखाते हुए पिटी-कुचली हिना को वश में करना था। यदि वह कपड़े नहीं उतारने देगी तो डंडा, हंटर से पिटाई होगी। सम्भोग करना है, हर हालत में करना है। चीखने-चिल्लाने और गुहार करने का कोई मतलब नहीं। इसी बीच 'मैं तुम्हें बहुत प्यार करता हूँ' वाली मीठी-सी आवाज घावों पर नमक छिड़कने जैसा असर करती। वह साथ सोने की जिद पर उतारू हो गया।

और बीवी की दोनों टाँगों को प्यार भरे आतंक के बीच अलग-अलग खाट के पायों से बाँध दिया, जैसे कह रहा हो—तुम्हारी देह मेरी है। इसके किसी हिस्से पर तुम्हारा हक नहीं क्योंकि शादी के बाद पूरी की पूरी औरत शौहर की हो जाती है। अब वह उसके साथ चाहे जैसा व्यवहार करे। बँधी टाँगोंवाली बीवी के साथ उसने जमकर शारीरिक सम्बन्ध बनाया। आनन्द लेता हुआ कहता रहा, आइन्दा तुम इसी तरह टाँगें चौड़ी रखोगी। कोई कपड़ा नहीं पहनोगी। आँख से आँख मिलाकर नहीं देखोगी। हम ड्यूटी से आते हैं, आज्ञा पालन करती होगी।

हिना जिन्दा थी या मुर्दा? बलात्कार कैसे होते हैं? ऐसे ही न? अगर विरोध किया जाए तो धुनाई होगी। शौहर के ऐसे मनोरंजन पर किसी को क्या ऐतराज? इस पर कौन-सी धारा लगनी चाहिए? यह पुलिस का जवान...क्या समझेगा किसी औरत का दर्द? बीवी का मुखौटा पहने हुए हिना नाम की बीस वर्षीया औरत, मानो वह इनसान नहीं, कोई चीज नहीं, जिसको मनमाने ढंग से नोंचा-बकोटा, काटा-चबाया, दबाया या मसला जा सकता है।

जिन्दगी निरंकुश पति सत्ता के हवाले होकर औरत औरत का शरीर धारण करने की सजा भुगत रही है, वह बेजान मांस के लोंदे में तब्दील होती जा रही है। इसके सिवा हिना कुछ न सोच पाती।

'मैं अपने घर जाऊँगी। नहीं तो जान दे दूँगी। तुम सब जेल...' उसने कहा तो शौहर उसे मायके पहुँचा आया। वहीं इलाज चला। जो दरिन्दगी उसने भोगी है, अम्मी से कैसे कहे?

ठीक होने लगी तो एक दिन अचानक ससुर लेने आ गए।

हिना दहल उठी। भाई से कहा, 'अगर तुम मुझे वहाँ फिर भेजोगे तो मैं मर जाऊँगी। तुम लोग मुझे जहर क्यों नहीं दे देते?'

हिना की जिद बढ़ रही थी और आसिफ का क्रोध।

'नहीं जाएगी?'

'नहीं।'

'कैसे नहीं जाएगी, मैं देखता हूँ।' कहता हुआ भाई बाँह पकड़कर अन्दर ले गया और कोठे में ले जाकर थप्पड़ों की बौछार कर दी।

यह कैसी दुनिया है! अम्मी कहाँ है? चुपचाप कठपुतली सी एक कोने में खड़ी जोर-जोर रोए जा रही हैं, जैसे रोने के सिवा उनके पास कोई हथियार न हो। इस माँ का क्या आसरा ले कोई। बेटों की गुलामी करते हुए पेट भर रही है। जरूर भइया ने ही ससुर को बुला लिया है।

'हिना, तुझे मरना है न? तो वहीं मर जाकर।' भइया ने हुक्म सुना दिया।

चली आई।

एक दिन अचानक सादिक भइया आए या शायद सास-ससुर ने बुलाए। कहा, 'यह रोगिन है, काम नहीं करती।'

छोटे भइया ने हिना को साथ लिया और गाँव चले आए। आकर बड़े भइया से कह दिया, 'अब यह वहाँ नहीं जाएगी। इसकी हालत तो देखो। बहुत हो चुका। कसाइयों के हाथ जिबह होते नहीं देखा जाता हमसे।'

यह एक दूसरा मुकाम था।

हिना ने छोटे भाई के साथ जाकर तलाक का केस दर्ज करा दिया, पुलिस में रिपोर्ट की। दहेज का केस दायर किया।

पति के साथ उसके घरवाले, सास ननदों सहित सब गिरफ्तार हो गए। गिरफ्तार परिवार की क्या भावना रही होगी, हिना समझ सकती थी। हालाँकि उन्होंने जमानत करा ली, लेकिन सबने देखा, बहू ने क्या किया।

और गाँव की पंचायत में तय हो गया कि समझौता कर लिया जाए। इससे वक्त बचेगा। छह महीने से केस चल रहा है। इस बीच हिना का सामान वापस आ गया। जो लोग ज्यादा माँगने के लिए उसे ताड़ना देते थे, अब सामान वापस कर रहे हैं, यह देखकर हिना की हिम्मत बढ़ी।

तलाक का समय आ गया। वह सोचती कि पहला जैसा कानून होता तो उसका शौहर 'तलाक तलाक तलाक' कभी न कहता और वह उसी जहन्नुम में सड़ती हुई खत्म हो जाती। वह तो आज भी कोर्ट में कहता है—तलाक मत लो।

जज ने भी कहा, 'हिना सोच लो एक बार।' इस पर उसने सोचा कि दोबारा ही उस घर जाना होता तो केस ही दायर क्यों करती? जज लोग परिवार बचाने की खातिर उस जैसी औरतों को नरक में ठेलने की हिम्मत कर पाते हैं क्योंकि वे भी मर्द हैं।

'मुझे उस परिवार से डर लगता है।' यही कहा और यही सोचा। हिना को पता था कि उसे गर्भ रह गया है। अबॉर्शन करा दिया। लगा कि शादी-ब्याह का मकसद पूरी तरह खत्म हो गया।

'मुझे आजादी मिली, मैंने महसूस किया।' हिना अपने आपसे कह रही थी या उन औरतों को सन्देश दे रही थी, जो दूसरों के फैसलों के सही गलत को नहीं देखतीं, रिवाज निभाकर 'अच्छी औरत' में तब्दील हो जाती हैं। यातना से हत्या, आत्महत्या तक खुद को पाक-पवित्र साबित करती हुई दुनिया से विदा होती हैं।

मेहर भी आया, जो शादी के समय अस्सी हजार के रूप में तय हुआ था। जब हिना तलाक पर दस्तक कर रही थी, उसके ठीक पहले उसके शौहर ने अस्सी हजार रुपए सौंपे। लगा कि शादी में वह एक ही नियम अच्छा है।

उस घर आ गई, जो उसके पिता का था। उसी घर में उसी रकम को ले आई, जो हिना के सिवा किसी की नहीं थी।

उस रकम के कारण दोनों भाइयों में झगड़ा होने लगा। मगर भाइयों का इन रुपयों से क्या मतलब? बड़े भाई को उसने रखने के लिए रुपए दिए हैं। अम्मी ने भी यही कहा कि घर में बड़ा आसिफ ही है, वही सब कुछ करने-धरनेवाला है।

मगर सादिक भइया ने लड़ाई बहुत की। कहा, 'तुम अकेले रख लोगे सारी रकम? जब इसका ब्याह हुआ तब तो तुमने मुझसे भी पैसे लिए थे। शादी को ज्यादा दिन नहीं हुए, एक साल ही हुआ है। हम अभी तक कर्जदार हैं।'

इस पर भाभी बोली, 'अब दोबारा भी तो कहीं बिठाना पड़ेगा, वह भी तो हमीं करेंगे। इसे कहीं खूँटे से न बाँधेंगे तो हमारे बच्चों का क्या होगा?'

छोटे भाई की अपनी दलीलें थीं। बस वैसे ही लड़ाई होने लगी। इतनी लड़ाई कि दोनों भाई एक-दूसरे को मारने-पीटने लगे।

'मुझे नहीं चाहिए कुछ।' हिना की भी आवाज ऊँची हो गई।

उस दिन हिना ने तय कर लिया कि अब वह यहाँ किसी कीमत पर नहीं रहेगी। भले उसका जन्म यहाँ हुआ है, लेकिन जीवन का हक इस आँगन पर नहीं। इस आँगन में बने रहने से आँगन दागदार होगा, यही तो भाभी का आशय है। अम्मी भी इसलिए ही बेटी के सामने हाथ जोड़ती हैं कि वह यहाँ रहकर भाइयों पर बोझ न बने, इज्जत पर दाग न लगाए। सारी लड़कियाँ इस फलसफे को समझती हैं, हिना क्यों नादान बन रही है।

'मेरी शादी कर दी जाएगी दोबारा।' उसने अम्मी से कहा था, 'मैं कैसे रह सकती हूँ यहाँ?'

हिना को ससुराल की एक ही बात रह-रहकर याद आती, वह थी—टी.वी. सीरियल 'उड़ान'। वहाँ रहकर 'उड़ान' देखा था, भले उसे देखने पर भी पहरे थे। पर कोई न कोई एपिसोड देख ही लेती, चलते-फिरते, खड़ी होकर या आड़ ओट से।

'फैसला मेरा है, पड़ी रहूँ या चल दूँ' हिना ने रातभर खुद से जद्दोजहद की। 'मुझे कल्याणी जैसा बनना है हर हाल में। अब सोचती हूँ कि अगर वहाँ कलह और मारपीट न होती तो क्या मैं वहाँ रहती? वैसे तो स्वभाव भी घरेलू लड़कियों जैसा नहीं था, ऊपर से 'उड़ान' सीरियल। शायद मैं ब्याह-शादी के लिए बनी नहीं या दूल्हे मेरे लिए कहीं नहीं...'

बस एक दिन मौका निकालकर अपने सूट के नीचे अपने डाक्यूमेंट्स छिपा लिए। अम्मी के पाँच सौ रुपए चुराए। जिन कपड़ों में थी, हिना दोपहर के समय उन्हीं में चल दी। कोई शक न करे कि पूछ बैठे, कहाँ जा रही है और फिर जाने में बाधा पड़े। वह चौकन्नी थी। चालाक चोर की तरह सतर्क कि पकड़ी न जाए क्योंकि समाज के हिसाब से तो वह घर से भाग रही थी, जिसे लड़की का सबसे बड़ा गुनाह माना जाता है।

कहाँ?

यमुना नगर। उसे याद था कि यमुना नगर के पास एक गाँव में उसकी सहेली का ससुराल है। बस स्टैंड से उतरकर स्कूटर वालों से पूछती हुई उस सहेली के पास रात में पहुँची।

भागी हुई लड़की!

सहेली की सास ने कहा, 'यह यहाँ कैसे आ गई? इसका तो तलाक हो चुका है। क्या यह अपनी माँ के घर भी नहीं रुकी?'

सास की नजरें टेढ़ी थीं क्योंकि हिना बिगड़ी हुई लड़की के रूप में सामने थी। सहेली ने सलाह दी, 'हिना घर लौट जा।'

'बेवकूफ!' हिना के मुँह से निकला। क्या वह लौट जाने के लिए रास्ते पर निकली है? रास्ता भी वह, जो उसने खुद बनाया है। अब तो आगे की सोचना है। लौटकर फिर यमुना नगर आ गई।

दिल्ली जानेवाली बस सामने थी। दिल्ली में एक टीचर रहते थे जो हिना के गाँव में पढ़ाते थे। उनका पता उसके पास था। फिर क्या था, दिल्ली चल दी।

हिना पहुँची। सर मिले। घर में बिठाकर सारी बात सुनी। हिना ने आशा भरी नजरों से उन्हें देखा। लेकिन फिर वही, इस भागी हुई लड़की को कौन अपने यहाँ रखे? रखे तो परिवार को क्या बताए? सच बताए तो कौन रहने देने के लिए तैयार होगा? झूठ बोले तो हर रोज न जाने कितने झूठ गढ़ने पड़ेंगे क्योंकि अकेली लड़की को अकसर सन्देह की नजरों से गुजारा जाता है। सर ने हिना को सब बताया था और हमदर्दी में यह भी कहा, 'तुम्हें यह भी कह सकता हूँ कि चली जाओ। कहाँ जाओगी? कहाँ-कहाँ भटकोगी? सोचकर मेरी तो रूह काँपती है।'

सर रखना भी नहीं चाहते और छोड़ना भी उन्हें बुरा लग रहा था। आखिर उन्होंने रास्ता निकाल ही लिया और अपनी दुविधा से निजात पाई। हिना को अनाथालय में छोड़ आए।

'अनाथालय!' क्या मैं वहाँ रहने के लिए आई थी? क्या मैं इतनी मजबूर हूँ कि चन्दे का खाऊँगी-पिऊँगी? नहीं, यह मेरे मकसद में कहीं नहीं था। हिना अनाथालय में पूरी रात सोचती रही और दिन में उसने जो बच्चे देखे थे, उनके लिए कुछ करने का जज्बा जागा। उसे अपने ही ऊपर हँसी आ गई। अपना ही इन्तजाम नहीं है, खानाबदोश जिन्दगी है, दूसरों के लिए हमदर्दी उमड़ पड़ी।

'भागो यहाँ से' हिना ने सोचा। उसी वक्त यकायक याद आया कि यमुना नगर में छोटी ननद पढ़ती थी। कम्प्यूटर साइंस की विद्यार्थी थी। उसके सर बड़े अच्छे थे। वे उस गाँव आए थे, जहाँ हिना का ससुराल था। घर आकर उससे बातें की थीं। वे उसे आगे पढ़ने के लिए सलाह दे रहे थे। सर से बातें करने पर सास ने गालियाँ दी थीं। सर ने मुझसे जो बातें कीं, उन्हीं की खुशी में सास की गालियों का असर ही न आया। क्या अब उनसे मिला जाए? मदद करेंगे? इतनी मदद कोई करेगा भी कैसे? खाना-कपड़ा और रहने के लिए जगह, इसके साथ आगे पढ़ने का कोई साधन। और अब हिना यह बताएगी कि वह उस घर की बहू नहीं है, तलाक हो गया, तब क्या सोचेंगे सर? तलाकशुदा औरत को बदचलन मानने का रिवाज है, क्या इस रिवाज के खिलाफ सोचेंगे वह? पहले वह बहू की गरिमा और शालीनता से मिली थी, सर भी अच्छे, सभ्य शिक्षित लोगों की तरह पेश आए थे। इस हालत में जरूरी नहीं कि वह पिछली राह ही मिलें। यहाँ सिर छिपाने की जगह तो है, अनाथालय है तो क्या? यहाँ अनाथ बच्चे ही नहीं, उनके इन्तजाम देखनेवाली मैम वगैरह भी तो हैं, वह उसी तरह क्यों नहीं रह सकती? अनाथालय को ही सच में उस जैसी लड़की की जरूरत है।

मगर पाँवों में चक्कर बँधा था। शायद इसलिए कि बहू बनकर कैद काटी थी और उस जेल के दरवाजे टूटने का विश्वास कतई न था।

हिना कम्प्यूटर सर के पास थी।

कुछ भी छिपाना उसे गुनाह लगता है। जिन्दगी जैसी भी है, सबके सामने है। नफरत या मोहब्बत से पेश आना सामनेवाले के अपने ऊपर है। फिर उसने कोई जुर्म तो किया नहीं। चोरी या लूट-कत्ल नहीं किया। सारी बातें सर को बता दीं। बताकर मन हल्का हो गया। उनकी चौकोर बैठक में गद्देदार सोफा लगा था। उनकी दीवार पर 'सत्यमेव जयते' लिखा था। उनकी वेशभूषा आधुनिक और सादा थी। पैंट-कमीज पहने हुए सर साँवले लग रहे थे। जब देखे थे, तब थोड़े भारी थे, लेकिन अब वजन घटा लिया है। यह सब हिना क्यों नोट कर रही है? नोट करने के लिए इस समय है ही क्या?

सारी कहानी कह सुनाई। अन्त में एक फरियाद...'मुझे छोटी-सी नौकरी चाहिए सर। पढ़ाई आगे चलाने की तो सोच भी नहीं सकती।'

हिना की बात सुनकर वह कुछ देर एकटक देखते रहे। मामूली सलवार-कमीज पर पीले रंग का दुपट्टा ओढ़े बैठी उनके सामने हिना नाम की लड़की क्या सोचे, क्या समझे?

अपनी जेब से निकालकर कुछ रुपए सामने रख दिए तो हिना बुरी तरह हड़बड़ा गई। वह मुस्कुरा रहे थे।

हिना कैसे देखे उनकी ओर, पेट में भय की तितली नाचने लगी। रात हो रही थी। आगे क्या होगा? दिल धक्-धक् कर रहा था। पता नहीं क्यों सोचने लगी, पति ने जो कुछ किया था, उससे ज्यादा क्या होगा? एक पल में ही हिना अपने लड़की शरीर से आजिज आ गई। भविष्य बनाने की बात सोचे या शरीर को बचाती फिरे? प्राणों से अजीब तरह लगी है देह।

जो सोचती है, उलटा हो जाता है। सहेली का भरोसा किया था, वहाँ एक रात नहीं रह पाई। यहाँ सर कह रहे थे, 'पेइंग गेस्ट बतौर रखने का इन्तजाम कर दूँगा। बात कर लेता हूँ।'

आधा घंटा उसी बैठक में बैठी रही। आजादी कितनी महँगी होती है, पेइंग गेस्ट तो रह जाएगी, लेकिन पैसे अदा कहाँ से करेगी? सर के दिए पैसे कितने दिन चलेंगे? फिर ये उधार के पैसे हैं, खैरात नहीं दी उन्होंने।

'मेरा जुनून मुझे कहाँ तक ले आया...सास ननद की खिदमत करती रहती। शौहर को बिस्तर में हर हाल में खुश रखती। लोगों की नजर में राज करती।'

नहीं रास आया गुलामी का आनन्द हिना रहमान, तब भुगतो अपने किए करम।

सर थे या फरिश्ता? मोबाइल फोन हाथ में लिए सामने आए। बोले—एक अस्पताल में रिसैप्शनिस्ट की जगह है, काम करोगी? दो हजार रुपए देने के लिए तैयार हैं। मेहनत और ईमानदारी की हर जगह पूछ होती है क्योंकि उसकी हर जगह जरूरत होती है। मैं समझता हूँ, तुम निभा जाओगी।

अब क्या था! खुद्दारी ने हिना का हौसला बढ़ाया। छह सौ रुपए पेइंग गेस्ट बतौर देकर बाकी पैसे से आगे बढ़ सकती है। पी.जी. में लड़कियाँ भी पढ़ी-लिखी हैं।

पेइंग गेस्ट की तरह रहते हुए वहाँ हिना ने सारी बातें नहीं बताईं, स्थितियों ने समझा दिया, सच और ईमानदारी को सब लोग नहीं पचा पाते। वहीं एक आंटी थीं, जो हिना को चुप देखकर कुछ पूछना चाही थीं। वे पास आईं, हिना उस वक्त रो रही थी। हौसला भी कितना खींचा जाए, जब न तब टूटने लगता है। फिर रोकर ही खुद को हल्का किया जा सकता है। अपनी जिन्दगी की तुलना किससे करे वह, उसका गाँव भी उसकी तरह है, जिसमें इतने सुख-दुख हैं, इतना सूखा अकाल दफन

हैं, जिसमें सारे बादल बारिश बनकर समा जाते हैं, इसी तरह इनसानों के उतारे आँधी-तूफान और अम्मी की यादें वह खुद में समेटे फिरती है। गाँव अब कभी लौटना न होगा? या वह जमीन कभी हिना को जगह नहीं देगी? क्या है आखिर वहाँ उसका? पापा की कब्र और अम्मी की नजरें। खेत-खलिहान में माना कि उसका कुछ भी नहीं, मगर तालाब और बगीची में तो है। कितना-कितना याद आती हैं सिंघाड़े की बेलें, आम के पेड़। लड़कियों को क्यों विदा कर दिया जाता है उनके गाँव से? मुस्लिमों में अच्छा रिवाज है कि अपनों में भी शादी हो सकती है, फिर भी क्यों भेज दिया दूसरों के यहाँ? क्या शौहर बनकर अपने भाई-बंधु भी कठोर व्यवहार करने लगते हैं? अगर ऐसा है तो शौहर का वजूद ही खत्म कर देना चाहिए। किसी को किसी के साथ जुर्म करने की इजाजत विवाह देता है तो यह सबसे बड़ी नाइंसाफी वाली बात है। शादी को समाज से ही खारिज कर देना चाहिए।

आंटी से हिना खुलने लगी धीरे-धीरे। आंटी ने हिना की दोस्ती दूसरी लड़कियों से करा दी। वहाँ उसकी एक पक्की दोस्त बनी, जो हौसला देती और पढ़ाती भी थी।

अगर इशारों में कहा जाए तो हिना को लगा, लड़की का शरीर लेकर उसका कहीं भी जीना दूभर है। दोस्त के दोस्तों में एक ऐसी जंजीर बन चली थी कि अन्तरंग दोस्ती की खबरें एक सिरे से दूसरे सिरे तक पहुँच जातीं। हिना सोचती, क्या लड़की या औरत का शरीर इतना आकर्षक है कि हर पुरुष इसे पाने की फिराक में घूमता है। उसे लगता है, चारों ओर से मरदाने पंजे उसकी ओर आ रहे हैं। उनकी हर उँगली पर सौ-सौ के नोट चिपके हुए हैं। ओह! इस बाजार में चलने के लिए वह घर से भागी थी क्या? और इस बाजार का हिस्सा न बन जाए तो शहर में गुजारा करना दूभर। लेकिन वह मुश्किलों से डरी ही कहाँ है? फिर भी दुविधा तो है ही।

डर गई, जब रात के समय क्लब के लिए एक पार्टनर किसी परिचित दोस्त ने भेजा। रात का खाना और होटल में एक रात का सोना...नहीं, वह इस दुनिया की सदस्य नहीं। यही सिलसिला आए दिन दिल दहलाने लगा।

अगले सप्ताह हिना ने कई बार अपने ही जीवन को पढ़ डाला, बार-बार एक ही निष्कर्ष निकला—तुम्हारे अन्दर जो आ गया है, उसे बाहर लाकर ताप की तरह धरती पर फैला दो। इसके लिए बन्द ढक्कनों को खोलो। नतीजा क्या होगा, कौन जानता है? लेकिन कोशिश करने में हर्ज क्या है?

एक दिन सोच लिया—मैं लड़की बनकर जी नहीं सकती क्योंकि तरह-तरह के समझौते करना मेरे बस का नहीं। मैं क्या करूँ कि ऐसे न्यौते न मिलें। आंटी की भतीजी को लेकर ब्यूटी पार्लर गई थी, क्योंकि उसको डांस का प्रोग्राम देना था। उसका मेकअप हो रहा था। नर्तकी सज रही थी और हिना रहमान अपने लम्बे बाल कटा रही थी। एकदम कट!

'बॉयकट' हिना ने ब्यूटीशियन से कहा तो वह बार-बार मना करने लगी। इतने प्यारे बाल, इतनी सुन्दर चोटियाँ..नहीं-नहीं इनको न कटाओ। यह आपकी पर्सनैलिटी में चार चाँद लगाते हैं। गोरा चेहरा, घने काले बाल।

'यही तो मुझे नहीं होना, काट दो।' हिना ने अपना फैसला सुना दिया।

बाल कटाकर पी.जी. (पेइंग गेस्ट हाउस) में आई तो लड़कियाँ ऐसे देखने लगीं, जैसे हिना लड़की से लड़का बन आई है। एक-दो हाथ से मुँह दबाकर हँसी तो दो-चार ने कहा—सत्यानाश हो गया हिना। बालों से ही तो लड़की का स्टाइल बनता है। उसका मॉडर्न इफैक्ट आता है। उसके पीछे लोग भागने लगते हैं। कई दिनों तक हुस्न की मलिकाएँ आपस में डायलॉग बोलती रही थीं और उसे लगता रहा कि कई जोड़ी आँखें तीखी नजर से हिना को छेद रही हैं।

इसमें क्या शक है कि हिना का नया जन्म हो चुका था। उठते-बैठते, चलते-फिरते, सोते-जागते उसके वजूद पर कोमल नारी नहीं, पराक्रमी पुरुष हावी होता महसूस होता। अपने मर्दाने वेश में (पैंट-कमीज पहनकर) पहला दृश्य रात होने का था, जब हिना स्मार्ट लड़के के रूप में नीचे बरामदे में खड़ी थी। और वही सहेली सामने थी, जिसने उसके पास रातभर के लिए सौदागर भेजे थे। यह मानो अपने मित्र से पहली भेंट हो और परिचय दोबारा दिया जाना हो, 'हिना रहमान! क्या हम एक दूसरे को पहचान रहे हैं, या दोनों असमंजस में हैं।' सखी को लगा होगा, हिना नाजुक कोमल बीवी है, जरूर प्रेमियों, आशिकों में लहराती होगी। आशंका तो रहती ही है कि सुन्दर औरत का कोई प्रेमी या चार-छह आशिक न हों ऐसा नहीं हो सकता।

हिना तरह-तरह से लोगों को अचम्भे भरे झटके दे रही थी, जिसमें सबसे बड़ा झटका था उसका मेरठ यूनिवर्सिटी से बी.ए. करना। इस शिक्षा के लिए उन सर की अहसानमन्द है, जो कभी ननद के सर थे। वे मदद न करते तो आज न जाने वह कहाँ होती?

वहीं, जहाँ एकाध बार वह फँस चुकी है। सम्पूर्ण शारीरिक निकटता में किसी पुरुष को विश्वसनीय मान ही लिया जाए, यह जरूरी नहीं। आर्थिक लाभ और कुछ सहूलियतें पाने के बाद भी हिना को लगा कि वह सब उसका नियमित साधन नहीं बन सकता। नियमित बनाएगी तो अत्यन्त नीची होती जाएगी। वैसे वहाँ लड़कियों या कामकाजी औरतों की जिन्दगी का ढर्रा काफी खुले व्यवहार का रूप है। यहाँ कौन भौंहें खींच रहा है, कोई नहीं देखता फिर भी न जाने क्यों उस पर कोई अनदेखा बन्धन हावी रहता। अजनबी शहर में अपना गाँव उस पर रूल करता। क्या इसलिए ही किसी आदमी की निकटता में आश्वस्त नहीं हो पाई। उसे तो हमउम्र लड़कियों

या खुद से कुछ बड़ी दीदियों की आँखों में प्यार की गर्माहट खोजते हुए सूअर का बाल नजर आने लगता, 'कहीं ये मुझे बाजार में न चला दें।'

हिना इन दिनों शिद्दत से सोच रही थी, अपने गाँव जाकर लौट आए। दूसरे ही क्षण सोचा—कौन है वहाँ मेरा? किसको मेरी जरूरत है? मैं भागकर चली आई। कोई खोजने तक नहीं आया। अखबार में इश्तहार खोज-खोजकर आँखें थक गईं, हिना का पता किसी ने नहीं पूछा। फिर मैं किसके लिए तड़पती हूँ? पति का घर छूट गया। छूटा भी तो इतनी कड़वाहट के साथ। अपने सास-ससुर और ननदों को गिरफ्तार कराने वाली बहू का कोई नाम लेगा? उसकी छाया से भी दूर भागेगा। माँ, भइया-भाभी अपनी भगोड़ी बहन-बेटी का नाम आते ही शर्म से गल जाते होंगे। मैं अकेली आई, लेकिन जब लड़की घर से बिना बताए जाती है तो यही माना जाता है कि किसी यार के संग भाग गई। अम्मी किस-किसका मुँह पकड़ लेंगी? बस अपने घर के भीतर बैठी जितना हो सकता होगा, गाँववालों की नजदीकी से बचती होंगी। भइया भाभी दिन-रात मुझे कोसते होंगे। क्या पता यह भी कह दिया हो, हिना तो मर गई। इस बात को फैलाकर घर में शान्ति कायम की होगी।

'मैं उस घर की गुनाहगार बेटी, मैं ससुराल की इज्जतखोर बहू...नहीं मैं अब किसी की कुछ नहीं। मेरा बस चले तो अपना नाम बदल दूँ, लेकिन यह नाम मेरी योग्यता की सनदों में जुड़ा है। सर्टिफिकेट्स ही मेरे संरक्षक हैं।'

पी.जी. छूट गया।

पिछली दुनिया को भूलने की कोशिश में हिना शहर में रहने के तौर-तरीके सीखने लगी। घूमने-फिरने के बाद फायदे यही हैं कि आदमी यादों को गले में ढोल की तरह नहीं बाँधे फिरता। खानबदोशी के बीच ही हिना ने एक प्रोग्राम देखा। वह जादूगर की महफिल थी। उसकी यूनिट में लोग कितने उत्साही थे। एक आदमी बिलकुल ऐसा जैसा कि हिना का शौहर था। वह अचानक चौंक गई। दिल बेतहाशा धड़कने लगा। तलाक होने और रिश्ता टूटने के बावजूद कौन-सा रेशा जुड़ा रह गया है? क्या जिसे जितना भूलना चाहो, 'वह मौके-बेमौके ऐसे प्रकट हो पड़ता है?

जादूगर की यूनिट में तीन लड़कियाँ थीं। एक लड़की में न जाने क्या था, हिना को अपनी ओर खींचने लगी। वह भूल गई कि उसकी सीमाएँ क्या हैं? लड़की का नाम ईषा वर्मा था। शो के बाद लड़की के पीछे हिना उसके घर तक गई। कौन जानता समझता कि हिना लड़की है। वह तो एकदम लड़के की छवि में...उसके मम्मी-पापा बेटा-बेटा करके बोलने लगे। क्या करते हो, कहाँ रहते हो—जैसे सवाल किए।

रात ज्यादा हो गई। हिना ने कहा, 'आंटी, आज मैं यहीं रह जाऊँ?' माँ-बाप सिटपिटा गए। बोले—यहाँ कहाँ सोओगे?

'ईषा के साथ।'

'क्या बोला रे?' ईषा के पिता ने कड़क आवाज में कहा और काफी आतंकित से हिना से छुटकारा पाने की सोचने लगे थे। ईषा खुद बदहवास सी...अब तक इतने शो हुए घर तक कोई नहीं आया।

हिना इस सीन को काफी इन्जॉय कर रही थी। मन-ही-मन सोच रही थी, अखबारों में कई बार आया है—लड़की लड़का बन गई। जरूर उन डॉक्टरों से मिला जाए, जो उसे ब्रेस्ट-लैस कर दें। आज ही देख लो हिना जो सदा ही अपने लड़कीपन को बचाने के लिए आशंका और दहशत में घिरी रहती थी, उससे ईषा का बाप डर रहा है। डरने और डराने का अन्तर आज उसके सामने है। हिना लौट आई अपने डेरे पर।

धीरे-धीरे ईषा वर्मा को सच का पता चल गया। वह हिना को बहुत चाहने लगी। एक प्रणय नाटक उनके बीच चल रहा था। जिसमें धीरे-धीरे रोशनी फैलती जाती और वे दोनों एक दूसरे के नजदीक आती जातीं। हिना को लगा, नौकरी छोड़कर जादूगर का कैम्प ज्वाइन कर ले। सोचा यह भी क्या उसमें मर्दाना आकर्षण बढ़ रहा है?

नजदीकियों में दिन और महीनों का पता न चला और ऐसे में एक लड़की जो उम्र में हिना से बड़ी थी, से मुलाकात हो गई। पता चला उनका ऑर्केस्ट्रा का काम है। शादी-ब्याह या फंक्शन्स में संगीत पार्टी ले जाती हैं। 'स्वीटी दीदी' हाँ इसी नाम से हिना ने पुकारा उनको। वह पार्टी में डांस करती थी। हिना उनका डांस देखने एक शादी में पहुँच गई। वह नाच रही थी और हिना मुग्ध भाव से देखे जा रही थी।

अचानक हिना की निगाह में एक लड़का आ गया। अरे यह तो अपने गाँव का सुधीर है! पहचान लिया तो क्या होगा? क्या पता घर कह दे और अम्मी रोती-रोती आ जाएँ। अब तो लोगों के ताने सुनते-सुनते कान पक्के कर लिए होंगे। जो शख्स नहीं रहता, उसकी बुराइयाँ या निन्दाएँ भी नहीं रहतीं, लेकिन उस लड़के ने नहीं पहचाना, हिना ने सोचा। हाँ, कोई पहचाने भी कैसे उसका हुलिया ही बदल गया।

ऑर्केस्ट्रा वाली स्वीटी दीदी हिना की महबूब हो गईं। अस्पताल की रिसैप्शनिस्ट का जॉब छोड़कर उन्हीं के जरिए दूसरा काम लिया। अब हिना उन्हीं के साथ रहने लगी। उनके बच्चे थे। यही हिना ने अपना परिवार माना।

तीन साल बीत गए। हिना अपने पर अचम्भा करती कि घर से आए कितना समय हो गया। किसी से कहीं एक बार नहीं मिली। दो-तीन परिवारों में रही। उन्होंने प्रेम और अपनापन दिया, फिर भी अपने पिता का घर याद क्यों आता है? क्या जन्मभूमि का अपना ही खिंचाव होता है। लगता है, एक बार गाँव जरूर जाया जाए।

यादों के प्रचंड सैलाब उमड़ने लगे। शहर के साफ-सुथरे रहन-सहन और जीवनशैली के बँधे ढर्रे ने मन उखाड़ दिया। न जाने उसी झोंक में हिना एक दिन अपनी रिश्ते की बहन के घर पहुँच गई। उसके बच्चों ने जाकर खबर दी, 'अम्मी कोई अंकल आए हैं।'

बहन पर्दा करती थी। उसने अपने देवर को भेजा। उसने भीतर ले जाते हुए कहा, 'आइए भाई साहब।'

हिना को हँसी आ रही थी और बहन का देवर अचम्भे से देख रहा था कि यह लड़का हँस क्यों रहा है? क्या घर में कुछ अटपटापन है या उसमें कोई हँसने वाली बात। फिर उसने पूछा—कहाँ से? हिना ने गाँव का नाम लिया।

बहन अजनबी आँखोंवाली।

हिना फिर हँस पड़ी और बोली, 'आपा, मैं हिना।'

बहन की आँखें फैल गईं। वह कुछ बोल नहीं पा रही थी। कुछ देर देखती रही। फिर मानो होश में आई। हिना ने अपना किस्सा बताया।

बहन ने पूछा, 'यहाँ कहाँ है तू?'

'मारुति एजेंसी में।'

'नौकरी कर रही है! तनख्वाह क्या मिलती है?'

'आठ हजार मिलती है। साथ में प्राइवेट पढ़ रही हूँ।'

'तीन साल से है और आज आपा याद आई।'

'तीन साल पहले आपा, आप मुझे देखना भी नहीं चाहतीं। अम्मी भी तो नहीं देखना चाहती थीं।'

बहन ने खींचकर हिना को गले से लगा लिया, 'अरे मेरी वीर, तेरी अम्मी ने तुझे कहाँ-कहाँ नहीं ढूँढ़ा।'

'आपा, अम्मी से बात करा दो।'

फोन पर अम्मी थीं। अपनी बेटी की आवाज सुनकर हिलकी बाँधकर रोने लगीं। बात एक भी न हुई। हिना इधर फोन पकड़े तो अम्मी उधर फोन पर रोती हुई। हिना के गाल आँसुओं से भर गए। आपा से बेटी पूछ रही थी, 'अम्मी अंकल क्यों रोते हैं?'

हिना को रोते-रोते हँसी आ गई। वह फोन पर बोली, 'अम्मी, अब तुम्हारी हिना कमाती है, तुमको मैं यमुना नगर बुलाऊँगी।'

आपा के यहाँ से लौटते हुए अपने हालातों पर गौर किया। यमुना नगर अब उसे ज्यादा अच्छा लगने लगेगा। घर गाँव को छोड़कर आई हूँ, यह बात कभी न चुभेगी। छूटे सूत्र जुड़ने से मन को कितनी शान्ति मिलती है। वह हमदर्दी ही है जो किसी न किसी तरह हमें अपने और परायों से जोड़ती रहती है।

अम्मी से अब कहाँ रुका जाता। न जाने किससे माँगे होंगे किराए के पैसे? हिना से मिलने के नाम पर आसिफ भइया लाल-पीले हो गए होंगे। उनके घर की कालिख जैसी हिना अब खानदान के नाम पर दाग है। अम्मी उस दाग को अपने आँचल में छिपाने के लिए तैयार हैं।

अम्मी को हिना बस स्टैंड लेने गई। अम्मी झोला उठाए खड़ी-खड़ी अपनी हिना की राह देख रही थीं। हिना पास पहुँच गई, उन्होंने गौर नहीं किया। वे तो अपनी सूट-चुन्नी वाली हिना को लम्बे बालों की दो चोटियाँ से ही पहचान जाएँगी, इसी विश्वास में खड़ी थीं अम्मी।

'अम्मी!'

इधर-उधर तेजी से सिर हिलाया अम्मी ने। आवाज किधर से आ रही है। फिर 'अम्मी' की पुकार...

हिना सामने खड़ी थी। आँखों में आँसू भरे बोली–पहचानो अम्मी और माँ के गले से लिपट गई। कब-कब से आँसू जमा किए थे अम्मी और हिना ने। बस स्टैंड पर आते-जाते लोग आसपास थमने लगे, मगर आँसू थमे तब तो हिना माँ को थ्रीव्हीलर में बिठाकर अपने डेरे पर ले जाए।

तीन दिन रही थीं अम्मी। जाते समय बोली, 'हिना, बेटा गाँव कब आएगी? मैं तो कहती हूँ, मेरे संग ही चलती।'

अब तक हिना ने हरियाणा औद्योगिक सुरक्षा बल के तहत निकले पुलिस कांस्टेबल के फार्म भर दिए थे। इस नौकरी के लिए स्वीटी दीदी ने सारा जोर लगा दिया था। तन-मन-धन सब कुछ। उसी के बल पर हिना ने अम्मी से कहा–आऊँगी, जरूर आऊँगी।

हिना का पुलिस में सलैक्शन हुआ, मगर वह सलैक्शन छह महीने में रद्द कर दिया गया। पता यही लगा कि सरकार बदल गई है और पुराना सलैक्शन सिरे से ही गलत पाया गया था। हिना को क्या, सभी ट्रेनीज को धक्का लगा। एक ऐसी दुखद स्थिति थी, जिसका वर्णन करना भी सम्भव नहीं। अँधेरा हो गया था दसों दिशाओं में। लगा कि हमारी जिन्दगी ही तबाह हो गई! सरकारों के रहमो-करम पर हैं लोग या लोगों से बनती है सरकार? तमाम ऐसे सवाल थे, जिन पर खुलकर नहीं बोल पा रहे थे। हिना जैसी लड़कियाँ, जो सीधे सरल तरीके से पुलिस में नहीं आई थीं, यही सोचतीं, मझधार पार करने का साहस जुटता है, मौका आता है, तभी तूफान क्यों आ जाता है उनकी जिन्दगी में? जद्दोजहद के बिना कुछ हासिल नहीं।

मन में आता क्यों चुना पुलिस विभाग ही? इस सवाल पर हिना की आँखों में पुरानी तकलीफें तैर उठती हैं। तीन पुरुषों के चेहरे साकार हो जाते हैं, दो भाई और

पति। इनको ही औरत का संरक्षक माना गया है। इन संरक्षकों ने अपना चरित्र किस तरह निभाया, इस कहानी में है।

बस, हिना ने महसूस कर लिया, उसमें कहाँ कमी थी। कमी नहीं, कमजोरी थी। उसे ताकत चाहिए। लड़की को ताकत चाहिए, जिसे उससे लड़की/औरत बनाकर छीन लिया जाता है। माना कि औरत मर्द के मुकाबले संवेदनशील होती है, उसका स्वभाव हिंसक नहीं होता, मगर अपनी संवेदनशीलता बचाने के लिए भी ताकत चाहिए कि सिद्ध कर सके, उसकी संवेदनशीलता कमजोरी नहीं होती, हमदर्दी को निर्बलता मत कहो। यदि कहते या मानते ही रहोगे तो लड़कियों को वही वर्दी, वही राइफल, वही बैल्ट चाहिए, जो कमजोरों, नाइंसाफी के मारों के लिए लड़े और इस लड़ाई की औरत से किसी को उम्मीद नहीं...मगर यह लड़ाई...

खुदा का शुक्र कि उसकी अपनी ही लगन, हिना और हिना के साथ की लड़कियाँ फिर से पुलिस में भर्ती हो गईं।

पूरे पाँच साल बाद हिना वर्दी पहनकर अपने गाँव में जा पहुँची, उसे ऐसा रोमांच हुआ, जैसा अब तक कभी नहीं हुआ था। क्या इस पुलिस कांस्टेबल को लोग हिना मानेंगे? पहचानेंगे? जरूर पहचान लेंगे, ताकतवर को कौन नहीं पहचानता?

फाइटर की डायरी

मैं सतविन्दर कौर हरियाणा पुलिस अकादमी मधुबन, करनाल में आज अपनी डायरी लिखना शुरू कर रही हूँ। डायरी लिखना तो पहले भी शुरू कर सकती थी, जब मैं 21.5.08 को यहाँ आई थी। उस समय का उत्साह आज भी मुझे रोमांचित कर जाता है। चाहती हूँ, उस रोमांच को लिखूँ, लेकिन उस भावना को व्यक्त करनेवाले शब्द कहाँ से लाऊँ? काश उस दिन ही डायरी लिख ली होती तो सारा उल्लास, उत्साह और उत्तेजना किन्हीं शब्दों में शायद दर्ज हो जाती। आज तो मुझे एक फिल्मी गीत भी याद आ रहा है, जो मेरे मन की दशा बयान कर सके—आज मैं ऊपर, आसमाँ नीचे/आज मैं आगे, जमाना है पीछे...।

जमाने को पीछे छोड़ने की धुन में मैंने एक संकल्प लिया है कि पूरी मेहनत और लगन से ट्रेनिंग करूँगी। मेहनत के दम पर नाम कमाना मेरा मकसद है। ईमानदारी मेरा धर्म है। हमदर्दी मेरा रास्ता। समझने लगी हूँ कि इन्हीं विचारों से आत्मविश्वास जागता है। हीनता और दीनता खत्म होती है। तब मैं निश्चित ही सिर उठाकर चलूँगी।

एक महीना बीत गया। एक दिन अचानक हमारा वेतन लेने का समय आ गया। उस समय हमारी कॉलेज एसेम्बली का टाइम था और कैशियर साहब को वेतन बाँटने की जल्दी थी। हम नए थे। यह नहीं मालूम था कि वेतन लेने का समय 1.50 बजे से लेकर 4 बजे तक ही है। किसी ने इस निर्धारित समय की सूचना दी नहीं। दूसरे प्लाटून की लड़कियाँ कॉलेज एसेम्बली में चली गई थीं। हमें पता चला तो हम भी पंचकुला की लड़कियाँ उधर दौड़ीं। दौड़ने से क्या होता, दस मिनट लेट हो ही गए।

वहाँ हमें वेतन तो नहीं मिला, सजा मिली। लेट आने का दंड हमें मैदान में मेढक चाल चलाकर दिया गया। हमारे नम्बर भी नोट किए गए और शाम के समय की परेड बढ़ा दी। हमने अपना अज्ञान बताया, मगर एक नहीं सुनी गई। हम दुख भरे आश्चर्य में थे, बिना कसूर की सजा!

ऐसे ही नियम हैं पुलिस के? यहाँ बिना कसूर की ही सजा मिला करती है? लोग फिर तो ठीक ही कहते हैं कि मैंने पुलिस विभाग क्यों चुना? मैं कैसे बताऊँ कि इस

विभाग में आने के सपने मैं बचपन से देख रही थी। कॉलेज में पढ़ते समय सोचती थी कि जो अन्याय समाज में होते हैं, पुलिस विभाग में जाकर अपना बस चलते एक भी नहीं होने दूँगी। कम-से-कम इस ट्रेनिंग सेंटर में तो नाइंसाफी नहीं होनी चाहिए क्योंकि यहाँ हमारे लिए एक विशेष विषय है—संवेदी पुलिस-संवेदी समाज। इस विषय के अंतर्गत यह समझाया जाता है कि सख्त सजा से किसी को अनुशासन नहीं सिखाया जा सकता। मगर हम देख रहे हैं कि यही सख्त सजाएँ लागू हैं। मैं सोचती हूँ कि अगर मैं उन प्रशिक्षक की जगह होती तो क्या करती? मैं इस बार लड़कियों से अगली बार के लिए समय का पाबन्द होने की चेतावनी देती। पहली गलती थी, वह भी सूचना के अभाव में। जानबूझकर तो लड़कियों ने ऐसा नहीं किया था।

लेकिन मैं ये बातें डायरी में क्यों लिख रही हूँ? शायद इसलिए कि मैं अपने दिल की बात इस ट्रेनिंग सेंटर में किसी से भी नहीं कह पा रही। क्या पता दिल में जो शिकायत है, सबको पता चल जाए और फिर सजा मिले। किसी लड़की से कहूँ और किसी को न पता चले, मगर वह लड़की भी तो मेरी जैसी ही होगी। इंस्ट्रक्टर जी यहाँ किसकी बात सुनते होंगे? जिनसे उन्हें डर होगा, वहाँ तक हमारी पहुँच कहाँ?

यह बात बस मैं अपनी डायरी से कह सकती हूँ। उसी के सीने पर मेरी कलम स्याही के आँसू रोएगी। मैंने कहीं पढ़ा था—कागज में सबसे ज्यादा धैर्य होता है। इसलिए तुम्हीं से कहती हूँ मेरी डायरी कि दुनिया में ऐसा इनसान कौन है, जिससे गलती न हुई हो और कैसा अंधेर है कि गलती आगे न हो, यह समझाने के बजाय कठोर सजा दे दी जाए।

मुझे यों तो अपनी गलती पर शर्म भी कम नहीं आ रही। मुझे यहाँ बहुत चौकन्ना रहना है। मैं स्पोर्ट्स में कितनी सतर्क रहती हूँ। ऐसी लापरवाही बरती तो पुलिस अफसर कैसे बनूँगी? मेरी तमन्ना का क्या होगा? तमन्ना, जो हालातों ने पैदा की, आत्मसम्मान की आकांक्षा अपमानों के गर्भ से जन्मी, इस सबको लेकर ही तो मुझे बढ़ते जाना है।

तब डायरी यह मुझे जरूरी लग रहा है कि जिस जगह की मैं नाइंसाफी की शिकायत यहाँ कर रही हूँ, इस जगह तक आने की मजबूरी मुझे क्यों हुई? क्या थीं वे परिस्थितियाँ या वाकये, जिन्होंने मुझे पुलिस में पहुँचाया। बेशक इसमें मेरी रुचि भी शामिल थी।

याद आता है अपना बचपन, महज छह साल की अवस्था, जिस समय मेरी उम्र की लड़कियाँ गुड़िया-गुड्डा खेल रही होती थीं, मैं पढ़ने के लिए बेताब रहती। लगता अव्वल आऊँ। मैं दौड़ में भी तेजी लाती, हाल यह था कि जो भी खेल खेलूँ, जीतती जाऊँ। मेरी होड़ मैदान वाले खिलाड़ियों से रहती। नतीजा भी मेरी ताकत के अनुसार निकलता।

जब पाँचवीं कक्षा में आई, उम्र दस साल हुई तो खेल और दौड़ में मेरे जुनून और होश को देखकर गाँव के बच्चे मुझे सलूट करते थे। गली में जा रही होती, साथी इंस्पेक्टर साहब कहकर पुकारते। वह तो बचपन था, जिससे मैं अपनी कल्पनाओं से अफसर हो जाती। बड़ी होती गई। प्लस टू करते समय मेरा जुनून वास्तविकता से टकराने लगा। व्यवहार में सपनों को कैसे लाया जाए, कठिन पहेली थी। मैं साँवले रंग की कद-काठी से तन्दुरुस्त लड़की अपने अनेक गुणों को सबके सामने लाने की धुन में थी। स्वभाव से गम्भीर होने के कारण सामनेवाले पर प्रभाव भी अच्छा जमा लेती थी। न मजाक सहा न दिल्लगी की। इसके बावजूद साथ की लड़कियाँ मेरी घनिष्ठ थीं। मैं भी उनसे घुल-मिल जाती।

खेल का शौक था या गेम मेरा मकसद? मैं शुरू से ही लड़कों वाले खेल खेलती, कंचों से लेकर कबड्डी तक। मेरा यह रवैया बड़ी बहन और माँ को कतई पसन्द नहीं था। मुझे बचपन में क्या पता था कि लड़कों के साथ खेलना लड़की के लिए अपराध है। हो सकता है इसी अज्ञानवश लड़कों में खेलने का लालच नहीं छोड़ पाई। मैं छिपकर बाहर भाग जाती। दीदी और मम्मी जब मुझे घर में न देखतीं, वे खेल के बीच ही बारी-बारी आतीं, डंडा हाथ में जरूर होता। खेल के बीच ही पीटने लगतीं और पिटाई करती हुई घर तक लातीं। मैं करीब-करीब रोज ही मार खाती। आज सोचती हूँ तो अजीब लगता है क्योंकि मैं तो बड़ी जल्दी इंसल्ट फील करनेवाली लड़की हूँ। लगता है कि मैं खेल के कारण सब कुछ सह रही थी।

खयाल यह भी रोते-रोते आता, दर्द महसूस करती हुई सोचती क्या जो मार मुझ पर लड़कों के साथ खेलने पर पड़ती है, वैसी ही पिटाई लड़कों को भी मेरे साथ खेलने पर होती होगी? यह बात मैंने अपने साथी लड़कों से पूछी थी। वे खूब हँसे और मेरा मजाक बनाया। उनका माथा ऐसे उठा था, जैसे खेलना-कूदना तो उनके लिए ही है, ऐतराज करनेवाला कौन होगा?

मैं चुप हो गई थी। एक दिन मम्मी ने खेल में से खींचकर मुझे बहुत पीटा, मेरी रीढ़ ऐंठ गई थी। फिर भी मैं रोई नहीं। मम्मी मार-मारकर थक गईं, बोलीं—पत्थर की सिल जैसी ही इसकी पीठ है। वे क्या जाने मैं केवल इसलिए नहीं रोई कि लड़के इस फजीहत पर हँसेंगे। घर आकर मैं नंगे मँझे पर पड़ी थी, चुपचाप रो रही थी। रो-रोकर वाहे गुरु को याद कर रही थी—तूने मुझे अपने मम्मी-पापा की लड़की क्यों बनाया? मुझे उनका लड़का क्यों नहीं बनाया? देख रहे हो, लड़की होकर खेलने की सजा कितनी बड़ी है।

मैं अपनी दिनचर्या बदल नहीं पा रही थी क्योंकि अच्छे निशाने लगाने लगी थी। मैं अपने से बड़े लड़कों को मिनटों में हरा देती। इसी खुशी के कारण मुझे डाँट-फटकार-मारपीट सहन थी। एक दिन ऐसा आया कि मम्मी दुश्मन की तरह

पीटने लगीं। उन्होंने इतने डंडे बरसाए कि मैं जमीन पर लोटने लगी, एकदम अधकुचले केंचुए की तरह बिलबिलाने लगी। घर किस तरह पहुँची, मुझे याद नहीं।

हाँ, उस दिन के बाद यह जरूर हुआ कि मैं लड़कों के साथ खेलना भूल गई। उनसे बातें करना एकदम बन्द कर दिया। अब लड़कों से क्या, मुझे किसी से बोलना भी अच्छा नहीं लगता था। मैं चुपचाप बैठी रहती या मँझे में पड़ी रहती। तब मुझे बकरी चरा लाने के लिए कहा जाता। माँ-बाप ने जो कहा, मैंने किया। गनीमत यही थी कि मेरा पढ़ना नहीं छुड़ाया गया।

पता नहीं कैसे मेरे बड़े भाई का ध्यान मुझ पर चला गया और भाई ने उस समय बॉक्सिंग (मुक्केबाजी) की कोचिंग में मेरा दाखिल करा दिया। भाई की बात पर घर में कोई बोल सकता है? मम्मी और दीदी मिसमिसाती रह गईं। पापा भी क्या बोलें, वह तो भाई जो ठहरा। जिसको बचपन में लड़कों के साथ खेलने पर सजा मिली, अब बड़ी होकर बाकायदा स्टेडियम जाने लगी, जहाँ लड़के भी थे। हाँ, मैंने लड़कों के कारण इतनी मार खाई कि अब भी लड़कों से बोलने की हिम्मत न होती। बोलना पड़ता तो बस काम की बात। मैं जानती थी, यहाँ से कोई शिकायत घर पहुँची तो दीदी और मम्मी को मौका मिल जाएगा। कोचिंग छुड़ा दी जाएगी। मैं खुद को एकदम कसकर रखती।

मगर कसावट ने करिश्मा कर डाला। मैंने अपने महिन्दर सर के बेटे से कभी बात नहीं की, उसकी ओर देखना भी गुनाह...मगर मुझे वह अच्छा लगने लगा। खुद को जितना भी रोकूँ, उतना ही उसकी ओर चोरी-छिपे देखूँ। जितना चुप रहना चाहूँ, उसकी ओर देखकर उसकी ही बातें करूँ। क्या हो गया है मुझे, यह भी चिन्ता थी। साथ यह भी चिन्ता कि मयंक को पता न लगे कि मैं...जब भी उसकी ओर देखने को जी ललचाता, मैं अपनी आँखें बन्द कर लेती। समझ लेती कि उसकी छवि मैंने अपनी आँखों में छिपा ली है। वह भी बॉक्सिंग करता था। उसकी फाइट देखने लायक होती। वह जब हँसता, मेरी मुस्कुराहट अपने आप ही खिल जाती। वह चलता, मेरा दिल उमग जाता। मयंक मेरे चारों ओर था और मैं उसके आसपास तक नहीं। लगता कि सब कुछ एकतरफा है, मगर कितना प्रगाढ़ है।

कोई आश्चर्य नहीं था कि मयंक की बहन चाँदनी सारा मामला भाँप जाएगी। मगर मैं ताज्जुब कर रही थी कि उसको कैसे पता चला? क्या मेरी बँधी-बँधी नजरों और सिमटे-सिकुड़े भावों ने बाहर आकर अठखेलियाँ करना शुरू कर दिया था? हरगिज नहीं। फिर चाँदनी तो मेरी पक्की दोस्त है। महेन्दर सर अपनी बेटी की दोस्त के रूप में मुझे कितना मानते हैं। चाँदनी के सामने मैंने भूले से भी मयंक का नाम नहीं लिया। अपने भाई को भी वह अच्छी तरह जानती होगी।

मैं चाँदनी की गलतफहमी समझ रही थी। यह सब सच नहीं है, एक दिन पता चल जाएगा। प्यार में ताली एक हाथ से तो कभी नहीं बजती। फिर मयंक तो मुझे क्या सभी को अच्छा लगता है। सर का बेटा है, होनहार माना जाता है। चाँदनी भी सबको प्यारी है, वह सर की बेटी है, अहमियत रखती है। अब जो भी हो, किसी की धारणा को कौन बदल सकता है!

सर बात-बात पर झल्लाते क्यों हैं, मैं सोच रही थी। बड़ी जल्दी बिगड़ पड़ते हैं। क्या हो गया है उन्हें? हर बात पर मुझे मेरी औकात बताते रहते हैं। मैं नमस्ते करती हूँ, वे ध्यान नहीं देते। एक दिन तो मुझे देखते ही दाईं ओर को थूक दिया। मुझे किस बात की सजा दी जा रही है?

सजा! कहीं यह मेरा भ्रम तो नहीं? मयंक को लेकर अपराधबोध से घिर गई हूँ। मगर कोई पूछे भी तो मुझसे कि मुझे ऐसा क्यों लग रहा है?

जल्दी ही पता चल गया। एक लड़की अनु थी, जो मयंक को बहुत चाहती थी, उसी ने चाँदनी के कान भरे थे। हमारे साथ ही बॉक्सिंग करती, हममें ही फूट डाल दी। मैं कैसे बताऊँ कि मेरी चाहत उसकी तरह तूफानी नहीं है। मुझे मयंक की फाइट प्रभावित करती है। मैं उसकी बॉक्सिंग की फैन हूँ। मान लो वह गेम में न होता तो भी क्या मैं उसे इतना पसन्द करती? मयंक की तरह रंग-रूप के अच्छे तो गाँव में कई लड़के हैं। इस बात को कोई समझनेवाला नहीं।

आखिरकार महेन्दर सर और उनकी बेटी चाँदनी से मेरी बिगड़ गई। मुझे चाँदनी रह-रहकर याद आती, कितनी बदल गई, कभी यही थी, जो मेरे साथ ही बॉक्सिंग की प्रैटिक्स करना चाहती थी। जब तक मैं स्टेडियम में न आ जाती गेम शुरू नहीं करती थी।

चलो कोई बात नहीं, मेरी एचीवमेंट में तो कमी नहीं आई। शायद यही कारण है कि मैं गेम के सिवा और कुछ सोचती नहीं। घरवालों को हर हालत में एचीवमेंट चाहिए। मेरा भी यही मकसद है, मयंक या चाँदनी तो नहीं।

चाँदनी, सर की बेटी और अच्छी खिलाड़ी, मैं उसे खोना नहीं चाहती, भले कुछ भी सोचूँ। मैं उसे समझाना चाहती हूँ और उसने मुझे इतना परेशान कर दिया है कि यहाँ रुकने का मन नहीं करता। हाल तो मेरे लिए गेम ही शुरू नहीं होने देती, गेम होता है तो बीच में अड़ंगा डालती है। उफ् मैं कितनी बार उसकी शरारतें बर्दाश्त करूँ?

और आज...हद कर दी चाँदनी ने! हमारे स्टेडियम में जूडो का कम्पटीशन होना था। मैं अपनी साइकिल खड़ी करके रनिंग कर रही थी। जब मैं रनिंग से लौटी तो देखती क्या हूँ, मेरी साइकिल के परखचे उड़े हुए हैं। पहले तो मैं सन्न रह गई। कुछ देर बाद सोचा, यह किसने किया? फिर ध्यान में आया, यह ठीक कहाँ होगी? मगर

आज सोमवार के दिन बाजार बन्द रहता है। मैं परेशान होकर रोने लगी। किसने बदला लिया है ऐसा? मेरा गाँव यहाँ से नौ किलोमीटर दूर है। दिन छिप रहा है, मैं कैसे जाऊँगी?

क्या यह चाँदनी की साजिश है? मैं, जो अपनी पिटाई से होंठ भींचकर चुप रहती थी, साइकिल के तोड़े जाने पर जार-जार रो उठी। मैं चाँदनी पर इतना भरोसा कर बैठी कि हर धोखे पर बड़ा धक्का लगता है। माँ पीटती थी मुझे, मुझे कितना गुस्सा आता था कि हाथ-पाँव चलाने लगती। चाँदनी ने योजना बनाकर मेरी साइकिल तोड़ी है, जी चाहता है उसका सिर तोड़ दूँ। मेरे गुस्से का पारावार न था। वैसे भी बॉक्सिंग करनेवाले को गुस्सा बहुत आता है। खुद को कंट्रोल करती तो दाँती भिंच जाते। जितनी तसल्ली करना चाहती, बाँहों में उतनी ही ऐंठन पड़ती। मेरी मुट्ठियाँ भिंच रही थीं और तन-मन किसी पर प्रहार करने के लिए उतावला हो चला। मेरे शरीर में गुस्से की आग है, खून नहीं। सर की बेटी है तो हुआ करे, मुझे शान्त कोई नहीं कर सकता। मेरे कन्धे थर्रा रहे हैं। मेरा साँवला शरीर गर्म होकर ताँबिया हो गया। अब मैं अपने शरीर के किस-किस अंग को शान्त करूँ?

मैं खुद को किसी तरह काबू में नहीं रख सकी, ग्लव्स पहनकर अपने माथे पर ही मुक्के मारने लगी, लहुलूहान हो गया चेहरा और मुँह खोलकर गाँव की ओर दौड़ पड़ी।

गाँव में पहुँची, रात के नौ बज रहे थे। घरवाले हलकान हो गए। सबके सब गाँव के बाहर मिले। 'कहाँ रह गई, कहाँ रह गई' की रटन लगाए हुए। मम्मी और दीदी बदहवास सी, भइया से कहे जा रही थीं—हमने तो पहले ही कही, हमने तो पहले ही...जिस दीदी से बहुत डरा करती, वही मुझे सीने से लगाकर रो रही थी।

सारी बात घरवालों को बता दी। ऐसे ही, जैसे हमेशा बताती रही हूँ। उस दिन मेरे मामा गाँव आए हुए थे। वे रेलवे पुलिस में थे। सारी बात सुनकर उन्हें गुस्सा आया। पापा से बोले, 'लड़की को वहाँ इतना टॉर्चर कर रहे हैं, आप चुपचाप सुन रहे हो।'

पापा ने कहा, 'कोचिंग देते हैं, क्या किया जाए?'

'कोचिंग देते हैं तो फीस भी लेते हैं। ऐसे कोच का सिर फोड़ दिया जाए।'

'हाँ, फीस भी न लेते तो ऐसा नहीं करना चाहिए शिष्य के साथ।'

'अब वे किस बात के गुरु रहे? नीच आदमी का क्या सम्मान?'

'मगर दोष तो उनकी लड़की का है।'

'वे लड़की के कुछ नहीं?' मामा जी ने पापा की एक न चलने दी।

मामा जी की बात सुनकर और मेरा हाल देखकर पापा ने रुआँसी आवाज में बताया, 'मैं तो बहुत कुछ महेन्दर सर से उसी दिन कह चुका था, जब उनकी लड़की

ने मेरे साथ बदतमीजी की। मैं यही तो पूछ रहा था कि सतविन्दर कहाँ होगी? पहले तो उसने मुँह बिचकाया फिर अंग्रेजी में कहा, 'लुक दिस फुलिश ओल्डमैन'। उसके साथ दो लड़कियाँ और खड़ी थीं। उनमें से एक मुझे रास्ता बताने आगे बढ़ी, सर की लड़की चीखकर बोली, 'शिखा कम हियर, कम। लैट गो दिस पागल बुड्ढा।'

मैं पूरे स्टेडियम चक्कर लगाता रहा, सतविन्दर मिली नहीं। मुझे यह बुरा नहीं लग रहा था कि सतविन्दर नहीं मिली, बार-बार उस लड़की का चेहरा मेरी नजरों के सामने आ जाता कि आखिर उसने ऐसा व्यवहार क्यों किया? वह तो सतविन्दर की फ्रैंड है।

'मैं कहाँ थी पापा?'

'तू जहाँ भी होगी, मैं बिना मिले ही लौट आया। सोच रहा था, तेरी प्रैक्टिस खत्म हो जाएगी तो साथ ही गाँव चलेंगे।'

मुझे चाँदनी पर बेइंतहा गुस्सा आ रहा था। इतनी कमीनी हो गई कि मेरे पापा को गालियाँ देने लगी। कोई मुझे गाली देता तो पापा उसकी पिटाई करते, मगर मैं? मैं चुपचाप...

'जरूर मैं वार्मअप होने गई हूँगी पापा।' मैंने बुझे से स्वर में कहा।

पापा बोले, 'तू न घबरा बेटा, मैंने उस लड़की के पिता को उसी दिन फोन कर दिया था कि मैं सतविन्दर का पापा बोल रहा हूँ। आप वहाँ के कोच हैं, आप पर हमें भरोसा है।' वे बोले, 'क्या बात है सरदार जी?'

'सर, यह बात कहनी चाहिए या नहीं, मगर आप ही की बेटी के व्यवहार से मुझे ऐसा लगा कि वहाँ माहौल अच्छा नहीं है। कुछ दिनों से सतविन्दर परेशान सी रहती है, इसलिए आपसे और अर्ज कर रहा हूँ।'

'बच्ची है चाँदनी, सरदार जी। अगर कुछ गलत किया हो तो मैं माफी माँगता हूँ। उसे समझा दूँगा।' महेन्दर सर ने फोन पर जवाब दिया।

मगर साइकिल तोड़नेवाली घटना ने घर के लोगों का गुस्सा बढ़ा दिया। मामा जी आगबबूला हो रहे थे। दीदी और मम्मी खेल छोड़ने की बात कहने लगीं। मैं घबराकर रोने लगी।

पापा ने महेन्दर सर को फोन किया, 'सर जी, मैं सतविन्दर का बाप बोल रहा हूँ। यह पूछता हूँ कि आपने अपनी बेटी को समझाया या नहीं? पता है आपको, उसने सतविन्दर की साइकिल किससे तुड़वाई है? लड़की रात में नौ किलोमीटर पैदल चलकर गाँव पहुँची है और हमारे पास इतने पैसे नहीं हैं कि तुरन्त दूसरी साइकिल ले आएँ।'

वे कहने लगे, 'शान्त रहो सरदार जी, बच्चों की आपसी बात है। आज लड़ाई है, कल दोस्ती हो जाएगी।'

'ठीक है, हम तो शान्त हैं ही। अगर अब कुछ बात पड़ी तो मैं ऊपर तक शिकायत करूँगा। आपने तो स्टेडियम को अपनी बपौती बना लिया है। आज साइकिल तोड़ी है, कल सतविन्दर के हाथ-पाँव तुड़वा देगी, आपकी बेटी। समझाइए सर जी।' पापा गुस्से से कितना कुछ बोल गए।

उधर से सर ने यही कहा, 'अच्छा-अच्छा, समझा दूँगा उसे।'

मैं अपना गुस्सा थूक चुकी थी, तभी आशा बँधी कि सब ठीक हो जाएगा। सर ने कहा तो है। मैं शान्त रहकर प्रैटिक्स करूँगी।

मैं दूसरे दिन प्रैटिक्स के लिए गई, हालाँकि मेरी खुद की मारी चोटें मेरे माथे में अब भी टीस रही थीं।

स्टेडियम में घुसी। सब साथियों ने मुझे देखा, मगर वे ऐसे देख रहे थे, जैसे कोई दोषी आ रहा हो। उनके चेहरे बदल क्यों गए? और फिर जब मैं आगे बढ़ी तो ऐसे रास्ता छोड़ा जा रहा था, जैसे मैं आउटकास्ट हूँ।

मुझे पता चल गया कि बात फैल गई है—सतविन्दर के बाप ने सर को धमकी दी है। इस लड़की ने अपने बाप से सर के बारे में...। खुद को नहीं देखती, मयंक के पीछे पड़ गई थी। सर को तो फिर भी गुस्सा नहीं आया।

मैं खेलने आई थी, अपमान में दबती चली गई। सोच यही रही थी, क्या इस माहौल में मैं खेल पाऊँगी?

'नमस्ते सर।' सर सामने आ गए। लेकिन उन्होंने मेरी नमस्ते को नजरअंदाज किया। आगे बढ़ गए।

कुछ ही देर में मेरे पास लौट आए सर। मैं सर झुकाए खड़ी थी। अब वे पंजाबी में बोलने लगे, 'तू की नवाबजादी सी। अपने बाप तों मैनू अन्दर करवाएगी! मेरी ऊपर तक सकायत कराएगी। मैं हुण कुणियाँ दी बॉक्सिंग ही खतम कर दिन्दा। हाँ, ठीक है, कल तों हुण सुणले, सारियाँ कुणियाँ दी बॉक्सिंग दी विंग बन्द कर रिहा हाँ।'

मैं देखती रह गई। अब सारे प्लेयर मुझे देख रहे थे।

सर बोले, 'ते मैं भी सहर छड्ड देवांगा।'

ओह! क्या कह रहे हैं सर। क्या सारी गलती मेरी है? समझे नहीं कि मैं इनकी बेटी की बॉसगिरी सहते-सहते हलकान हो गई हूँ। वह मुझे हरदम नीचा दिखाती रहती है, मैंने शिकायत तक नहीं की। कोच हैं सर, अपनी और दूसरे की बेटी में इतना अन्तर करते हैं! हम दोनों ही इनकी शिष्या हैं।

उस दिन मैं वहाँ से चली आई। रास्ते भर वाहे गुरु से यही दुआ माँगती आई, किसी तरह सर का गुस्सा ठंडा हो जाए, नहीं तो मेरा कैरियर ही चौपट हो जाएगा। मेरा ही नहीं, दूसरी लड़कियों का भी।

स्टेडियम जाना मेरी दिनचर्या का सबसे महत्त्वपूर्ण कार्य था। मेरी पसन्द का खेल। हो सकता है आज का दिन अच्छा हो। सर ने मुझे माफ कर दिया होगा। बॉक्सिंग की उमंग ठंडी नहीं पड़ने देनी।

देखा, स्टेडियम में सारी लड़कियाँ आई हैं। मेरी आशा अपने पूरे वेग से जागी। मैं वार्मअप होने चल दी, तभी सर मेरे पास लपकते कदमों से आए, आकर भौंह चढ़ाकर बोले, 'तुझे सुना नहीं कि मैंने लड़कियों की बॉक्सिग बन्द कर दी है।'

'सर जी!' कहकर मैंने सिर झुका दिया। मैं रोने लगी। सर उलटे कदमों लौट गए। मैं यही सोच रही थी कि वे किस बात से इतने खफा हैं? चाँदनी भी इतनी क्यों कट गई? मुझसे गुस्सा हैं या मेरे पापा से या कि मेरी बॉक्सिंग से। दूसरे के एचीवमेंट सबसे ज्यादा नजदीकी खिलाड़ियों को ही बुरे लगते हैं।

मैं स्टेडियम में थी। सर फिर आए और चिल्लाने लगे, 'गई नहीं तू? अपने बाप को भी ले आ। सबके सामने मुझे जलील करा।'

अब मैं वहाँ कैसे और कितनी देर टिकती? चली आई। मेरी हालत क्या थी, मैं बयाँ नहीं कर सकती। बचपन से लेकर अब तक जो मंजिल बनाती रही, मेरे सामने ही ढहने लगी। बार-बार सोचती, मेरी फाइट अच्छी है मुझे स्टेट से खेलने का मौका मिलेगा। मुझे नजरअंदाज नहीं कर पाएगा कोई। मुझसे तो फाइट करने में चाँदनी भी डरती है।

एक दिन मैं खुद ही फिर जा पहुँची। मन नहीं मानता था। सोच लिया कि जो लताड़ रहा है, उसने मुझे सिखाया भी तो बहुत है। गलतफहमी हो गई। पापा ने भी कुछ ज्यादा ही बोल दिया।

मुझे देखकर सर गुस्सा नहीं हुए। उन्होंने मुझे बुलाया ही नहीं, खेलने के लिए भी न्यौता दिया। मेरी खुशी का ठिकाना न रहा। ऐसा लगा जैसे मैं बीमारी से उठकर स्वस्थ हो गई हूँ। बदन में फुर्ती की लहर दौड़ गई। मैं स्टेडियम में उड़ी फिर रही थी।

सर का ऑर्डर! मेरी फाइट लड़के से!!

मैं सकपका गई। जानती थी कि लड़के अच्छे फाइटर हों न हों, मगर लड़की के मुकाबले शारीरिक ताकत में ज्यादा ही होते हैं। लड़की, फजीहत लड़की की ही होती है। मैं यह सब क्यों सोचने लगी? क्यों आए ऐसे विचार जबकि मैं लड़कों को भी अच्छे फाइट देती हूँ। मैं घबरा रही थी, इसमें क्या शक है?

हमारी फाइट शुरू हो गई। मैं और लड़का दोनों ही अपने दाँव आजमाने लगे। मुझे अब घबराहट नहीं हो रही थी क्योंकि मैं खेल के सिवा कुछ सोच ही नहीं रही थी।

मेरा ध्यान भटक गया। मैंने देखा कि सर पीछे से सामनेवाले लड़के को इशारा दे रहे हैं–किल हर, किल...इट मीन किल किल किल!

लड़के ने अपना पैंतरा बदला। मैं फाइट किए जा रही थी, लड़के के प्रहारों से खुद को बचाने के लिए। हाँ, चोटें भी मुझे कम नहीं आईं।

मैं जीती नहीं, किसी तरह बची।

सर के पास गई कि उन्होंने आज ऐसी फाइट क्यों करवाई?

सर ने कहा, 'फाइट तो फाइट होती है। पूछ लेना अपने सर सुनील से। वह भी तो तेरा उस्ताद है।'

'सुनील सर? वे तो यहाँ हैं भी नहीं। और फिर मैंने तो आप दोनों को एक सा माना है। गुरु तो गुरु ही होते हैं। थोड़ा सिखाएँ या बहुत।'

मुझसे सारी लड़कियाँ विमुख हो गईं। चाँदनी और चाँदनी के पिता से वैर लेने की किस खिलाड़ी में हिम्मत थी? भूले से भी जो लड़की मुझसे बोलती, चाँदनी उसे कोचिंग से निकलवाने की धमकी देती। सजा तो मिलती ही थी।

अब मेरी समझ में आ गया मयंक का तो बहाना है, चाँदनी और उसके पिता मेरी फाइट से दहले हुए हैं। वे मुझे यहाँ से भगाना चाहते हैं।

मैंने स्टेडियम छोड़ दिया। प्रैक्टिस छोड़ देना, खेल छोड़ देना ही होता है। मैं सोचती फ्रैक्चर हो जाता है तो आशा रहती है, ठीक होने के बाद खेलेंगे, लेकिन मेरी तो मन ही की रग-रग टूट गई। इस फ्रैक्चर को किस प्लास्टर से जोड़ा जाए? स्वस्थ शरीर के साथ रहते हुए मैंने महसूस किया कि अपाहिज होना क्या होता है। अपाहिज आदमी भी अपनी अन्दरुनी ताकत लगाकर उठने का उपक्रम करता है, मगर वह क्या करे, जिसको रौब, रुतबे और पावरवाले लोगों ने मैदान से खदेड़ दिया। किससे कहूँ कि मेरी खेल भावना चोट खाई नागिन की तरह बिलबिलाती है और मौका ढूँढ़ती है कि बैरियों को डसकर खत्म कर दूँ। भीतर धधकती आग को मैं नाक और होंठों के बीच जलती महसूस करती।

मुझे चैन नहीं, नींद नहीं, अपमान और बहिष्कार के किस्से मैं भूल जाना चाहती थी और इसके लिए बेहद जरूरी था कि मैं जल्दी प्रैक्टिस शुरू कर दूँ। बिना बॉक्सिंग किए मेरी ताकत ही मुझे भीतर से चबाए जा रही है।

बी.ए. के पहले साल के करीब मुझे प्रैटिक्स छोड़नी पड़ी थी, लेकिन तब से अब तक मैंने जो किया, वह कहीं न कहीं उम्मीद पैदा करने का काम किया। मैंने एस. डी. कॉलेज के कोच ढूँढ़ निकाले। वे उम्दा कोच हैं। उनकी तारीफ सभी करते हैं। मैं वहाँ प्रैटिक्स कर सकती हूँ। मैं एक बार फिर उत्साह से भर गई। मेरी कलाइयाँ फड़कने लगीं।

अब ग्लव्ज मेरे हाथों पर थे। मैं तकदीर को नहीं मानती, मगर मुझे यह मानना पड़ा कि मामूली घर की लड़की के आगे समाज की रीति-नीति चलती है। ऐसा न होता तो इस एस.डी. कॉलेज में लड़कियों के लिए बॉक्सिंग क्यों नहीं? इस शहर में

लड़कियों के लिए कई डांस स्कूल हैं, तमाम ब्यूटी पार्लर हैं, मगर खेल के लिए क्या है? वही महेन्दर सर की जागीररूपी स्टेडियम।

कोई जगह होगी कि नहीं हमारी? या हम हर जगह से खदेड़े या लौटाए जाते रहेंगे? हाँ, कॉलेज के नियम मेरे घर के नियम तो नहीं हैं कि जिन्हें मैं जिद करके बदलवा लूँ। यहाँ लड़कियाँ भी मेरा साथ देनेवाली नहीं क्योंकि उन्हें बॉक्सिंग लड़कों का गेम लगता है। आगे जाकर आखिर उन्हें औरत ही तो बनना है।

मुझ पर जुनून सवार हो गया। जरूरी जुनून, क्योंकि बिना जुनून के गेम नहीं खेला जा सकता। शायद यही कारण था कि मेरी परेशानी देखकर ऋषिपाल सिंह ने कहा था, 'बेटा, बहुत सी लड़ाइयाँ शरीर से नहीं, दिमाग से लड़ी जाती हैं। तुझमें विल-पावर है, जिस पर हमें नाज है कि अपने गेम के लिए इस तरह की छटपटाहट। कोई बन्धन तुझे नहीं रोक पा रहा। तू इसी विल-पावर को मजबूती दे। बॉक्सिंग नहीं तो एथलैटिक्स शुरू कर दे। कुछ-न-कुछ कर, तभी तुझे शान्ति मिलेगी।

सन् 2006 में मैंने एथलैटिक्स शुरू कर दी। मेहनत नए सिरे से करनी थी। परफॉरमेंस देने के लिए मैं जी-जान से जुट जाती। मैदान के मामले में अब अनाड़ी तो थी नहीं, बस देखते-ही-देखते नाम हो गया।

मगर मैं बेचैन थी। मुझे शान्ति मिल जाती, सन्तुष्टि नहीं मिलती थी। आखिर मैं चाहती क्या हूँ? बेशक मेरे ऊपर बॉक्सिंग का भूत सवार है। मैं बॉक्सर के सिवा कुछ होना ही नहीं चाहती।

मैं खुद से पूछती, क्या मैं महेन्दर सर और चाँदनी के व्यवहार से इतनी अपमानित हुई हूँ कि बॉक्सिंग से ही मुझे सम्मान पाने की जिद चढ़ गई। शहर यही है। इस छोटे से शहर में एक-दूसरे से क्या कुछ छिप सकता है? एक तो गेम, जो सार्वजनिक जगह की चीज है, दूसरी मेरी दीवानगी देखकर इस कॉलेज के कोच मेरे बारे में कुछ तो जानना चाहते होंगे। उनको पता चल गया कि बॉक्सिंग के कोच महेन्दर सर ने सुनील सर से ईर्ष्या डाह और अपनी बेटी चाँदनी को बॉक्सिंग में ऊपर लाने के लिए सतविन्दर जैसी बॉक्सर को निकाला है। आत्मबल ऐसे ही गिराया जाता है और देश के लिए खिलाड़ियों का दोयम दर्जा मुहैया कराया जाता है।

मैं सोचती, मेरी तरह दूसरे होंगे, जिनको हतोत्साहित करने के लिए बेइज्जत किया होगा, इतना, इतना कि कोई पागल हो जाए। शायद ऋषिपाल सर की यही हमदर्दी रही होगी कि मेरे लिए दिन में एक बार बॉक्सिंग की प्रैक्टिस करानी शुरू कर दी। अगर सर ऋषिपाल न होते तो मेरी खेल भावना का क्या होता? फिर क्यों कहा जाता है कि हमारे देश में विदेशों की तरह महिला खिलाड़ी नहीं। यह तो हमसे पूछिए कि लड़की को परिवार से कैसे खेल के मैदान तक और कम्पटीशन में जाने तक अपने लड़कीपन को लेकर कहाँ-कहाँ घेरा बाँधा जाता है। यहाँ

स्त्री-पुरुष के भेद और गरीब-अमीर का अन्तर, इसके अलावा ताकतवरों, पदवी प्राप्त लोगों की साजिश खिलाड़ियों की ताकत को तोड़ने के लिए चारों ओर घुमड़ती आती है।

नहीं तो क्यों इतनी अच्छी परफॉरमेंस देकर भी मुझे किसी कम्टीशन में अब तक शामिल नहीं किया गया था? वह इसलिए कि महेन्दर सर ने ऐलान कर दिया था कि कितनी प्रैक्टिस कर ले, तू कहीं से खेलकर दिखा दे तो मेरा नाम कुत्ते का नाम। तू जानती नहीं कि मेरे हाथ कितने लम्बे हैं।

'अच्छा!' यह शब्द मेरी भिंची दाँती के बीच से निकला।

मैंने सुनील सर से प्रार्थना की कि आप किसी महेन्दर सर से नहीं डरनेवाले। लेकिन सुनील सर ने असलियत बता दी–'सतविन्दर, मैं मानता हूँ, तुम बहुत अच्छा खेलती हो। यह भी समझता हूँ कि तुम खेलो तो कप जीत लाओगी। मैडल मिलेगा। मगर मानने और समझने से क्या होता है, परमीशन तो महेन्दर सर की ही चाहिए।'

'अच्छा!' अबकी बार मेरे मुँह से यह शब्द ऐसे निकला, जैसे मुँह से गर्म भाप निकली हो। अब चारों ओर अँधेरा था।

क्या करूँ? बॉक्सिंग के पीछे कहाँ तक सिर फोड़ूँ?

मैंने आवेश में आकर फिर एथलैटिक्स पकड़ ली। इसलिए कि कॉलेज में तीन-चार साल रहना था। मैं दौड़ती मगर हाथों की मुट्ठियाँ बँध जातीं। मैं अनायास ही हवा में हाथ उछालना चाहती, दौड़ में व्यवधान पड़ता। कोच सर व्हिसिल बजाते, तब मुझे होश आता कि रेस लगाते हुए मैं बॉक्सिंग की पोजिशन लेने लगी। दौड़ की खूब प्रैक्टिस करती। पापा कहते अब तो तेरा यही हाल है कि तबला बजानेवाला सारंगी बजाए।

रेस में जो कुछ मैं थी, उसी के आधार पर मुझे स्कॉलरशिप मिलने लगा। बी.ए. के बाद मैं एम.ए. में पढ़ना चाहती थी और डी.पी. सर भी मुझे अपनी टीम में लेना चाहते थे। यह उनके लिए जरूरी हो गया कि मुझे ले लें। मेरी इच्छा पर उन्होंने मुझे एम.ए. में एडमीशन लेने की परमीशन दे दी। खेल जारी रहा। कॉलेज के लिए शील्ड और मैडल जीते।

उन्हीं दिनों की बात है जब पुलिस में लड़कियों की भर्ती का इश्तहार अखबार में निकला। मैंने आश्चर्य और चाव से पढ़ा–अच्छा, अब हमारे लिए पुलिस में जगह बना दी! हम सोचते थे, किरन बेदी जैसों के लिए ही है यह महकमा। हम तो ऐसी लड़कियाँ हैं, जिन्हें हर कदम पर डराया जाता है। नहीं डरती तो भगा दिया जाता है। चारों ओर से नाकेबन्दी...

मैंने पुलिस के लिए अपना फॉर्म भरा तो बचपन याद आ गया। वे सारे बच्चे, जो मुझे सलूट मारा करते थे अपनी छवि में साकार हो गए। उनकी मिली-जुली

आवाज–इंस्पेक्टर साहब! मुझे उस समय ही पुलिस में जाने की हरसत थी, पूरी होगी क्या? मैं तो भूल ही गई थी कि मैंने क्या-क्या सपने पाले थे। फिर किसी ने कहा कि यह पोस्ट गेम्स के आधार पर आसानी से मिल जाती है। कोई कहता पैसे के बल पर। मगर पैसा तो हमारे पास नहीं, हाँ गेम्स का सहारा लिया जा सकता है। मगर गेम्स की सर्टिफिकेट्स भी तो हों। इंटर कॉलेज या इंटर यूनिवर्सिटी कम्पटीशन के प्रमाणपत्रों से काम नहीं चलेगा, स्टेट या नेशनल लेवल का प्लेयर होना चाहिए, सर ने कहा था।

मैं सुनकर अन्धकर में डूबने लगी। मेरी आशाओं पर पानी फिर गया। मेरी साँसों ने आह भरी, इस आह से एक ही नाम निकला–महेन्दर सर।

मैं सर की बराबरी पर तो थी नहीं कि इतनी जिदबाजी ठान ली। सैकड़ों खिलाड़ियों को कोचिंग देनेवाले महेन्दर सर मुझ अदना लड़की से डाह करने लगे कि हर जगह से मेरा रास्ता रोका। औलाद को आगे बढ़ाने के लिए उसका मार्गदर्शन नहीं, नाइंसाफियाँ काम आती हैं क्या? सर जरूर यह मान बैठे थे कि सतविन्दर चाँदनी से आगे निकल जाएगी और वे इस हादसे को झेल नहीं पाएँगे। सर, स्टेडियम में तो सब आपको अपने पिता अपने गार्जियन से ज्यादा इज्जत देते हैं क्योंकि उस्ताद की जगह इन दोनों से बड़ी होती है? फिर आप अपनी बेटी के ही पिता क्यों बने रहना चाहते हैं? सर, पिता तो कोई भी अज्ञानी बन सकता है, अनपढ़, अशिक्षित बन सकता है, गुरु या उस्ताद बनना क्या सबके बस की बात है? दुख इस बात का रहा कि हुनर होते हुए भी आप गुरु की भूमिका नहीं निभा पाए।

आप खूब जानते थे कि सन् 2004 में जिला हिसार के स्टेडियम में मेरी फाइट इंटरनेशनल प्लेयर सुमिता के साथ हुई थी और मैंने उसे हराया था। सिल्वर जीता था। पता नहीं क्यों फिर भी आपने मुझे एक बार भी नेशनल स्पोर्ट्स में जाने का मौका नहीं दिया। सारे मौके बेटी के लिए रखकर या बेटी की एकाध चापलूस लड़की को उपकृत करके बॉक्सिंग का दायरा कितना सिकोड़ दिया। और मैं अब जान पाई कि कितने मैडल हमारा राज्य देश लूज करता रहा। हम तो आपकी इज्जत करना चाहते रहे हैं, अपनी यादों में बसाना चाहा आपका व्यक्तित्व, मगर यह क्या कि आप जब भी यादों में उभरते हैं, दागदार चेहरा हमारे सामने आ जाता है।

मैंने पुलिस का फॉर्म भर दिया। मेरे मन में एक ही विचार था, पुलिस में जाकर मेरे खेल के लिए जगह मिलेगी। सब सोच रहे थे, मैं सरकारी नौकरी पकड़ रही हूँ, लेकिन मैं सोच रही थी, आजीविका तो मैं टीचर बनकर भी चला सकती थी, टेलरिंग, ब्यूटीशियन होना और कम्प्यूटर कोर्स जैसे और भी कई साधन हैं। मुझे तो हर हालत में फाइटर रहना है।

यहाँ पुलिस अकादमी में टाइमटेबिल का मैं निष्ठापूर्वक पालन करना चाहती हूँ। मगर रात को सोते समय मेरी आकांक्षाएँ करवट लेती हैं और मैं प्रसिद्ध फाइटर लैला अली के सपनों में खो जाती हूँ।

पापा कहा करते थे, तू मुँह से कुछ नहीं बोल पाती तो चाँदनी जैसी लड़कियों से रिंग के अन्दर फाइट करके बदला ले। अगर मैं बदला ही लेती तो अपने मकसद से भटक जाती। बदले की भावना मुझे ही गुनाहगार बना देती।

मेरी डायरी ने पुरानी कहानी सुनी। मैं अब नए सिरे से इसमें ताजगी भरने की बात सोच रही हूँ।

आज हमसे पहले वाले बैच की पासिंग आउट का दिन है। यह लड़कों का पासिंग आउट है। कुछ महीनों बाद हमारे बैच का भी पासिंग आउट होगा। रंगशाला ऐसे ही सजेगी। मैं चाहती हूँ हमारा बैच अपना उदाहरण पेश करे। 'संवेदी पुलिस-संवेदी समाज' विषय को व्यवहार में लागू करना हमारा कर्तव्य है।

जय हिन्द।

क्योंकि मुझे ताक़त चाहिए

मोनिका—गाँव में रहकर सोचा करती—मैं समाज के लिए कुछ करूँ। मगर लगता कि कौन-सा समाज? यही समाज है हमारा, बराड़ा गाँव। यहाँ रहकर क्या किया जाए, यहाँ तो हमें पढ़ने तक की मोहलत नहीं, मैं जानती हूँ कि विरोध जतानेवाले कौन हैं? गाँव के पुरुष और हाँ में हाँ मिलानेवाली चापलूस औरतें। स्कूल-कॉलेज जाओ, शक-भरी निगाहें पीछे-पीछे चलती हैं। मैं अच्छी नहीं क्योंकि मैंने पुलिस के फार्म निकलने पर फार्म भर दिया। कहा गया कि यह नौकरी अच्छी नहीं। मैंने कहा, भाई ने तो तीन बार फार्म भरे हैं, तब यह नौकरी बुरी नहीं थी?

नहीं लड़के को तो कमाकर घर चलाना ही है, उसके लिए क्या बुरा, क्या अच्छा? और रोजगार मिले तो अच्छा ही अच्छा है। लड़का पुलिस में होगा तो घर की इज्जत भी बनेगी। लोगों को भी डर रहेगा।

और मैं पुलिस में जाऊँ तो?

नहीं, तेरे जाए हमारी बदनामी होगी। तेरी दादी ने तो साफ कह दिया, इस लड़की के लक्षण अच्छे नहीं। मोहल्ले वाले कहते हैं—जरूर लव मैरिज कर लेगी। हम कहते हैं कि इसका ब्याह करके गंगा नहा आओ। पराए घर की दिलिद्दर जितना जल्दी उठे, उतना ही अच्छा।

मम्मी ने फैसला सुना दिया—तुझे परमिशन नहीं मिल सकती।

ये मम्मियाँ भी कैसी हैं? डाँट-फटकार खाकर और पिटकर खुद डरती रहती हैं और लड़कियों को डराती हैं। न अपना दुख कटा और न हमारी जिन्दगी सुधारने की कोशिश की।

शीला के पापा शराब में धुत रहते हैं, उसकी मम्मी को बुरी तरह पीटते हैं। घर की हालत खराब हो गई। शीला पुलिस में जाना चाहती है, लेकिन ताऊ, चाचा रिश्ते ले-लेकर आ रहे हैं, साथ ही शीला का हौसला तोड़ रहे हैं कि लड़की होकर थाने पर बैठेगी, जहाँ चोर, बदमाशों का अड्डा होता है। पर शीला की मम्मी अब आजिज आ गई है। रोते-रोते बोलीं, 'बेटी शीला, शादी कभी मत करना। तू पुलिस में चली जा मेरा नरक तभी कटेगा।'

मैं **मोनिका** आज सोचती हूँ, मैंने जिद में आकर फार्म भी भरा और सलैक्ट भी हुई। सच तो यह है कि मुझे किसी की परमिशन नहीं, अपनी ही परमिशन चाहिए थी।

शुक्र है कि मेरे घर ऐसे भाई, मम्मी नहीं थे, जैसे सुखविन्दर कौर के घर थे। लड़की ने एम.ए. किया, एम.फिल और बी-एड. किया, वह जितनी ही पढ़ती गई उतनी भाई और मम्मी की आँखों का काँटा होती गई। भाई नहीं पढ़ पाया, यह कुंठा उसे खा रही थी। पिता पढ़ी-लिखी बेटी से सलाह लेते हैं। भाई इसी कारण पापा को मारता है। माँ को गालियाँ देता है। छककर शराब पीता है।

'घर-घर दूल्हे मिट्टी के' यह बात मम्मी कहती हैं और मुझे उनकी बात सही लगती है। अम्बाला जिले की मोहनजीत चार बहनें हैं। पढ़ाई में तेज मोहनजीत ने पुलिस के लिए फार्म भर दिया। बस घर में कोहराम मच गया–मनमानी करेगी। चाहे जहाँ जाएगी? यह सब कहनेवाले पापा थे। वह तो मम्मी को बात सँभालना आता है, पापा को समझाया–फिक्र मत करो, यह फिजीकल में ही आउट हो जाएगी। दादी ने भी मम्मी की हाँ में हाँ मिलाई। मगर मोहनजीत तो सारे टेस्टों में निकलती चली गई और बस सलैक्शन। सलैक्ट होने के बाद कौन रोक सकता है? मोहनजीत ने अपना मन पक्का कर लिया।

और इस **ममता** को देखें तो हमारे गाँववाले क्या कहें? यह कहती है, मैं पुलिस में हूँ, इसलिए अब उस समाज का हिस्सा नहीं, जो दिन-रात लड़की को गृहस्थिन के रूप में देखता है। मैं शादी नहीं करूँगी, नहीं करूँगी और मुझसे कोई कुछ कह नहीं पाएगा, यह मेरी गारंटी है। मैं समर्थ हूँ। बच्चा गोद लूँगी अनाथालय से उसी को पालूँगी, पढ़ाऊँगी और फिर पुलिस में भर्ती कराऊँगी। देखना यह मेरी बेटी हो या बेटा, संवेदी पुलिस बनकर संवेदी समाज बनाएगा, मेरी पूरी सामर्थ्य तभी उजागर होगी क्योंकि किसी को इंसान बनाना ही सबसे मुश्किल काम है। वाह री ममता!

सुनीता ने कितना ताज्जुब किया, जब बी.ए. करने की ठानी तो बहुत-बहुत कलह हुई। असल में उसकी तो तभी शादी होनेवाली थी, जब वह छटी कक्षा में थी। उसके मामा जरा पैसेवाले थे, उनका ही हुक्म चलता था। पापा भी कैसे बोलें हैसियतवाले आदमी के सामने। हैसियतवाला जो कहता है, वही सही लगता है। आखिर मम्मी को ही बोलना पड़ा कि हमारे बच्चे कुछ बन जाएँ तो हर्ज क्या है? इन्होंने गेम भी सीखे हैं। सबेरे तीन बजे से उठकर काम निपटाकर मैदान में प्रैटिक्स करने गई हैं। क्या मिलेगा इन्हें? सब अकारथ ही गया न? हम नहीं सुनते किसी बड़े आदमी की, चाहे भइया ही हो।

सुनीता लम्बे कद की हृष्ट-पुष्ट लड़की, यकायक ही बोल पड़ी सुमनलता की बात सुनकर, 'मैडम जी इक बार फारम भरने में ही इसके घर रौला पड़ गया! हमें

देखो सात बार टराई किया है। गाँववाले भी देखते-देखते हिम्मत हारगे। कहन लाग्ये, इसका कुछ नहीं होना। पर मैडम जी हो ही गया सातवीं बेर।'

मैत्रेयी पुष्पा–सुनीता, गेम भी किए थे क्या तुमने? कौन-सा खेल खेलती थीं?

सुनीता–मैंने कुछ ना खेल्या जी! गोबर के तसले गेरते-गेरते ही आगी यहाँ।

मैत्रेयी पुष्पा–कैसा लगता है यहाँ?

सुनीता–सब ठीक ही जी, नींद ना आबै मनें। खबर आई गाँव सूं, म्यारी भैंस कुम्हलागी। दूध ना देरी। मैं ही तो धार काढ़े थी दोनों टैम। चारा सांणी करै थी। बड़ी याद आबै जी मनें अपनी भैंस।

उसका नाम जो था, मैंने लिखा, नाम लिखने को मना करने लगी। वह मेरे अत्यन्त नजदीक आकर खड़ी हो गई। गोरा रंग और मझोला कद। अंडाकार चेहरे पर सुन्दर काली आँखें। मेरे कान के नजदीक आकर धीरे से बोली, 'अकेले में मिलूँगी आपसे। मेरी कहानी अलग ही है। आप पूछ रही हैं, पुलिस में कैसे आई, क्यों आई। यही महकमा क्यों चुना? क्या बताएँ, क्या न बताएँ मैडम जी, बस यही समझ लो अब तो–इसलिए कि मेरी बेटी ने कहा था।'

'बेटी! क्या तुम्हारी शादी हो गई?'

'जी, मैडम जी।' वह हल्के से हँस देती है।

'बेटी कितनी बड़ी है?'

'दसवीं साल में चल रही है।' आत्मीयता की लहर-सी दौड़ जाती है आँखों में।

'वह क्या जाने महिला पुलिस के बारे में?'

'टी.वी. देखती है, उसमें महिला पुलिस को देखकर कहती है–मम्मा तुम पुलिस बन जाओ। पापा भी डर जाएँगे फिर और हम-तुम कभी नहीं डरेंगे, है न?'

'पापा को क्यों डराना है?' मैंने पूछा उससे।

'क्या बताएँ जी...मेरी शादी से पहले उन्होंने शादी कर रखी थी। मुझे पता ही नहीं था।'

'कब पता चला?'

'जब मेरी गुड़िया पैदा हुई। यानी एक साल बाद। तभी उसका लड़का हुआ था। क्या करती मैं, जब उसने अपने घर में अपनी वह पत्नी भी रख ली। साथ-साथ रहने लगे। फिर हालात बिगड़ने लगे। लड़ाई-झगड़ा मारपीट। कभी-कभी झगड़ा तो सबके घर होता है, पर यहाँ रोज-रोज की कलह।'

'पति क्या करते हैं?'

'वकील हैं, प्रेक्टिस करते हैं।'

'फिर?'

'फिर क्या, मैं अलग हो गई?'

ब्याही-ठियाही बेटी लौटकर घर में आ बैठे माँ-बाप के जी को जंजाल लग जाता है। गाँव-समाज में इज्जत नहीं रहती।

और मैं अपने माँ-बाप के यहाँ चली गई। मैंने सोचा जल्दी अपने पाँवों पर खड़ी हो जाऊँ। शादी के समय मैट्रिक थी। प्लस टू किया। एल.एल.बी. किया। अब तक हालात ऐसे हो गए कि अपने लिए हर हाल में कुछ कमाना ही था। एक प्राइवेट कम्पनी में काम कर लिया, मगर वहाँ अस्थायी थी नौकरी। मुझे तो स्थायी तौर पर काम चाहिए था क्योंकि मेरे मायकेवाले भी अपनी तरह सोचने लगे और कहा कि बेटी को हॉस्टल में डाल दें। वे मेरी दूसरी शादी कर देंगे। मैंने सुना तो सन्न रह गई। शादी इतनी जरूरी होती है कि एक नहीं तो दूसरी...मैं अपनी बिटिया को छोड़कर दूसरी शादी नहीं करती किसी भी हालत में। बस फिर मेरे दिमाग में एक ही बात आई, मैं पुलिस में भर्ती हो जाऊँ तभी स्थितियों का सामना कर पाऊँगी क्योंकि मुझे ताकत चाहिए। जो अब वर्दी ही मेरा टूटा स्वाभिमान जोड़ सकती है। मैं अपनी बेटी को पढ़ाने और अपना व्यक्तित्व बनाने में सारी ताकत लगाऊँगी। आसपास लोग जो कहते हैं, उसको सुनने का वक्त ही फिर कहाँ होगा। साथ ही गुड़िया के हॉस्टल का खर्च भी आसानी से दे पाऊँगी। रोने बिसूरने से अब तक क्या मिला? दया, रहम और ऊल-जलूल सलाहें...मैंने मुँह फेर लिया। कभी नहीं देखूँगी इस ओर। अपनी बेटी को बचाऊँगी ऐसे समाज से।

मैडम, आप समझ गईं कि मैं यहाँ क्यों हूँ? इसलिए कि किसी से शिकवा शिकायत के लिए भी मेरे पास अब वक्त नहीं। दिनभर इतनी मेहनत करनी होती है कि रात के समय कंकड़ के बिछौने पर भी नींद आ जाए।

'केस नहीं किया, पति पर?'

'केस करती और जीत भी जाती तो भी क्या होता? गुजारा-भत्ता लेकर इतनी दीन-हीन हो जाती कि जीना ही मुहाल हो जाता। मैडम मेरे लिए गुजारा भत्ता भीख के समान है, हाँ आधा हिस्सा मिले इसके लिए केस कर सकती हूँ, ट्रेनिंग पूरी हो जाने दो। एल.एल.बी. तो मैंने भी की है। अपना केस खुद लड़ सकती हूँ।'

मैत्रेयी पुष्पा–हाँ, अपमान ही हमें आत्मसम्मान हासिल करने के लिए उकसाता है और गुलामी मनुष्य को आजादी पाने के लिए जगाती है। कठिन समय में कठोर फैसले लेने की जरूरत होती है, जिससे औरत अब तक बचती हुई जीवन काटती रही है।

यदि आप मजबूत नहीं होंगे तो कोई भी आपका हक काटकर आपकी जिन्दगी को अपाहिज बना सकता है। अपने साहस की मिसाल, जो आत्मशक्ति के साथ उठ

खड़ी हुई हो! यह आत्मशक्ति जितनी अधिकारों के लिए जागरूक करती है, उतनी ही संवेदना पैदा करती है, क्योंकि चेतना और संवेदना एक-दूसरे की पूरक हैं।

रीना—मैडम, आपने अभी कई लड़कियों से सुना कि उनके माता-पिता ने उनके साथ कितना-कितना सहयोग किया। मजदूरी करके भी अपनी बेटी को पढ़ाया और यहाँ तक भेजा। आशा कह रही थी कि पैसे के कारण ही उसकी पढ़ाई दसवीं के बाद ही रुक गई। लेकिन उसे पढ़ना था। माँ-बाप के साथ उसने कभी खेतों में काम किया, ट्यूशन किए और प्लस टू 73 प्रतिशत अंक लेकर पास किया और यहाँ तक आ गए।

उन घरों में, जिनमें गरीबी नहीं थी, पुराने संस्कारों के कारण लड़की को पुलिस में जाने से रोका है। सुना नहीं आपने कि मीना क्या कह रही थी, यही कि घरवाले किसी तरह राजी नहीं थे। दादा जी सबसे ज्यादा विरोध करते थे। जब सलैक्शन हो गया तो उन्होंने अपना असमंजस बता ही दिया—बेट्टी, नाइट ड्यूटी पर अकेले कैसे जाएगी तू! ऐसा करियो भइया को संग-संग ले जाया करियो।

यह उनका भोलापन ही था, जिसके कारण अपनी ईमानदारी सामने रख दी।

मगर मेरे माता-पिता...प्लस टू के बाद जब मैं पुलिस में सलैक्ट हो गई, ट्रेनिंग शुरू होने को थी कि मेरी शादी करने लगे। मैं शादी नहीं करना चाहती थी, बस ट्रेनिंग में चली जाऊँ किसी तरह। नहीं तो ये लोग मुझे कहीं रोककर कहीं बन्द करके वह तारीख निकाल देंगे जो मुझे ट्रेनिंग सेंटर में रिपोर्ट करने की 'लास्ट डेट' मिली है।

शादी हुई, मुझे विदा कर दिया गया। वहाँ जाकर पति से मिली, वह मेरे विचारों के आसपास तक नहीं। फिर मुझे पसन्द कैसे आता? तब तो मैंने सोचा कि अच्छा ही हुआ कि यह ऐसा है। माँ-बाप से कह दूँगी, इसके साथ मेरी जिन्दगी नहीं कट सकती। यह शादी फेल ही समझो।

मैंने माँ को सब कुछ बताया भी, लेकिन अब ट्रेनिंग के बावजूद आने पर मुझ पर माता-पिता ही दबाव डालते हैं कि मुझे वहीं जाना है। मेरा घर अब पति का घर ही है। मायके से कोई मतलब ही नहीं।

शुरू में तो यह सुनकर मुझे धक्का लगा, कुछ जवाब ही नहीं दे पाई। बाद में अपनी पसन्द-नापसन्द का सवाल जोर देकर उनके सामने रखा। उन पर कोई असर नहीं पड़ा। जब मैंने अपना निश्चय अटल रखा तो माँ-बाप के साथ परिवार के लोग अपनी इज्जत की दुहाई देने लगे कि तुझे क्या हक है खानदान की आबरू उतारने का? हमारे बच्चों की शादियाँ कैसे होगी?

अब जब भी छुट्टियाँ पड़ती हैं, मैं घर जाती हूँ, यही एक बात उठने लगती है कि अब मुझे पति के पास जाना ही चाहिए। शादी को छह महीने हो गए और ट्रेनिंग को ढाई महीना, इस बीच दबाव में आकर मैं कभी चार दिन के लिए पति के पास

गई हूँ, कभी दो दिन के लिए। हर बार मैंने एडजेस्ट करने की बात सोची है, लेकिन मेरा मन नहीं मानता, एक ही आवाज उठती है भीतर से—इसके साथ दो दिन गुजारने मुहाल हैं, पूरी जिन्दगी कैसे कटेगी? यह औरत को कभी मनुष्य नहीं समझ सकेगा। अब मैं समझती हूँ कि मेरी छुट्टियाँ ही न हों। पिछली बार घर गई तो पता है माता-पिता के घर क्या कहा गया मुझसे?

इतना कहकर रीना का गला भर आया और देखते-ही-देखते उसकी आँखें डबडबा आईं। हाल में बैठी लड़कियाँ चुपचाप देख रही थीं कि कैसे कोई ऐसा दुख रीना के दिल में छुपा है, जिसे बताने में उसे माँ-बाप को बदनाम करने जैसा लगता है।

मैत्रेयी पुष्पा—मुझे अकेले में बताना चाहती हो? यहाँ बताओ या एकान्त में, बताओ जरूर क्योंकि दुख को खोलने से ही वह हल्का होता है। देख नहीं रही कि तुम्हारे आगे दूसरी लड़कियों के भी दुख-दर्द सामने आए हैं, माना वे एक ही तरह के नहीं हैं, मगर उनका नाम तो दुख ही है, जिनसे दर्द पैदा होता है, असहनीय दर्द और यह दर्द साथियों के सामने न आए तो आप सब लोग एक दूसरे के हमदर्द कैसे बनेंगे?

रीना—मैम, मेरे अपने जन्मदाता जिन्होंने पालन किया है मेरा, शादी के नाम पर इतने कट्टर कैसे हो गए कि कहते हैं—अगर तू अपने पति के पास नहीं जाएगी तो हम तेरी नौकरी छुड़वा देंगे। मुझे इसी बात का डर लगता है कि जाने क्या अपराध बताकर मेरे खिलाफ यहाँ एप्लीकेशन दे दें और मुझे ट्रेनिंग से निकाल दिया जाए! सच मानिए मैम, मैं इसलिए बीच में ही पति के पास चली गई थी। उसे जैसे ही पता लगा कि मैं गाँव पहुँची हूँ, तुरन्त ही वह लेने आ गया कि चलना ही चलना है। क्या मेरी जिन्दगी का यही रूप रहेगा मैम? नहीं न। हाँ, नहीं, मैं ऐसा नहीं होने दूँगी—कहते हुए उसका चेहरा सुर्ख हो गया और आँखें कठोर।

मैत्रेयी पुष्पा—देखो रीना हम यह कार्यक्रम इसलिए ही चला रहे हैं कि यहाँ लड़कियाँ एक-दूसरे की बातें सुनकर आपस में हमदर्दी तो पैदा करेंगी ही, इसके अलावा कुछ बातों से प्रेरणा भी लेंगी, क्योंकि यहाँ हिम्मतवरी की भी तमाम मिसालें हैं।

सुना नहीं **सरोज** क्या कह रही थी? उसने बताया कि सलैक्शन से पहले ही उसकी सगाई हो चुकी थी और उसे यह रिश्ता रास नहीं आ रहा था, क्योंकि पहले वह कैरियर की बात सोच रही थी, जिसका मौका उसे पुलिस विभाग में नौकरी हासिल करके मिला।

ज्यादातर लड़कियों के साथ विवाह एक दुर्घटना की तरह असमय घटता है। कारण यही है कि माता-पिता आज भी लड़की के लिए कैरियर से ज्यादा शादी को

जरूरी मानते हैं। देख रही हो कि लड़कियों को आजीविका के मुकाबले विवाह और गृहस्थ सौंप दिया जाता है। यानी कि जिन्दगी से संस्कार भारी हैं। जिन संस्कारों में औरत बँधी रही है, उन रस्सियों से तुम इनकार कर रही हो तो संस्कारवान लोग तुम्हें सजा न देंगे? सांस्कृतिक अनुशासन है यह, इससे बाहर जाओगी तो तुम्हारी आजीविका छीन ली जाएगी।

सरोज के होनेवाले पति ने फोन पर मीठी-मीठी बातें कीं साथ ही यह भी कहा–

'मुझे तुम्हारी यह पुलिसवाली नौकरी पसन्द नहीं।'

'तो?' सरोज ने सवाल किया मंगेतर से।

'तो क्या, यह नौकरी छोड़नी पड़ेगी शादी के बाद।'

'अच्छा।'

'हाँ, मैं नहीं चाहता मेरी बीवी पुलिसवाली हो।'

'एऽऽ...अपनी कह ली तूणे?'

'हाँ कह ली और तुमने सुन भी ली होगी डार्लिंग।'

'तो सुण ले कि मैं नौकरी तो किसी तरह नहीं छोडूँगी और इब तू अपणी सोच ले।'

सरोज कहती है कि होनेवाला पति गुस्सा हो गया, कई दिन तक फोन नहीं आया। मैंने कहा कोई बात नहीं। मगर जब फोन आया तो बात मैंने साफ कर दी–सर जी, आपको जैसे मेरी पुलिसवाली नौकरी पसन्द नहीं, वैसे ही मुझको यह शादी पसन्द नहीं...इसलिए कि यह तुमसे होगी, सर जी।

सुना तुमने रीना, सरोज ने सबके सामने बेहिचक यह सब बताया। यानी कि अपना फैसला दे दिया, जिसको पलटने की बात उसके मन में नहीं। ऐसी दृढ़ता लड़कियों में न जाने कब आएगी। वह गीली मिट्टी सी बनी रहती हैं, लोग अपने-अपने साँचों में उसे ढालते रहते हैं। फौलाद को साँचे में कौन ढाल सकता है, वे यह भी नहीं जानती हैं। हमारा शरीर हाड़-मांस का है, लेकिन दृढ़ता फौलाद का रूप है। आओ, आज हम मिलकर संकल्प लें।

सुरजीत कौर–गाँव जिला कुरुक्षेत्र–मैम, पुलिस में ही नहीं, किसी जॉब में लगनेवाली मैं अपनी जाति की पहली लड़की हूँ। किताबें पढ़ने के बाद ही मेरे मन में यह बात बैठ गई कि किसी भी तरह मुझे घर से बाहर आने के मौके पकड़ने होंगे। कोई हमें अपने आॅप ऐसे अवसर नहीं देगा। महान स्त्री-पुरुषों के बारे में पढ़कर जज्बा तो पैदा हो गया कि हम भी समाज में आगे आकर देश सेवा करें। पर कैसे करें, किस रूप में करें? क्या हम जैसे लोग जो सोचते हैं, उसको दूसरे लोग मंजूरी देंगे? माँ-बाप ने मान लिया पुलिस विभाग में आकर मैं कुछ करूँगी या नहीं, मगर तरक्की जरूर करूँगी और उन दबाव-धौंसों में भी नहीं रहूँगी, जिनमें गाँव की

लड़कियाँ दबी रहती हैं। लड़की के बहाने गाँव के लोग लड़की के माता-पिता को भी जब तब दबाते रहते हैं–इज्जत का मामला जो है।

मैत्रेयी पुष्पा–तरक्की क्या होती है सुरजीत? शायद यही कि तुम प्रमोशन पा जाओगी अपनी मेहनत से। लेकिन तरक्की तो सिफारिश, तरफदारी और लाभ-लोभ के जरिए ही मिल जाती है। यह जरिया पुलिस में ही नहीं, हर विभाग में, भ्रष्टाचार के रूप में प्रचलित है। क्या हम उसे तरक्की, उन्नति या प्रगति मान सकते हैं? माना कि हम सबके सामने किसी भी शानदार स्थिति में पेश हो सकते हैं, लेकिन अपने ही सामने? सच्चाइयों से आँखें चुराना किसी के बस का नहीं, हाँ, खुद को भ्रम में डाले रहना आदमी को आसान लगता है।

तुम प्रमोट तो तब होगी, जब तुम्हारे थाने के अन्तर्गत आनेवाले गाँवों के लोग या शहर के लोग तुम पर भरोसा करेंगे। तुम्हारा नाम इंसाफ करने के लिए जाना जाएगा। जाहिर है कि न्याय का पक्ष लेते हुए धन की प्राप्ति नहीं होती। वैभव आसपास नहीं होता। बस आत्मविश्वास और निडरता की दौलत मिलती है। क्या तुम ऐसी तरक्की नहीं करना चाहोगी? अपनी कास्ट से अकेली यहाँ तक आई हो, अकेली ही विश्वास का रास्ता तैयार करो। तुम्हारे पिता भी तब महसूस करेंगे कि उनकी बेटी ने कुछ करके दिखाया! क्योंकि यह समय ईमानदारी दिखाने का ही है, जो लोगों ने गुम कर दी है।

सुमन–क्या सच में पापा लोग कभी समझ पाएँगे? मुझसे तो वे हमेशा के लिए नाराज हो गए लगते हैं। उनका कहना था कि मैं जे.बी.टी. करूँ। यदि यह नहीं तो और कुछ, तमाम नौकरी हैं। मैंने फिर भी पुलिस का फार्म भर दिया। पापा ने साफ कह दिया, इस फार्म को मैं जमा करने नहीं जाऊँगा, इसी से समझ लो।

धमकी तो मुझे भीतर तक दहला गई, लेकिन इसी दहशत से कहीं मुझे जिद करने की प्रेरणा मिली क्योंकि इस हालत में मैं जी नहीं पा रही थी। नींद भी नहीं आती थी। पापा के जिद-भरे हुक्म पर मैं सिर झुकाती रहती तो क्या मैं पढ़ पाती? वे कितनी ही बार कहें कि मैं उनकी सन्तान हूँ, पर मैम सन्तान तभी तक हूँ, जब तक मैं उनकी बात मानती जाऊँ और बात आगे जाकर शादी पर ही रुकेगी, वह भी अरेंज्ड मैरिज पर।

मैंने फार्म फिर उन्हें नहीं दिया, न जे.बीटी. का, न पुलिस का। बस खुद ही किया सब। मैंने जिसे खुद्दारी समझा, पापा ने उसे गुस्ताखी माना और मुझे मुजरिम की तरह देखा। क्या मेरे भाई के साथ भी उनका यही रवैया होता?

मैत्रेयी पुष्पा–तो तुम पुलिस में भर्ती होनेवाली वह मुजरिम हो कि जिसे जुर्म की सजा पिता के हाथों मिलेगी क्योंकि तुमने मनचाहा करके पिता का सामाजिक अपमान किया है। क्या तुम्हारी निगाह में ऐसे पिता मुजरिम नहीं हैं, जो अपनी बेटियों के

सपनों की हत्या करने को ही सामाजिक और नैतिक मर्यादा समझते हैं। तुमने यह भुगता है, तुम इस बात को अपने अनुभव से समझती रहोगी और औरतों के लिए हमदर्दी बरतोगी।

रोजी–मेरी कहानी ऐसी है, जो मुझे खुद ही दहलाती है मैम। मैं इसे किसी के सामने खोलने में भी घबराती हूँ। बस आप सुन लो, पर सुनकर करेंगी क्या? इस दलदल से तो मुझे भगवान भी नहीं निकाल सकते। तो सुनो–हम तीन बहनें और एक भाई हैं। बड़ी बहन की शादी कर दी थी। हम गरीब हैं, बस जैसे-तैसे शादी की। पापा और मम्मी अनपढ़ हैं। वे समझते हैं, लड़की की शादी कर दो, अपने घर जाए और चिन्ता खत्म। कितना बड़ा झूठ है यह। असल में माँ-बाप की चिन्ताएँ तो लड़की की शादी के बाद शुरू होती हैं। पर इस सच्चाई को नहीं मानते लोग। मेरी शादी भी पापा ने 2004 में कर दी थी, अपना सब कुछ झोंककर वे मेरे लिए वर लाए थे। घर में कंगाली थी और दूल्हा मोटरसाइकिल माँग रहा था। पापा ने इस माँग को सही माना। आर्मी में नौकरी करता लड़का आपकी लड़की मुफ्त में तो नहीं ले जाएगा। दान-दहेज का चलन पुण्य कमाने का हीला भी बना हुआ है। दामाद को पूज्य माना जाता है न।

मोटरसाइकिल देनेवाले मेरे पापा दामाद की माँग को हर हाल में पूरा करेंगे, ऐसा मान लिया गया। पैसा था ही नहीं, माँग पूरी नहीं हो पाई पापा से। बस उसकी सजा मुझे मिली। मुझे उन्होंने घर से निकाल दिया। यह कोई अजूबा नहीं है मैडम, ज्यादातर बहुओं की जिन्दगी इसी घाट लगती है। हमारे पापा ने मुझे विदा करने की जिम्मेदारी का भारी वजन अपने सिर से उतार दिया था। वहीं वे निश्चिन्त से थे, लेकिन अब तो मैं ब्याज सहित बैरंग वापिस आ गई, क्योंकि मुझे दो महीने का गर्भ भी था। ससुर रामायण पढ़ा करते थे, उनके बेटे ने सीता को घर से निकालकर एक कांड पूरा कर दिया और ससुर ने अपने सपूत की बहादुरी पर उसकी पक्षदारी की। मैं सोचती, मेरे लिए रामायण से बुरा कोई ग्रन्थ नहीं। अपने मायके में रहते हुए मुझे साढ़े छह महीने बीत गए। ताज्जुब होता है कि जिस शख्स ने मेरे शरीर को मनमाने तौर पर भोगा, उसे उन रातों की याद एक बार भी नहीं आई। क्या ऐसी रातें यादों की नहीं, बस मौज-मजा की होती हैं? शरीर की भूख मिटाने भर का रिश्ता था क्या वह? फिर क्यों कहा जाता है कि मैं पति की धर्मपत्नी थी? धर्म ऐसा ही होता है पत्नी के लिए?

रोजी की आँखें ही नहीं डबडबा आईं, रुलाई फूट पड़ी और हिचकियाँ बँध गईं। बातें तो उसने इतने धीमे की कि हाल में उपस्थित लड़कियों में से कोई नहीं सुन पाई, लेकिन यह काँपता हुआ रुदन...रोजी का सारा शरीर थरथरा रहा था। पुलिस में प्रवेश लेनेवाली बहादुर लड़की को उसका अनुपस्थित पति खून के आँसू रुला

सकता है, यह सच भी उजागर हो रहा था। हमारे सामने मजबूत शरीर की लड़की के व्यक्तित्व में दरारें पड़ने लगीं।

पता नहीं कहाँ से मन बदला कि पति मुझे लेने आ गए। जो व्यवहार किया था, उसके लिए माफी माँगने लगे। पापा भी मुझे रखते-रखते और गाँववालों को मेरे यहाँ रुकने के कारण बताते-बताते थक चुके थे। मैं पति के साथ जा रही थी, उनके चेहरे पर सन्तोष झलकने लगा। मुझे अब साफ पता चला कि मेरे लिए अब कहीं जगह नहीं। मैं बस फुटबॉल की तरह हूँ, किक खाती हुई, कभी-कभी जिसे हाथों में थाम लिया जाता है।

ससुराल में आकर लड़की पैदा हुई। लड़की नहीं, फिर मेरे देश निकाले का फरमान आया हो जैसे। बच्ची पाँच दिन की थी, मुझे फिर घर से रवाना कर दिया, कारण भी बताया—लड़का होता तो तेरे बाप से कुछ लेते, यह लड़की तो इस घर के लिए खोटा सिक्का है।

मैम, मैं खोटे सिक्के की गली में पड़ी थी, किसी ने न मुझे उठाया, न हमदर्दी दिखाई, जैसे मेरी जगह धूल में ही हो।

जब से यह लड़की हुई, उन्होंने कोई खोज-खबर नहीं ली। पापा के ऊपर मैं और मेरी बच्ची बोझ की तरह लद गए। मुझसे यह बर्दाश्त नहीं हो रहा था। सोचा करती कुछ-न-कुछ तो करना होगा। जो पति को करना था, मुझे ही करना है।

समय गुजरा और लड़की ढाई साल की हो गई। मैंने आव देखा न ताव, पुलिस वेकेंसी के लिए फार्म भर दिया। मेरा विरोध भी कौन करता, सब मेरे खर्चे का भार उतारने के लिए तैयार थे। जल्दी-से-जल्दी मुझसे छुटकारा चाहते थे।

जब पति को पता चला कि मैं पुलिस में सलैक्ट हो गई हूँ, ट्रेनिंग छोड़ने की धमकियाँ आने लगीं। साथ ही यह भी कि नौकरी नहीं छोड़ेगी तो मेरे साथ रहने आ।

मेरी जिन्दगी में सुकून कब आएगा मैडम? न सही सुकून, मैं अपना फैसला तो ले सकती हूँ। न मैंने नौकरी छोड़ी, न उसके पास रहने गई। उसके पास आने-जाने लगती तो मेरी तनख्वाह हड़पता रहता, मैं अब तक तो उसे अच्छी तरह जान गई हूँ। यही समझ गुनाह का रूप हो गई।

मेरा फैसला मुझे कितना महँगा पड़ा मैम...बहुत बड़ी कीमत चुकाई मैंने। मेरी बच्ची को वह उठा ले गया। जैसे ही मैंने सुना मैं तड़प उठी, लगा कि प्राण दे दूँ। क्या करूँगी जीकर। इसी के सहारे तो किस्मत से लड़ती रही थी। जहाँ उस बच्ची को पाँच दिन की अवस्था में मेरे साथ सड़क पर फेंक दिया था, अब वहाँ उससे कैसा व्यवहार हो रहा होगा? मेरा बदला उस मासूम से लिया जा रहा होगा...मैं रातभर नहीं सो पाती मैम और सबेरे से हमारी परेड, कॉलेज, फटीक वगैरह चालू हो जाते हैं। मेरा तन कहीं, मन कहीं...मैं क्या करूँ, कैसे करूँ?

—ऐसे पति से तलाक क्यों नहीं लेती? बच्ची खुद-ब-खुद तुम्हें ही मिल जाएगी। राय साहब के सामने सारी घटना और साथ ही अपनी बात रखो, कुछ-न-कुछ तो करेंगे ही। संवेदी पुलिस किस दिन काम आएगी?

'मैम, मेरी खोटी तकदीर से कोई नहीं लड़ सकता। न कोई रास्ता निकाल सकता, जिसने चार साल में आज तक पूछा नहीं, नौकरी की सुनते ही मेरी जिन्दगी में कूद पड़ेगा, मैं कहाँ जानती थी। फार्म भरते समय खुद को मैंने शादीशुदा नहीं दिखाया, केवल इस डर के मारे कि कहीं पति की रजामन्दी की बात आएगी तो मैं ऐसे भी भिखारिन जैसी रह जाऊँगी। मैम, आप कहेंगी यह मैंने क्या किया? अपराध किया। क्या सच में मैंने जुर्म किया? नौकरी लग रही थी और आजीविका को उसी जल्लाद के रहमोकरम पर छोड़ देती? मेरी बच्ची को मेरे सिवा कौन पालनेवाला है? तलाक नहीं मिलेगा, मुझे गम नहीं, क्योंकि मुझे दूसरी शादी नहीं करनी, लेकिन तलाक के बिना बच्ची को लेने का भी अधिकार नहीं...यह मैंने क्या कर डाला। मैम शादी का कोई सुख नहीं देखा, दुख ही दुख जिन्दगी से चिपट गए। पति के पास कुल मिलाकर एक महीना भी नहीं रही और एक जीवन स्वाहा हुआ जा रहा है। जब सब कुछ कानून से ही होता है, तो संवेदी पुलिस का क्या होगा? मैंने जो कुछ किया, डर के मारे, जानलेवा दहशत की छाया में किया। क्या इसे कोई संवेदनशील पुलिस अफसर समझ सकता है? यही कहेगा कि मैंने कानून अपने हाथ में लिया है। झूठे दस्तावेज दिए हैं, लेकिन क्यों दिए, इस पर गौर किया जाएगा मुझे शक है। अब जो भी हो कोशिश करना मेरा काम है, कोशिश करती रहूँगी क्योंकि मेरा जीवन बस जद्दोजहद का रूप है।

मैत्रेयी पुष्पा—मैं पुलिसवाली नहीं हूँ रोजी। बस इतना ही समझ पा रही हूँ कि तुम्हारी बेटी को पति ने उठाया है तो सिर्फ तुम्हें झुकाने के लिए। तुम्हारे पास यदि कोई कमजोर नस थी तो तुम्हारी बच्ची थी, उसने उसी को पकड़ लिया कि तुम ज्यादा से ज्यादा परेशान हो जाओ। यह एक पिता का तो काम नहीं लगता, अपहरणकर्ता की करतूत है। वह सोच रहा है बच्ची के मोह में तुम उसकी शर्तों को पूरा करती हुई भागी चली आओगी। वह जानता है कि औरत कितनी कमजोर दिल की होती है। खासकर बच्चे को लेकर।

तुम अपनी ताकत दिखाओ। जो सजा देना चाहता है, उसे नियामत कहो। कहो कि बच्ची को आप ही रखिए, यहाँ ट्रेनिंग में वैसे भी उसे अपने पास रखकर मैं नहीं पाल सकती। रोजी, टेढ़ी उँगलियों से तो घी सभी निकालने की कोशिश करते हैं, औरत को सीधी उँगलियों से घी निकालने की प्रैक्टिस करनी चाहिए, क्योंकि वह उसकी रणनीति का हिस्सा होगा।

लड़की के पाँव

जिन लोगों ने अंशु को कैमिस्ट की दुकान पर देखा, उनमें कई अपरिचित होंगे। मगर एक परिचित भी निकल आए, उसके पापा के दोस्त। पास आकर खड़े हो गए, देखने लगे अंशु क्या-क्या दवाइयाँ खरीद रही है?

उन्होंने पूछा, 'तेरे पापा की तबीयत तो ठीक है न?'

कन्धे के पीछे से आई मरदानी आवाज पर अंशु यकायक चौंक पड़ी। सफेद कुर्ता-पजामा पहने लम्बे कद के प्रकाश अंकल! यह कहाँ से आ गए इसी समय? अंशु का सारा का सारा वजूद थर्रा उठा। टी-शर्ट के भीतर शरीर पसीज उठा और ऊपर के होंठ पर पसीना छलक आया। चेहरा जरूर सनसनाकर लाल हो गया है, तभी न प्रकाश अंकल उसे इतने गौर से देख रहे हैं।

क्या सचमुच ऐसा ही था? ऐसा ही है? अंशु की हिम्मत टूटती जा रही थी और बार-बार यह समझाकर खुद को आश्वस्त कर लेना चाहती थी कि डर के कारण जो कुछ सोच रही है, ऐसा कुछ नहीं है।

तभी कैमिस्ट ने अंशु के सामने वह दवा और बिल रख दिए, जिसके लिए वह यहाँ तक अपना गेम छोड़कर भागी आई थी। स्पोर्ट्स वैन लेने के लिए आ गई थी। अंशु के दिमाग में दवाइयों का बवंडर चल रहा था। वह वैन में नहीं बैठी। बदहवास इस दुकान की ओर दौड़ी थी। इतने दिन की प्रैक्टिस पर पानी फेर दिया। अपनी पोजिशन को मिट्टी में मिला रही है, यह भी याद नहीं आया। कैसे आता, आँखों के सामने उस लड़की की छवि...

'किस रोग की दवाँए हैं ये?' प्रकाश अंकल ने अपनी बड़ी-बड़ी मूँछों पर उँगलियाँ फेरते हुए जानकारी के लिए पूछा। कैमिस्ट ने कोई जवाब नहीं दिया, वह पैसे गिन रहा था।

प्रकाश अंकल का चेहरा चिन्ताओं में घिरने लगा।

'भाई बताओ तो ये क्या-क्या दवाएँ हैं? इसके बाप को कहीं खतरनाक बीमारी न हो गई हो। वह मेरे बचपन का यार है। हम दोनों अखाड़े में संग-संग प्रैक्टिस करते थे। मैं तो गुरु का गंडा बाँधकर पहलवानी करता रहा। कितने दंगल जीते, पर मेरा

यार जगवीर आगे न बढ़ सका। कैसे बढ़ता, पिता के रहते भाई-भाई में एका न था। घर में बाप किसकी ओर बोलता? जगवीर को खेती में लगना पड़ा। पहलवानी तो बेफिक्री का खेल है।'

'अरे बताया नहीं कि ये किस बीमारी की दवाएँ हैं?' प्रकाश अंकल ने जोर दिया। आवाज में जिज्ञासा और जिद दोनों बराबर शामिल थीं।

कैमिस्ट असमंजस की स्थिति में आ गया, कभी अंकल को देखे कभी अंशु को। अंशु का चेहरा सफेद पड़ गया।

'बताता क्यों नहीं रे लौंडे?' अंकल पहलवानी तेवरों में आ गए।

कैमिस्ट दूसरे ग्राहक को निपटाने में तल्लीन दिख रहा था और अंशु वहाँ से जल्दी से जल्दी भागने की फिराक में थी।

'छोरी तू ही बता दे।'

'पापा की दवाएँ नहीं हैं। आप चिन्ता न करो। पापा ठीक हैं।' कहने के बाद अंशु को इत्मीनान सा हुआ कि उसने अंकल को समझा दिया है। एक पल के लिए लगा कि दिमाग में तनी हुई नसें थोड़ी नरम हो गई हैं।

'पर ये दवाएँ काहे की हैं?' अंकल को पापा की चिन्ता नहीं है, दवाओं की जानकारी चाहिए थी।

'बता रै। सुन ना रहा?'

कैमिस्ट ने अंशु से ही पूछा, 'बता दूँ?'

अंशु के साथ हुए अंकल प्रसंग का यह हादसा साधारण नहीं है। उसने पाया, अपने ही भीतर भय की दीवारें खड़ी होती जाती हैं और गले की आवाज रुँध गई है। अब?

वह अंकल की ओर बिना देखे ही दुकान की सीढ़ियाँ उतर गई। एथलीट है, तेजी से भाग सकती है। हैंडबॉल वाला गेम खेलती है, ताकत की कमी नहीं। मगर उसने न तेजी दिखाई न ताकत। अपनी ओर से आशंका का कोई मौका नहीं दिया। असाधारण रूप से चौकन्नी अंशु अपनी राह पर चली जा रही थी।

कुछ ही देर में प्रकाश अंकल ने पीछे से आकर उसकी गर्दन पकड़ ली। सामने खड़ी करके तीन-चार थप्पड़ मारे। पहलवान का हाथ पूरे जोर से पड़ा, लगा कि मुँह थप्पड़ के साथ ही फूलता चला जा रहा है।

'तू बाप के मुँह पर कालिख मलनेवाली है? किसका टाँगे फिर रही है? बोल, नाम बता, मैं उसे धरती में गाड़ दूँगा। मुझे दे यह दवा, नहीं तो...'

अंशु ने किसी भी कीमत पर दवा प्रकाश अंकल को नहीं दी। अगर यह सड़क न होती, आम रास्ता न होता तो अंकल उससे हर हालत में दवा छीन लेते। लेकिन, इस तरह दूसरे की लड़की से छीना-झपटी करते हुए अंकल अपने लिए ही कानूनी खतरा महसूस करके अंशु को छोड़ गए। वह फूट-फूटकर रोने लगी थी।

'अबॉर्शन (गर्भपात) की दवा' अंशु ने होंठों-ही-होंठों में बुदबुदाया, लेकिन इसके बारे में सच-सच किससे बताएगी? ये कैसे बताएगी कि ये दवाएँ उसके लिए नहीं, कामिनी (चाचा की बेटी) के लिए हैं। कामिनी बिना माँ की लड़की, अपनी मुसीबत किससे कहती? प्रेगनेंट किससे हुई, उसने यह नहीं बताया और अंशु ने पूछना भी नहीं चाहा। पूछकर क्या गर्भ खत्म हो जाता? जो इस समय जरूरी है, बस वही करना है, अंशु का यह सिद्धान्त हमेशा से रहा है। जब से कामिनी ने अपनी गर्भावस्था के बारे में बताया है, वह तब से दवा लेने की फिराक में ही घूमती रही है। अगर वह गर्भ से मुक्त नहीं हुई तो क्या होगा? क्या पता चाचा उसे मार ही डालें। पिटाई तो जरूर इतनी होगी कि वह कुछ दिन के लिए अपाहिज हो जाएगी। जाट की बेटी विधवा होने पर भी दूसरे आदमी के यहाँ घरवालों की राजी से बैठ सकती है, कुँवारी होकर किसी से शारीरिक सम्बन्ध बनाना संगीन जुर्म है। अपने परिवारों में बदले हुए समय के साथ पुराने चलन को उसी हद तक धोने-पोंछने की बात सोची जाती है, जहाँ तक उनमें औरतें शामिल नहीं होतीं। किस तरह आधुनिक पिताओं में अपने बेटों का ऊँची शिक्षा या ऊँची तनख्वाह वाली नौकरी के लिए दिल्ली, बम्बई नहीं, अमेरिका, इंग्लैंड भेजने की होड़ मची है। अंशु इसे वंशवाद की उन्नति कहकर पुकारती है क्योंकि उसे तो आठ-दस साल की अवस्था में बुआ जी के घर तक भेजा था, वह भी काम करने के लिए। हालाँकि पापा ने चाहा था कि उनकी बेटी जाहिल न रहे, मगर बाबा के सामने उनकी एक न चली। काम करते हुए अंशु ने पढ़ने की इच्छा जाहिर की थी। वह बुआ जी की ममता या वत्सलता ही थी कि उन्होंने घर के पास ही स्कूल में दाखिल करा दिया, जिससे चौका बर्तन, झाड़ू पोंछा जैसे कामों में खलल न पड़े। शायद बीते कल की बातों की यादों के दुख से छुटकारा पाने के लिए अंशु ने पूरी मेहनत ही नहीं, जी-जान लगाकर पढ़ना चाहा था।

आठ-दस साल की अवस्था में उसे बहुत कुछ समझ में आ गया था। इसलिए ही घरेलू काम से पढ़ाई में होनेवाली रुकावटें उसको विचलित कर देती थीं। बार-बार पिता की पहलवानी का ठप्प होना और माँ का गुमसुम रहना याद आता। अंशु जिद करके गाँव आ गई थी, हालाँकि बाबा अपनी निःसन्तान बेटी को वचन दे चुके थे कि अंशु उसकी बेटी की तरह रहेगी, लेकिन अंशु से ही वह वचन नहीं निभ सका। वह गुनाहगार के रूप में देखी जाती। शायद वह खुद भी अपने भीतर अपराधबोध महसूस करती।

एक दिन बाबा ने घर की बैठक के मुख्य दीवार के बीचोबीच सुनहरे फ्रेम में जड़ी अपने पिता की रुतबेदार तस्वीर के आगे खड़ा करके अंशु से कहा, ये तुम्हारे पड़बाबा हैं। इनकी शान चारों ओर है, उसमें बट्टा न लगे। इस बात को ज्यादा दिन नहीं हुए। दो ही साल हुए हैं। जवान होती लड़कियों को इज्जत पर

बट्टा न लगने के लिए हर परिवार में चेताया जाता है। अंशु ने तस्वीर के सामने कसम खाई थी, बाबा का हुक्म सिर-आँखों। बाबा के परिवार में लक्ष्मण रेखा लाँघने वाली लड़कियों को मृत्युदंड मिलता रहा है, यह बात घर की औरतें कानोकान कहा करती हैं।

शायद यही कारण रहा होगा कि अंशु, कामिनी को किसी भी हालत में बचा लेना चाहती थी और साथ ही परिवार को बदनामी के धब्बों से भी। खानदान के बेदाग इतिहास में कामिनी कोई दाग क्यों जोड़े?

पापा के दोस्त प्रकाश अंकल ने पापा से एक-एक बात कह दी। मामला अब अंशु के लिए उलझ गया। अंशु ने जितनी भी मेडिकल कोर्स की पढ़ाई की थी, वही जहर हो गई। कितना चाव था उसे मेडिकल पढ़ने का। रात-रात भर पढ़ती थी। सहपाठिन से कम्पटीशन जो चल रहा था। मुश्किल भी कम नहीं थी, पापा के नाम बिजली का बिल आता था, शामिल खाते में चाचा बिल के पैसों पर झगड़ा करते थे। उन्होंने बिजली कटवा दी। पापा चुप ही रहे। छोटा भाई था, उसे सँभालना उनका ही काम था। मम्मी भी बीमार सी रहतीं। खाना बनाने से लेकर कपड़े धोना, झाड़ाबुहारी और भैंसों को सानी देना, अंशु पढ़ाई के जुनून में सारे काम जल्दी से जल्दी निपटाती। मोमबत्ती जलाकर पढ़ती। अपनी कक्षा में फर्स्ट आती। चाचा चिढ़े रहते, लेकिन गाँव के लोग तो तारीफ करते थे।

प्लस टू में मेडिकल के लिए तैयारी कर रही थी, मगर चाचा ने पापा के हिस्से का एक खेत अपने कब्जे में कर लिया। झगड़ा होने लगा। अंशु की पढ़ाई भी छूट गई। यों भी चाचा अंशु का पढ़ना पसन्द नहीं करते थे। मेडिकल के विषय छूट गए। जब आगे पढ़ना शुरू किया तो आर्ट्स सब्जैक्ट ले लिए। उसकी लाइन ही बदल गई।

चाचा की बेटी कामिनी मुसीबत में थी, इसी से द्रवित होकर या खानदान की इज्जत के लिए अपने पास जोड़े पैसों से गर्भपात की दवा खरीद ली। प्रकाश अंकल ने पापा को जो सूचना दी, वह तो अंशु के लिए ही लगती थी। पापा का ऐसा रौद्र रूप उसने कभी नहीं देखा था। उन्होंने पीटा, वह पिटती रही। कामिनी का नाम होंठों से बाहर नहीं आने दिया।

चाचा ने उसकी मारकुटाई देख ली थी। देखकर इतना कहा—इसका ब्याह नहीं करता। करेगा कहाँ से, रकम लगती है ब्याह में। पीट-पीटकर इसे बदचलन होने से कहाँ तक रोकेगा?

अंशु माँ से भी क्या कहे? हाँ, माँ इतना जरूर पूछती थी, 'कामिनी बेर-बेर क्यों आवै? इनका तो आणा-जाणा हमारे यहाँ था नहीं। इसकी माँ मरगी, वा भी घणी दुस्मणी राखै थी।'

पापा अंशु के ऊपर शक कर रहे थे, वह अब भी कामिनी के लिए चिन्तित थी। गेम में नहीं गई। अव्वल आती रही है, अव्वल आती, मगर जाने का मन ही नहीं किया। बस मौका देखकर कामिनी के पास भागी।

कामिनी की हालत खराब थी। तसला भरकर खून निकला। गर्भ गिर गया था। उसने दर्द से छटपटाते हुए अंशु की ओर देखा, मगर राहत थी आँखों में। चाचा के घर इतना खून-खच्चर हुआ क्या किसी को पता नहीं चला होगा? मगर चाचा ने उल्टा ही खेल खेल दिया। एक महीने बाद ही अपनी बेटी की शादी कर दी।

मम्मी अंशु को गालियाँ देतीं। विश्वास करतीं लेकिन भरोसा नहीं बँधता। सोचतीं, बाहर जाती-आती है, यह क्या नहीं कर सकती। जबकि मम्मी अंशु के स्वभाव को जानती थीं। वह अन्याय बर्दाश्त करनेवाली लड़की नहीं है। क्या यही उसकी कमी है? उस दिन भी क्या हुआ था, जो हुआ था, शर्मनाक था। स्कूल-कॉलेज का माहौल यहीं क्या, जगह-जगह खराब है, लेकिन यहाँ शहर के लड़के अपनी हदें लाँघ रहे थे। अकसर तो अंशु पढ़ती ही रहती थी, मगर जब बर्दाश्त के बाहर हो जाए तो?

बस में सभी आ रहे थे। लड़के-लड़कियाँ और लैक्चरार। लड़कियों की आँखों में दहशत छिपाए नहीं छिप रही थी क्योंकि लड़के निकलनेवाले रास्ते को घेरकर बैठे थे और अकसर यही होता था। जब एक लड़की लड़कों के बीच से अपने स्टॉप पर उतरने के लिए निकली तो दो लड़कों ने बारी-बारी उसके हिप पर थप्पड़ मारे। वह लड़की चुपचाप चली गई।

दूसरे दिन उसी स्थिति यानी बीच से निकलने पर अंशु की कमर में हाथ डाल दिया। लैक्चरार कुछ कहें तो उनकी भी पिटाई होगी, यह सबको पता था। वे सब यही समझते थे कि अंशु भी उस दहशत से अछूती न होगी, जो लड़कों ने फैला रखी है। लैक्चरार की आँखों में देखा तो लगा घबराहट का समुद्र फैला है। उनकी हिम्मत उसी समुद्र में डूबकर खो गई।

अंशु के पास सोच-विचार के लिए समय था ही नहीं, पूरी ताकत से लड़के के मुँह पर थप्पड़ मारा। साथ ही उसकी जाँघ पर कसकर लात दी। उसके बाद सोचा– अपना न्याय अपने आप ही लेना पड़ेगा। यह हमारे मंत्री का गाँव है, इसमें लड़कियों को बेशर्मी से छेड़ा जा रहा है।

जब मारपीट हुई तो लोग इकट्ठा होने लगे। अंशु अजीब आवेग में भरी हुई, केवल यह सोच रही थी कि ये लड़के आखिर क्या सोचकर लड़कियों को जगह नहीं देते? गुस्सा और नफरत का उन्माद उस पर तारी था। लात से वार करने के कारण जाँघ में खिंचाव पड़ रहा था। लड़के बगलें झाँकते हुए बस से उतर गए।

वह बस में बैठे बड़े-बूढ़ों से मुखातिब थी, 'शर्म आनी चाहिए आप लोगों को। साफा-पगड़ी का तुर्रा बाँधे बैठे रहते हो, लड़कियों की बेइज्जती होते हुए मजे से देखते रहते हो। इन लड़कों में कोई गलती नहीं दिखती? सब दोष हमीं में...'

'लड़की ने लड़कों को पीट दिया। हद हो गई।' यह वाकया गाँव में आग की तरह फैल गया। अंशु से मम्मी एकदम से कहती है, 'तू आँखें मटकाकर देख रही होगी। छोरा भी देख लेता है, छेड़णे से पहले।' उसे घरवालों के सामने अपनी ताकत दिखाकर क्या करना था? यहाँ तो किसी लड़की से ऐसी उम्मीद ही नहीं की जाती।

हाँ, लड़के अब लाइन लगाकर बस में चढ़ने लगे थे। लड़कियों के लिए रास्ता छोड़कर बैठते थे। सबने अंशु को शाबाशी दी।

लेकिन पापा को किसी ने फोन करके बता दिया। पापा तालाब पर भैंस को पानी पिलाने गए थे, वहीं किसी लड़के ने कल की घटना उन्हें बता दी।

पापा घर आए तो अंशु रोटी बना रही थी। मम्मी खाट पर लेटी थीं।

'बस में क्या हुआ था?' पापा ने पूछा।

मम्मी चौकन्नी हो गईं। उठकर बैठ गईं और बोलीं, 'के होया?'

पापा ने मम्मी को इशारा किया कि वह चुप रहें। मगर मम्मी अंशु को पुकारने लगीं, 'अंशु के होया? आ उरे ने। रोटियाने छोड़ के उरे ने आ।' मम्मी की आवाज ऊँची उठती जा रही थी गुस्से के मारे और अंशु सोच रही थी कि माँ-बाप हरदम उससे किसी चरित्रहीनता की उम्मीद लगाए बैठे रहते हैं। वह अपनी जिन्दगी में कभी बहादुरी, आजादी और आगे बढ़ने का सपना नहीं देख सकती भले स्कूल और बस में कितनी ही बहसें कर ले।

अंशु कुछ नहीं बोली, बैठी-बैठी रोटी बनाती रही। माँ आगबबूला हो गईं, 'आ उरे ने, सुणता नी?'

अंशु की आँखें डबडबा आईं। मम्मी क्या-क्या बोलेगी, वह जानती है। यही कि लड़की न चाहे तो कोई कुछ नहीं कह सकता। यही बात नहीं, मम्मी अंशु के नवविकसित स्तनों को लेकर टोका-टोकी में चूकती नहीं, 'किसणे दिखा रही है तू?'

अंशु सुनते-सुनते परेशान हो जाती। अब तक समझ गई थी कि छोटी बहन की शादी महज चौदह साल की अवस्था में क्यों कर दी थी। उठे हुए सीने वाली लड़की माँ-बाप को डराती रहती है। अंशु का दोष यही है कि वह अब तक शादी के लिए राजी नहीं हुई। वह गेम्स खेलने जाती है तो मम्मी को ऐतराज होता है कि उसकी छातियाँ हिलती हैं।

मम्मी से बातें करना मुश्किल है। वह तो पापा ही थे कि मम्मी से कह दिया, 'लड़की से कुछ मत कहना। उसकी गलती कुछ नहीं है।'

'स्कूल, गेम्स और घर...यह जीने के लिए काफी नहीं हैं, मुझे उड़ने के लिए अपना आकाश चाहिए' अंशु ने सोचा। मेरी मंजिल क्या है, मैं किसी को समझा नहीं सकती। बाहर निकलना दोष, लड़कों से बातें करना दोष, अपने लिए जगह बनाना दोष क्योंकि मेरा लड़की शरीर ही दोषों से भरा हुआ है। स्तन और महावारी जैसे बड़े दोष हैं, इस बात को मैं नहीं समझ सकती। बस यह समझाना और समझना ही हमें आपस में एक-दूसरे के विरुद्ध खड़ा करता है।

ऐसे ही कारण थे कि अंशु स्त्री जीवन को लेकर गम्भीरता से सोचने लगी। जैसा कि होना ही था, छोटी बहन एक साल के अन्दर ही गर्भवती हो गई और यही उसकी जिन्दगी की पवित्र उपलब्धि मानी जा रही थी। इसी कड़वी मनःस्थिति के दौर में उसने अपने रजिस्टर के पन्ने विचारों के अनाप-शनाप सवालों से भर डाले। मेरा बस चले तो मैं राइफल लेकर निकल पड़ूँ और अपनी जैसी हजारों लड़कियों को दकियानूस माता-पिता, ईर्ष्यालु चाचा-ताऊ और झगड़ालू स्त्रियों के सामाजिक शिकंजों से मुक्त करा लाऊँ। मेरा बस चले तो व्रत रखकर हनुमान से यह ताकत माँग लूँ, जो हमारे लिए माँगी नहीं जाती। मैं चन्द्रमा को देखकर तालाब में खिल जानेवाली कुमुदिनी नहीं, सीधा सूर्य से सामना करूँ। मेरी आकांक्षाओं की सीमा अपने गाँव, अपने शहर, अपने प्रदेश और देश के पार तक जाती है। इस तरह का लिखते-लिखते, सोचते-सोचते अंशु को लगा कि उसके सिर में भयानक दर्द होनेवाला है, जिस दर्द के साथ उसका दुख बाहर आ जाएगा। दुख से सामना ही उसे आगे बढ़ने की हिम्मत दिया करता है।

स्कूल के बाद कॉलेज में उसने स्त्री-आकांक्षाओं पर लैक्चर देने का मन बना लिया। अपने विचार व्यक्त किए तो श्रोताओं, जिनमें अध्यापक और प्रिंसिपल थे, में उल्लास और आश्चर्य की लहर दौड़ गई और उस समय मारे खुशी के अंशु के हाथ-पाँव काँप रहे थे।

कॉलेज में पढ़ते हुए उसको मेडिकल में अपनी रुचि परेशान करने लगी। 'मैं कुछ न कर सकी तो स्टाफ नर्स ही बन जाऊँ!' यह सोचते ही उसे वही बात याद आई कि हमदर्दी उसमें कूट-कूटकर भरी हुई है। ऐसा न होता तो कामिनी के गर्भपात में क्यों मदद करती? चाचा के घर से ही बात उठी और अंशु को बदनाम किया गया। उनके घर की बड़ी लड़की ने गर्भपातवाली बात उसके सिर डाली तो पापा ने अंशु को लातों से मारा था। पापा ने दो दिन तक खाना भी नहीं खाया था। बुआ, जिनके घर अंशु बचपन में रही थी, आईं, जिनको अंशु के ही गर्भवती होने की बात बताई गई।

पापा कुछ न कुछ समझ तो रहे थे, परन्तु अंशु की बात पर वे भड़क जाते थे। चाचा से भी तनातनी चलने लगी। बचपन से उपेक्षित रहे पापा के पास ताकत दिखाने का एक ही नुस्खा था–शराब। शराब ने ऐसा करिश्मा दिखाया कि पापा नशे में धुत

रहने लगे। घर-परिवार के लिए भयानक सपना, इससे ज्यादा क्या होता? पापा के तन-मन को तो जैसे लकवा मार गया हो। इस कमजोर गृहस्थ को नष्ट करने में चाचा को अब हिचक भी क्या थी? वे छोटी सी तकरार में मम्मी को पीट जाते। घर में पुरुष के नाम पर छोटा भाई था।

एक दिन मम्मी चाचा के हाथ पिट रही थीं। उस बीमार औरत के अन्दर खुद को बचाने के लिए कमजोर चीख उठती और चाचा की ताकत के नीचे बिला जाती। माँ को इस दौरान कितना होश रहा अंशु को नहीं मालूम...बस इतना याद है कि उसने कमरे के एक कोने से लट्ठ उठाया, जिसे पापा रात की पहरेदारी के लिए पहले रखते थे। अंशु ने लट्ठ के साथ जैसे सारी ताकत उठा ली। अपने मृत बाबा का ध्यान किया, 'आज तुम्हारे खानदान की बहू पिट रही है, मैं अपने परिवार की बहादुरी को बट्टा नहीं लगने दूँगी।' उसे चंडी काली माता देवी याद आईं कि आँखों से चिनगारियाँ छूटने लगीं। इधर-उधर देखा, चाचा अपने चबूतरे पर कमीज की बाँह ऊँची किए अहंकार से भरा खड़ा था।

अंशु ने लट्ठ से चाचा की धुनाई करनी शुरू कर दी। न जाने कौन-सी दुर्गा भवानी उसके शरीर में भर गई कि चाचा को पीट-पीटकर जब तक बिछा न दिया, स्वाभाविक साँस नहीं ली। धड़कते हुए दिल और तेज साँसों के साथ हाथ-पाँवों में समाई बिजली सी शक्ति के साथ बुआ को आवाज दी, 'असल बाप से पैदा है तो आ यहाँ, उठा इस हरामी को। अब इसे किसी की नहीं अस्पताल की जरूरत है। और आइन्दा याद रखना, तू बीच में आई तो तेरा भी यही हाल कर दूँगी।'

बुआ का अब कहीं अता-पता नहीं। जो कुछ थोड़ा-बहुत अंशु ने सुना, वह इतना ही, 'जगबीर की छोरी पागल हो गई है, हथिनी की तरह पागल...'

चाचा ने मारने-पीटने की कोशिश जब भी की, अंशु लट्ठ लेकर, बल्लम लेकर निकल पड़ी। एक सिलसिला बनता गया। बाद में तो यह हुआ कि बीच-बचाव करने भी लोग नहीं आते। चाचा दो बार अस्पताल में भर्ती हुआ तो भूल गया मम्मी और पापा को पीटना। गाँववाले चाचा से कहते हैं, लड़का हाथ उठाए तो उठाए, जगबीर की छोरी हाथ उठाती है। कहाँ से आती है इतनी ताकत? जरूर उसके ऊपर कोई हवा आई हुई है। चुड़ैल है साक्षात। यही नहीं, मोहल्लेवाले अंशु को अजीब नजरों से देखते। रास्ते में मिल जाते तो बचकर निकल जाते।

उसने गली में खड़ी होकर सुना दिया था, 'मुझे चुड़ैल कहो, डायन कहो, मर्जी में आए जो कहो, लेकिन इतना समझ लो कि मैं और मेरे घरवाले पिटने और गालियाँ खाने के लिए नहीं हैं।'

तीसरी बहन की शादी हुई।

अंशु को सारा इन्तजाम अपने हाथ में रखना था। उसकी ताकतवरी उसके ही खिलाफ जा रही थी। जबरजोर लड़की के पक्ष में कौन आएगा? ताकतवर मर्दों का लोहा सब मानते हैं, वह जान रही थी, लेकिन यह भी पता था कि अपनी ताकत जगाए बिना इस घर का अच्छा समय आनेवाला नहीं। मम्मी हाथ जोड़कर विनती करती, 'अंशु ब्याह-शादी भइयाबंदी का मामला होता है। तेरे पापा को सब लाणत देंगे।'

पापा बोले, 'अपनी बहन नहीं आई, भइया नहीं आ रहा, भाईचारा ऐसे नहीं निभता। बिना भाई-भतीजों की शादी।'

अंशु को इन परम्परावादी बातों पर ही गुस्सा आ जाता है। उससे रहा नहीं गया तो बोल पड़ी, 'पापा, भाईचारा उस भाई से, जो तुम्हें और मम्मी को पीटे बिना रोटी नहीं खाते थे। जिन्होंने हमारा खेत हड़प लिया है। पापा तुम भाईचारा नहीं, गुलामी निभा रहे हो। भाई तो वे हैं, जो ब्याह-शादी में काम में हाथ बटाएँ। उनसे भाईचारा निभाना क्यों अच्छा नहीं लग रहा?'

पापा गए, चाचा को बुलाने। चाचा ने तुरन्त ही सवाल दाग दिया, जो अंशु के माथे से आ टकराया।

'ये क्या कर रखा है? बड़ी बैठी है और छोटियों का ब्याह करता जा रहा है तू जगवीर।'

पापा वहाँ बैठकर अपना सा मुँह लेकर चले आए। अंशु को यह पता नहीं था कि पापा से ज्यादा मम्मी को चाचा का शामिल नहीं होना बुरा लगता है। हद है, घरवालों की। पिट-पिटकर, गालियाँ खाकर भी उसी घर में घुसते हैं, जिसे भाई का घर पुकारा जाता है।

अंशु घर में गीत-संगीत का प्रोग्राम करा रही थी। अपनी बहन की शादी में डांस करेगी वह। अपने लिए कपड़े बनवाने की तो याद ही नहीं रही। जल्दी-जल्दी मामा की लड़की की ड्रैस माँगी। पहनकर आई, अचानक माँ के सामने पड़ गई।

कसकर थप्पड़ मारा मम्मी ने। बोलीं, 'चाच्चा कैसे आवेगा? चौकीदारी लगा राक्खी है। बणीं है मुख्तारन।'

'चाचा ने गाली दी थी मुझे। कहा था, तेरे चूतरों पर लात दूँगा। मैं उसे अपने घर से धक्का न देती तो क्या करती?'

अंशु देख रही थी, पापा चाचा के पीछे भाई-भाई चिल्लाकर भाग रहे थे। चाचा लगातार अंशु को गालियाँ दे रहा था। पापा कहते थे, 'तू मालिक है दलवीर। तू खाने वाला पारस सँभाल।'

अंशु का माथा ठनका। चाचा पारस (दावत के सामान का कमरा) में गया तो माल गायब कर देगा। वह चाहता है किसी तरह बारात के सामने इस घर की किरकिरी हो। ब्याह बिगड़े। क्या पापा को भाई से इतना मोह है कि अपनी बेटी का ब्याह बिगड़वालें? कह रहे हैं, आनेवाले समधी क्या कहेंगे? भाई के संग भाई खड़ा नहीं हुआ, यह कैसा परिवार है? अंशु की समझ में यह अच्छी तरह आ गया है कि लकीर पीटनेवाले ही जिन्दगी भर पिटते-कुटते रहते हैं।

अंशु के गुस्से का पारावार नहीं था दीनहीन माता-पिता से तो बस चला नहीं, चाचा के सामने सीना तानकर खड़ी हो गई, 'तू जानता है कि आज का दिन है तेरे पास। तू फायदा उठा ले।'

इतना कहना था कि पापा उसके पीछे ईंट उठाकर भागे। अंशु हाथ नहीं आई तो मम्मी को पीटने लगे, 'कुतिया, तेरी जनी यह लौंडिया हमारे भाई की इज्जत उतार रही है।'

'पापा!' अंशु ने पिता को पीछे से कन्धों से पकड़ लिया। 'छोड़ो मम्मी को। खबरदार जो अब हाथ उठाया। समझ लेना मैं उस चाचा का कत्ल कर जाऊँगी, जेल चली जाऊँगी, कोई बात नहीं। मुझे शादी तो करनी नहीं है।'

पापा अपना सिर पकड़कर बैठ गए। रोते हुए चिल्ला रहे थे, 'मेरा माँ जाया भाई। मेरा सीधा हाथ...इससे ज्यादा सगा कौन है दुनिया में! इस चुड़ैल ने हम भाइयों में फूट डलवा दीऽऽ...।'

जैसे-तैसे शादी सम्पन्न हुई। अंशु को कोठरी में बन्द कर दिया गया। उस कैद में चुपचाप बैठी यही सोचती रही, क्या मिला मुझे माँ-बाप के लिए लड़कर! क्या मिला बाबा के परिवार की इज्जत रखकर? मैं क्यों नहीं दूसरी लड़कियों की तरह रहती। चुपचाप भले गर्भ गिराती रहती, मेरा दुश्मन कोई न होता। मार खाती रहती, गाँव के लोग तरस खाते। ताकत पैदा कर ली, लोग दुश्मन बना लिए। लेकिन अब मैं क्या बदल सकती हूँ?

अब परिवार की कमान चाचा के हाथ में थी। अंशु के हाथ में केवल अपनी जिन्दगी थी, जिसको खत्म कर दे या यहाँ से भाग जाए। उसका मन बराबर भटक रहा था। भागकर जाए तो कहाँ जाए? मरना चाहे तो किस तरीके से मरे? हो सकता है चाचा ही उसे मार दे क्योंकि उस जैसी लड़की की हत्या गाँव भी पचा जाएगा। सिर उठानेवाली औरत मर जाती है तो बस इतना ही कहते हैं—उसके लक्षण ही ऐसे थे।

कोठरी में अंशु कितने दिन रहती? दिशा मैदान के लिए तो निकलना ही था। ऐसे ही एक सुबह पापा ने उसके पाँव पकड़ लिए। पाँवों पर सिर धरकर रोए पापा।

भीख सी माँगते हुए गिड़गिड़ाए। भिक्षा में सिर्फ अंशु का कन्यादान चाहते थे। अंशु और शादी? जमीन आसमान मिल जाए तब भी नहीं।

पापा ने अपनी बात नहीं छोड़ी। समझाया दिन-रात। घर में अपनी स्थिति की दुहाई दी, 'तू जानती तो है, मेरी बात किसी ने नहीं मानी। मैं मानता रहा सब की। जब किसी ने नहीं मानी तो बच्चे भी क्यों मानते? तुम सबने भी पूरा दम लगाकर मुझे उखाड़ फेंका। तू ताकत की धनी है, मैं मानता हूँ, पर अपनी ताकत लगाकर मेरी इज्जत क्यों छीनती है? लोग यही कहते हैं, बाप नकारा है सो लड़की दो कौड़ी का नहीं गिनती। अपनी चलाती है। इनके बुरे दिन आ गए हैं।'

'अंशु, बेटा ब्याह-शादी कर ले। बाबा को दिया वचन पूरा हो जाएगा। परिवार की इज्जत में बट्टा नहीं लगेगा। इस घर से बेटियाँ इज्जत से विदा होती हैं। गाँव के लोग हमारे परिवार पर तो इतना विश्वास करते हैं।'

पापा की बचकानी सी बातें।

अंशु को विरक्ति सी हो गई। क्या करेगी यहाँ रहकर? जब तक रहेगी दुश्मनी बढ़ेगी। मम्मी-पापा की कमजोरियाँ यहाँ सबको रास आ रही हैं। उसकी ताकतवरी इनकी आँखों की किरकिरी है। इन माँ-बाप को अब वह कुछ नहीं दे सकती क्योंकि वे अपनी बेटी की मदद से भी आजिज आ गए हैं। यह मदद उन्हीं रीति-रिवाजों से काटती है और वे किसी खतरनाक भाइचारे में जीना चाहते हैं।

पता लगा कि जिस लड़के से पापा बात चला रहे हैं, वह अंशु जैसे ही विचारों का है। अच्छा घर है।

अंशु इन सब बातों में दिलचस्पी नहीं ले पा रही थी। इस घर से जी उचाट हो गया। जहाँ जन्म लिया, वही घर उसके लिए अच्छा नहीं तो फिर कौन-सा घर माफिक बैठेगा?

कौन सोच सकता था कि सिंहनी को पिंजड़े में कैद कर लिया जाएगा? अंशु ही समझ सकती थी कि वह सगाई करने के लिए क्यों तैयार हुई? उसके गर्म खून के लिए कौन तैयार हुआ है, उसे यह देखना है। क्या उसमें भी अंशु जैसे होश और जद्दोजहद का माद्दा होगा?

खैर इस परिवार के लिए यह भी सही। आगे तो जीवन अपने बूते होगा। अंशु ने सोचा।

क्या-क्या हुआ? यही कि सगाई के दिन बहुत लोग जुड़े। अंशु के हिसाब से सारा कुछ अनचाहा था। अगर वह भाग जाती तो पापा के लिए अनचाहा। पापा सह नहीं पाते अपने अनचाहे को। शराब में डूब जाते इसलिए ही अंशु ने अनचाहा कबूल किया। उनको भी लड़की पसन्द आ गई।

मामी जब वर पक्ष को रुपए बाँटने लगीं, अंशु ने हाथ पकड़ लिया। तभी वहाँ यह बात तय हो रही थी कि लड़की लड़के से फोन से बात नहीं करेगी। मगर ऐसा हो नहीं पाया। लड़का अकसर उससे बातें करता। आज के नौजवान को परखती हुई अंशु भविष्य की योजनाएँ उसके सामने रखती जाती।

पहली बार उसने अपना मंसूबा उस लड़के के सामने ही प्रकट किया था और बताया था, 'मुझे अभी पुलिस में जाना है।'

'अरे! अच्छा!!'

'हाँ, तुम चाहो तो तुम भी फार्म भर दो।'

'फार्म कौन लाएगा?'

'क्या बोला? तुम खुद नहीं ला सकते फार्म?'

दोनों के बीच क्या चल रहा है, लड़के के भाई को पता चल गया। उसने अंशु की पुलिसवाली इच्छा पर ऐतराज किया। इसके बाद होनेवाले जेठ को चैन नहीं पड़ा। वह अंशु से मिलने चला आया।

होनेवाली बहू खेल के मैदान में मिली। अंशु फुटबॉल खेल रही थी। उसे सामने खड़ा पाकर अंशु को हँसी आ गई। टी-शर्ट और लोअर पहने हुए भावी बहू जेठ के पाँवों को भी कैसे छुए। जब बहू की परम्परा में प्रस्तुत ही नहीं हुई तो अभिवादन की मान्यता प्राप्त रीति कैसे निभाए? रूढ़ियों और जर्जर रीतियों से छुटकारा पाने में कपड़ों का कितना योगदान है, अंशु ने मन-ही-मन टी-शर्ट और लोअर का धन्यवाद किया।

अंशु शादी किस रूप में करेगी, मम्मी-पापा असमंजस में थे और पहली बार अंशु का तेवर सामने आ रहा था, 'वह लड़का अजीब घनचक्कर किस्म का है पापा। मैंने कहा नौकरी के लिए फार्म भरे तो कह रहा था, फार्म भरकर क्या करेगा? उसे तो वहीं रहना है माँ-बाप के पास।'

'तू क्या चाहती है?' पापा ने पूछा फिर मम्मी से।

'तुम लोग जानते हो कि मैं क्या चाहती थी, क्या चाहती हूँ।' इतना कहना था कि मम्मी गालियाँ बकने लगी, 'काणा मुँह करके जाणा। कितणे प्राण पियेगी?'

अंशु को बहुत चिढ़ होती है मम्मी की बातों से। आजकल लोग कह रहे हैं कि औरत ही औरत की दुश्मन होती है, सो झूठ नहीं। मम्मी को क्यों अच्छा लगेगा बेटी के चले जाने से? क्यों चाहती हैं, लड़की को किसी तरह भी ठेल दें? उनकी इज्जत इसी से होगी कि दस्तूरों का दबाव है? कुछ तो है, जो मम्मी लड़की से चिढ़ती हैं। बड़ी बात इसी में है कि लड़की का ब्याह कर दें। हाँ, गाँवों में इसी चलन के गुलाम हैं माँ-बाप। अंशु बोझ है इस घर के लिए क्योंकि उसे पैदा होने से अब तक दूसरे के यहाँ धकेलने के लिए पाला गया है।

पापा से जमकर झगड़ा हुआ क्योंकि मम्मी पापा के लिए लड़ रही थीं।

उधर से अब डिमांड आ गई। बिल्लू नाम का होनेवाला वर मोटरबाइक माँग रहा है—जेठ का संदेश था।

बिल्लू को वहीं से अंशु ने फोन दाग दिया। फोन जिठानी ने उठाया, बिल्लू को दिया ही नहीं। जिठानी से कहा, 'यह क्या हो रहा है? मैं मोटरबाइक के साथ ब्याह कर आऊँगी तुम्हारे घर? जानती हो इसकी सजा क्या होती है?'

वह दिन जो भी था, अब उस घर से अफवाह उड़ी, 'लड़की प्रेगनेंट है, उससे हम शादी कैसे करेंगे?'

अंशु ने सगाई की अँगूठी पिता के सामने फेंक दी, 'भिजवा दो इसे।'

अँगूठी लेकर फिर जेठ आया। बोला, 'आप लोगों ने गलत सुना है। हम क्यों ऐसी गन्दी बात उड़ाते अपनी बहू के लिए?'

अंशु ने यही कहना चाहा कि अब उसका इनसे कोई रिश्ता नहीं है। उसे प्रेगनेंट बताकर पापा को ब्लैकमेल करना चाहा है इन्होंने कि दबाव में आकर मोटरसाइकिल लिये चले आएँ।

मम्मी को गालियाँ देने की बाय चढ़ गई, बोलने लगीं, 'हरजाई नाता-रिश्ता तोड़ने पै अड़ी है। ब्याह का ढोंग कर रही थी। अब के बतावेंगे किसी ने?'

अंशु अब अपने कॉलेज में थी। वह जानती थी कि माँ-बाप ने सगाई करके घर में छुटकारे और खुशी की जो दुनिया बनाई थी, अब वह ध्वस्त हो चुकी है। इसका कारण है केवल अंशु। अब वहाँ इस बेनाथ लड़की की बोझिल परछाइयाँ असगुन की तरह डोलती रहती हैं। वह घर जाए तो यही होता है कि मम्मी-पापा लौटकर फिर उसी रिश्ते की बातें करते हुए लम्बी साँसें खींचते हैं। अपनी लड़की के हाथ, पाँव, नाक, कान में दोष नहीं, कपाल पर भंवरी बताते हैं। नहीं तो अंशु का इतना स्वच्छन्द व्यवहार होता? वह रवैया माता-पिता के लिए किन अज्ञात पापों का फल है, कौन जानता है? पापा के पास अब दारू की शरण में जाने के अलावा कोई चारा न था।

मम्मी अब चूल्हा-चौका सँभालने लगी थीं। घर-संसार का ढर्रा सुस्त था, क्योंकि अंशु नहीं थी। वह आती भी नहीं थी। माँ-बाप यह मानने में अब हिचक नहीं मान रहे थे कि एक लड़की ही अकेली मछली की तरह तालाब गन्दा कर गई। अब वह चाहिए भी नहीं। उसके न होने से तकरार और मारपीट का माहौल भी नहीं है।

अंशु तब से आना छोड़ गई, जब से उसे पता चला कि उसकी सगाई पापा ने चाचा से सलाह करके की थी। ये लोग उसे किसी भी तरह ठिकाने लगाना चाहते हैं। कैसे ही उनकी कोशिश सफल हो और वे गंगा नहा आएँ।

'मुझे शादी नहीं करनी है,' अंशु ने अपनी प्रतिज्ञा को दुहराकर खुद को आश्वस्त किया।

'अभी बी.ए. पूरी होनी है,' यह दूसरा प्रण था, लेकिन तभी पापा का कहा वाक्य कानों में कौंधा, 'परिवार की मर्यादा से बड़ी है तेरी पढ़ाई-लिखाई?' अंशु ने खुद से कहा, 'बड़ी चीज वही है जिसे मेरा दिल माने।'

जब कॉलेज जाती एक कार पीछा करती। उसने अपने सहपाठी दोस्त को बताया तो वह साथ-साथ चलने लगा। इस शहर में जाननेवाले लोगों की कमी नहीं। अगर कोई देख लेता तो अंशु को बिगड़ी हुई मानकर नजरअंदाज करने के सिवा चारा क्या था? साथ में कभी-कभी यह फिकरा भी उस पर फेंक दिया जाता, इसी बिगड़ैल के कारण बाप दारू पीकर मरा जा रहा है।

अब अकसर ही अंशु को रात में नींद नहीं आती। पीछा करनेवाले लोग हैं या रोज आने-जानेवाले? हफ्ता भर वह उस कार से बचती हुई इस-उस गली से निकल गई।

मगर कब तक?

अंशु को लक्ष्य करके जीप ने आज उसके पीछे चलना शुरू कर दिया। पैदल जानेवाली लड़की कार को सन्देह की नजर से देखती थी, जीप पर उसका शक नहीं था। जीप में तीन आदमी थे, उसने नजरअंदाज किया। माता-पिता के सिवा उसका कोई नहीं, मगर इस घनिष्ठता में दीमक लगाई है परिवारीजनों ने। चुपचाप चलती हुई वह तेज चलने की कोशिश कर रही थी। अँधेरा होने लगा, मगर स्ट्रीट लाइट जल चुकी थी।

मौका देखकर तीन आदमियों ने अंशु को पकड़कर जीप में डाल लिया। वह भला चुप रहनेवाली थी? न ही वह रोनेवाली, सीधी मारकूट पर आ गई। जब ज्यादा धमाल मचाया तो उनमें से एक ने थप्पड़ मारा उसके मुँह पर और चेतावनी दी कि ज्यादा चूँ-चपड़ की तो तेरे छोटे भाई को जान से मार देंगे। यह सुनकर भी अंशु के हाथ प्रार्थना के लिए नहीं उठे। उसने कहा, 'मुझे मार दो या भाई को, मिलेगा तुम्हें क्या? अगर मारने से ही कुछ मिलनेवाला है तो धमकी क्यों दे रहे हो?'

उसकी जुबान चल रही है, इसी बात पर उसके होंठों पर मुक्का मारा। दाँतों से खून बहने लगा। सिर में चक्कर आ रहे थे। वह समझ रही थी, यह चाचा के सिवा किसी का काम नहीं है। वे एक-एक करके सिगरेट पी रहे थे। उनके चेहरे पसीने और धूल से लथपथ थे। धमकाने के लिए तमाम बातें उन्होंने दोहराई थीं। अंशु ने खुद को मौत के हवाले छोड़ दिया था।

कहाँ पहुँचे, नहीं पता। अंशु ताज्जुब में रह गई कि ऐसा क्यों हुआ कि एक लड़का उस पर दया कर बैठा। उसे देखकर अंशु को याद आया वह लड़का, जो उसे चाहता था, उससे शादी करना चाहता था। कॉलेज में ही अपनी दीदी को लेकर उससे मिलने आया था। कितनी लड़कियाँ मरती थीं उस पर लेकिन उसका दिल अंशु पर था।

शादी नहीं करनी, यही फैसला उन दोनों के दरमियान आड़े आ गया।

वह यहाँ कहाँ से आया? ये अपहरणकर्ता किराए पर आए हैं। दया दिखानेवाला लड़का शायद किराया देकर जीप में बैठा हो। वही अपने रूमाल से अंशु के दाँतों से निकला खून पोंछ रहा था।

वही लड़का अंशु को अपनी बहन के यहाँ ले गया। उसे कमरे में बन्द कर दिया और चाबी छिपा दी।

चाचा की करतूतें अपने नंगे रूप में सामने थीं। उस लड़के की दया मृग-मरीचिका सिद्ध हुई। कितनी आशाएँ लगा ली थीं अंशु ने। शायद इसलिए कि आशाएँ ही उसे हिम्मत दे रही थीं। अभी खोल दी जाऊँगी, सोचनेवाली अंशु को तीन दिन उसी कैद में हो गए।

तीसरे दिन पुलिस पहुँच गई। पता लगा कि पापा ने एक लाख किसी से कर्ज उठाए थे। अंशु का दिल फटने लगा। आखिर एक लड़की के पीछे क्यों पड़े हैं इतने लोग? कौन-सी दहशत है उससे? सबक सिखाना चाहते हैं, मगर किसलिए? अब तो अंशु नाम की लड़की गाँव में रहती नहीं।

फिर गाँव और गाँव के आसपास हल्ला हो गया, अंशु भाग गई।

वह पुलिस के साथ लौट रही थी। सिपाही भद्दे से भद्दे सवाल कर रहे थे–'यार के संग भागी थी? बीच में ही छोड़ गया। अगर किडनैप किया है तो कितने लोगों ने तेरे साथ...तेरी तो हालत खराब हो रही होगी। हमें क्या देगी? साली, तू तो बिगड़ी हुई औरतों की सरताज है।'

उफ! वह कराह उठी। अंशु पुलिस में जाना चाहती है, इस पुलिस में जाएगी? पुलिस, पीड़ित औरत को भी बिना बलात्कार किए नहीं छोड़ती, उसका क्या होगा। पहले विश्वास नहीं होता था, अब सामने नमूने बैठे हैं।

अंशु ने आँखें बन्द कर लीं और ताकत जुटाकर कहा, 'आप लोग मुझ लड़की को अपने साथ ले जा रहे हैं, यह गैरकानूनी है।'

'अरे! बड़े लैक्चर झाड़ रही है! बड़ा बढ़िया काम किया है तूने। बाप रुपया बहा रहा है, चल घर। चाचा गोली से उड़ा देगा।' एक पुलिसवाला कह रहा था, जैसे सब जानता हो। क्या चाचा से मिली है यह पुलिस?

अंशु लॉकअप में थी।

पापा दिखाई दिए थे। अनचाहे ही हूक उठी और मुँह से पुकार निकली, 'पापाऽऽऽ...पापाऽऽऽ!' हाथ अपने आप जुड़ते चले गए पापा के सामने। न जाने वह अपने किस गुनाह की माफी माँग रही थी?

पापा पास आए। अंशु पापा से लिपट गई। पापा गुस्सा थे और रो भी रहे थे।

अंशु की मेडिकल जाँच हुई, बलात्कार तो नहीं हुआ। कहीं ऐसा होता है कि कोई लड़की के अपहरण करके ले जाए और उसके साथ बदसलूकी न करे? दयावान लड़का ही पहले पास आया था।

पापा कह रहे थे, 'गाँव में लोग बातें कर रहे हैं। जो तेरी तारीफें करते थे, वे कह रहे हैं, बड़ी बनती थी, भाग गई।'

'पापा मैं घर नहीं जाऊँगी। गाँव में कौन मानेगा कि मेरे साथ कितने जुल्म हुए हैं। इसके लिए मैं दोषी हूँ कि चाचा? पापा, अब मेरा कोई घर नहीं, गाँव नहीं, मैं यहाँ से आश्रम में चली जाऊँगी।' कहने के बाद अंशु बोलने की हालत में नहीं रही। उस पर हिचकियों का दौरा सा पड़ गया। उसका सारा शरीर थरथरा रहा था।

पुलिस ने हुक्म दिया, 'अपनी बेटी को आप ले जाओ। दस्तखत करके ले जा सकोगे।'

यह घर था। मम्मी-पापा का घर।

'इसे मार दो।' चाचा का हुक्म हुआ था।

अंशु इस गाँव की बहादुर लड़की, इसी गाँव में कुत्ते की मौत मारी जाएगी, पंचायत बैठेगी। उसका केस पुलिस से निकालकर गाँव के लोगों के बीच रखा जाएगा।

अंशु चाचा की बेटी को याद करती है, वह प्रेगनेंट हो गई थी, तब उसकी हालत (होंठों पर कालिमा, आँखों के नीचे गड्ढे) देखकर कितनी रोई अंशु। अपनी सारी जोड़ी हुई पाकेटमनी 1100 रुपए उसकी दवा में लगा दिए थे। गेम का अभ्यास नहीं कर पाई, सैकेंड रह गई थी। कितना सकून मिला था, जब कामिनी गर्भ से आजाद हो गई। उसकी शादी हुई तो उसने अंशु को कन्धे लगाकर रोते हुए विदा ली थी।

अंशु कहाँ जाए? पिता का नाम रौशन करने के लिए पढ़ाई में, खेल में, वाद-विवाद प्रतियोगिता में, बहनों की शादियों में जी-जान लगा दी, मगर हो गया सब उल्टा।

गली-मोहल्ले में यह बात कानोकान सुनी जा सकती थी कि आज अंशु को मौत के घाट उतारा जाएगा। आसपास के कई गाँवों में अवैध काम करनेवाले लड़की-लड़कों को पेड़ से लटकाकर फाँसी दी जा चुकी है। प्रेम करने के जुर्म में यहाँ मृत्युदंड मिलने का रिवाज है।

पापा, अंशु के पिता सारे लोगों के सामने गिड़गिड़ा रहे थे। अपना शीश झुकाकर बेटी के प्राणों की भीख माँग रहे थे, 'अठारह साल से इसे मैंने पाला है। इसे कैसे मारने दूँगा मैं?'

चाचा की बात पापा सुन रहे थे कि उन्होंने यह योजना बनाई थी कि अंशु को मार देंगे। पोस्टमार्टम कराया जाएगा तो पता चल जाएगा कि लड़की की हत्या हुई है। फिर तो जगवीर और जगवीर की घरवाली चले जाएँगे जेल। जमीन अपने आप चाचा के कब्जे में आ जाएगी। यह लड़की बिलकुल उसी ढंग की है जैसे वह थी, जो डाकू हो गई थी—फूलनदेवी। वह भी तो चाचा और चाचा के लड़के के खिलाफ आवाज उठाती थी। उनके खिलाफ कचहरी जाकर मुकदमा दर्ज कराया था। उससे निपटने के लिए कितना नरसंहार हुआ। मिसाल है वह कि लड़की हो या औरत, नागिन के बच्चे की तरह शुरुआत में ही फन कुचल देना चाहिए।

पापा ने अंशु को सुरक्षा की दृष्टि से कमरे में बन्द कर दिया और ताला लगा दिया।

मौत सिर पर मंडरा रही थी। फाँसी के फँदे पर झूलनेवाले कैदी की तरह अंशु कालकोठरी में बन्द होकर क्या सोचे क्या न सोचे? दिमाग की नसें सुन्न हो गईं। वह कुछ दिनों से ईश्वर में विश्वास करने लगी थी। अब इसके सिवा सहारा भी क्या था? अकेली, कमरे में दिल इतना घबराया कि दरवाजा पीटने लगी अन्दर से। कोई नहीं आएगा खोलने। मम्मी और पापा कैसे आएँगे, गाँव में उनकी बेटी को मार डालने का फैसला हुआ है।

'पापाऽऽऽआ...' एक मर्मान्तक चीख अपने आप ही निकल गई। पापा क्या बाहर पास ही खड़े थे? बोले, 'हाँ अंशु! हाँ बेटी!'

'पापा मैं किसी के हाथों नहीं मरना चाहती। मैं खुद मरूँगी।'

'नहीं, मैं मरने नहीं दूँगा अंशु।'

'पापा, मैं मर रही हूँ। दरवाजा खोलो पापा।'

पापा ने धक्के के साथ दरवाजा खोल दिया। खून बह रहा था। आखिर थोड़ा बहुत, जो मेडिकल पढ़ने के लिए सीखा था, यहाँ काम आया। हाथ की नसें काट लीं।

पापा दहाड़ मारकर रोने लगे। कौन कहता है कि जगवीर अपनी बेटी से नफरत करता है? कौन मानेगा कि मम्मी अंशु को मरने की दुआएँ दिल से देती थीं।

क्या किसी ने अब तक पुलिस को खबर नहीं की कि इस गाँव में हत्या होनेवाली है?

नसों से खून निकल रहा था, अंशु कोमा में चली जा रही थी, लेकिन कौन करता उपचार, अंशु तो बदचलन बदमाश बेटी...अपनी तकदीर के हवाले घर में पड़ी रही।

सख्तजान, ऐसी लड़कियाँ नहीं मरा करतीं। लड़कियाँ तो कैसी भी नहीं मरतीं, जब तक कि उन्हें मारा न जाए। नस कट जाने की थ्योरी झूठी पड़ गई। अंशु छह महीने तक मरणासन्न हालत में बिस्तर पर पड़ी रही। घरवालों ने वे कपड़े जला दिए, जो किडनैपिंग के समय पहने थी।

घर के आगे कुएँ पर पानी भरकर औरतें गुजरतीं, पिच्च से पापा-मम्मी के लिए उनकी देहरी पर ही थूक जातीं और बराबर कहतीं, कैसी बनती थी रांड, देखो कि कैसी रंडी निकली।

अंशु उनसे क्या कहे? क्या समझाए? सारा साहस जवाब दे गया। खुद से पूछंती है वह, 'क्या मैं वही हूँ, जो कहीं भी बोलती थी?'

अन्त यही होना हो जैसे। धीरे-धीरे ठीक होने लगी। किसी को उम्मीद नहीं थी ठीक होने की। चाचा निश्चिन्त हो गए थे कि इस लड़की को लेकर जगवीर भाग जाएगा यहाँ से। शर्म का मारा कब तक रहेगा गाँव में?

लेकिन चाचा की आशा बीच में ही कट गई। न तो अंशु बीमार रही न पापा ही गाँव छोड़कर भागे। मगर पापा इस ग्लानि में जल रहे थे कि उनकी बेटी अनब्याही ही मर्दों की हवस का शिकार हो गई। जब पापा ही यह सोचते रहे थे तो गाँव उसका कैसे विश्वास करता? यह भी है कि पिता विश्वास कर लेता, मगर गाँव समाज नहीं।

इन दिनों के चलन के हिसाब से राजस्थानी बागड़ी लोग इधर औरतें खरीदने आते हैं। जगह-जगह लड़कियों की संख्या कम हो रही है क्योंकि लड़कियों को या तो पेट में ही मार दिया जाता है या पैदा होने के बाद। पेट में मार देने का अभियान कई वर्षों से तेजी पर है। इसमें सुविधा यह रहती है कि आसपास के लोगों को पता नहीं चलता। वैसे भी गर्भपात पर अब कानूनी बंदिशें नहीं। अल्ट्रासाउंड जैसी पद्धतियों ने गर्भ परीक्षण को लिंग परीक्षण का अच्छा साधन बना दिया है। फिर लड़की यहाँ किसको चाहिए?

लड़की नहीं चाहिए, मगर औरत चाहिए बिस्तर के लिए और सेवा करने के लिए। उसे खरीदकर ले जाया जाता है। हरियाणा और पंजाब के साथ दिल्ली भी तेजी से लड़कों की तुलना में लड़कियों के जन्म का अनुपात घटाती जा रही है। यह अंशु को तभी पता चल गया था, जब उसकी सगाई हुई थी और टूटी थी। उन दिनों वह सबसे छुपकर एक मौसी के घर रही थी। मौसी अपना क्लीनिक चलाती थीं। वहीं गर्भपात का धंधा धड़ल्ले से चलता था। रोजाना दस-दस केस तक आ जाते। मौसी का कनैक्शन अल्ट्रासाउंड करनेवाले रेडियोलॉजिस्ट से रहता था। अंशु को भी मौसी ने क्लीनिक का काम सिखा दिया था। जब वह कुछ सीख गई तो उसे पैसे भी मिलते

थे। मौसी ने कहा था, 'अबॉर्शन करना सीख लो, तुमको चार हजार तक हर केस पर मिल सकता है।' अंशु उत्साहित होने के बजाय काँप गई थी। इतना डर...उसको कामिनी (चाचा की लड़की) का गर्भपात भुलाए नहीं भूलता, तसले में भरा खून और भ्रूण...आँखें बन्द कर लीं। उसका दिल धड़कने लगा। क्या वह बीमार होनेवाली है? उसके मन में एक ही आवाज गूँज रही थी, 'भागो-भागो-भागो यहाँ से।' यह किसकी आवाज थी? नहीं जानती अंशु। बस यही समझ पाई कि यदि कहीं आत्मा होती है तो शायद वही उसे आदेश या सलाह दे रही है।

कैसे भाग पाएगी मगर? अंशु ने सोचा। वह तरह-तरह के उपाय निकालती, लेकिन रास्ता न मिलता। रास्ता निकाला उन्हीं लोगों ने, जो अभी भी अंशु से अपने बेटे की शादी करना चाहते थे। उन्होंने पापा को देन-लेन के लिए पटा लिया था। उन्होंने ही पापा को इत्तला दी कि अंशु कहाँ है। इस तरह उसकी रिहाई हुई, मगर वह शादी के लिए तैयार नहीं हुई, पापा के साथ गाँव आ गई थी।

हाँ, तो जहाँ लड़कियों का अकाल पड़ गया, वहाँ के लोग जगह-जगह औरतों की तलाश में जाते हैं। वे यह पता लगा लेते हैं कि लड़कियाँ कहाँ-कहाँ बिकती हैं। उड़ीसा, झारखंड, मध्य प्रदेश, छत्तीसगढ़ से नेपाल तक उनके बाजार हैं। हरियाणा, राजस्थान के लोग घर बसाने की खातिर गाँव-गाँव घूम रहे थे। वे खरीददार उत्तर-प्रदेश से खाली हाथ लौटे थे।

उसी किस्म के लोग एक रात गाँव आए। अंशु को पता है, वे चाचा के किसी दोस्त के साथ गाँव आए थे। चाचा के यहाँ ही ठहरे थे। उनमें से एक आदमी पापा के पास आया। वह यों ही मिलने आया था। साथ में दारू की बोतल भी लाया था। चाचा का दोस्त उसके साथ था। नहीं तो बिना जान-पहचान के वह किसी के घर में कैसे घुस सकता था? उस दिन अंशु के मन में यह बात घर कर गई कि सेंध हमेशा किसी अपने द्वारा ही लगाई जाती है।

उस रात तीनों ने मिलकर खूब शराब पी। पापा को जमकर नशा हुआ। अंशु को नींद नहीं आई। मम्मी भी नहीं सोई थीं। बैठक में उन तीनों में बातें हो रही थीं, वे इस कदर लड़खड़ाई हुई थीं कि सारा मामला समझना असम्भव हो रहा था। अंशु ने कान लगाए, मगर दीवारों में यहाँ छेद नहीं थे।

'जिन्दगी बन जाएगी' टुकड़े-टुकड़े टूटती हुई यह बात अंशु के कानों तक आई थी, लेकिन पिता पर कौन-सी बेटी शक कर सकती है? अंशु तो यों भी पिता के लिए कितनी बार खतरों से खेल गई है। क्या लड़कियाँ उस जैसी ही होती हैं, वह सोचती।

वे लोग चले गए। अंशु ने किवाड़ बन्द कर लिए। मम्मी सो चुकी थीं, पापा को होश नहीं था। वे उल्टियों में पड़े हुए थे। अंशु ने उन्हें खींचकर सूखी जगह डाला।

अकेली उन्हें चारपाई पर लिटा नहीं पाई। वैसे भी मन बहुत कडुवा हो गया था। घर में ठहरने की कतई इच्छा नहीं थी, लेकिन भाग जाने की भी जगह नहीं...घर से बाहर अब तक कितने भयानक नजारे देखने को मिले हैं।

मगर...

उसे कहाँ पता था कि ऐसा होगा। उसे ऐसी नींद क्यों आई कि रात के समय कुछ लोग घर के अन्दर आ गए। अगर नहीं आते तो उसके साथ ऐसा क्यों होता?

अंशु सूमो गाड़ी की एक सीट पर पड़ी थी। उसके हाथ-पाँव बँधे हुए थे। जब हाथ-पाँवों को बाँधा गया, उसकी नींद टूटी थी, लेकिन तुरन्त ही उसके मुँह में कपड़ा ठूँस दिया गया था।

गाड़ी पूरी स्पीड से चल रही थी। उसकी छटपटाहट देखकर गाड़ी में बैठे तीनों लोग हँस रहे थे। उसे इतना दुख हो रहा था, जिसकी इन्तहा नहीं। एक लड़की को तकलीफ से छटपटाते देख, कोई कैसे हँस सकता है? ऐसा तो फिल्मों में दिखाया जाता है। फिल्मी जीवन सच होता है या फिल्मों से ही ये लोग इस तरह हँसना सीखे हैं? अंशु के होंठ फैले रह गए। उसकी आँखों को सिवा आँसुओं के कुछ महसूस नहीं हो रहा था।

तीन आदमी आपस में बातें कर रहे थे।

—माल तो बढ़िया है। रुपए ज्यादा चले गए, कोई बात नहीं।

—छत्तीसगढ़ से लाते काली कबरी मिलती। यह शरबती गेहूँ जैसा रंग!

—साला नशेड़ी दारूबाज तो था, बड़ी मुश्किल से कब्जे में आया। कहता था बेटी का कन्यादान करेगा।

—आठ हजार लिए हैं या अठारह हजार?

—तू नहीं देखता था? ज्यादा पी गया तू भी।

—उसने तो एक धेला नहीं लिया। हमने तो उसके भाई को रकम थमाई थी।

—कितनी?

—बीस हजार।

—बीस हजार में यह महँगी नहीं है। छातियाँ देख, गाल देख, बाँहें और जाँघें, लगता है एक भी दाग नहीं है। गुदना गुदी झारखंडी औरतें हमें जल्दी नहीं सुहातीं।

क्या कह रहे हैं ये लोग? अंशु सन्न रह गई। उसने तो समझा था, उसका फिर से अपहरण हो गया, मगर वह तो परिवारवालों ने बेची है। अब क्या बाकी बचा था? बाबा ने कहा था, परिवार की इज्जत पर दाग न लगाना।

मैं बाबा के वचन की चिन्ता करते-करते ही इतनी दागदार हो गई कि घरवालों ने ही कसाइयों के आगे फेंक दिया, अंशु बिलख उठी।

मेरे अपराधों की सजा...मैंने उस लड़के के साथ ब्याह क्यों नहीं किया, जिसने मोटरबाइक माँगी थी। जब वह मेरे पास आया और अपने साथ लड़के लाया, मैंने उसे धक्का देकर क्यों निकाल दिया था मौसी के घर से? फिर वे लड़के आए, जिससे मेरे मंगेतर ने कहा था, साली के साथ जो करना है करो। बाप तो हर बात को तैयार है और यह पुलिस की धमकी देती है! इतना सुनकर मैंने उस लड़के के पाँव पकड़ लिए थे और कहा था, तुम ही थे, जो फोन पर मुझसे प्यार के वादे किया करते थे! मगर उसने मुझे धक्का मारा।

उस दिन मनुष्यता के प्रति विश्वास उठ तो गया था, मगर बँध भी गया था। लड़के के तीनों दोस्त क्या मर्द नहीं थे? या बलात्कार करना नहीं जानते थे? या उनका कलेजा मुझे देखकर कमजोर हो गया था? तीनों लौट क्यों गए थे?

मंगेतर खड़ा रहा मुझे धक्का मारने के बाद। मैंने कहा, 'तुम्हारी अँगूठी मैंने कब की लौटा दी, अब क्या है यहाँ?'

उसने अंशु को कसकर थप्पड़ लगाया। फिर क्या था अंशु के ऊपर वही काली, वही देवी, वही चंडी चढ़ गई, जो चाचा की पिटाई करते समय उसके भीतर थी। लड़के को इतना पीटा कि लात-घूसों से नहीं, भीतर से चिमटा चमचा लाकर वार किए। ये हथियार बल्लम भाले से कम नहीं हुए। मौसी उसको अस्पताल ले गई और फिर वहाँ से वह झज्जर पहुँचा दिया गया।

'मुझे लग रहा है, पुलिस में रिपोर्ट होगी,' अंशु ने सोचा मगर ऐसा हुआ नहीं। सुना था कि लड़के के बाप-भाई को रिपोर्ट दर्ज करते हुए अपनी इज्जत का खयाल आया था। कार्यवाही रोक दी थी उसी समय।

सजा न घरवाले दे रहे हैं न बागड़ी लोग। ये सब वही व्यवहार कर रहे हैं, जो एक बागी लड़की के साथ किया जाता है।

'भागने वाले को कौन रोक सकता है?' अंशु बार-बार यही बात सोचती थी। जहाँ बागड़ी ने बन्द किया था, उन दीवारों से सिर मार-मारकर रोती थी। रोना जी को हल्का कर देता तो पछताती थी। गुस्से का गुबार नहीं रहेगा तो वह यहाँ से छुटकारा नहीं पा सकेगी। क्या वह कहीं भी टिककर नहीं रहेगी अपनी जिन्दगी में? ईश्वर ने लड़की के रूप में जन्म दिया तो सहने झेलने की सामर्थ्य भी दे देता। उसकी रगों में खून है कि लावा भरा है?

अंशु में कितनी ताकत रह गई? उसका शरीर खोखला हो गया। कमरे में जब बागड़ी आता, उसे अशोक वाटिका में रहती सीता जी की याद आती। कितनी भाग्यशालिनी थीं सीता जी, रावण रोज उनके समर्पण की इच्छा पूछा करता। अंशु की रुलाई हिचकियों में फूट पड़ती, मैं सीता जी नहीं। मेरे समर्पण को कौन पूछता है? यहाँ तो चौदह साल क्या चौदह घंटे भी नहीं बीते कि...हाँ, अपनी रक्षा में मैंने

मारपीट की है। मारपीट करने से औरत बच जाती तो क्या था? उसे आदमी की हवस से आदमी भी नहीं बचा सकता।

अंशु वहाँ से एक भिखारी की सहायता से भागी। हुआ यों कि वह भिखारी फकीर रोज माँगने आता था, 'या रब की खैर' बोलता था। अंशु उसको भीतर बैठी देखती रहती। वहीं से मुस्कुराती। मौका लगते ही इशारा भी करती।

एक दिन वह कोठे से बाहर निकली। पुराने फटे कपड़े पहने फकीरिन का वेश बनाए। घूँघट में रही थी, पहचानता कौन? लोग भी खेतों में गए हुए थे। वह भिखारी के साथ भीख माँगती हुई निकल आई। उसने बाहर आकर मुक्ति की साँस ली। थोड़ा मुस्कुराकर सोचा, कभी-कभी सीधी उँगली से भी घी निकल आता है। बाद में पता चला कि वह लड़का भिखारी के रूप में मम्मी ने भेजा था। पापा अंशु को ढूँढ़ने के लिए भैंसे बेच चुके थे।

कुलनाशिनी अंशु!

अपनी बदकिस्मती को झेल रही थी, लेकिन स्वीकार नहीं कर पा रही थी। बार-बार बंधन-जकड़न और पकड़ें, उतनी ही बार खुलने का साधन, रस्सी तुड़ाने की जिद और दी हुई कैदों से भागने का संकल्प।

इसी संकल्प ने सोचने की शक्ति बढ़ा दी। इस समाज से निकलना है। चेतना और बुद्धि से भी ताकत प्राप्त होती है। क्या मैं पुलिस महकमा या सेना में नहीं जा सकती? यकायक अंशु की स्मृति में एक भूला बिसरा चेहरा कौंधा। सहपाठी वह लड़का जिसने उसे पुलिस की भर्ती के बारे में बताया था और वादा किया था कि शादी के बाद भी अंशु को पुलिस की नौकरी करने देगा। अपनी दीदी के साथ अंशु से मिलने आया था। उस समय उस मित्र से तमाम छूटें मिलने के आश्वासन पर भी अंशु को विवाहित जीवन की कल्पना करके मम्मी-चाची तथा बहनों की पीड़ा के दृश्यों पर सोचने के लिए बाध्य होना पड़ा था। यों तो अपने इस मित्र के भावात्मक दृढ़ आधार के अलावा उसके पास दूसरा कोई न था, लेकिन वह उस समय अपनी मानवीय आत्मा को व्यावहारिक रूप में ढालकर समाज के सामने प्रस्तुत करने की सोच रही थी। उसके किसी भी कार्य में रचनात्मक भूमिका और भावात्मक लगाव का योग होना चाहिए। उस छोटी-सी उम्र में अपने संकल्पों का दृश्यमान प्रमाण सबके सामने रखकर परिवार, गाँव और क्षेत्र की प्रतिष्ठा बढ़ाना उसका मकसद था।

मगर वास्तविक जीवन के धरातल पर कैसे-कैसे संकट सामने आए! आज उनकी ही आत्मस्वीकृति कर रही है। अपने मन के एक हिस्से को अंशु ने उन लड़कियों/औरतों की उदास छवियों के लिए सुरक्षित रख लिया, जहाँ बलात्कार,

आक्रोश और मनमानी के साथ संहार का तांडव होता रहा है। इन अँधेरे कोने में क्या हमेशा ही अपने हकों से वंचित स्त्रियाँ दर्द में डूबी हुई रोती रहेंगी? उस अंशु की तरह जो अपने सपनों के कारण सिसकियों में उतारी जाती रही है।

यह अठारहवीं सदी का वातावरण हमारी अपनी सामर्थ्य और संवेदना के सहारे बदलता जाएगा, सोचती हुई अंशु ने टी-शर्ट और लोअर पहन लिया।

अब वह पापा के सामने थी, 'मुझे हर हाल में पुलिस में जाना है पापा।'

पापा चुप थे।

'मुझे नौकरी मिल गई तो समझना, तुम्हारी बेटी हर हाल में ठीक कर रही थी। नहीं तो...! पापा मैं तुम्हें ताकत पैदा करके दिखाऊँगी, जिसे कोई छीन नहीं सकेगा।'

पापा चुप ही रहे। मम्मी ऊँचे स्वर में चिल्लाने लगीं, 'तुझे के कारणा है और। घणी फजिहत करा ली।'

पापा ने अपना मत दे दिया, 'तुझे जो करना है कर। मानेगी तो है नहीं। चल, ऐसे ही हमारा पीछा छुटेगा।' कहते हुए पापा का गला भर आया।

'पापा, पीछा छुड़ाना होता मुझसे, तो तुम बार-बार अंशु को क्यों ढूँढ़ लेते?' कहकर अंशु ने आगे के अभियान के लिए विदा ली।

साहस को सलाम

मनीषा कहने लगी, 'यहाँ संवेदना कहाँ है? आप खुद देखो मैम तो पता चले। संवेदी पुलिस-संवेदी समाज हमारा विषय है। हमें लगता है, बस यह विषय है वरन् यहाँ अनुशासन इतना कठोर है कि बीमारों को भी नहीं बख्शता। उनकी ड्यूटी माफ नहीं की जाती। अपनी समस्या बताते हैं तो 'चल बढ़ आगे नहीं तो लगाऊँगी एक' यह सब हमारे ऊपर शासन करनेवाली मैडम कहती हैं।'

और लड़कियाँ? संवेदी विषय से प्रभावित हो रही हैं या नहीं? व्यवहार में, बोलचाल, तौर-तरीके कैसे हैं?

मनीषा—लड़कियों में भी संवेदना नहीं। वे विषय पढ़ने के लिए पढ़ती हैं। लड़कियों की भाषा सुनकर तो ऐसा लगता है कि इनका सलैक्शन हो गया? या तो उनके मुँह में जुबान नहीं या फिर धुआँधार गालियाँ उगलती हैं। सुना नहीं जाता मैम।

बाथरूम में पाँच मिनट ज्यादा लग जाएँ तो बाहर लड़की दरवाजा पीटती हुई कहेगी—डायन निकल बाहर। माँ-बहन की गालियाँ देती हैं। इनके बीच कैसे रहें मैम? मेरा मन बिलकुल नहीं लग रहा। मैंने अपना बैड कोने में लगा रखा है। मुश्किल है इस माहौल को झेलना। क्या ये फील्ड में जाकर ऐसा ही माहौल बनाएँगी? फिर यहाँ की ट्रेनिंग का क्या फायदा? क्या थाने में फरियाद लेकर आई औरत पर ऐसे ही शक करेंगी, जैसा कि यहाँ किसी लड़की को फोन करते देखकर एकदम शक करती हैं और पूछती हैं—बता किसका फोन है।

यहाँ व्यक्तिगत आजादी नहीं। मेरे पापा ने सरकारी नौकरी के कारण यहाँ भेजा है, नहीं तो मैं इंजीनियरिंग का डिप्लोमा कर रही थी। पापा ने कहा था—कहाँ ऑफिस-ऑफिस फिरोगी।

मैंने पुलिस में जाने के लिए मना किया तो पापा बोले—फिर बीस हजार रुपए महीने की जॉब लेकर दिखा। मैंने सोचा इतने पैसे एक महीने में नहीं कमा पाई तो क्या होगा? बस पुलिस ज्वाइन कर ली। कितनी मशक्कत करनी पड़ती है यहाँ। रौब भी कहाँ है? सिपाही दरोगा के लिए बसवाले तक तो बस रोकते नहीं।

मैत्रेयी पुष्पा—तुम ठीक सोचती हो। बिलकुल उन सभ्य, शिक्षित और सुसंस्कृत लोगों की तरह, जिनसे न तो कठोर-कठिन काम किए जाते, न भदेस भाषा सुनी जाती। मैं यह कहना चाहती हूँ कि जब कठोर परिश्रम करोगी नहीं तो मेहनत से अपरिचित ही रहोगी। फिर क्या समझोगी कि कोई मजदूर, रिक्शावाला, पत्थर तोड़ने और लोहा कूटनेवालों पर क्या गुजरती है? उनके प्रति हमदर्दी तो तुम्हें होगी ही नहीं।

इसी तरह भदेस अनर्गल भाषा को सुने बिना उसका प्रतिकार कैसे किया जा सकता है? हमें किन शब्दों और वाक्यों की जगह किन शब्दों और वाक्यों का प्रयोग करना चाहिए, यह तय कैसे होगा? लड़कियों को कैसे बताया जाएगा कि माँ-बहन की गालियाँ किसी और के लिए नहीं, औरत को ही शर्मशार करनेवाली हैं क्योंकि मर्द ने अपने लिए सेक्स में पराक्रम प्रस्तुत करने का विधान बनाया है।

मनु—मैडम आपने एक जगह लिखा है कि संस्कारों पर स्वाभाविकता भारी पड़ती है, वह कैसे?

मैत्रेयी पुष्पा—स्वाभाविकता मनुष्य की प्रकृति होती है, यानी कि जैसा कुदरत ने उसे बनाया है, संस्कार मनुष्य द्वारा मनुष्य के लिए बनाए गए कुछ नियम, मर्यादाएँ और रीति-रिवाज की परम्पराएँ मानी जाती हैं। आदर्श रूप में हमारे पूर्वजों ने कुछ मान्यताएँ लागू कीं।

स्वाभाविकता में भूख, नींद, भय और मैथुन आते हैं। मैं यहाँ भूख को लेती हूँ। हमारे संस्कारों में व्रत-उपवास का बड़ा महत्त्व बताया है। हम बड़ी निष्ठा के साथ भूखे-प्यासे रहते हैं। मगर इस तरह हम कब तक रह सकते हैं? खाना तो होता ही है, जब सामर्थ्य चुक जाती है। तब स्वाभाविकता ने संस्कार पर विजय पाई न? यही प्रक्रिया नींद, भय और मैथुन (सेक्स) पर लागू होती है। अपनी नैसर्गिक जरूरतों को हम एक हद तक ही रोक सकते हैं।

—अब हम आपके साथ बैठी लड़कियों से पूछते हैं कि अपनी इच्छा से उन्होंने क्या किया और संस्कारों के मारे लोगों ने उनसे क्या कहा?

जी, कहा कि पुलिस की नौकरी अच्छी नहीं। इसमें लड़की करैक्टरलेस हो जाती है। हमने कहा, वह तो गेमवाली लड़की के लिए भी कहा जाता है। नाटक में काम करनेवाली के लिए भी। अखबार और टी.वी. में जो लड़कियाँ नौकरी करती हैं, सब करैक्टरलेस हैं तो समझ लो कि सती सावित्री तो घटती ही चली जा रही हैं।

रीना कहती है, पहली बार पुलिस के फार्म भरे तो भाई बहुत बिगड़ा। जब सलैक्शन नहीं हुआ तो उसकी बन आई, बोला—शादी कर दो। मैंने मना किया तो कहने लगा, तू हमारी इज्जत की दुश्मन है।

माँ ने एक बार और ट्राई करने की मोहलत दिलाई। इस बार नहीं होता मेरा जॉब तो मुझे घर से भागना पड़ता।

सोनू की जिद कि वह सलैक्ट होकर ही मानी। पति ने तो बहुत मना किया था। उसके संस्कार ऊँचे थे, पुलिस की नौकरी को नीची नजर से देखता है कि इसमें जाकर लड़की दरोगा-सिपाहियों की संगत करेगी। परिवार के पवित्र नियम उसे कहाँ याद रहेंगे?

इसलिए ही तो जब फॉर्म भरा तो सोनू को खूब धमकाया। इंटरव्यू आया तो जी-जान लगाकर रोका। नहीं रुकी तो अन्त में सलाह दी—गेट से ही लौट आना। सोनू ने जिद की, गेट के अन्दर चली गई।

मैडिकल होने तक कोशिश करता ही रहा कि सोनू कहीं तो फेल हो। वह टैस्ट पास करती चली गई और पुलिस ज्वॉइन कर ली तो एक ही रटन-नौकरी छोड़कर आ जा। पूरा घर कह रहा था नौकरी अच्छी नहीं है, सबने माना सोनू ने नहीं माना।

मगर यह मान लिया कि जो कदम-कदम पर पत्नी को रोक रहा है, वह कैसा जीवनसाथी? जो उसके फेल हो जाने की दुआ कर रहा है, वह दुश्मन के सिवा और क्या है? जो आर्थिक मजबूती के आधार को उसके पाँवों के नीचे खींच रहा है, उससे ज्यादा खतरनाक कौन होगा?

सोनू मानती है कि पुलिस की नौकरी के कारण हितु-मीत और बैरियों की जाँच हो गई।

रजनी को स्त्री शक्ति का ज्ञान भी है और व्यवहार करने का सलीका भी आता है। पूछने पर वह बताती है—मैम, मैं पुलिस के लिए दसवीं क्लास से ही फॉर्म भरने लगी थी। एक-दो बार सलैक्शन नहीं हुआ, लेकिन दो बार के बाद हो गया। मैंने तो कभी किसी दूसरी नौकरी के बारे में सोचा ही नहीं। मुझे हर हाल में पुलिस में आना था। रिश्तेदार मच्छरों की तरह पापा-मम्मी के कान पर भिन-भिन कर रहे थे। जब शादी की बात लाए, मैंने साफ मना कर दिया। ऐसे शब्दों में कि वे फिर दबाव न बना पाएँ। जब तक अपने पाँवों न खड़ी हो जाऊँ शादी कैसे?

मैंने बात साफ कर दी। जब चाहूँगी तब शादी करूँगी। मैं खुद कहती हूँ कि दहेज हरगिज साथ न ले जाऊँगी। मुझे ताज्जुब है लड़कियाँ चुपचाप दहेज के साथ विदा हो जाती हैं। मैम, खुद को इसके लिए डी-क्लास करना होगा क्योंकि ऊँचे

परिवारों के नाम पर लोग लूट मचा देते हैं। जबकि इन लोगों को सामान और कैश की जरूरत नहीं होती। लड़की को समाज में इतनी नीची नजर से देखा जाता है, आप ही देख लीजिए। समाज इस तरह का व्यवहार करता है तो पुलिस बचाने के नाम पर उससे बलात्कार करती है। स्कूल का टीचर पढ़ाने के बहाने उसको लूट लेता है।

मैम अँधेर मचा है। इसलिए ही वह वर्दी पहनती है। कोई मजाक भी करे तो यह वर्दी रक्षा करती है। यह आत्मविश्वास हमें ट्रेनिंग में हासिल हुआ है। यहाँ ही जहाँ पहले उस्ताद हमें डराते थे, अब क्या मजाल है उनकी कुछ कह पावें। मैम, वी.एन. राय सर के आने से हमें हक मिले, सुविधाएँ मिलीं और मिली स्वतन्त्रता। बदन से लिपटा और सिर ओढ़ा हुआ दुपट्टा हटाया। लोअर और टी-शर्ट की चुस्त ड्रैस अलग तरह का आत्मविश्वास देती है। पहले हम डरे-डरे से वे ही जवाब देते थे, जो रटा दिए जाते थे। मगर अब बहुत से भ्रम टूट गए, असलियतें खुल गईं, तब हम तय कर सकते हैं कि औरत ही औरत की दुश्मन होती है या नहीं? लड़की लड़के से कमजोर होती है या नहीं? मर्यादा और आदर का हवाला देकर लड़की के हक छीने जाते हैं या नहीं? शिक्षित और समझदार होना हर नागरिक के लिए क्यों जरूरी होता है? रिस्क लेने की हिम्मत से चुनौतियों का सामना कर सकते हैं कि नहीं?

मुझसे मेरी ताई जी ने कहा था—इज्जत से अपने घर आ जाओ, पुलिस में क्या करोगी?

मैंने कहा—अब तक हमने आप जैसों के दिए फैसले निभाए हैं, अब मौका आया है, अपने निर्णय का नतीजा देखें।

कुलविन्दर का अपना फैसला कि पुलिस में भर्ती होकर देखेंगे, बुरे लोग कैसे होते हैं? पुलिसवाले तक कहते हैं कि उनका महकमा गन्दा है तो उसे गन्दा ही क्यों बनाए रहते हैं? वे खुद मानते हैं कि पुलिसवाले औरत को बुरी नजर से देखते हैं, क्या यह नहीं सोच पाते कि आखिर उनकी नजर इतनी बुरी क्यों है?

बताइए मैम, गन्दगी किसको अच्छी लगती है, महकमा हो या घर। बुरी नजर के साथ लोग कैसे जीते हैं? पुरुष कैसे हैं, औरतों को चेतावनी देते रहते हैं और खुद वहीं, गलीच दुनिया में।

मैंने अपने मिलनेवालों से कहा था, किसी चीज को, किसी जगह को गन्दा-गन्दा कहकर छोड़ दिया जाना तो अपने आप में पाप है, अपराध है। हम उस गन्दगी को साफ करने के लिए पुलिस में भर्ती हुए हैं। मेरा घर किसी गन्दी जगह से कम नहीं, जहाँ भाई का राज है और वह दिन-रात शराब में धुत रहता है। मेरा घर किसी यातनाघर से कम नहीं, जहाँ भाई, माँ-बाप को चाहे जब पीटता है। मेरा घर किसी कैदखाने से कम नहीं, जहाँ लोग मुक्ति के लिए छटपटा रहे हैं। मैं यह सोचकर घर से निकली हूँ कि पुलिस महकमे से वर्दी मिलते ही पहले अपने घर

की गन्दगी अपनी ताकत से बुहारूँगी। वाहे गुरु की कृपा है मुझे मधुबन मिला और अब लगता है कि ट्रेनिंग छोड़ना मेरे लिए जिन्दगी छोड़ने जैसा है। मेरी शिक्षा एम.ए., एम.फिल. इस मकसद के लिए यहाँ ज्यादा नहीं, थोड़ी है। मौका मिला तो पी-एच.डी. भी करूँगी मैम।

राजमणि–मैम, बुरे लोग, अच्छे लोग सब आसपास ही तो होते हैं। अपने ही परिवारों में अपने घरों में। जो पुलिस में जाते हैं वे बुरे कहलाते हैं, वे कहीं दूसरे देश से तो आते नहीं। वे क्यों बन जाते हैं बुरे? कोई तो कारण होगा ही न मैम? मुझे तो लगता है, आदमी तो बहुत पैसा और इज्जत का डंका पिटवाने के लिए बुरे काम करता है। कइयों ने तो बिना पैसे के गरीबी में बहुत दुख उठाए होते हैं, सो वे एकदम ही पैसा लूट लेना चाहते हैं। कई भाई-बन्धुओं और गाँव समाज में रीति-रिवाज और परम्पराओं में फँसकर इज्जत से जीने के चक्कर में गलत काम करते हैं।

मेरी नजर में मेरे पिताजी कभी अच्छे नहीं रहे। वैसे उन्होंने कभी शराब नहीं पी, कभी जुआ नहीं खेला, चोरी और वारदातें भी नहीं की।

यों तो वे एक शरीफ इनसान थे। मगर पुरानी रीति के चक्कर में पड़कर बच्चे पैदा करते गए। हम सात बहनें हो गईं, उनके यहाँ बेटा पैदा नहीं हुआ। बस वे इसी दुख में घुलते रहते।

जब इतनी लड़कियाँ हो गईं तो उनकी शादी का भी बोझ आ गया। बोझ जल्दी से जल्दी उतरे, सभी चाहते हैं। पापा ने इसलिए ही लड़कियों को पढ़ाने के बारे में सोचा तक नहीं। बस गाँव में जो स्कूल था, उसी में जो बहन जा सकी, गई। जो नहीं गई वह गोबर-पानी से लगाकर चौका-चूल्हा करती रही।

छह बहनों की शादी जल्दी से जल्दी जैसी बनी तैसी, निपटा दी। मेरा नम्बर आ गया। मैंने साफ इनकार कर दिया। मन में यही था कि लड़का पैदा करने के चक्कर में हमें पैदा किया और अब हमारी जिन्दगी से खिलवाड़ करने पर तुल गए। ये हमें मार नहीं पाए होंगे नहीं तो मार ही डालते और अब मारे से बेजार कर रहे हैं। छह बहनों की जिन्दगी तबाह कर दी।

मैंने साफ इनकार कर दिया शादी से।

'मैं शादी नहीं करूँगी,' यह कहना ही मेरा इतना बड़ा कसूर हो गया कि मुझे ऐसा पीटा, जैसे कैदियों को पीटती है पुलिस। समझिए जी, मेरे ऊपर थर्ड डिग्री का इस्तेमाल किया। जब आप अपनी बेटी को ऐसे पीट सकते हैं तो पुलिस तो बदमाशों को पीटती ही है।

पर मैंने शादी करना नहीं कबूला जी। अपने जीजा से पूछा, बता मेरी शादी की उम्र है? अगर तुम लोगों ने मेरी शादी की तो मैं थाने चली जाऊँगी, क्योंकि अभी मैं अठारह साल की नहीं हूँ।

अब वे लोग प्यार से पेश आ रहे थे। समझा रहे थे, शादी के फायदे बताकर मुझे बरगला रहे हैं।

मेरे मन में तो कुछ और ही था मैडम जी, मैं पढ़ती रही। स्कूल नहीं जाने दिया, प्राइवेट पढ़ी। मैंने बारहवीं के बाद पुलिस में नौकरी के लिए फार्म भर दिए। उस बार मेरा सलैक्शन नहीं हुआ। लोगों को कहने का मौका मिल गया—तेरे बस का यही है कि घर के बड़ों से जुबान चलाए, उन्हें धमकाए और घर की इज्जत उछाले। अच्छा नाम निकलवा दिया तूने।

इसी बीच पिताजी ज्यादा बीमार हो गए और वे खत्म हो गए। फिर क्या था, सारा दोष मेरे ऊपर आ गया। यह भी कि हम बहनें खा गईं उन्हें। मगर मैं सोचती कि उस पिता ने हमारी जिन्दगी चबा डाली, जिस पर बेटे की चाह सिर चढ़कर बोल रही थी। आपने सुना तो है मैम, हरियाणा में एक बेटे की चाह में आदमी क्या-क्या कर गुजरता है! आपके सामने ज्यादातर पाँच बहनें, छह बहनें, चार बहनें बताने वाली लड़कियाँ बैठी हैं। ये सब एक लड़के की आशा में जन्मी हैं और जिन्दा बच गईं। यहाँ बेटियों का अकाल है। यहाँ अब माँ-बाप चतुर-चालाक होते जा रहे हैं, कन्या भ्रूणहत्या लड़की से छुटकारा पाने का कारगर उपाय हो गया है।

आप ही बताओ मैम घर में कत्ल करनेवाले बैठे हैं और हम बाहर बुरों की गिनती करते फिरते हैं। हमारे यहाँ कहा जाता है—'माँ-बाप का आदर करो' हम कैसे करें आदर?

मैत्रेयी पुष्पा—हाँ, पीछे बैठी लड़की रहती है अभी। क्या नाम है?

'बबली।'

बबली खड़े होकर बोलने लगी, 'बड़ी मुश्किल है मैम। घरवाले ही हमारी शादी करते हैं और शादी से पहले चिल्लाते रहते हैं कि यह तो ससुराल चली जाएगी।'

'ससुराल चली जाएगी' हथियार ऐसा है मैम कि वे इससे कभी भी हमारा हक काट डालते हैं। अब देखिए न, जब मैंने कहा मैं पढ़ना चाहती हूँ तो चाचा तुरन्त बोले मेरे पिता से, इसे पढ़ाकर क्या करोगे, यह तो एक दिन ससुराल चली जाएगी। पढ़ाओ तो लड़के को पढ़ाओ।

मैंने कहा, मैं नौकरी करूँगी। अपने पाँवों खड़ी हूँगी। तो बोले, तेरी नौकरी क्या हमारे लिए होगी? वह भी तू अपनी ससुराल वालों के लिए करेगी।

'नहीं, मैं अपने माँ-बाप के लिए भी नौकरी करूँगी।'

'के हमारी नाक कटवाएगी। लोग कहेंगे बेटी की कमाई खा रहे हैं।'

'कमाई नहीं खानी है, इसलिए ही मुझे नहीं पढ़ने देते? तो शादी क्यों करते हो? पराये घर क्यों भेजते हो?'

'तू यहीं रहेगी, एं? यहाँ किसके बूते रहेगी?'

'अपने बूते। यह घर मेरा नहीं है?'

'यो च्छोरी कहाँ से सीख आई उलटी बातें? के-के बक रही है।' चाचा ने पिताजी की ओर मुँह करके पूछा।

मेरे दिल में कितनी बातें आईं, मगर चाचा और पिता के सामने कहती तो उनकी समझ में नहीं आतीं, यह मैं जानती हूँ क्योंकि जो संस्कार उनकी बुद्धि को जकड़े हुए हैं, वह जकड़न उनसे टूटती नहीं। वे उनको सँभालकर रखते हैं।

मैत्रेयी पुष्पा—तुम सबमें चेतनापूर्ण साहस है, मैं मानती हूँ और तुम अपने विवेक से समाज की बनावट को परख रही हो। इसलिए ही तो संस्कारों से जूझकर यहाँ तक आई हो। क्या तुम्हें चली आ रही परम्परा को तोड़ते हुए डर नहीं लगा? क्या परिवार से ही मुठभेड़ करते हुए यह नहीं सोचा कि समाज परिवार को बाँधे बनाए रखने के लिए ही औरतों को शाबाशी देता है। नहीं तो उसके चरित्र को शक की निगाह से देखा जाता है।

क्या तुममें से जिन लड़कियों ने शादी के तुरन्त बाद पति के सामने अपने पढ़ने और नौकरी करने की जिद रखी थी, उन्हें शादी टूटने का भय नहीं लगा? शादी को बनाए रखने के लिए औरत हजारों वर्षों से अपने वजूद का खात्मा करती रही है और तुम हो कि विवाह संस्था को चुनौती देती हो।

क्या, तुममें से जो माँ बनी हैं, दुधमुँहे बच्चे छोड़कर आई हैं, उनको ममता ने बाँधकर घर में ही डाले नहीं रखा? बच्चा औरत के लिए खूँटा माना जाता है, जिससे वह बँधी रहती है। क्या तुमने समाज की इस मान्यता को ध्वस्त नहीं किया?

यहाँ मैं आप ही के जैसी कांस्टेबल सुबोध का उदाहरण देना चाहूँगी—

पाँच बहनें, दो भाई। आप लोग समझ गई होंगी कि हमारे यहाँ कहा जाता है कि सौ रुपए में रुपया क्या, एक लड़के में लड़का क्या! तो पाँच बहनें, दो भाई सिर्फ बेटों की आशा में यह परिवार फैल गया। पिता की मृत्यु हो गई।

चार बहनों की शादी इकट्ठी कर दी।

सबसे छोटी सुबोध तब पाँचवीं में पढ़ती थी। ससुराल जाने लायक भी नहीं थी। मगर इसका बोझ भाई के सिर से तो उतर ही गया था।

दसवीं कक्षा तक अपनी जिद से पढ़ी। ससुराल के लिए विदा हो गई। अब तो सामने चौका-चूल्हा और गोबर पानी का काम ही था।

जाते ही, पहली रात को पति से कहा, 'देख, जो पढ़ने देगा तो मैं रहूँगी, नहीं तो मैं फिर नहीं आने की।'

जेठ-देवर बहुत अड़े कि बहू का अब पढ़ना क्या? अब यह चौका-चूल्हा सँभालेगी, खेती में काम करेगी।

'ना जी, मैं यो सब ना कर सकूँ।'

क्या सुबोध को अपना निर्णय सुनाते समय शादी टूट जाने का डर नहीं लगा?

अपने घर में पढ़ाई कर रही थी सुबोध। तभी पति का दोस्त आया, जिसे टी.वी. में क्रिकेट मैच का स्कोर देखना था। सुबोध ने इजाजत दे दी।

वह टी.वी. देख ही रहा था कि सुबोध के ससुर आ गए। उसे देखकर वे आगबबूला हो गए। और बोले—यों कुंण घुसा रख्या है घर में? निकाल इसे। कहकर ससुर ने केबल का तार निकाल दिया। सुबोध ने आव देखा न ताव, ससुर के सामने आ गई और बोली—ए पिताजी, तू यो किस तरियाँ बोल्या? मैं अपने कने किसे घुसाऊँ, किसने निकालूँ, तेरा के आत्ता-जात्ता है? देख ले फिर मेरे से पंगा न लेणा। केबल का तार लगा दे भली भला।

क्या सुबोध ने यह नहीं सोचा कि अब तो उसके चरित्र पर लांछन ही लगेगा, जिसको वह कितनी भी सफाइयों के बाद भी नहीं धो पाएगी। पति शक करेगा, कलह होगी। जीना हराम हो जाएगा। इसी डर में तो औरतें अपनी इच्छा, आकांक्षाओं को मार-मारकर जीने के नाम पर मरती रही हैं।

मैं, मैत्रेयी पुष्पा, तुम लोगों के साहस को सलाम करती हूँ।

जाना तो बाहर ही है

मम्मी ने सिखाई हुकुमउदूली!

ऐसी मम्मी की जिन्दगी कैसी होगी? अपने माता-पिता के यहाँ से जब आई तब भी क्या ऐसी थी? गाँव के लोग कहते हैं, गाय सी सीधी लड़की घूँघट काढ़कर घर के काम में लगी रहती थी। घर साधारण था। दादी अपने बेटे (पापा) को हर तरह से खुशहाल देखना चाहती थीं। आज्ञाकारिणी बहू दादी और पापा के लिए, परख उसके विनम्र चलन से की जाती है, मम्मी समझती थीं। बात अच्छी न लगे, फिर भी सिर झुकाए रहना, उनकी शादी के लिए घनघोर संकट उठ खड़ा हुआ था—कारण कि लड़की की जुबान बहुत चलती है। साथ ही मम्मी के पिता का परिवार इतनी सामाजिक प्रतिष्ठा नहीं रखता था कि जवाब देनेवाली लड़की को स्मार्ट कहा जाए और न मम्मी साक्षात उर्वशी थीं कि कोई उनकी सुन्दरता पर जिन्दगी निछावर करने लगे। धन के वे खजाने भी नाना जी के पास नहीं थे, जिनको देखकर वर पक्ष ललचा जाता है। हाँ, मम्मी के लिए गाँव की औरतें कहतीं—बातें तो अक्ल की करती है, झूठ भी कभी नहीं बोलती, चुगली की आदत भी नहीं। इस तीन बातों की गुणशीलता का ग्राहक अब तक कोई नहीं निकला। लड़की रूपी मम्मी का सजावट भरा प्रदर्शन हर बार होता, सवाल पूछे जाते कि कहीं गूँगी तो नहीं है, लेकिन सवालों के जो उत्तर मिलते सुननेवालों के कान खड़े हो जाते और फिर घर के माहौल में हार, तनाव और शोक फैल जाता।

पापा ने मम्मी को देखा तो वह उस समय गूँगी गाय का ही रूप थीं। उनके चेहरे पर उदासी और आत्मपीड़न की छाया थी। वह चुप्पी-भरी और अपराधिनी सी होती गई। पिता और भाई उनको विवाह न होने की दोषी मान बैठे थे, वह इस दोषारोपण पर क्या सफाई देतीं? वह तो अच्छा हुआ अपनी सहेली के टेलीविजन पर उन्होंने 'मैं चुप रहूँगी' पिक्चर देख ली और चुप्पी पल्ले में बाँध ली। इसमें क्या शक है कि वह 'सुबह' और 'अंकुर' जैसी फिल्म देखकर मुखर हो गई थीं, जो किसी महिला समिति के प्रोजेक्टर के जरिए गाँव की औरतों को दिखाई गई थीं। फिल्म और असली जीवन का भेद उन्हें अपने विवाह तय होने के दरमियान ही पता चला।

दादी की पुत्र-वधू ने सबका मन मोह लिया। बहू के बर्ताव का गुणगान गली-मोहल्ले में जिस तरह झंकृत हुआ, वह बहुओं के इतिहास में शानदार था। पापा ने पहली बार दादी की आँखों में सुख की झलकियाँ देखीं। दादी कहतीं, 'अरे हमने भगवान की गाय नहीं मारी, हमारे लिए भी उसके दरबार में न्याय है। तेरे बाप के जाने के बाद क्या हमारी मुसीबतें ईश्वर देखता न होगा?'

मम्मी को देखकर ही दादी ने सोमवार का उपवास करना शुरू कर दिया था और अपनी बहू के व्यक्तित्व के विकास के लिए उसमें एक पुत्र रत्न का जुड़ना अपने इष्टदेव से माँगा था। बहू की सार्थकता से गद्गद दादी जिन्दगी पर पूरा भरोसा करके चलती थीं। पापा चौड़ी मुस्कान के साथ मम्मी को साड़ी, चूड़ी, अल्ता देते।

मम्मी! जिसके दिमाग में हलचल-सी रहती और होंठों पर चुप्पी कहीं टूटती सी नजर आती। महिला समिति के प्रोजेक्टर कहते—नहीं, यह जीवन की सार्थकता नहीं। यह सब ब्याह की मजबूरियाँ हैं। माना कि पति और सास मेरा परिवार हैं, सुख-दुख में साथ हैं। पर मेरे मन को वे क्या समझ पाएँगे?

पतिव्रता का धर्म निभाते हुए मम्मी ने एक बेटी को जन्म दिया। पहला लड़का जहाँ अपने जन्म के साथ घर-परिवार में खुशियाँ भर देता है और अपनी माँ को सौभाग्यशाली बना देता है, वहीं पहली लड़की अपने जन्म से निराश तो करती है, लेकिन बहू की कोख उर्वरा है, इसकी गारंटी तो देती ही है। बस इसी आशा में मम्मी की बेटी के जन्म को झेला गया कि बेटी हुई है तो आगे बेटा भी होगा।

बेटा भी हुआ। दादी बावली-सी हो गईं। खुशियों को किस तरह बाँटें कि वे दोगुनी-चौगुनी हो जाएँ। पापा का वंशवाहक आ गया, दादी को इससे बड़ी तमन्ना शायद कुछ नहीं थी। पापा मम्मी को विजय की देवी की तरह देखने लगे। सुगढ़ सुपात्र कुलवन्ती लज्जाशील बहू के लिए घर का रूप था, 'सास सुशीला, स्वामी सहृदय करते गहनों से सत्कार' हल्की-सी मुस्कान के साथ मम्मी सोचतीं, अपनी साफगोई बेबाकी के कारण ब्याह के पहले, बहू-परीक्षा में वे किन काटने-छीलनेवाले दौरे से गुजरी हैं, क्या उनकी टीसें, इस घर के व्यहवहार से मिट गईं? यह सब अपनी प्रकृति, स्वभाव या सोचने की शक्ति को सुला देने का नतीजा है। मम्मी को अपनी ही बातों पर ताज्जुब होता और ओढ़े हुए व्यवहार पर ग्लानि। मगर इस घर में अभी तक तो ठीक ही था। यहाँ कुछ ऐसा तो नहीं हुआ कि भुगतना पड़े सिवाय स्वभाव में जरूरत से ज्यादा विनम्र होने और सास और पति की बात से अपनी अलग राय दिखाने का साहस न करने के।

मम्मी के बेटे को पोलियो हो गया, मगर गनीमत रही कि जल्दी ही इलाज मिल गया। हल्की-सी कमी रह गई नहीं तो वह चलता-फिरता, गेम खेलता है।

मम्मी के मन में महिला समिति द्वारा प्रोजेक्टर में दिखाई जानेवाली औरतें अब भी जिन्दा होंगी, मम्मी को खुद पता नहीं था। वह तो अचानक ही सोच बैठीं–दो बच्चे हैं, अब नसबन्दी कर ली जाए।

'बच्चे बन्द!' पापा ने पूछा बुझे स्वर में।

मम्मी से अभी किसी ने घर में कुछ नहीं कहा, मगर उन्हें यह समझने में कठिनाई नहीं हुई कि उनके इधर-उधर होने पर सास और पति की चर्चा और चिन्ता का विषय वही होती हैं। उनकी परछाईं भी दिखती है, तो चुप्पी छा जाती है। यों तो सास और पति ने घर के मामले में 'अच्छी बहू' को दखलंदाजी वाला महत्त्व कभी नहीं दिया, लेकिन अब तो बातचीत से भी अलग-थलग डाल दिया। ऐसे में मम्मी अकसर ही कुछ पढ़ने लगतीं। मन में भी यही आया कि कुछ दिन के लिए मायके चली जाएँ तो सास और पति को छुपकर बातें तो नहीं करनी पड़ेंगी। मायके में नसबन्दी की भी इतनी जल्दी न होगी। 'वैसे यह ऑपरेशन मायके में भी हो सकता है, लेकिन मैं किसी को धोखा देना नहीं चाहती,' मम्मी ने सोचा।

मायके से दो महीने में लौटीं और उन्हें सबसे पहला काम 'नसबन्दी' का करना था। पापा का ऑपरेशन या उनका।

'दो बच्चे बहुत हैं,' मम्मी ने पापा को सलाह दी और पापा की ओर देखा।

'एक ही तो बेटा है, तुम दो बच्चे क्यों गिन रही हो?'

'अरे! बेटी क्या हमारा बच्चा नहीं है?'

'वह पराए घर की है।'

'तब क्या हमारी एकदम नहीं रहेगी?'

'तुम क्यों अपने पीहर में नहीं रहतीं, सदा-सदा के लिए? रहकर देखो। छह महीने में ही अन्तर पता चल जाएगा कि तुम अपने बाप के घर की कितनी हो।' पापा की आवाज में तल्खी आने लगी।

'लड़का भी क्या पता, कितना रहेगा हमारे यहाँ, हमारे घर। शादी के बाद क्या बेटे माँ-बाप से अलग होते नहीं?' मम्मी ने समझाया।

'हो जाते हैं अलग, लेकिन पराए नहीं होते बेटे और सुनो, आगे बहस मत करना मुझसे। मेरा हाथ उठ जाएगा।' पापा आवेग में आ गए।

मम्मी खामोश हो गईं। मम्मी ने यही सोच लिया, हम पति-पत्नी हैं, जिनमें आपसी समझ का कोई रिश्ता नहीं होता। नाता है केवल आज्ञा देनेवाले पति और सिर झुकाकर आज्ञा को माननेवाली पत्नी का। इसकी पहली और आखिरी शर्त है चुप रहना। कुछ भी बोलकर कलहखाने का जोखिम उठाना है। कलह, मारपीट तक आ जाएगी।

'कितना ही बचा जाए, लेकिन पति के घर की परम्परा का डंक कलेजे में पूरे

पैनेपन के साथ छुपा हुआ था। समझ गई कि पति को दूसरा बेटा हर हालत में चाहिए। सास मुझे ही सुनाकर कहावत कहती हैं कि सौ में सौ रुपया क्या, बेटे में एक बेटा क्या? यहाँ कोई मेरी इच्छा नहीं देखता। मैं, मैं जिसे बच्चे को नौ महीने का कष्ट सहकर गर्भ में रखना है, अपना शरीर चीर-फाड़ से गुजारकर जानलेवा दर्द सहकर उसे जन्म देना है। इनका वंश मेरी जिन्दगी को दाँव पर लगाकर चलेगा...सास खुद औरत हैं, गर्भ और जचगी से गुजरी हैं, क्या वह उस तकलीफ को भूल गईं। याद नहीं कि आदमी का बच्चा बड़े होने में माँ की जिन्दगी के कितने साल ले लेता है?'

क्या किया जाए? मम्मी का यह सवाल घर के वातावरण में बवंडर की तरह घूमकर उनके ही दिमाग में छा जाता। अब तक के जीवन में सहने और चुप रहने की सामर्थ्य उन्हें यहाँ तक ले आई। यह मम्मी की तकलीफ का ऐसा सुनहरा युग था, जिससे पति और सास के घर उजाला फैलनेवाला था। इसलिए भी कि नए बेटे के जन्म से पोलियोग्रस्त बेटे का दुख आधा रह जाएगा। उनके सुख का माध्यम बनना होगा मम्मी को। अपनी जान पर खेलकर जितनी खुशी दे सकती हो, दो। नहीं तो...

पापा शराब पीने लगे। तर्क था कि इस घर में दुख बहुत हैं। पोलियोग्रस्त बेटा वह भी अकेला, माँ-बाप के बाद उसे कौन देखेगा?

गर्भधारण न हो जाए, इस आशंका में मम्मी पापा से अलग रहती हैं। पापा उन्हें जलती आँखों से देखते, कहते कुछ नहीं। पति के साथ इस दुविधाभरी स्थिति का पहला मौका आया। मम्मी उन्हें समझाने के लिए कुछ कहने ही वाली थीं कि पापा बोले, 'साली, हरामजादी, हमें धोखा देती है! सीधे कह कि तू हमारे कुल का नाश चाहती है।'

मम्मी अपनी जगह बैठी रहीं। पापा बाहर निकल गए।

वह रात का समय था। मम्मी ने थाली परसी। पापा चारपाई पर बैठे थे। बल्ब के उजाले में उनका चेहरा भयानक सा लग रहा था। आँखें निकल रही थीं और ऊपर का होंठ मम्मी को टेढ़ा-सा लगा।

खाने की थाली चारपाई पर रख दी और मम्मी ने पूछा, 'हाथ धो लिए? हाथ धो लेते।'

पापा ने थाली आँगन में दे मारी। साग-सब्जी जमीन पर फैल गए। रोटियाँ एक ओर पड़ी थीं। मम्मी डर गईं। अपने गाँव में भी पतियों का ऐसा व्यवहार उन्होंने देखा है। वे लोग नमक कम मिर्च ज्यादा जैसे नुक्स निकालकर थाली फेंक देते थे। आज मम्मी को पता लगा कि यह खाने का अपमान नहीं, खाना बनानेवाली की तौहीन है। इस तरह उसे उसकी औकात बताई जा सकती है।

मम्मी से न रह गया, बोलीं, 'एक तो नशा करके आए हो, ऊपर से अन्न का

अपमान कर रहे हो। क्या कमी है खाने में? चखकर तो देख लिया होता!'

पापा हुंकारे, 'तू! किसे चख-चखकर देख रही है, जो मैं नहीं सुहाता तुझे! मौज-मस्ती कर रही है, बच्चा पैदा क्यों करेगी?'

'क्या-क्या बक रहे हो! जुबान पर लगाम नहीं।'

'अच्छा। मेरा बोलना बुरा लगता है', कहकर पापा उठे और मम्मी पर झपट पड़े। लात-घूँसा चलाया पूरी ताकत से। फिर चिमटा हाथ लग गया। चिमटे से मारने लगे। मम्मी ढेर हो गईं जमीन पर। पापा हाँफने लगे।

कितनी चोटें लगी कौन देखनेवाला था! सास खुद चुहिया की तरह कोठे में छुपी हुई थीं। बचाने तक नहीं आईं। तब मम्मी अपनी सास की असलियत समझ गईं। मालिकी छाँटनेवाली बुढ़िया बेटे की दया पर है। उसकी हालत मम्मी से भी बुरी है, जो बेटे के खिलाफ उफ् तक भी नहीं कर सकती।

सबेरे देर तक सोते रहे पापा। मम्मी अपने काम में लग गईं। बच्चे क्या जानें कि मम्मी पर क्या बीती है रात।

अब एक सिलसिला था। पापा पीकर आते और मम्मी को पीटते। कैसी-कैसी गालियाँ देते, वर्णन करना मुश्किल है। मम्मी का सम्बन्ध गधों-घोड़ों से जोड़ते, उनके मिलनेवालों से जोड़ते। साथ में यह ऐलान, 'निकल जाना यहाँ से। इस घर में तेरा क्या है?'

एक दिन बुआ अचानक आ गईं। पापा ने मम्मी के जेवर निकाले और बुआ को सौंप दिए, बोले, 'इस रंडी का क्या भरोसा?'

मम्मी रोने के सिवा क्या करे? उनकी नरमी का फल है यह, या हठ का? और बच्चे नहीं करने, किसी हालत में नहीं करने।

पापा शराब में डूब गए। बस चलाते थे, उसमें घाटा आ गया या दारूबाजी और नशे के कारण लापरवाहियाँ हुईं। कर्जदार हो गए। मम्मी को उनकी सास समझातीं, 'बच्चा कर ही लेती तो इतनी बरबादी न होती। आदमी से तेरी पेश नहीं जाएगी।'

मम्मी सोचतीं, पति बनने के बाद उनका अपना बेटा भी इतना ही क्रूर और कसाई हो जाएगा? क्या सारे नौजवानों की यही गति होती है, आगे यही होनी है? अब तो सामने अन्धी गली है और पति रूपी साँड़ सामने से सींग लहराता आ रहा है, बचने की कोशिश में दीवार से ही टकराना होगा।

मायके के लोग कन्यादान करके गंगा नहा आए थे। उनका आखिरी सन्देश यही था, डोली में विदा हो रही है बेटी, अरथी उसी घर से उठे अर्थात अब पीछे पाँव रखने के लिए जमीन नहीं। मायकेवालों की बोली भाषा न तो रूखी थी, न कठोर, पर उसी जुबान से उन्होंने अपनी बेटी के लिए अपने घर का रास्ता बन्द कर दिया।

घर में घाटा है तो आटा-दाल कहाँ से आए? मम्मी अब दूसरों के खेतों में काम करने लगीं। भैंसें खूटों पर जरूर थीं, मम्मी उनकी सेवा करतीं। दूध-घी बेचकर घर

का खर्च चलता। शराबी आदमी का भरोसा भी क्या, अफसोस भी क्या?

मम्मी कहाँ चूकीं कि पैदा हो गई, घर में दूसरी बेटी!

पापा को कैसा लगा होगा? कहते हैं कि कुछ पलों के लिए पापा सन्न-अवाक् थे। लड़की नहीं, यह हादसा हुआ है उनके साथ। उनके वंश के लिए एक और आघात।

मम्मी दर्द पीर भूलकर इतनी डरीं कि बेहोशी छाने लगी। इसी हालत में उनकी पिटाई होगी तो वे भाग तक न सकेंगी, यहीं मर जाएँगी, लेकिन यह वक्त कमजोरी दिखाने का नहीं था, मम्मी अपनी घायल देह में होती टीसों के बावजूद उठकर बैठ गईं और बेटी को आँचल में ढक लिया।

मम्मी की यह मुद्रा देखकर पापा को लगा होगा, यह औरत खुद मर जाएगी, लेकिन लड़की को बचाना चाहती है। इसने मेरे कहने पर गर्भ रख लिया। मेरी हालत पर तरस खाया। इसे मारूँ या छोड़ूँ। मम्मी पापा का चेहरा देखकर उनकी दुविधा समझ रही थीं और यह भी जान रही थीं कि यह नकारा आदमी घर को रसातल में डुबा चुका है। कर्ज का बोझ सिर पर है। यह क्या कहने लायक है। मम्मी असलियत को समझना चाह रही थीं, दारू आदमी को दानव बना देती है या दीन। पापा इस वक्त दीन हालत में हैं। हीन भावना से ग्रसित। ऐसा सोचकर मम्मी अपने भीतर उठती दहशत को दबा रही थीं। वह लड़की मैं थी। हाँ वे मुझे पापा के सामने एक पल को भी अकेली नहीं छोड़तीं। दहशत का बीज आशंकाओं और सुरक्षाओं के रूप में अंकुरित हो रहा है।

पापा जमकर शराब पी रहे थे। मम्मी, जो भी कमातीं, पापा झपट ले जाते। कभी-कभी तो मम्मी दहाड़ मारकर रो पड़तीं और अपना मुकद्दर ठोकतीं। पति नाम के इस नकारा, नशेड़ी और चिढ़े हुए जीव से छुटकारा भी तो नहीं, क्या गृहस्थ की जिन्दगी का ऐसा ही नक्शा होता है?

मैं जिन्दा तो रही दूसरी लड़की के रूप में, लेकिन पिता की नफरत का मेरे लिए टोटा न रहा।

माँ ने फिर एक बेटे को जन्म दिया। इस बात पर मुझे आज भी लगता है कि मम्मी तो दो बच्चों के बाद ही नसबन्दी कराना चाहती थीं, फिर बच्चा क्यों हुआ? वैसे मम्मी बताती हैं कि इस घर में रहने भर के लिए ही नहीं, अपने बच्चों को पालने के लिए उन्हें, पापा के लिए, यह सब करना पड़ा। छोटे-छोटे बच्चों को लेकर किसके घर रहतीं? यह कोई शिशुओं की माँ से पूछे कि कौन उसे आने देगा अपने घर।

कोढ़ में खाज! वह भाई छह दिन का था, तभी उसे टैटनैस हो गई। पापा ने उसे बचाने के लिए भैंस और घर गिरवी रखने का इरादा कर लिया। बुआ को

साथ लेकर पापा उस बच्चे के साथ दिल्ली के बड़े अस्पताल में गए। मम्मी बताती हैं तो मैं यही सोचती हूँ, मैं लड़की थी, इसलिए ही पापा चाहते थे, मैं मर जाऊँ।

लेकिन वह लड़का बचा नहीं। पापा के दुख का पारावार नहीं था और मम्मी जिद पर चढ़ गईं कि बस बहुत हो चुका, अब वह ऑपरेशन कराएँगी। किसी हालत में आगे बच्चा पैदा नहीं करेंगी।

पापा रोने लगे। गिड़गिड़ाने लगे, 'बस एक बार और, एक बार।' इस एक बार को ऐसे देखा जा सकता है, जैसे मम्मी ने कंकड़-पत्थरों भरे रास्ते को छोड़कर मखमली कालीन पर पाँव धर दिया हो। कहाँ पापा मरने की धमकी दे रहे थे, उन्होंने कीटनाशक दवा भी खा ली थी। मम्मी के राजी होते ही उनके लिए चाँद-सितारे तोड़ने के लिए तैयार हो गए।

क्या थीं मम्मी, क्या हो गईं? उन्होंने अपनी आत्मा के अंश का खात्मा क्यों कर दिया? पति के प्रति यह अतिरिक्त उदारता क्यों बरती, जिससे अपनी स्त्री-नस्ल को नीचे गिराया। मैं तो नदी में कूदकर जान दे देती। मगर बच्चा पैदा न करती। इस बात पर मम्मी कहती हैं, जान दे देने से समस्याएँ सुलझ जातीं तो बाकियों की जिन्दगी बहुत आसान हो जाती। कहते हुए मम्मी की आँखें डबडबा आई थीं। लग रहा था जैसे वे आज भी अपने उसी दोजख में जल रही हैं। उन्होंने कहानी सुनाते समय मुझे जिन निगाहों से देखा, वे नजरें मैं भूलती नहीं।

दूसरे बेटे की चाह में फिर एक लड़की और पैदा हो गई। मम्मी असफल विद्रोही की तरह जचगी में पड़ी हुई थीं और पापा पछाड़े हुए योद्धा से, जिसे पागल होकर मरना हो या फिर नशे की आड़ में कुछ समय निकाल देना हो। परिवार नाम की संस्था में पुरुष की निरंकुशता का फल नफरत के रूप में औरत भोग रही है, मम्मी समझ रही थीं। नाकेबन्दी, घेराबन्दी की जकड़न उनसे ज्यादा कौन जान सकता? हर बार लड़की के वध के मंसूबे बाँधे जाते, हर बार मम्मी को सिर से कफन बाँधकर सामने आना पड़ता।

मम्मी की सास यानी दादी पापा की सहयोगी बनी दिखती थीं। बुआ भी उसी स्वर में बोलती थीं, 'हाँ, एक लड़का और हो जाए।'

'एक लड़का' होने की आशा में गाँव में सात और आठ लड़कियाँ पैदा होने के उदाहरण हैं। मम्मी ने मिसालें गिनाईं।

'बहुत हो चुका! जो सहमति देते नहीं हैं, उनसे अनुमति लेना क्या? वे इस लायक नहीं हैं कि मेरे लिए फैसले देते रहें। मैं किसके ऊपर भरोसा करना चाहती हूँ। अपने ऊपर से क्यों विश्वास हटा लिया? अब इस घर में जो चाहूँगी, वही होगा। मुझे किसी से सलाह नहीं लेनी।'

मम्मी ने बिना बताए अपना ऑपरेशन करा दिया।

दादी को पता चल गया।

पापा को भी किसी ने बता दिया।

मम्मी के तेवर ऐसे थे, जैसे कह रही हों, तुम सास हो तो रहो, तुम पति हो तो बने रहो, मगर तुम दोनों अब मेरे लिए वह नहीं, जिसके साथ मैं अपना कुछ भी बाँट सकूँ। तुम दोनों परेशान हो, लेकिन मुझे तुमने कितना-कितना परेशान किया है।

दादी ने मम्मी से बोलना बन्द कर दिया। वैसे भी दादी उन दिनों बीमार थीं। बीस दिन से तबीयत ज्यादा खराब थी।

'मैंने बिलकुल ठीक किया' मम्मी ने कह दिया था। वह चूल्हे के पास बैठी बुझती आग में लकड़ी डाल रही थी। दादी जिसे गुस्सा आने लगा था, मम्मी की ओर अपनी खाट पर करवट बदलकर रह गईं। फिर लेटी ही लेटी भरे गले से बोलीं, 'एक और जन ले लौंड़िया, मेरे पूत के आँगन के चारों कोने भर जाएँगे।'

मम्मी कुछ देर चुप रहीं, मगर अपनी बात कहे बिना रहा नहीं गया, बोल पड़ीं, 'अब यह आँगन हमारा है, हम इसके दो कोने भरें या चार। पूत-पूत कहकर हमें न धमकाओ।'

मम्मी को क्या पता था, यह दादी से उनकी आखिरी बात है। उसी दिन दादी का स्वर्गवास हो गया। मोहल्ला, पड़ोस में दादी की बीमारी को मौत का कारण किसी ने नहीं माना। ज्यादातर लोगों की राय थी, बुढ़िया बहू की नसबन्दी के सदमे से मरी है। सास की मौत का दोष इस बहू के सिर है।

अब हम बड़े हो गए थे।

प्यार से या नफरत से पालो, बच्चे को तो बढ़ना ही है। पापा ने दादी के मरने के बाद शराब पीना छोड़ दिया। शायद इसलिए भी कि एक नौकरी उन्हें मिल गई थी। नौकरी शराब पीकर निभ नहीं सकती थी। हम सिरसा में रहने लगे। यहाँ पढ़ने की सुविधा थी। स्कूल तक आने-जाने के साधन थे।

नौकरी लगने पर पापा ने बड़ी बहन की शादी कर दी।

हम तीनों में भइया बड़ा था, मैं और छोटी बहन उससे छोटी। मैं देख रही थी, पोलियों का असर होने के कारण या लड़का होने के कारण भइया को महत्त्व मिला। अब पापा की जगह भइया का शासन चलता।

'पापा, मैं पैरामेडिकल पढ़ना चाहती हूँ।' मैंने अपनी इच्छा जताई। पापा से पहले भइया बोला, 'पैरामेडिकल कैसे करेगी? यहाँ तो यह सब्जैक्ट ही नहीं।'

'मैं दूसरे शहर जाऊँगी। पर करूँगी पैरामेडिकल ही।'

'पागल तो नहीं हो गई है?' भइया व्यंग्य से मुस्कुराया। उसकी कद-काठी से रौब झलक रहा था। घर में कोई कुछ नहीं बोला।

मैं, अपनी मर्जी की बात कहूँ तो भाई बीच में क्यों कूद पड़ता है? इसने अपनी मर्जी के सब्जैक्ट लिए हैं, मुझे पापा ने अपने हिसाब से विषय दिलवाए। यह भी कोई बात हुई?

मैंने फिर अपनी बात उसके बीच दोहरा दी, मैं या तो पैरामेडिकल करूँगी या फिर जर्नलिस्ट बनूँगी। पत्रकार।

'अपनी औकात में रह।' भइया ने पापा के सामने कहा। मम्मी को सुनाकर कहा और कुछ गुनगुनाता हुआ बाहर निकल गया।

मैंने उस रात खाना नहीं खाया। किसी ने भी ध्यान नहीं दिया। पापा के हिसाब से मैं अपनी बात मनवाने के लिए नाटकबाजी कर रही हूँ।

मम्मी मेरा पक्ष लेकर लड़ने लगीं तो पापा और भइया एक हो गए। पापा बोले, 'एक दिन यह लड़की बिना बताए निकल जाए तो, कह देना उसकी इच्छा थी। बदनामी तो हमारी होगी। तुमसे कौन पूछेगा?'

मुझे लगा, मैं भाग ही जाऊँ क्योंकि इस घर की दुनिया मेरे लिए नहीं है। मगर मुझसे कुछ न हुआ। अपने दुख पर नियन्त्रण कर रही थी। बात-बात पर मम्मी की गुहार भी मैंने छोड़ दी।

ज्यॉग्राफी के लिए कहा था, मना में उत्तर मिला। मैं फिर क्या करूँ? कुछ भी न करूँ?

मुझे लेकर मम्मी अपराधबोध से भरी रहती हैं, जैसे उनकी शै पर मैं जिद करती हूँ। मम्मी से कहती हूँ, यह मेरी जिद है, बस तुम इस पर ना नहीं बोलतीं। मैं जानती हूँ मम्मी या तुम्हीं से सीख गई हूँ, अपना-अपना बोझ खुद ढोना है। तब मुझे लगता है कि मैंने अपने फैसले खुद ही क्यों नहीं लिए? इस घर से खर्च बन्द हो जाता है, मैं ट्यूशन कर लेती।

मम्मी चुप थीं। उनकी चुप्पी में अकसर सहमति छिपी रहती है, लेकिन अबकी बार उनका सिर मना में हिला।

उन्होंने अपना मत रखा, 'सविता, तू यह घर छोड़ने की क्यों सोचती है? तेरा जन्म भी तो यहीं हुआ है, तेरे भाई की तरह। तेरा हक इस घर पर है, जैसे सोनू का है। तू सबसे पहले अपने साथ न्याय कर। मैंने अपने अनुभव से यह सीखा है कि आदमी अपने साथ अन्याय सबसे पहले कर डालता है। फिर उसे खुद्दारी कहता है, कभी त्याग।'

मेरे दुख का हर रेशा मम्मी से जुड़ा है, मैंने मान लिया।

'गंगाजल' फिल्म टाकीज में लग गई थी। मैंने और सुमन, मेरी सहेली ने फिल्म देखने का प्रोग्राम बना लिया। तीन घंटे का समय फिल्म के लिए है। मम्मी को सब कुछ बता दिया था।

सिनेमा देखकर लौटी तो सबसे पहले दरवाजे पर खड़ा भाई मिला। उसकी पैंट और टी-शर्ट से ही मैं पहचान गई थी। मगर नहीं देख पाई कि उसके हाथ में हॉकी है। देख भी लेती तो मान लेती कि वह खेलने जा रहा होगा।

पापा पास ही कुर्सी डालकर बैठे अखबार में कुछ देख रहे थे जिसे उन्होंने धरती पर रख दिया और भइया को देखने लगे।

मुझे बाहर से आते देखा तो सोनू भइया दहाड़ा, 'तू भीतर घुसी तो मुझसे बुरा कोई न होगा।'

'क्यों? मैं घर में न जाऊँ?' मेरी आवाज स्थिर थी।

'आवारागर्दी करेगी और घर में रहेगी?'

अभी भइया मुझ पर झपट ही रहा था कि छोटी बहन आ गई और चिल्लाकर रो पड़ी, लेकिन भइया कहाँ रुका। वह तो न जाने कब से घूँट-घूँट गुस्सा पी रहा था। पूरा जोर लगाकर हॉकी मेरी पीठ पर मारी। मेरे मुँह से चिंघाड़ निकली होगी। मैंने नहीं सुनी, मगर मैंने उसका हाथ इतनी जोर से पकड़ लिया कि वह गालियाँ बकने पर आ गया, हरामखोर, घर में घुसकर देख। आवारा, कुतिया।

पीठ में रीढ़ जल रही थी और दर्द के मारे मेरा मुँह टेढ़ा हुआ जाता था।

वह बके जा रहा था, 'जिसके साथ गई थी, मैं जानता हूँ। वह तेरी दोस्त है न सुमन, उसका यार दिखाने ले गया होगा पिक्चर। तू क्या समझ रही है, एक-एक बात मुझे पता चल जाती है। तेरी सहेली का उससे ऊल-जलूल सम्बन्ध निकला तो मैं तुझे जान से मार दूँगा।'

'जान से मार देगा?'

पापा ने भाई से कहा, 'लड़की को घर के भीतर जाने दो।'

मुझे लगा, पापा ने मुझे गिरते-गिरते साध लिया है। दोनों बातें मेरे लिए अप्रत्याशित थीं। न यह जानती थी कि हॉल में फिल्म देखने पर ऐसी सजा मिलेगी, न यह सोच सकती थी कि घर में शेर की तरह रहता भाई पापा के द्वारा अचानक कस दिया जाएगा। मैंने महसूस किया, एक पुरुष में से पिता की तस्वीर बाहर निकल आई है। मैं अपने पापा के व्यवहार पर इतनी कृतकृत्य, जितना कि भाई सारे हक, सारी सुविधाएँ हड़पकर भी पापा के प्रति अहसानमन्द नहीं था। हम बहनें तो ऐसे ही थे, जो इस घर में प्यार की बूँद-बूँद को तरसते थे।

भाई मेरी सहेली सुमन और अशोक नाम के लड़के के सम्बन्धों की जाँच में लग गया। यदि वहाँ कुछ निकलता है तो मेरी खैर नहीं। पापा इस बात पर मुझे माफ

नहीं करेंगे। समझ में नहीं आ रहा कि आखिर मेरी गलती क्या है, और हमारे पापा, भइया चाहते क्या हैं? अब पापा और मैं घर में थे, आँगन में।

'क्यों गई थी हॉल में फिल्म देखने?' पापा ने धीमी मगर जबड़ों में भिंची आवाज में पूछा।

'हॉल में तो सभी देखते हैं पिक्चर।' मैंने थूक सटक-सटककर जवाब दिया।

'सब देखते होंगे। हमारे घर की लड़कियाँ नहीं।'

'क्यों?' मेरे मुँह से अचानक निकल गया।

'तड़ाक्-तड़ाक्' दो थप्पड़ मेरे गाल पर। चेहरा झन्ना गया। लगा कि सिर ही सुन्न हो गया। कैसे थप्पड़ थे ये? पापा के मजबूत हाथ थे या शराबी के नशे के जोश के?

'जुबान लड़ाती है बेशरम,' कहते हुए पापा की जुबान लड़खड़ा रही थी। मैं सोच रही थी भइया से पापा ने मेरे पक्ष में जो कहा, यह उसी का नतीजा है। पापा भइया को दी जानेवाली हिदायत पर पछता रहे हैं। क्या पापा को मुझे पीटने के लिए कोई पछतावा होगा?

'नहीं, नहीं होगा,' यह मम्मी ने कहा था, जब उन्होंने मेरी मारपीट की बात मुझसे ही सुनी और यह सवाल भी कि पछतावा...

'नहीं होगा बेटा, पछतावा हरगिज नहीं होगा। यह तो वे तुझे सुधारने के लिए कह रहे हैं, यही मानेंगे वे। फिल्म देखने जाने से रोकने को भी तेरा चरित्र सुधारने का तरीका मान रहे हैं। अब सोच ले, इस आदमी के साथ मैं पच्चीस वर्ष से कैसे रही हूँ?'

मम्मी उठकर गईं तभी के तभी। पिता से कहा, 'बहुत हो गया। इस घर में औरतों पर हाथ उठाने की तुम्हें आदत ही नहीं, इसी में अपनी मर्दानगी मानते हो। क्या किया सविता ने? तुम लोगों की तरह नशा किया? किसी का कर्ज मारा? सोनू की तरह अपनी बहन को पीटा? सारे कुकर्म तुम लोग करते हो और सजा देते हो घर की औरतों और लड़कियों को। तुम्हारी ताकत की आजमाइश का जरिया हम हैं? हाँ, हम, जिनकी फरियाद भी तुम्हारे खिलाफ कोई नहीं सुनेगा, तुम यह जानते हो।'

'मम्मी चुप रहो। पापा ने डंडा उठा लिया है, मम्मी...' छोटी बहन आँगन में खड़ी माँ से लिपट गई।

मम्मी एक हाथ से पापा के डंडे का वार रोकती हुई एक हाथ से बहन को अपने पीछे धकेल रही थीं और खुद ने झपटकर दराँती उठा ली। पूरी ताकत से दहाड़ी, 'आ, आजा। मैं तुझे काट दूँगी, चाहे फाँसी चढ़ जाऊँ। ले आ अपने लड़के को, अब मैं उसकी माँ नहीं, हरगिज नहीं...इसी में समझ लो।'

भाई घर में नहीं था और मम्मी पर न जाने कौन-सी चंडी चढ़ गई थी, वे हाथ से हंसिया छोड़ती ही नहीं थीं।

पापा अब शान्त हो गए, उन्होंने कहा, 'तू तो गाँव भर में हमारा जुलूस निकालने को तैयार है। औरत के नाक न हो तो गू खा ले। मगर हम अपनी इज्जत बचाए हुए हैं, तुझ जैसी मिल जाए तो शरमदार का मरना होता है।'

मम्मी को कड़वी हँसी आई। उन्होंने अपने सिर को झटका देकर कहा, 'वाह रे शरमदार!'

भाई के आने तक घर में सब शान्त था। हाँ, जब से पापा ने मुझे लेकर उसे डाँटा था, तब से उसने पापा के साथ बोलचाल बन्द कर दी थी और पापा इसी बात पर परेशान रहने लगे थे। इसकी जड़ वे मुझे बता रहे थे और कहते थे, सोनू ठीक ही तो कहता है, क्या जरूरत है इधर-उधर भटकने की? टी.वी. पर क्या फिल्म नहीं आती? यहाँ बैठकर नहीं देखा जाता?

मैं पढ़ाई करते समय इतनी विचलित रहती, जितनी कि हाथ-पाँव बाँधकर घर में डाली जानेवाली कोई लड़की। पापा और भाई मुझे घर में देखकर जितने सन्तुष्ट रहते, मैं उतनी ही अकुलाती। पानी से निकालकर रेत में डाली हुई मछली मैंने देखी है, मैं इसके सिवा क्या थी? जेल में बन्द कैदी के रूप में मैंने अपनी नजदीकियों को देखा है, मैं उनसे अलग कहाँ थी?

इन्हीं दिनों फिर एक नियम का उल्लंघन हो गया। मुझे और छोटी बहन को भाई ने जींस पहने देख लिया। हमारी इच्छा पर मम्मी ही दोनों बहनों के लिए जींस लाई थीं। हम नए लिबास में अपने को फिट करने का अभ्यास कर रहे थे। दुपट्टे से छुटकारा किसी फन्दे से छुटकारा लग रहा था। मैं और छोटी बहन चहक रहे थे, मम्मी खड़ी-खड़ी निहाल थीं। कह रही थीं, 'मैं अपने बचपन में यही सोचती थी कि हमारे इलाके में लड़कियाँ पैंट और जींस जैसी चुस्त पोशाक कब पहनेंगी? मुझे पहनने को नहीं मिला यह सब, तब मैंने सोचा, 'अब तुम पहनो। रेस लगाओ। कूदो। गेम खेलो।'

मम्मी की आकांक्षाएँ! मम्मी के सपने! मम्मी की बातें हमें कितनी-कितनी रास आ रही थीं। मैं देखती उन माँओं को जो बेटी को गृहस्थ करने के नुस्खे बतातीं, एक हमारी मम्मी जो हमें कुछ अलग ही तरह से देखती हैं। क्या इसलिए ही भइया और पापा हम पर सख्ती बरतते हैं?

आज भइया के हाथ में हॉकी और डंडा नहीं था। उसके चेहरे पर क्रोध भी दिखाई नहीं दिया। उसने चुपचाप ही छोटी बन की चोटी पकड़ ली। चोटी घसीटकर उसे घुमाने लगा। बहन 'अरे अरे' चिल्लाने लगी। मम्मी ने आव देखा न ताव, झपटकर भइया का कान पकड़ लिया और इतनी जोर से उमेठा कि खून निकल

आया। वह चिंघाड़ पड़ा। बहन को छोड़ दिया।

'अब क्यों चिल्लाया? पता लगा, चोट कैसे लगती है? पोलियो ने तो तुझे थोड़ा लँगड़ा किया है, मैं तुझे पूरा लँगड़ा कर दूँगी। आज तेरा यह हाल है, हमारे बाद तू लड़कियों के साथ कैसा सलूक करेगा? राक्षस, तू लड़कियों के 'राखी, दौज' जैसे त्योहारों का हकदार नहीं। ऐसे भाई किसको चाहिए?'

मम्मी पर भी भाई ने हाथ चलाया। मैं तैश में आ गई, उस पर झपट पड़ी। तब मुझे पता चला मन में गुस्सा हो तो ताकत अपने आप आ जाती है। छोटी बहन कम बोलनेवाली, कुछ हद तक अन्तर्मुखी है। अपने मनोभाव खुद तक ही रखती है। मैं कहती हूँ, इस तरह हमारा काम नहीं चलनेवाला।

बहन कहती है, 'मम्मी भी तो दबती थीं, पहले।'

'हाँ, दबती थीं, जैसा कि वे बताती हैं। पर वे क्यों दबती थीं यह भी सोचा है? वे हमारे कारण ही दबकर रहती थीं, क्योंकि हम छोटे थे। वे आज के दिन के लिए ही हमें बड़ा कर रही थीं क्योंकि जानती थीं, लड़का अपने बाप का रूप होता है। बड़ा होते ही शासन करने लगेगा।'

मेरी ग्रेजुएशन पूरी नहीं हुई। पापा की पसन्द से लिया मैथ्स ही मुझसे न चल सका, कम्पार्टमेंट आ गई।

मम्मी ने कहा, 'कोई बात नहीं। अगले साल पूरी तैयारी करके बी.ए. का इम्तिहान देना और अंग्रेजी में एम.ए. करना। तू जर्नलिस्ट ही तो बनना चाहती है।'

मेरी खुशी का ठिकाना न था। माँ मेरे मंसूबों को किस तरह पढ़ लेती है। टी.वी. में न्यूज रीडर्स को देखकर मैंने उनके रूप में वर्षों अपनी कल्पना की है। मैंने बी.बी.सी. पर समाचार सुनने का शौक ही नहीं पाला, उसको अपने कैरियर की तरह देखा। अखबार पढ़ना मेरी पहली पसन्द रहा। यही कारण था कि खेल के पन्नों पर खिलाड़ियों को देखकर, टी.वी. में लड़कियों को खेलते देखकर मुझे रोमांच होने लगता था।

मम्मी ने हमें चोरी-छिपे खेलने भेजा। जब पापा दूसरे शहर में तबादले पर चले गए, मम्मी ने हमें आजाद कर दिया। पापा के जाने से मम्मी भी मुक्ति पा गईं। भइया का रौब आधा रह गया। अगर पापा न जाते तो? हम यह बात सोचना तक नहीं चाहते थे। मम्मी कहतीं, जाते कैसे नहीं–जहाँ चाह, तहाँ राह। जैसी होत व्यथा, वैसी होय सहाय–मम्मी के पास ऐसी बहुत-सी कहावतें थीं, जो हमें हौसला देतीं और गेम तो हौसले का ही मामला है। ज्यादा से ज्यादा मेहनत करती, जल्दी से जल्दी सफल होना चाहती, क्योंकि मेरे पास समय कम रहता, छूट बहुत कम पड़ती।

पापा आए तो पापा को पता चल गया कि हम क्या कर रहे हैं। लड़कों ने ही बता दिया, जो भइया के दोस्त थे। भइया ने भी पापा से मेरी और मम्मी की चुगली

की, यह भी जोड़ा कि अब मैं मम्मी के हाथ भी नहीं आती। मुझे बुरा तो लगा, लेकिन यह भी महसूस हुआ कि मैं भाई को बराबर की टक्कर दे रही हूँ। ऐसा न होता तो इसका जल्लादी रवैया मुझे मैदान तक जाने ही नहीं देता। मैंने कुछ तो हासिल किया ही है।

पापा ने सब कुछ सुना। मम्मी से क्या कहते हैं, उन्हें पत्नी से आशा बिलकुल न थी कि वह उनके पक्ष में बोलेगी। सब कुछ घर की परम्परा के विपरीत था और पापा अपनी मर्दानी विरासत को सँभालने में खुद को असमर्थ पा रहे थे। साथ ही उन्हें अपने बेटे के भविष्य की चिन्ता थी। चुड़ैल बहनों और निर्मम माँ के आसपास अर्धअपंग लड़के के लिए कुछ नहीं दिख रहा था। हमारा घर ऐसे घर में तब्दील हो गया था, जैसा शायद ही यहाँ कोई घर हो। यहाँ राखी और करवाचौथ जैसे त्योहारों पर धूल डालने वाली लड़कियों और स्त्री को लोग किसी नजर से देखेंगे, पापा को यही अन्देशा रहता। उनके पौरुष और पराक्रम की तौहीन उनके अपने घर में हो रही है, वे तिलमिला उठते। ऐसे ही कारण थे कि पापा फिर शराब पीने लगे और मम्मी को पीटने का रास्ता उन्होंने बना लिया।

लेकिन अब बहुत कुछ बदल चुका था क्योंकि मम्मी ने 'लोग क्या कहेंगे' की परवाह करनी छोड़ दी थी। वे उनका ही अदब करती थीं, जो उनकी बात को समझ रहे थे। अपने घरों में पिटनेवाली औरतें भी इक्का-दुक्का करके चोरी-छिपे मम्मी के पास आने लगीं। 'औरतों के दुख एक तरह के नहीं होते, मगर एक से होते हैं'– मम्मी अकसर कहा करती हैं।

एक दिन पापा और भइया ने सम्मिलित ऐलान शान्तिपूर्वक तरीके से किया–

'घर में रहकर कुछ भी करो सविता। मन चाहे खेलो, मन चाहे किताबें पढ़ो। फिल्म देखो, प्रोग्राम देखो, टी.वी. चौबीस घंटे चलता है। तुम्हारे लिए ही केबिल लगवाया है। बस इस घर की इज्जत रख लो। बाहर जाने की बात मन से निकाल दो।'

मैं सिर झुकाए बैठी थी। मम्मी पीढ़ी पर बैठी थाली में दाल बीन रही थीं। छोटी बहन गैस पर पराँठे सेंकने में लगी थी क्योंकि पापा और भइया को आज ही बाहर जाना था। चाहते थे हम कायदे से रहें।

मैं जानती थी, पापा हफ्ते भर बाद घर लौटेंगे। माना कि मेरे ऊपर से इतने दिन के लिए अंकुश हट जाएगा, लेकिन फिर...?

मैंने यकायक सिर उठा दिया। पापा को गौर से देखा। वे मुझे कौतूहल भरी नजरों से देख रहे थे।

'एक बात कहूँ पापा?'

अपने लिए बोलने की बात कहते ही मुझे पापा के चेहरे पर कठोर भाव की लहर-सी आती दिखी। उनकी आँखों में नोंकोंवाले सूजे से उभर आए। वे मुझे नजरों

से डर दिखाने लगे।

अरे! अभी तो मैंने कुछ कहा ही नहीं! पापा की आँखें ही मुझे भूने दे रही हैं। मैं घबराने लगी, घुटन और जलन की लपटों ने घेर लिया हो जैसे।

'मेरी सुनो भी तो पापा।' आवाज मेरी थी।

'ला सुनूँ,' कहकर पापा ने मेरी गर्दन पर अपने दोनों पंजे कस दिए।

ताज्जुब कि मैंने 'छोड़ दो पापा' नहीं कहा। जो कहा वह वाक्य था, 'जाना तो मुझे बाहर ही है पापा...'

उस दिन पापा मुझे जान से मार सकते थे, मैं जानती थी, उस दिन वे खुदकुशी कर सकते थे, उनकी जिद का मुझे पता था। मम्मी की भी जान ले सकते थे, जो हमारी गुरु की मुद्रा में थीं। मम्मी को जलाने के लिए मिट्टी का तेल हरदम तैयार रहता था। शायद पापा को कहीं यह डर भी कि मम्मी चुपचाप जलकर नहीं मरेंगी, वे पापा को जलाकर मानेंगी।

आज सोचती हूँ, क्या आदमी पापा की तरह ही कभी डरता है, कभी डराता है? बार-बार यही समझ में आता है कि जो जितना डरता है, उतना ही डराता है। सामना करना उसे आता नहीं। पापा के घर की इज्जत हमसे मानी जाती थी, वे हमारे ऊँचे-नीचे चलन से डरते थे, इसलिए ही बात-बात पर हमें डराते रहे।

जब सिर से कफन ही बाँध लिया तो फिर मुझे डर क्या, संकोच क्या? पैरामेडिकल मुझे करने नहीं दिया, जर्नलिस्ट बनने के चांस भी हाथ नहीं लग सके क्योंकि अपने लिए मुक्ति का रास्ता बनाते-बनाते ही समय खर्च होता गया। अब हर हालत में मेरा फैसला लागू होगा, मैंने सोच लिया।

मुझे पुलिस में होना है। ऐसे कई मौके आए कि मुझे पुलिस की जरूरत महसूस हुई, लेकिन मरदानी पुलिस...नहीं नहीं वह तो पापा और भइया के जुल्मों से भी दो कदम आगे हैं। यहाँ कहने का प्रसंग नहीं, नहीं तो वे दो-चार किस्से भी यहाँ दर्ज होते। जिन्दगी तो हमारी लिखी जानी है तो फिर उसी की बात चले।

मैंने बिना किसी से पूछे पुलिस में भर्ती होने के लिए फार्म भरा। गेम्स के सर्टिफिकेट्स निकालकर रखे, पाँच गोल्ड थे एथलेटिक्स में। ये मैडल कैसे जीते? पापा की सख्त ताकीद थी, कभी किसी लड़के से बात न करूँ? मैं सोचती थी, पापा इतने बड़े हो गए, क्या यह भी ज्ञान नहीं कि लड़कों से बात करने में लड़की का कुछ नहीं बिगड़ता? अज्ञानी पिता बस डर ही दिखा सकता था और मैं बराबर चुप रहती कि लड़कों से बात करने की बात पिता और भाई तक न पहुँच जाए। मेरे लिए जो मौका आया है, वह भी छुड़ा दिया जाएगा, ऐसे ही जैसे अब तक कितने मौके निकल गए। पिता की आज्ञा कि कुछ भी करने की निषेधाज्ञा...तभी तो अवसर छूटते चले गए। मम्मी ने ठीक छोड़ दी करवाचौथ और हमने राखी के त्योहार पर खाक डाली क्योंकि

हमारे रास्तों को रोकनेवालों की उम्रदराजी हमें नहीं चाहिए।

फॉर्म जमा कर दिया मैंने। रोल नम्बर आया तो पापा और भइया को पता चला। मेरी पेशी होगी, मैं जानती थी। हाँ, अब मैं डर नहीं रही थी, भिड़ने के लिए तैयार थी और अपनी योग्यता को किसी तरह खारिज नहीं होने देना चाहती थी।

पापा ने कहा, 'पुलिस में जानेवाली है! घर में किसी को खबर नहीं! पर छोरी, इतना तो हम जानते हैं कि तेरा कुछ भी होने-हवाने वाला नहीं है।'

मैं चुपचाप सुनती रही। अब अगला ही झपटने के लिए तैयार नहीं तो मैं क्यों भिड़ूँ? मुझे सलैक्शन के लिए अपनी ताकत बचाकर रखना है। फजीहत होगी, मुझे तैयार रहना है। आनेवाले जीवन के लिए मैं कुछ भी करने को तैयार हूँ। अपने साहस पर यूँ तो मैं भी अचम्भे में थी, लेकिन साथ में यह भी सोच रही थी कि रुकावटें आदमी को आगे बढ़ाने में कितनी सहायक होती हैं। अड़चनें ही जुनून पैदा करती हैं और मुश्किलें ही जुनून की आग को हवा देती हैं। मैं अपने घर में नहीं, जुनून के दायरे में रहने लगी।

फिजीकल के लिए गई। मैंने न किसी को साथ लिया और न कोई मेरे साथ हुआ, जैसे मैं पुलिस के लिए नहीं, अपने अपराधों के लिए जेल जा रही हूँ।

सलैक्शन भी हो गया।

घर का मर्दाना पक्ष फिर हुँकार उठा। 'पहले ही घर की इज्जत, फिर नौकरी। पुलिस में जाएगी? इज्जत की धज्जियाँ उड़ाने का हीला कर लिया।'

मैं अपना निचला होंठ दाँत से कुचलती हुई सब कुछ सुन रही थी। जैसे इज्जत को चबा रही हूँ। तभी पापा ने जोर देकर कहा–

'इससे शादी कौन करेगा?'

मैं चुप थी क्योंकि सोच लिया था, मेरा बाप लड़की का बाप बना हुआ है, वह इससे ज्यादा कुछ सोच नहीं सकता। इसकी गलती नहीं, यह अपने नाते-रिश्तेदार, सगे-सम्बन्धी, जाति-बिरादरी से इतना दबा हुआ है कि इसके गले में उनकी ही आवाजें भरी हुई हैं।

मम्मी बराबर साथ थीं। उनकी बेटी पुलिस विभाग में जाएगी, उसे कोई डरा नहीं पाएगा। जिस लड़की के लिए जन्म से ही डरों का ओढ़ना-बिछौना तैयार कर दिया गया था।

पापा परिवार और परिवार की आबरू की दुहाई समझाकर, लताड़कर, चीख-चिल्लाकर बाहर निकल गए।

'मुझे शादी नहीं, यही नौकरी करनी है पापा।' मेरा निश्चय उन्होंने सुन लिया।

यहाँ ट्रेनिंग में हूँ। अपनी तरह की दूसरी लड़कियों को देखकर आत्मविश्वास बढ़ता है। हमदर्दी भी होती है और उत्सुकता भी कि ये मेरी ही तरह न जाने कितनी बाड़ें लाँघ-फलाँगकर यहाँ तक आई होंगी और न जाने कितनी हम जैसी लड़कियाँ, मम्मी की तरह औरतें घर परिवारों, जाति-समाज के बन्धनों और कठघरों में जद्दोजहद कर रही होंगी। ट्रेनिंग लेकर फील्ड में जाएँगे, उन सबसे मिलेंगे, जिनको हमारी जरूरत है, जिनको हमारी तलाश है। अपनी शादीशुदा बड़ी बहन के लिए भी मैंने पुलिस का फॉर्म भेजा है। यही सोचकर कि साहस को देखकर साहस जाग जाता है।

लेकिन अब पर्दा पलटता है

मंजू–सच मानिए मैडम, मैं पुलिस में अपना गेम जारी रखने के लिए आई हूँ। यही मेरा मकसद था। मैं अपने गाँव से क्रिकेट नहीं खेल पाती क्योंकि वहाँ तो अब तक मेरी शादी कर देते।

'पुलिस विभाग भी तो अच्छा नहीं' मेरे मिलने वालों ने ऐसा ही कहा और मुझे भी लगा, जब मैं फतेहाबाद में थी। मैंने पुलिस छोड़ने का इरादा कर लिया था, लेकिन मुझे यहाँ (मधुबन) आना है, यह पता नहीं था। यहाँ आकर पुलिस में रहने का मन बनाया क्योंकि यहाँ हम गेम, अनुशासन और मेहनत के साथ इनसानियत का पाठ भी पढ़ते हैं। बस इतना कहना है कि एकेडमी महिलाओं की क्रिकेट टीम तैयार करे।

मैत्रेयी पुष्पा–खेल हो या जॉब, फैसला स्त्री का रहे, तो हर कोशिश कारगर होती है और हाँ खेल का मतलब खेल नहीं होता, लड़कियों को पूरी लगन के साथ आना होता है, जैसे वे किसी इम्तिहान के लिए जाती हैं और इम्तिहान में पास होना उनका मकसद होता है।

मीरा–हमारे यहाँ लड़की को शादी के लिए पाला जाता है। गाँव पुराने विचारों का है। मेरी शादी बहुत जल्दी तय कर दी। मैंने जिद पकड़ ली शादी नहीं करूँगी, लेकिन शादी रुके तो रुके कैसे? मामा ने मुश्किल से रुकवाई क्योंकि उन्हीं ने तय करवाई थी। मैं गाँव से बारह किलोमीटर दूर कस्बे में पढ़ने जाती। मैं फर्स्ट क्लास पास हुई, लेकिन पिता से ज्यादा माँ पढ़ने का विरोध करती। वह गाँववालों से डरती थी। घर की इज्जत जाने का हवाला देती। भइया ने कहा, पढ़ने से किसके घर की इज्जत गई है? इज्जत तो तब जाती है जब हमें बताना पड़ता है कि हमारी माँ अनपढ़ है और अपनी बेटी को पढ़ने से रोकती है।

भइया का रुख देखकर गाँववाले परिवार के दूसरे लोगों को भड़काने लगे। उन्होंने कहा, 'एक दिन यह लड़की मुँह काला करके जाएगी।' मैं थी कि 80 किलोमीटर दूर भिवानी पढ़ने जाती थी और कहती थी, मैं कुछ बनकर दिखाऊँगी। कुछ बनने के लिए मैं पहले नर्स की ट्रेनिंग में चली गई। वहाँ से तसल्ली नहीं हुई

तो टीचर बनी, लेकिन जैसे ही पुलिस में वेकेंसी निकली, मैंने पुलिस में जाने का मन बना लिया। अब मैं शादी के लायक मानी ही नहीं जा रही थी क्योंकि मैंने बार-बार गाँव के नियमों का उल्लंघन किया। हाँ, मेरी भर्ती में न पैसा लगा, न किसी की सिफारिश। मेरा आत्मविश्वास बढ़ता चला गया।

15 अगस्त, 26 जनवरी की परेड पर जो नजारा होता, उसमें तीनों सेनाएँ और पुलिस सबसे ज्यादा प्रभावित करती। किरन बेदी को देखकर भी पुलिस में जाने की ठानी। मैं पिछड़ी जाति से हूँ, शायद इसलिए भी पुलिस को प्रोफेशन बतौर चुना। डरे सहमे रहे सदा से, सो ताकत चाहिए थी।

लेकिन जब थाने में अपना फॉर्म वेरीफाई कराने गई तो थानेदार की बातें सुनकर सारा उत्साह झड़ गया, 'और कोई काम नहीं है तुझे? घर में नहीं रहा जाता? क्या करेगी पुलिस में? फील्ड में जाकर काम कर लेगी? एक दिन में नानी याद आ जाएगी। ऐसे-ऐसे लोग मिलेंगे कि तेरा हुलिया दुरुस्त कर देंगे।'

मैंने तभी सोचा कि ये लोग मुझसे ऐसा व्यवहार कर रहे हैं, यहाँ आनेवाली औरतों को भी नहीं बख्शते होंगे। मैं ही नहीं, गाँव से ज्यादा से ज्यादा औरतें पुलिस में भर्ती होनी चाहिए, जिससे महिलाओं को थाने से डर नहीं लगेगा, महिला पुलिस का भरोसा बँधेगा। 'महिलाओं से सहयोग' यही हमारे मन में मुख्य विचार होगा। सहयोग न मिलने पर लड़कियाँ या तो भाग जाती हैं या आत्महत्या कर लेती हैं। मेरे गाँव की लड़की जब भाग गई तो दरोगा, सिपाही उसके लिए गालियाँ बकने लगे। ताऊ, चाचा तो कह ही रहे थे कि मुँह काला कर गई। औरतों ने भी मर्दों की हाँ में हाँ मिलाई। किसी ने नहीं पूछा कि उस लड़की को क्या दुख था, उसे किससे डर लग रहा था जो उसे घर से/गाँव से भागना पड़ा।

नेहा, रूबी और दिनेश जैसी लड़कियों के साथ सुमन कहती है—उनके पुलिस विभाग में आने का मुख्य आकर्षण था पुलिस की वर्दी। देखा था कि वर्दी पहनकर सिपाही और दरोगा कितना-कितना रौब झाड़ते हैं। गाँव के बड़ी से बड़ी हैसियतवाले लोग उनको देखकर सीधे खड़े हो जाते हैं। क्या है ऐसा इस वर्दी में? क्या है आखिर? जानने की इच्छा होती। किसी ने कुछ नहीं बताया, खुद समझ में आ गया कि इस वर्दी में कोई ऐसी बात है जिसका लोहा सब मानते हैं।

कौन-सी बात?

हमको सबसे ज्यादा जरूरत है इस वर्दी की, ऐसी वर्दी हमारे पास हो तो हमें किसका डर? क्या सिपाही दरोगा, लोगों से डरते हैं? एकदम नहीं।

सच हमें वर्दी का मोह हो गया। निडरता की भावना ललचाने लगी। आखिर ऐसा क्या करना चाहते हैं हम? किसके लिए करना चाहते हैं? अपने और अपने घर के लिए ही न? माता-पिता खुश हो जाएँ हमसे, जो सदा से हमें बोझ समझते आए हैं,

केवल यही इच्छा थी हमारी...और इसी के लिए दिनभर चिन्ता करते, रात के समय वर्दी के सपने आते। मनभावना सपना कि हम सिपाही बने एक लाइन में परेड करते हुए जा रहे हैं–लैफ्ट राइट लैफ्ट...

हमें दिन में चैन न रात में नींद। आकांक्षाओं और सपनों में घिर गए। उत्साह और साहस अलग हिलोरें मारता–वर्दी वर्दी वर्दी। चुस्त और स्मार्ट। हमारी इच्छा शक्ति और शिक्षा-दीक्षा से लैस हमारा व्यक्तित्व बनने का शुभ अवसर आ रहा है। सुना है लड़कियों का पुलिस में प्रवेश का समय है। अपनी परम्परागत पोशाक को त्यागकर हम वही सब पाना चाहते हैं, जो हमें सिपाही बनाती हैं।

मैत्रेयी पुष्पा–वर्दी क्या होती है, जानती हो? वह क्या महज कोई पोशाक होती है, जैसाकि समझा जाता है।

सुनो वह पोशाक के रूप में 'ताकत' होती है। उसी ताकत को तुम चाहती हो। जिसको कमजोर मान लिया गया है, उसे ताकत की तमन्ना हर हाल में होगी। हाँ, वह वर्दी तुम पर फबती है। ताकत या शक्ति हर इनसान पर फबती है, लेकिन फबती तभी है जब वर्दी रूपी ताकत का उपयोग नाइंसाफी से लड़ने के लिए होता है। यह मनुष्यता को बचाने के लिए तुम्हें सौंपी गई वह ताकत है, जो तुम्हारे स्वाभिमान की रक्षा करती है। सच मानो वर्दी तुम्हारी शख्सियत का आइना है। इस आइने में मैल या धूल न चढ़े क्योंकि इस पर हजारों हजार लोगों की नजर रहती है।

रूबी–पुलिस में जाने का जज्बा इसलिए भी था कि घर में पुलिस का माहौल था, लेकिन लड़कियों के लिए पुलिस महकमे में प्रवेश, 'नहीं, नहीं, नहीं' पर खत्म हो जाता है। मैं कोशिश करती, अपने लिए इस द्वार को खोलकर रहूँगी। सुना था कि गेम यानी खेल पुलिस में भर्ती होने की आसान सीढ़ी हैं। वॉलीबॉल शुरू कर दी।

लेकिन मैदान लड़कों ने घेर लिया। धमकियाँ देने लगे–ये कर देंगे, वो कर देंगे। लड़कियाँ कभी डरीं कभी सहमीं। मैदान लड़कों का है, समझ गईं। कुछ दिन निराश रहे, फिर सोचा–यह मैदान लड़कों का ही नहीं, गाँव का भी है। हम भी तो गाँव के हैं। बस, अबकी बार फुटबॉल शुरू कर दी। अभ्यास और लगन बड़ी चीज है, नहीं तो हम नेशनल लेवल तक कैसे जाते? सच मानिए, पुलिस में जाने की हमारी ख्वाहिश, स्पोर्ट्स के जरिए ही पूरी हुई। यह रेनू है न, इसने कबड्डी खेली है। खेलते-खेलते यह स्टेट लेवल तक पहुँची। सच में खेल ही हमारे सहयोगी हुए।

मैत्रेयी पुष्पा–खेल, खेल लड़कियों के लिए बने ही नहीं। यदि कोई खेल उनके लिए माना गया तो वह है–घर-घर, गुड़िया-गुड्डा। इसी खेल में घर का नाट्य-रूपान्तर हुआ करता है, जिसमें बच्ची गृहिणी का अभिनय करती है।

ताज्जुब है कि तुमने इन खेलों को पलट दिया। तुम वहाँ जा पहुँचीं, जहाँ केवल लड़कों के लिए आरक्षित क्षेत्र था और वहाँ तुम्हारा प्रवेश वर्जित था। तुमने खेल के वर्जित क्षेत्र में अपना हक जताने की गुस्ताखी की है और इसी गुस्ताखी के कारण कहा गया कि पुलिस में लड़कों को नौकरी तो मिलती नहीं, इन लड़कियों को किसलिए भरा जा रहा है?

सुदेशना, क्या तुमने भी सुन लिया था कि जो गेम करते हैं, वे पुलिस में जाते हैं? वेट लिफ्टिंग करती लड़की को देखने के अभ्यस्त परिवार के लोग तो नहीं होते, गाँव के लोग भी तुम्हारी शादी पर मँडराने वाले खतरे को देखते होंगे। क्या तुम जान रही थीं कि तुम स्त्री को कमजोर माननेवाली वृत्ति को जड़ से उखाड़कर दिखा रही हो? सच में सुदेशना, गेम खेलना, सामाजिक खतरों से खेलना होता है। मगर यह बात तो है कि तुम पुलिस में आ गई हो और पुलिस को तो दिन-रात खतरों से खेलना होता है। तो तुम तैयार हो, समझ लो।

परवीन कहती है–मैंने बी.ए. करने की प्रतिज्ञा की। हमारे गाँव में दसवीं तक स्कूल था। आगे पढ़ने के लिए लड़कियाँ कॉलेज नहीं जाती थीं। मैं पढ़ूँगी, मैंने पिता से कहा था। मैं सोचती थी, जो कुछ मेरे सपनों में है, वह बिना पढ़े पूरा नहीं होगा।

'उड़ान' सीरियल की कल्याणी मेरे ऊपर हावी थी। मैं नियमित रूप से कल्याणी को देखा करती। कल्याणी के पिता पर अत्याचार होता है, वह सहयोग करती हैं, उन्हें बचाने के लिए। इन्साफ दिलाने के लिए। लेकिन मैं क्या करूँ, मेरा तो गाँव ही अत्याचारियों से भरा हुआ है। शराब के नशे में धुत् लोग गाँव को नरक बनाए हुए हैं। कोई-कोई तो अपनी पत्नी को गाय-भैंस की तरह रस्सियों से पीटता है, डंडे बरसाता है। यह रोज का किस्सा...एक दिन तो एक आदमी अपनी घरवाली को गंडासे से काट रहा था, चार हमले किए, सब देख रहे थे, कोई बचाता नहीं था। औरत मछली की तरह वार सहकर उछल रही थी। मैं छोटी थी, फिर भी उसे बचाने भागी। हाँ, किसी ने मुझे बीच में ही पकड़ लिया। बस वह दिन था कि आज का दिन, मेरे भीतर यह इच्छा घर कर गई कि किसी भी तरह असहाय, बेकसूर और यातना सहनेवाली औरतों को बचाऊँगी।

शायद...नहीं, निश्चित मैं अपनी उसी भावना से प्रेरित होकर पुलिस में आई।

'मैं भी तो' **रीना** कहती है–हाँ, मैं भी शायद इसीलिए कि गाँव के लड़के नशा करते हैं। लड़कियों के पीछे पड़ जाते हैं, मुझे गुस्सा आता है।

'यही बात है' **भावना** बोलती है। नशा ही तो हमारे गाँव के प्रधान को लुभाता है। काश मेरी पोस्टिंग मेरे गाँव में हो जाए। सच मैं इसलिए ही पुलिस में आई हूँ। अगर मैं गाँव न जा पाई तो जो भी कोई जाएगी, अपना यह सन्देश उसको जरूर देती रहूँगी–नशेड़ियों से औरतों को बचाना। नशा करनेवालों पर कड़ाई बरतना।

मैत्रेयी पुष्पा–हाँ, तुम ठीक कहती हो। नशाबन्दी में तुम्हारे दखल देने से फर्क पड़ेगा। अभी तक माना जाता रहा है नशा मर्दाना शौक है। मर्द के नशापत्ता से औरत को क्या लेना-देना? सच, लड़की या औरत से ऐसी उम्मीद भी नहीं की जाती कि वह पुरुषों के मामले में बोलेगी। घर की स्त्री यदि बोलती है तो उसको गालियाँ देकर, पीटकर चुप करा दिया जाता है। अतः औरत डरने लगती है, पति से कम, नशेड़ी से ज्यादा। यह डर ही तो उसे लगातार कमजोर करता जाता है। तुम स्त्री हो, सभी के हालात जानती हो, ऊपर से तुम्हारी स्थितियाँ ऐसी रही हों, बहुत मुमकिन है। यह सब तुम्हारे अनुभवों से गुजरा है, इसलिए तुम ऐसे दुख-दर्दों को महसूस कर सकती हो क्योंकि अपनी माँ और बहन के मन से तुम्हारा मन जुदा नहीं। साथ ही तुम पुलिस ड्रेस के साथ वह आत्मविश्वास अर्जित कर रही हो, जो लड़कियों को अकसर घर में नहीं मिलता। यह आत्मविश्वास ही तुम्हारी पूँजी है जिससे तुम पीड़ित व्यक्ति को अपना भरोसा दिला सकती हो।

पूनम एक किसान की बेटी है–हम तीन बहनें हैं और एक भाई। घर की आर्थिक स्थिति ऐसी है कि आकांक्षाओं पर कह दिया जाता–मन भोगिया, करम दिलिद्दरी–हाँ, एक किसान के लिए तीन-तीन लड़कियों की शादी करना पहाड़ लाँघने जैसा है क्योंकि दहेज ने अपने पंजे हर लड़की के बाप की छाती में गाड़ रखे हैं। पढ़ाओ तो पढ़ाई का खर्चा भी अलग और पढ़े-लिखे का वर दहेज-रेट आसमान छुए। पापा से कह दिया, शादी में जो कुछ खर्च करो, मेरे लिए अभी लगा दो पढ़ाई में और नौकरी में।

'शादी का क्या होगा?' मैं शादी नहीं करूँगी। और फिर 'मन भोगिया करम दिलिद्दरी' को झूठा करके दिखा दूँगी।

पुलिस में आने की साध पाली थी क्योंकि मेरे संस्कार में शादी की जगह कहीं नहीं थी। जिन्दगी जो अपनी इच्छा से चले, लगा कि पुलिस में रहकर शायद चले। मेहनत की और गाँव के बारह साल के इतिहास में अगर कोई पुलिस में भर्ती हुआ है, तो वो हम दो लड़कियाँ हैं।

मैत्रेयी पुष्पा—स्त्री के लिए हमारे यहाँ प्रचलित है—त्रियाहठ। त्रियाहठ को ऐसे ही हल्केपन से लिया जाता है, जैसे कि बालहठ को अर्थात बच्चा जिस तरह किसी खिलौने या मिठाई के लिए जिद करता है, उसी तरह स्त्री भी कपड़े और जेवर के लिए मचलती है। जब-तब उसे ये चीजें देकर बहला दिया जाता है।

हम देख रहे हैं कि अब यह मान्यता पलट रही है। बच्चे की जिद बाल सुलभ खिलौने या मिठाई के लिए हो सकती है, लेकिन स्त्री ने अपनी जिद का दायरा बढ़ा दिया है। गहने-कपड़ों से बहलनेवाली औरत घरों से अब गायब होती जा रही है। वह जिद करती है अपने कैरियर के लिए। शादी, जो लड़की के जीवन का सबसे प्रमुख संस्कार माना जाता था, अपनी प्रमुखता खोता चला जा रहा है। विवाह का समय तय करने का अधिकार जिस तरह लड़के के पास रहा है, अब लड़की ने भी अपने विवाह का फैसला अपने हाथ में लेने की कोशिश की है। स्त्री की कोशिश में अगर जिद न मिलाई जाए तो उसका मुकाम दूर ही रहेगा। सच में औरत की अपनी जिद ही वह ताकत है जो उसे रूढ़ियों, जर्जर मान्यताओं के जंजाल से खींचकर खुली दुनिया में ला रही है। नहीं तो सुमन जैसी लड़कियों की पढ़ाई छुड़वाकर उसे घर बिठा दिया जाता। मेरे खयाल में आप त्रियाहठ का अर्थ अच्छी तरह समझ रही हैं कि जो दृढ़ संकल्प हमारे जीवन को उन्नति की ओर ले जाए।

नीलम अपने अनुभव सामने रखती है—हमें पुलिस में आने से किसी ने नहीं रोका। पापा आर्मी में थे, उनके खयालात अच्छे थे, हम दोनों बहनों को पढ़ाया, जबकि हमारे गाँव में बहुत से बहुत 10 + 2 तक लड़की को पढ़ाकर फिर उसकी शादी कर दी जाती है।

हमारी शादी नहीं हुई, हम पुलिस में आए। देखकर और भी अच्छा लगा कि अब पुलिस में लड़कियाँ खूब आ रही हैं। मगर आगे चलकर जो होता है, उसे देखकर आश्चर्य भी और दुख भी है।

ऐसा क्यों है कि पुलिसवाली लड़की से लोग हिचकिचाते हैं। दबे स्वरों में ही नहीं, खोलकर सुना दिया जाता है—पुलिस में रहकर लड़की कितनी पाक-पवित्र होगी। बिगड़ी हुई लड़कियाँ ही पुलिस में जाती हैं—ऐसी बातें सुनने के बाद सामने आता है यह कि पुलिसवाले लड़के भी पुलिस की लड़की से शादी करने के लिए तैयार आसानी से नहीं होते। यदि होते हैं तो शर्त रखते हैं—नौकरी छोड़नी होगी।

कितनी जिद, कितनी हठ और कितनी मेहनत के बाद हमने अपने सपनों को साकार किया, कमजोर मानी जानेवाली हम लड़कियों ने वर्दी की ताकत पाई, लेकिन शादी के नाम पर फिर उसी दुनिया में वापसी, जिसमें हमने जाना नहीं चाहा

था। यदि हम नौकरी नहीं छोड़ते तो तलाक की नौबत आ जाती है। देखने में तो यह भी आया है कि नौकरी छुड़वा दी और फिर उसके बाद तलाक भी दे दिया। सच में ही क्या, जो कैरियर हमने चुना है, जो चुनौतियाँ स्वीकार की हैं, वे विवाहित स्त्री के जीवन के माफिक नहीं क्योंकि फिर न लौटने की जगह, न आगे जाने का रास्ता...

मैत्रेयी पुष्पा—दरअसल हजारों साल से विवाह संस्कारों को जिस रूप में रखा गया है, उससे पुरुष मालिक और स्त्री उसकी आज्ञाकारिणी दासी के रूप में प्रस्तुत हुए हैं। इसी सिलसिले को जब पुरुषों ने बहुत सुविधापूर्ण पाया तो आगे के लिए भी वही नियम पक्के कर दिए गए, जो मर्द को लगभग राजा के रूप में गृहस्थी का मुखिया बनाए रहे। मान्यताओं को जितना प्रयोग में लाया जाता है, वे उतनी ही पक्की होती जाती हैं। हमारे समाज में औरत को घर की चारदीवारी में रहने के लिए इसलिए बाध्य किया गया कि वह पति और पति के परिवार की सुख-सुविधाओं को हर हाल में जुटाती रहे। वंश-वृद्धि के लिए बच्चे पैदा करे और उन्हें पाले। वह अपने मर्द की जरूरतों के लिए हर समय हाजिर रहे। पुरुष बाहर काम करता है, लेकिन स्त्री को अपने पुरुष का ही काम करना है। मर्द कमाकर लाता है, लेकिन औरत को रोटी-कपड़ा और सिर पर छत की एवज में काम करना होगा और इसकी गारंटी भी नहीं कि वह स्त्री के काम से खुश ही रहेगा, रोटी कपड़ा देता ही रहेगा। मनमौजी जीव, अपना फैसला कभी भी बदल सकता है।

लेकिन अब पर्दा पलटता है। लड़की के रूप में स्त्रियाँ अपने लिए कमाने खुद निकल पड़ीं। आर्थिक मोर्चा खुद सँभाल लिया और पुरुषों के फैसले को नजरअन्दाज किया क्योंकि पुरुष को उसके अपने लिए मोहित-मुग्ध तो देखा, संवेदनशील नहीं पाया।

औरत को छूट कितनी मिले, कितनी नहीं, इस बात पर समाज और साहित्य कब से बहस में लगा है। स्कूलों-कॉलेजों की नौकरी को उपयुक्त माना गया, जहाँ सिर्फ लड़कियाँ पढ़ती हों। आगे, चलो अस्पताल में नौकरी की मंजूरी मिल गई। क्योंकि वहाँ मरीज बीमार होते हैं। जननी डॉक्टर या नर्स हो सकती हो। पुरुषों की छाया से दूर जो-जो काम मिले, स्त्री को उन कामों की इजाजत मिली।

लेकिन पुलिस जैसा महकमा, घर में मर्द कल्पना नहीं करना चाहते कि औरत वहाँ उपस्थित हो। ऐसे महकमे जोश और जोर के माने जाते हैं और विवाह के आदर्श में औरत के लिए सिर झुकाकर रहना पहला और प्रमुख नियम है। चेहरे पर पर्दा हो, न हो तो आँखें झुकी रहें। घर से बाहर अकेले जाने का विधान नहीं, साथ में कोई

पुरुष अवश्य रहे, भले दस साल का लड़का हो। सबकी सुननी, जवाब देना नहीं। ऐसी लड़कियाँ कुलवधुओं की मर्यादा रख पाती हैं।

तुम पुलिसवाली, पैंट कमीज के साथ सिर पर पुलिस की टोपी या हैट, कन्धे पर राइफल, पाँवों में भारी मर्दाने जूते! सातों सिंगार में सजी बिन्दी-नथुनी वाली पत्नी की कल्पना कोई कैसे करे? सावधान की मुद्रा में सीधी तनी हुई खड़ी लड़की किसी के पाँव कहाँ पूजेगी, उसे तो अपने अफसरों को सलूट देने की आदत है।

तुम दुल्हन की मुद्रा से कोसों दूर, ऐसी लड़की को पत्नी कौन बनाए? हमारे समाज में दरअसल औरत के साहित्यिक रूप की मान्यता नहीं, जिन शक्तिमती और साहसिक देवियों को पूजने का चलन है, उन्हें देवी नहीं चंडिका, काली जैसे नामों से पुकारा जाता है, उनकी मूर्तियाँ भी विकराल जीभ निकाले हुए, मुंड-मालाओं से सज्जित होती हैं। उन्हें कुरूपा बनाया जाता है, जैसे सारी सुन्दरता आज्ञाकारिणी और गतिहीन जीवनवाली स्त्री की सौम्यता में ही हो। तुम उस साहसिक क्षेत्र में प्रवेश कर गई हो, जिसे पुरुषों ने अपने लिए सुरक्षित रखा था और उसी के पराक्रम पर स्त्री को गुलाम बनाया था।

तुमसे गुलाम बनने की उम्मीद नहीं। हुक्म बजानेवाली लड़की की तुम्हारी छवि नहीं क्योंकि तुमने तन-मन से नजाकत निकाल दी। नाजुक होगी, कमसिन होगी तो भोली भी मानी जाओगी। इन गुणों से लैस लड़कियाँ काबू में रही हैं। अब यह मत सोचो कि शादी के इच्छुक वर तुम्हें खारिज कर रहे हैं, सच मानो वे तुमसे डर रहे हैं। कैसे निभाया जाएगा रायफल और वर्दीवाली लड़की से विवाह? उसे पत्नी चाहिए, सिपाही नहीं। गृहस्थ धर्म में औरत के साहस और पराक्रम की क्या उपयोगिता? यदि उसी की हिम्मत और ताकत पर घर बाहर का कारोबार चलने लगा तो फिर मर्द की खासियत क्या रह जाएगी? सुरक्षा और संरक्षण के नाम पर वह अपनी स्त्री का मालिक कैसे बनेगा? नहीं, स्त्री को स्त्री जैसा होना चाहिए, वह सोचता है और इस साहसिक सर्विस से त्यागपत्र देने की शर्त रखता है।

क्या तुम सैकड़ों, हजारों साल से चले आ रहे ऐसे पारम्परिक विवाह की इच्छुक हो, जो सबसे पहले तुम्हारी मानसिक और शारीरिक योग्यता को कीलता है और क्षमता को नजरंदाज करके मानता है। समझो कि विवाह जितना लड़की के लिए जरूरी माना गया है, उतना ही लड़के के लिए भी जरूरी होता है। फिर तुम तो नहीं दबाव डालती कि वररूपी लड़का अपना कैरियर खत्म कर दे। आर्थिक रूप से समर्थ होकर भी लड़की इस तरह की खतरनाक शर्त नहीं रखती क्योंकि वह संवेदना भरा हृदय रखती है। निश्चित ही यही संवेदना तुम्हें अपने कार्यस्थल पर इंसाफ के लिए प्रेरित करती रहेगी।

मगर तुम हठी तो हो, जिसके कारण अपनी सर्विस नहीं छोड़तीं, भले विवाह टूट जाए। क्या यह नया समय नहीं, जब तुम विवाह से ज्यादा अपने कैरियर को अहमियत दे रही हो? और निश्चित ही इसी कारण तुम न अपने माता-पिता पर बोझ हो और न भाई-बान्धवों पर कोई जिम्मेदारी। यह मुकाम कैसे आया? बस इस तरह कि तुमने अपनी लगन, परिश्रम और विवेक से उस रूढ़िग्रस्त समाज को बदलना चाहा है, जो स्त्री के हक और हित में सोचना नहीं चाहता। बेशक तुम नया समाज रच रही हो!

और इसी नए समाज में हम भी हैं मैडम, **सावित्री** ने अपना पक्ष रखा। मेरी शादी तो आठवीं पास करते ही कर दी गई। मेरी आगे की पढ़ाई मेरे पति ने कराई। मैं एम.ए. पास हुई। मेरे घरवालों के मना करने पर भी मुझे पुलिस में भर्ती कराया। हम तो यही चाहते है कि पुलिसवाली लड़की की तरह हर लड़की (औरत) फिजीकली स्ट्रांग हो।

उषा–सोचती हूँ, जो कुछ हो रहा है वह स्कूलों में क्यों नहीं है? सच, मुझे अपने टीचर की बात याद आती है। उन्होंने कहा था–लक्ष्य बदल दो। जो सिपाही बनकर कर सकती हो, वह टीचर बनकर करो क्योंकि टीचर के आसपास भी समाज फैला रहता है। अनुशासन बच्चों को सिखाओ। सफाई और स्वास्थ्य कितना जरूरी है, बताओ। अन्धविश्वास और रूढ़ियों को हटाने के लिए अभियान चलाओ। मैं आज भी टीचर बनना चाहती हूँ मैडम, चुनौतियाँ तो वहाँ भी कम नहीं। पर यहाँ आकर मुझे विशेष ज्ञान हुआ क्योंकि यहाँ समय की पाबन्दी का विशेष महत्त्व है, जो स्कूलों में नदारद दिखाई देती है।

यह रहा मेरा बयान

क्या उसने सोचा था, कभी अपने बारे में खुलकर बताएगी? वह क्या, कोई भी नहीं सोच पाता ऐसा कुछ। सबसे ज्यादा गोपनीय तो अपना व्यक्तिगत ही होता है, एकदम प्राइवेट, जिसे घनिष्ठ सम्बन्धियों, दोस्तों और आदरणीय लोगों से बचाकर रखना होता है। असल में आदमी का सारा कुछ देख लिया जाए तो उसमें ऐसे बहुत से बिन्दु होंगे, जो उसके ओढ़े हुए ऊपरी दुशाले की रेशमी सतह पर दागों की तरह फैल जाएँगे। जिन्दगी एक चादर है, इसे हमें अपने शरीर की तरह धो-पोंछकर रखना होता है, क्योंकि लोग सफेद पिछौरिया (चादर) को इज्जत की नजर से देखते हैं।

शबनम सब जानती है। अपनी तेइस साल की अवस्था तक आते-आते उसने ऊपर लिखी बातों को जिन्दगी में उतारने की कसम खाई थी। कसम खाई थी कि आगे से जो सच है, उसे भी सँभालकर बोलना है। सारे सच जाहिर करने के लिए नहीं होते। शबनम को यह इल्म हो गया कि सच्ची बातों ने अकसर ही उसे मुजरिम बना दिया है और सजा से किसी बात ने बचाया है तो वह 'झूठ' है। झूठ का पर्दा मजबूत होता है, भले वह कुदरती हवाओं से कुछ दिन में उड़ जाए।

किताबों में लिखा है—सदा सच बोलो। शबनम ने उसी जगह लिख दिया—सच किताबों को अच्छा लगता है? सच कोई पसन्द नहीं करता। इसीलिए कहा जाता है, सच कड़वा होता है।

कड़वा सच!

उफ् शबनम को याद है, वह पिटाई, जो एक सच बोलने पर उस पर टूटी थी, खास अपनी माँ ने, अपनी नानी ने...उसके हाथ-पाँव तोड़ डालने की हद तक। इतने थप्पड़ मारे थे माँ ने कि मुँह सूजकर फूली हुई रोटी हो गया। रोटी! उसे रोटी हमेशा याद रहती है क्योंकि अकसर ही सच बोलने की सजा रोटी ही बन्द करके दी गई है।

क्या कह दिया शबनम ने?

बात ऐसी थी कि जब उसने आठवीं पास की, मामा उसके लिए दूल्हा खोजने लगे। शबनम को कुछ पता नहीं था, वह अपनी नौवीं कक्षा में एडमिशन की तैयारी में लगी थी।

माँ, नानी और मामा आपस में सलाह कर रहे थे और शबनम तभी भैसों के लिए चारा लेकर आई थी। आते-जाते उसको सुनाई पड़ गया—शब्बो के लिए अनवरी खाला का लड़का ठीक रहेगा। शादी भी वें लोग जल्दी माँगेंगे। खाला को काम करने के लिए जल्दी ही बहू चाहिए।

शबनम ने क्या सुना? शादी? बहू?

वह सदमे की-सी हालत में आ गई क्योंकि नौवीं कक्षा के लिए स्कूल की जो तैयारियाँ थीं, पढ़ने की कल्पनाएँ थीं, शादी की योजना के प्रहार से ढहने लगीं। शबनम किसी तरह इस विनाश को रोक नहीं पा रही थी। उसके सामने उसका स्कूल धूल में मिला जा रहा था। वह बदहवास-सी चारे के गट्ठर पर गिर पड़ी। शादी का आतंक उसे दबोचे हुए थे। दुल्हन बनी घर के भीतर रहेगी कुछ दिन फिर पर्दा करके बाहर के काम निपटाएगी। नहीं, वह यह नहीं होना चाहती। मगर इतना साहस नहीं था कि अपनी बात समझाए इन लोगों को। डर बहुत लगा।

डर के मारे ही वह भागी और माँ, नानी तथा माता के बीच खड़ी हो गई। आतंक ने उसे पुख्ता कर दिया या एक सच्ची बात ने खतरनाक स्थिति में धकेल दिया?

'अभी मुझे माहवारी नहीं हुई, मैं जवान कैसे हुई? जवान नहीं हुई तो शादी नहीं हो सकती। शकीला चाची कह रही थी, जवान लड़कियों की शादी होती है। नानी, यह बात तू नहीं जानती? माँ यह बात तू भी नहीं जानती? ओ मामा, तुम भी नहीं जानते?'

सबके सब उसका मुँह देखते रह गए। अवाक् और स्तब्ध! पिछली पीढ़ियों से आज तक ऐसा किसी लड़की ने कहा? लड़कियाँ तो केवल सुनने की आदी रही हैं। नानी में हरकत आई तो उसने अपने दुपट्टे का पल्ला मुँह पर रख लिया। उसकी बूढ़ी और मैली आँखें अब भी शबनम को घूर रही थीं।

'तुम लोग अब मेरी बात न करना।' शबनम यह कहकर मुड़ी तो माँ ने फुर्ती से आकर झपट्टा मारा और उसे चोटी से पकड़ लिया। माँ की आक्रामक मुद्रा जैसे शबनम के आगे बन्दूक तन गई हो।

'लगा इसमें, कसकर हाथ लगा।' कहकर नानी अरहर की कोड़ानुमा पतली लकड़ी ले आई।

पिटाई तो पिटाई की तरह थी। चोटें मारी जा रही थीं, असहनीय पीड़ा के लिए। हाथ-पाँव बाँधने की बात कही जा रही थी गुस्ताखी के लिए। वह तो शबनम ही थी,

जिसे अपनी तेरह साल की अवस्था में यह समझ में नहीं आ रहा था कि सच्ची बात पर ये लोग इतना क्यों बौखला गए? इतने कि इनके होंठों से झाग छूट रहे हैं और आँखों से चिंगारियाँ उड़ रही हैं। वह है होंठ कसकर, दाँती भींचकर मार खाए जा रही है या अल्लाह क्या होती है माहवारी? क्या बला है वह। कभी देखी नहीं, बस वह सुनने और कहने भर की गुनाहगार...

चाची! चाची यहाँ होती तो पूछती कि यह क्या बता दिया उसने शबनम को। यह तो उसकी ननिहाल है। चाची उसके अब्बू के गाँव में रहती है।

वह तो माँ ही थी, शबनम को पीटने के बाद बहुत रोई। नानी से छिपाकर उसके लिए रोटी लाई। उसके बालों पर हाथ फेरा तो वह दर्द से तड़प उठी। माँ को याद नहीं कि शब्बो के बालों को उखाड़ने की हद तक खींचा है।

माँ ने अब उसका सिर अपनी गोद में रख लिया और बोली, 'शब्बो, बेटा... उठकर बैठ। रोटी खा ले। खा ले जल्दी, फिर नानी आ जाएगी। मामा आ जाएगा।'

शबनम को लगा माँ रो ही नहीं रही, डर भी रही है। वह कोशिश करके उठी। आँखें इतनी सूज गईं कि खुले नहीं। कितना रोई है। इतनी मार पर तो कोई हफ्ते भर रोए तो भी कम होगा। वह कहाँ रोती है, आँखें रोने लगती हैं, गले के भीतर से रुलाई का सोता फूटता महसूस होता है।

'हमारी जिन्दगी रोने के लिए है बेटा। और तू है कि डरती तक नहीं। यह तो डर के संग शर्म की भी बात थी। निर्लज्ज की तरह बोल गई तू!'

'मैं झूठ बोल रही थी, अम्मी?'

'यह सच बोलने का नहीं था शब्बो। बड़ों के सामने तो बिलकुल नहीं।'

'अरे, बड़े लोग कैसे हैं, सच्ची बात सुनते ही नाराज हो जाते हैं अम्मी।' शबनम ने माँ की उँगली टटोलते हुए गोद में सिर गड़ा दिया। माँ ने जी भरकर प्यार किया। उसके गीले और फूले हुए चेहरे को चूमा।

इसके बाद उसने अपने मन की बात कहने का विचार त्याग दिया क्योंकि समझ में आ गया, मन की बात सच्ची होती है, जिसे उजागर करना जुर्म होता है। उसने सोच लिया, सहेलियाँ भी सिर्फ साथ खेलने के लिए होती हैं या उसकी ही तरह घास काटने, चारा लाने, बकरी चराने के लिए या फिर चुटकुले सुनाकर हँसने के लिए। शबनम की उदास आँखें सहेलियों के बीच मनहूस लगतीं। चिन्ता में डूबी शब्बो यही सोचा करती कोई सच मुँह से न निकल जाए, स्कूल में भी टीचर सच्ची बातों को पसन्द नहीं करेंगे। नानी, मामा, माँ ओर अपनी दो छोटी बहनों के रहते शबनम अकेली होती चली गई। अगर किसी को अपनी ओर देखता पाती वे उसकी भैंसें थीं, जिनसे सच-सच बता दो, सिर नीचे डाले हुए धैर्यपूर्वक सुनती रहेंगी। जीभ से उसका हाथ चाटकर प्यार करेंगी। उनकी बेलौस निगाह और

बकरियों के चंचल तेवर उसकी अन्तरंग खुशियों के कारण बनते। पड़िया-पाड़े ही थे जो उसको देखकर उछलने लगते। मौज-मस्ती के नाम पर जानवरों का यह संसार उसे खुश रहने की आजादी देता। यहाँ यह भी नहीं कि सहेलियों के अच्छे-अच्छे कपड़े देखकर वह ललचाए या चोटी परान्दों का अभाव उसे विचलित करे। यह तो अपने आप में नंगा सच्चा संसार, जिसको किसी आवरण की जरूरत नहीं।

शबनम की धारणा सच्चाइयों के मामले में अपनी ही है जो अलग तरह की है। यही बात रही होगी कि वह आज कलम-कागज का यकीन कर बैठी। अपने दिल की बातें यहाँ खोलेगी और यकीनन कागज उसकी बात धैर्यपूर्वक सुनेगा, साथ ही उन बातों को सहेजकर रखेगा।

नानी और मामा अब उसे रोक नहीं पाएँगे क्योंकि वह कलम के सामने है। उसके टीचर तो कलम को ताकतवर से ज्यादा पैना बनाते रहे हैं। अगर ऐसा ही है तो नानी, मामा और माँ में से कोई उसके करीब नहीं आ सकता।

हाँ तो अब लिखा जाए—

'मैं शबनम अपने सारे डर-भय छोड़कर सच बोलने के लिए तैयार हुई हूँ, क्योंकि सच्ची बातें सदा से मुझे प्रेरित करती रही हैं। सच्ची बातों में कड़वाहट नहीं, एक खुशबू होती है और उनका दायरा होता है दसों दिशाओं तक।'

पिता! पिता कैसे होते हैं, उसने जाना नहीं। माँ बोलती है कि उसने पिता को देखा है, मगर शबनम को पिता का चेहरा याद नहीं, कुछ याद है तो बस, पैतृक गाँव में उनकी कब्र। निश्चित ही वह जब किसी चेहरे को पहचानने के काबिल हुई, अब्बू का इन्तकाल उससे पहले हो गया था। अगर कभी अब्बू का होना जरूरी लगा तो फातमा के अब्बा को देखकर मन मचल उठा। उसके अब्बा की तरह शबनम के पिता भी उसे स्कूल में दाखिल करने जाते। मगर वह तो स्कूल जाने के लिए तरसती रही। छह साल की शबनम ज्यादा बोझ ढोने के योग्य नहीं थी, मगर गोबर उठा-उठाकर डलिया तो भर ही सकती थी। उसके हाथ गोबर में सने होते और फातमा बस्ता लेकर पढ़ने जाया करती।

शबनम को स्कूल का लालच ऐसे ही लगा, जैसे बच्चे को मिठाई खाने का लालच होता है। वह गोबर वाला काम छोड़कर फतमा के पीछे स्कूल गई। फातमा की पीठ के पीछे बिना टाट-पट्टी वाली जमीन पर बैठ गई, जिससे कि टीचर से छिपी रहे, लेकिन मन तो उमंगों से भर आया था। सिहरन सी हुई स्कूल में बैठी लड़की को अपने गौरव से।

स्कूल से लौटते समय अपने भीतर की उमंग थर्राने लगी थी। घर तक आते-आते वह डर से काँपने लगी। गोबर यों ही पड़ा होगा और नानी अरहर की डंडी लिए तैयार

खड़ी होगी। डर कैसा भयानक होता है, उसे पेशाब भी आने लगा।

मगर सामने तो माँ खड़ी मिलीं। माँ उसे संवेदनाभरी नजरों से देख रही थीं। आज मार के लिए झपटती क्यों नहीं मिली माँ? उसकी भावना शबनम के साथ मिली-जुली साझा दुनिया से निकली थी। आज उसकी बेटी किसी दूसरी दुनिया की सैर करके लौटी है। निडर स्थितियों ने कड़वी भावनाओं को बदल डाला।

नितान्त एकान्त में शबनम ने माँ से पूछा था, 'अम्मी, मैं पढ़ने जाती क्यों नहीं? आज गोबर किसने भरा? आज नानी कहाँ है? मामा इधर क्यों नहीं हैं? आज तू हँस क्यों रही है? आज मुझे मारा क्यों नहीं?'

बालसुलभ बातों पर माँ को लाड़ आ गया। वह खिलखिलाकर हँसी। शबनम भी हँसी, मगर भौंचक सी। माँ हँसती भी है! उसने तो आज जैसा हँसते हुए माँ को कभी नहीं देखा। उसने स्कूल से आते हुए कितनी-कितनी रोनेवाली बातें सोची थीं। वह अंधियारी सी दोपहर में घर लौटती हो जैसे।

एक रोज माँ ने सधे स्वर में बताया था, 'तेरे अब्बू नहीं हैं। वे अल्लामियाँ के पास चले गए। उनके न रहने पर तेरे चाचा ने मुझे वहाँ रहने नहीं दिया। तू और सलमा चार और दो साल की थी। तेरी नानी मुझे न बुलाती तो हम कहाँ जाते? तेरा मामा मुझे यहाँ तेरे चाचा की तरह ही न रहने देता तो हम कहाँ रहते? तेरे चाचा के मुकाबले तेरे मामा में ही हमदर्दी निकली न? बस हमदर्दी का लिहाज करती हूँ शब्बो, वह हमदर्दी ही मुझे तेरे और अपने लिए इस कदर बेदर्द बना देती है कि मैं होश खोकर तुझे पीटने लगती हूँ। मैं यह मंजूर कर रही हूँ न कि मारना-पीटना कब जरूरी हो जाता है, तो समझ ले कि तुझे पीटे बिना हमारा गुजारा नहीं हो सकता। तुझे सजा मिलती है, तेरी नानी और तेरा मामा मुझ पर उतना ही भरोसा करने लगते हैं। शब्बो, यह भी हमारे जीने का ही एक आसरा है।'

शबनम अब इतनी छोटी नहीं थी कि माँ समझाए और समझ में ही कुछ न आए। अब तो वह अम्मी की आँखों की भाषा भी पढ़ लेती है। चेहरे पर आए भावों को समझने की कला उसने विकसित कर ली है। आ गया यह भी समझ में कि अम्मी ने घर-घर जाकर झाड़ू-पोंछा और कपड़े धोने का काम क्यों ले लिया है? पहले इसलिए कि नाना शराबी थे, सारी जिम्मेदारी मामा पर आ गई। बहन अपने बच्चों के साथ आ जाए तो गुजारा कैसे चले? अम्मी क्या भीख माँगती? इससे तो तीनों बच्चियों के साथ खुदकुशी करके इस दुनिया से कूच कर जाए। अम्मी किसी तरह की मेहनत के साथ जिन्दा रह सकती है। बेबाक जिन्दगी, अपमानों का खेल बन जाती है, माँ, अपमान की जिन्दगी को सहन नहीं कर पाती। नानी को अब घर-बाहर कोई नहीं दबा सकता कि तेरी बेटी मुफ्त की रोटियाँ तोड़ रही है।

शबनम को जब न तब यह महसूस होता था कि इस घर में वह माँ के साथ

यतीम की तरह रह रही है। यतीमों की हद यहाँ तय थी कि तीनों बहनों और माँ पुराने और फटे कपड़े पहनकर अपना दयनीय सा वेश बनाए रहने को मजबूर हैं। तीनों लड़कियों के बालों में तेल डालने के लिए हफ्ते में एक दिन मुकर्रर था। उनके सिर बची-खुशी छाछ से धुलते। माँ-बेटी जहाँ तक जाएँगी, पैदल ही जाएँगी। मोटर-बस पर चढ़ने के लिए किराया कहाँ से आए? घर-घर काम करने की एवज जो पैसे मिलते, नानी या मामा को देने होते।

शबनम ने जैसे ही होश सँभाला इस घर और माँ के साथ और घरों में काम करना जरूरी हो गया। गर्मी हो या जाड़े या कि बरसात, सबेरे चार बजे उठकर भैंसों की टाल से गोबर उठाकर पथनवारे में ले जाना और भैंसों ने जहाँ पेशाब की होती उस जगह से पेशाब को सूँतकर साफ करना। फिर सूखी जगह बनाने के लिए वहाँ राख बिछाना, गोबर के उपले पाथना और थोड़ा-सा गोबर घर लाकर चौका लीपना। कितना मुश्किल होता था, अपनी फ्रॉक को गन्दी होने से बचाना कि सारा ध्यान सफाई पर ही रहता। इसके बाद माँ के साथ घर-घर जाना, झाड़ू-पोंछा करना।

आज्ञा का पालन करते-करते इतनी थक गई कि सिर झुकाने के बदले सिर उठाने लगी। शबनम अपनी माँ को तंग करने लगी। उसके सारे साथी स्कूल जाते हैं और वह काम में जुटी रहती है। वहाँ खेल होता है और वह मामा और नानी के कपड़े धोती है। ऊपर से नानी कहती है, 'तू खाना बनाना कब सीखेगी? तेरी माँ तो सात साल की थी, रोटी ऐसी बनाती कि औरतें देखतीं।'

शबनम नानी की एक न सुनती। वह चूल्हे के पास न फटकती। तब नानी उसे डराती, 'रोटी नहीं सीखेगी तो तुझे अपने घर कौन रखेगा?' इसका मतलब वह समझ गई कि रोटी नहीं बनाएगी तो नानी और मामा भी उसे यहाँ नहीं रहने देंगे। बात-बात पर कहते हैं, चाचा के घर भेज देंगे। तुम लोगों को रहना तो वहीं चाहिए। चाची जब संटियों से पीटेगी, अक्ल आ जाएगी।

शबनम चुपचाप चूल्हे के सहारे बैठने लगी। चाचा के घर जाने से यहाँ रोटी बनाना अच्छा। गई तो थी एक बार चाची के संग। क्या हुआ था? चाची कहीं चली गई और वह खाट पर सो गई। दिन का वक्त था। कुछ देर बाद आँख खुली तो देखा चाचा उसके साथ सो रहे हैं। उसका फ्रॉक ऊपर है। उसकी चड्ढी खुली हुई है। चाचा उसकी योनि में उँगली लगा रहे हैं। ओह! उछलकर बैठ गई वह। कितनी तकलीफ हुई थी, लग रहा था नीचे चीरा लगा दिया है। कितनी जलन और चिनचिनाहट। शबनम तिलमिला गई। आठ-नौ साल की लड़की...चाचा अब प्यार से बुला रहे थे, लेकिन वह ऐसे काँप रही थी, जैसे भेड़िया देख लिया हो। उसने जैसे चाचा के घर में छिपे खतरों को पढ़ लिया हो और तय कर लिया हो—मामा का घर जैसा भी है,

उसके लिए वही अच्छा है।

कौन सही है कौन गलत, इसके लिए चाची क्या फैसला लेती? उसने तो सारा सच चाची के सामने रख दिया था और सच ने यहाँ पूरी तरह मात खाई थी। माँ को बुलाया गया और बताया कि यह छोटी लड़की हमारे आदमी को इल्जाम लगाती है। इससे उन्होंने क्या कब कहा, यह तो सारा दिन पड़ोसियों के यहाँ बैठी रही थी।

चाचा ने जो चाची को समझा दिया, वही सच था। आज लगता है तब संघर्ष और शोषण में अन्तर ही कहाँ था? कितने भोले थे चाचा, एकदम बेकसूर, सबने मान लिया, मगर इस झूठ से वे शबनम की आँखों में बरी तो नहीं हुए। वे क्या जानें, जो धोखे और भ्रमों में रहते हैं क्योंकि लड़की का जीवन उन्होंने जिया नहीं होता।

शबनम चूल्हे के आगे बैठी टेढ़ी-मेढ़ी रोटी बेला करती। कभी जलाती, कभी कच्ची छोड़ देती। गलतियों पर मार खाने के लिए हरदम तैयार। सजाएँ और बंदिशें, सब कबूल, क्योंकि उसकी जिन्दगी की यही तस्वीर सबको कबूल थी।

एक घर में ब्याह का बलीमा हुआ। माँ शबनम को साथ काम कराने ले गई। नौ साल की बच्ची एक टाँग पर खड़ी रहे, दौड़-दौड़कर सबके काम करे। इसी शाबाशी पर उसे अलग से पैसे मिले। ईद-बकरीद हो या गुरुपर्व शबनम का माँ के साथ घर-घर जाना जरूरी था, बख्शीश और अलग से खाना, उसके हिस्से का। कभी नए कपड़े भी बनेंगे, उम्मीद जागने लगी।

लेकिन सत्यानाश!

रास्ते में स्कूल पड़ जाता, शबनम ठिठक जाती। देखती फातमा कहाँ बैठी है और मुकेश कहाँ? तभी लगता, उसके अपने मोहल्ले के बच्चे उससे कितने अलग हैं और यही समय था, जब माँ घर-घर काम के लिए जाने को कहती और शबनम सोचती, 'मैं स्कूल में दाखिला कैसे पाऊँ?' इसी सोच में घर-घर जाना भूल जाती, जिसके कारण माँ को बुलाकर खूब झाड़ा जाता। अम्मी अपने दुपट्टे से आँखें पोंछती हुई घर आती। वह जितने आँसू गिराती, उतनी ही ताकत से शबनम को पीटने लगती। उसके पेट में मुक्के मारती और पीठ पर डंडा चलाती। अम्मी हाथ-पाँव पर कभी वार नहीं करती थी, नहीं तो अगले दिन वह काम पर कैसे जाएगी?

अगले दिन उन घरों में सुनने को मिलता, 'अकल ठिकाने लगा दी इस धींगड़ी की। नहीं तो यह इतनी जल्दी काम पर आती?' इसके बाद जब शबनम काम करके 'दरवाजा बन्द कर लो' बोलती, उस घर की औरत उसे गुड़ की डेली देती, कहती, 'छाछ के संग खा लेना।' और इसमें क्या शक है कि गुड़ और छाछ खा-पीकर उसकी सेहत अच्छी थी। लम्बाई भी बढ़ रही थी।

शबनम बीमार हो गई।

क्या हो गया उसे? माँ हकीम साहब के पास गई। लक्षण बताकर दवा ले आई। कई दिन हो गए, कोई फायदा नजर नहीं आया। नानी ने झाड़-फूँक कराकर ताबीज पहनाया। सभी अचम्भे में थे, उसे बीमारी आखिर कौन-सी है? माँ परेशान थी, काम में मन नहीं लगता था। शबनम को अचम्भा लगा, जो माँ प्राण निकालने जितनी पीटती है, बेटी मर न जाए, इससे डर रही है।

'बुखार तो तुझे है नहीं', माँ ने माथे पर हाथ रखते हुए कहा। आगे बोली, 'फिर मँझे (खाट) पर क्यों पड़ी रहती है?'

शबनम क्या बताए? मँझे से उठ न पाना कोई बीमारी तो नहीं थी और कुछ न बोलना भी कोई रोग नहीं। मगर माँ और नानी को लगता अच्छी-खासी काम करनेवाली लड़की बीमार होकर उनके लिए मुश्किलें पैदा कर रही है।

शबनम का सोचना कुछ इस तरह था—स्कूल के लिए जब जाने ही नहीं दिया जाता तो वह काम के लिए क्यों उठे? लगता है, उसकी बात कोई सुनना चाहता नहीं तो वह क्यों बोले? ऐसे ही पड़ी रहेगी तो लगेगा अपने मन की कर रही है। खाना, मत दो खाना...

माँ क्या कर रही है? वह क्या कर सकती है? अम्मी बेटी की हालत देखकर हलकान हो गई, यही कहती—हाय, शब्बो मर जाएगी। वह शबनम के चेहरे पर छाई मुर्दानी का, आवाज में समाई चुप्पी का हिसाब रखने लगी। सही ढंग से समंझकर उचित कदम उठाने की बात उसने नानी से कही।

'हकीम साब को बुलाकर लाती हूँ,' नानी तुरन्त तैयार हो गई।

शबनम को लगा, घर के लोग इतने बुरे नहीं, जितना कि वह समझ रही है। स्कूल में न तो नानी पढ़ी न अम्मी, वे स्कूल के बारे में क्या जानें? शबनम कितनी जिदें करती है। माँ को तंग कर डाला है, फिर भी उसे माँ और नानी मरने के लिए छोड़ नहीं पा रहीं।

हकीम जी आए, आते रहे। होता यह कि जैसे ही उनकी आने की खबर शबनम को मिलती, वह 'स्कूल-स्कूल' फुसफुसाने लगती। जैसे उसने अपनी आवाज केवल 'स्कूल' शब्द बोलने के लिए बचाकर रखी हो। हालाँकि वह यह भी समझ रही थी कि हकीम साहब के पास उसके मर्ज की दवा नहीं है। वे रोज यही जाँच करते हैं कि गाल थपथपाते हैं, कमीज उठाकर पेट देखते हैं। कमीज ऊपर उठाते ही जाते हैं, यह बात उसे बिलकुल पसन्द नहीं, लेकिन बीमार शख्स की पसन्द-नापसन्द कोई देखता नहीं। गनीमत है कि नानी झाड़ू-फूँक वाले फकीर को नहीं बुलातीं। वह तो आते ही जूता सुँघाएगा। सिर में जूता मारेगा भी। फिर भी ठीक नहीं हुई तो अंगारे पर मिर्च और तेल डालकर उसका मुँह उस धुएँ पर औंधा देगा। खाँसते-खाँसते वह

बेहोश हो जाएगी। बेहोशी के कारण हुए शान्त शरीर को देखकर सब समझेंगे, शबनम ठीक हो गई। इस बारे में वह खुलकर बात किससे करे? कहा न, यहाँ सच सुनने के लिए कोई तैयार नहीं।

आज हकीम जी ने शबनम का पेट टटोला, कहने लगे, 'कब्ज है।' उन्होंने अपने कड़े और कठोर हाथों से पेट सूंता, शबनम की आँख बाहर आने लगीं। माँ डर गई और बोली, 'इसने तो कई दिनों से खाया नहीं, कब्ज कहाँ से होगी?'

माँ से भी यह कैसे बताया जाता कि हकीम लोग सस्ते में इलाज करते हैं। मरीज ठीक हो या न हो, हकीम लोगों की तारीफ की जाती है क्योंकि वे बिना साधन के रोगों से निपटते हैं। मगर यह भी यहाँ नहीं माना जाता।

उस समय वह होंठों को बन्द रखने की कोशिश करती। फिर भी उसके मुँह से 'स्कूल-स्कूल-स्कूल' ऐसे फूटता जैसे किसी बन्द सोते का मुँह खुल जाए और पानी की धारा रुके नहीं। यह झूठ बात नहीं है कि एक चित्रोंवाली किताब शबनम के मन में रहती थी। इस किताब को फातमा पढ़ा करती थी। वह अपनी किताब बन्द करके अपने बस्ते में रख देती और पानी पीने चली जाती। उसके जाते ही शबनम उस किताब को उठाकर पढ़ने लगती। फातमा लौटती और झपटकर कहती, 'क्यों ली मेरी किताब?'

यह एक सपना था। तभी तो शबनम के मुँह से आज स्कूल की जगह किताब शब्द निकला। किताब का सपना नानी को कैसे बताया जाए? उनके लिए तो यही आसान है कि उस पर कामचोर होने की तोहमत लगाएँ। धीरे-धीरे वह नानी-मामा और माँ की ओर से लापरवाह होती जा रही थी। माना कि वे अपने थे, लेकिन इनसानों की तरह उन पर ध्यान देना उसके लिए सम्भव न था। वह सोचती कि यदि इनमें से कोई मर-खप जाए तो उसे कितना दुख होगा? कुछ नहीं कह सकती। मगर इस वीतराग की वजह क्या है? शायद यह कि वह अपने मरहूम अब्बा को इतना प्यार करने लगी है, जितना कि फातमा के पिता फातमा से करते हैं। तभी तो फातमा जो चाहती है, पिता से माँगती है।

वह सुनती है, माँ हकीम साहब के आगे गिड़गिड़ा रही है, 'यह अब बचेगी नहीं। इसे बचा लो आप। मैं क्या करूँ इसके लिए? यह मर गई तो, मैं जीतेजी मर जाऊँगी हकीम साब।'

शबनम की तन्द्रा टूटी। यही वह माँ है, जिसे वह अकसर दुश्मन की निगाह से देखती थी। अपने लिए मनमाने तौर पर झगड़ती है। ऐसी-ऐसी माँगें रखती है, जो उसके बूते को नहीं। बचपन में अच्छे कपड़े माँगती थी। महँगे खिलौने चाहिए थे। माना कि बच्चों की इच्छाएँ और जिदें एक-सी होती हैं, सपने और कल्पनाएँ एक तरह की होती हैं, लेकिन माँ-बाप की गुंजाइश और सामर्थ्य तो एक-सी नहीं होती। अम्मी

उसकी फरमाइशों को पूरा करने में जब हिचकती है, तब उसे गुस्सा आता है। गुस्से के मारे रोने लगती है। रोना आएगा नहीं, वह किताब माँगती है, माँ उसके हाथों में झाड़ू-पोंछा पकड़ाती है। घर-घर सफाई करने के लिए धकेलती है। कब के ये दृश्य ज्यों के त्यों हैं।

'यह क्या फुसफुसा रही है?' मर्दाना आवाज हकीम साब की है।

'बस, यही रट लगाए रहती है—स्कूल-स्कूल।' माँ रोग बता रही है।

'स्कूल!'

माँ और नानी दोनों चुप हैं।

'बेटी, बोलो, बोलो क्या बोलती हो?' हकीम साहब का हाथ उसके माथे पर है।

शबनम को पसीना आ रहा है।

'हवा छोड़ दो।' हकीम साहब कहते हैं। वे अब शबनम की एड़ियाँ देख रहे हैं। पेट टटोलते हैं। आँखों के पपोटों का मुआयना किया।

कहने लगे, गहरा साँस खींचने के बाद—'स्कूल की कोई बला है, इसके ऊपर। कोई जिन्न-भूत या चुड़ैल...!'

'ऐसा ही लग्गै है हकीम साब,' नानी ने समर्थन किया।

'यह स्कूल किस वक्त जाती है?'

'स्कूल नहीं जाती,' माँ ने धीमी आवाज में बताया।

'क्यों?'

'घर का काम और दूसरों घरों का काम रहता है।'

'इस बच्ची के सिर इतने काम!'

'हम सबके जिम्मे हैं अपने-अपने काम।'

'तो समझ लो, अब यह ठीक ना होने की।'

'ठीक हो या न हो, बिना काम किए इसे खिलाएगा कौन?'

'देखो बीबी, इसे स्कूल भेज दो। नहीं तो यह ऐसे ही तड़पेगी। जान देने पर तुल गई है छोटी-सी जान! या अल्लाह! खुदा खैर करे।'

अब शबनम स्कूल में बाकायदा दाखिल थी। काम में मन लगाती थी कि माँ और नानी भी खुश रहें। समय पर रोटी और गुड़ मिले। अच्छे सपने जैसा स्कूल। मन की मुरादें मिल जाती हैं, उसे यकीन होने लगा।

कक्षाओं में तेजी से बढ़ते हुए शबनम ने स्कूल में गाया जानेवाला गीत कंठस्थ कर लिया, 'हम होंगे कामयाब एक दिन...'

लेकिन स्कूल में वह अछूत की तरह देखी जाती क्योंकि उसकी माँ घर-घर झाड़ू-पोंछा करती और कपड़े धोती और ऐसी माँओं के बच्चे वहाँ नहीं थे। शबनम की जिन्दगी को शर्मिन्दगी के रूप में देखा जाता। अपने साथ बिठाना बच्चों को गवारा न था। मगर जब टीचर कहते, 'कितनी होशियार लड़की है,' शबनम का माथा ऊँचा हो जाता। कोई न कोई साथी उसका दोस्त हो जाता।

घर में काम का हर्ज बहुत हो रहा था। शबनम के स्कूल जाने के कारण माँ के चार घर छूट गए थे। खर्चे खाने के तो थे ही। नाना का कत्ल हो गया था। माँ और मामा ने कोर्ट में केस दायर कर दिया था। जीते जी नाना को शराब छोड़ने के लिए घर में कोई नहीं मना पाया। आखिर शराब में ही जहर घोलकर उन्हें दे दिया गया। अब मरे हुए नाना के लिए माँ और मामा ऐड़ी चोटी का जोर लगा रहे थे। जब भी तंगी होती, एक ही उपाय सूझता–शब्बो का स्कूल छुड़ा दो। चार घर पकड़ लेगी, कुछ तो सहारा लगेगा। शबनम तैयार न होती तो नानी गालियों की बौछार करने लगती। वह घबरा जाती और लगता इन लोगों से वह पार नहीं पा सकती। उम्मीदें खत्म होने लगतीं, उसे कमजोरी महसूस होती, क्या वह फिर बीमार हो जाएगी? हकीम साहब से बताए वह अपनी तकलीफ?

तकलीफों ने घेर लिया। एक दिन जब वह स्कूल में थी, बाहर चीख-चिल्लाहट मचने लगी। सारे बच्चे बाहर की ओर देखने लगे। शबनम ने देखा तो उसके होश उड़ गए। नानी और मामा चिल्लाते आए थे और पीछे-पीछे अम्मी। अम्मी पता नहीं क्या कह रही थी, नानी कह रही थी–छिनार शब्बो, खाने की याद रहती है, काम की नहीं।

मामा ने उसे बाँह पकड़कर खींच लिया, 'चल, सीधे घर चल। चुड़ैल यहीं बैठी रहती है, वहाँ हमारी भैंस कोई खोलकर ले गया।'

अम्मी दाँत निपोरती हुई, हाथ बेटी की ओर बढ़ाती हुई...क्या इस तरह माँ बेटी की तरफदारी कर रही थी और इसी बात पर मामा उसे पीटने लगे थे? शबनम चिंघाड़कर रोई। बस्ता भी स्कूल में रह गया। अगर खो गया तो कहाँ से आएँगी किताबें?

'किताबेंऽऽ एं,' शबनम ने गुहार लगाई।

'इसकी जुबान कटवा दे, नहीं तो एक दिन यह तुझे कहीं की न छोड़ेगी,' नानी गुस्से से थूक फेंक रही थी। उसका चेहरा लाल हो गया था। लकीरें गहरा गईं।

नानी न जाने क्यों फिर नरम बोली बोलने लगी। शबनम बर्तन माँज रही थी, नानी कहने लगी, 'बेटा, जल्दी-जल्दी माँज, तेरा मामा अभी आता ही होगा। भैंस मिले तब है।'

मामा तो नहीं आया, टीचर ने उसका बस्ता एक लड़के के हाथ भिजवा दिया। शबनम ने अपनी किताबें गिनीं। बस्ते को चूमा। खुशियों का खजाना। किताबें, जो शबनम से ऐसी ही दोस्ती रखती हैं जैसी अमीर बच्चों से। ऐसा व्यवहार आज तक उससे किसी ने नहीं किया। अपनी गर्वीली किताबों की दोस्त है शब्बो। इन्हीं किताबों में 'धावक' नाम से पाठ है। उसे पढ़कर शबनम ने दौड़ने की बात सोची। वह धावक बनेगी। स्कूल में खेल का एक घंटा होता है।

काम करने की आदत, कम खाने की आदत, जवाब न देने की आदत के साथ डाँट खाने और पिटने की आदतों से अब तक वास्ता था और स्कूल का नतीजा जहाँ पाँचवीं में फर्स्ट आने से शुरू हुआ था, आठवीं तक चलता गया।

शबनम बड़ी होती जा रही थी, समझ भी विकसित होने लगी और दृढ़ता भी आ गई। माँ से साफ कह दिया, 'काम करूँगी, लेकिन स्कूल में नौवीं में दाखिला दिलाना होगा। दूसरी बात नाते-रिश्तेदारों के यहाँ तुम जाओ, वहाँ जाना मुझे अच्छा नहीं लगता। वे हमें नीची नजर से देखते हैं। तीसरी बात, मैंने छोटी उम्र में काम करके तरस तो पाया, ताकत खो दी। वे मेरी तारीफें करते हैं, जो मुझे निन्दा लगती है। उन्हें क्या पता कि इतना काम मैं अपनी इच्छा से नहीं, मार के डर से करती रही हूँ। कोई यह क्यों नहीं कहता कि मैंने ऐसे हालात में शिक्षा और योग्यता पाई है।'

मामा जी की शादी होने लगी। शबनम से कहा गया, अब तेरा काम हल्का हो जाएगा। शबनम का उत्साह देखते ही बनता था। सोचती थी अब उसे दौड़ के लिए प्रैक्टिस का समय मिला करेगा।

शादी में रिश्तेदार जुड़े। उसको बताया गया, ये मौसी है, ये मामा हैं, ये नानी हैं रिश्ते की। वह सोचती रही कि इन लोगों से इतना गहरा रिश्ता है तो ये पहले कभी क्यों नहीं आए? नाना के मरने पर भी इतने लोग नहीं आए थे। क्या सबका आना शादी में ही जरूरी हो जाता है?

'यह कौन है?'

'हमारी बेटी की बेटी है।' नानी ने बताया।

'कितने बच्चे हैं?'

'तीन लड़कियाँ हैं।'

'हाय अल्ला। एक बेटा होता तो बिचारी बेवा का बुढ़ापा अच्छी तरह कट जाता। तीन लड़कियों का बोझ उठाए घूम रही है अभागिन। एक भी मरी नहीं इनमें से।'

नानी ने आह भरी और कहने लगी, 'इन लड़कियों के चाचा-ताऊ कमीने हैं। जमीन होते हुए भी मेरी लड़की को खाली हाथ धकेल दिया।'

रिश्तेदार बोली, 'तो तुम उनका यह गन्द (लड़कियाँ) उनकी देहरी पर क्यों नहीं फेंक आए? वे खुद पालते या नद्दी पोखर में डुबो देते।'

'अरी इनकी माँ नहीं मानी। बन्दरिया के बच्चों की तरह चिपकाए चली आई।'

शबनम ये बातें गौर से सुन रही थी। उससे कुछ कहते न बना, बस यही बोल गई, 'पहली बार यहाँ आए हो और हमारा हिसाब लगा रहे हो। हम तुम्हारे यहाँ खाने तो नहीं गए। चली आईं कहाँ-कहाँ से।'

शबनम की बात पर नानी इतना गुस्सा हुई कि गाल पर थप्पड़ मार दिया, और बोली कि तू बड़ी पुरखा हो गई है। सबकी दादी माँ है तू?

'मैंने क्या कह दिया? इनको हम कितना जानते हैं?' सुनकर नानी बोल पड़ी, 'कोई बात नहीं, तू तो छुट्टा साँड़ की तरह घूमना चाहती है, छोड़ देंगे, घूमती रहिये। तू बड़ी होकर क्या गुल खिलाएगी, हम जानते हैं। तेरी जुबान ही कटवानी है।'

इसके बाद यह हुआ कि शबनम को चौके के काम में लगाए रखा जाता। मगर स्कूल किसी हालत में उसने छोड़ा नहीं। उसने अपना मन दूसरों कामों में लगा लिया। जिसमें प्रमुख था मँझे (चरपाई) बुनना। फूल बनाना, कढ़ाई करना। इन दिनों ही एक रिटायर्ड टीचर मिले जो शबनम को गणित पढ़ाने लगे। बिना फीस लिए कोई पढ़ा सकता है, उस रूप में वे आज भी याद आते हैं। बहरहाल जो दस्तकारी का काम वह करती थी, उससे कुछ पैसों की आमदनी तो होती ही थी। साथ ही एक मामी थीं, शबनम उनके घर काम करती, पैसे मिल जाते। वह चालाक होती जा रही थी। पैसे छिपाकर रखती।

माँ सिलाई सीख रही थी। तुरपन करती थी शबनम।

इसी दौरान मामा और मौसी ने मिलकर उसकी सगाई तय कर दी।

शबनम ने हंगामा खड़ा कर दिया; कहा कि वह घर से भाग जाएगी। हाथ-पाँव बाँधकर डाल दो फिर भी शादी नहीं करेगी। मौसी ने बहुत समझाया, लेकिन नहीं। साफ कह दिया, 'निकाह के समय किसी तरह भी 'कबूल-कबूल' नहीं कहेगी फिर क्या होगा इस ब्याह का?

माँ मिन्नतों पर आ गई। रोने लगी। बोली, 'अपने मामा की बात रख ले। इसने तुझे पाला है। मैं गारंटी देती हूँ, दस क्लास तक तो तुझे पढ़ा ही दूँगी।'

शबनम हर तरह से दुखी थी। अब क्या करे?

वह स्कूल में गई। अपनी बात किससे कहे? एक टीचर थे, उनके सामने समस्या रखी। घरवाले शादी करना चाहते हैं और वह पढ़ाई छोड़ नहीं सकती। किताब

कॉपियों के पैसे उसके पास हैं नहीं। घर-घर करेगी तो पढ़ेगी कब? दसवीं की परीक्षा तो बोर्ड की होती है।

सामने कुर्सी पर बैठा, उतरती उम्र का टीचर पिघल गया। उसका सख्त सा साँवला चेहरा कोमल हो गया। उसकी आँखों में हमदर्दी उतर आई।

'चिन्ता मत कर तू। किताबें हम दिलवा देंगे। पुराने विद्यार्थी आते हैं हमारे पास। बस दोपहर की छुट्टी में और इतवार को मेरे पास ऊपर छत पर आ जाया करना।'

'सर कैसे? मेरे पास काम बहुत होता है।' शबनम ने इनकार कर दिया।

'तू पागल है।'

'हाँ, मैं पागल हूँ।' उसने अपने आपसे कहा और खुद से पूछने लगी, क्यों मेरे मन की बात कोई भी नहीं समझना चाहता? सब अपनी-अपनी कहते हैं और सब वही कहते हैं जिसे मेरा शरीर कर सकता है। नानी सेवा चाहती है, माँ मेहनत करवाती है, मामा भैंसों की टहल कराते हैं और ये टीचर...मेरी देह छूना चाहते हैं। इतना तो मैं समझ गई हूँ कि अब मैं जवान हो गई हूँ। माहवारी आने लगी। मामी ने कहा था कि मर्द को छूना नहीं, पेट में बच्चा रह जाएगा। बस यही है मेरे लिए? इसके आगे कुछ नहीं? है इससे भी आगे। क्या है?

शादी।

जिस लड़के से मामा ने सम्बन्ध तय किया उसको माँ भी देखना चाहती थी। मौसी के यहाँ वह लड़का आनेवाला था। शबनम को चोरी-छिपे देखना चाहता था। मौसी उसे मामा से बीमारी का बहाना करके ले गई, इसी कारण माँ भी साथ गई। शबनम का जी घबरा रहा था। दसवीं की परीक्षा देगी या शादी कराएगी?

जो हुआ अच्छा हुआ। यों तो जो हुआ किसी भी लड़की के लिए सदमे की बात थी। लड़के ने साफ कर दिया कि–शबनम गँवार लड़की है। यह शहर की तहजीब क्या जाने?–उस लड़के को क्या पता था कि सामने बैठी गँवार लड़की मानसिक स्तर पर क्या सोचती है? असल में शबनम अब समझ चुकी थी, लड़कियों की सोच-समझ से किसी को कोई सरोकार नहीं, जैसे सारा वास्ता उसकी बाहरी छवि से हो। शरीर ही उसकी पहचान मानी जाती है। उसी से नापा-तोला जाता है।

'आपका शुक्रिया' शबनम ने उस लड़के से चलते समय कहा तो वह आश्चर्य से उसकी ओर देखने लगा।

'खुदा हाफिज।' शबनम ने उसे विदा दे दी।

दसवीं पास कर ली। अब आगे पढ़ाई का हीला किसी तरह नहीं। रिश्ता टूट जाने से मामा ने.शबनम से ही नहीं, माँ से भी बोलना छोड़ दिया। मामी का व्यवहार कठोर हो गया। शबनम के लिए खाना-पीना मुहाल था। भैंसों की सेवा करती, उनका दूध निकालती, इसका मतलब यह नहीं था कि अपने हाथ से दूध ले ले। ग्वाला चराने के लिए होता है, दूध पीने के लिए नहीं।

शबनम ने अनाधिकार चेष्टा की। खिचड़ी में दूध डाल लिया।

इसकी यह मजाल। घर की नई मालकिन मामी को गुस्सा आ गया। कैसे सबक सिखाएँ कि हमेशा के लिए याद रहे? चप्पल हाथ में ली और निशाना बाँधकर थाली में मारी। खिचड़ी और दूध के बीच चप्पल!

शबनम स्तब्ध रह गई!

उसने आव देखा न ताव, थाली मामी के सामने आँगन में दे मारी, 'ले, तू इसे खा ले। तुझे तो शरम नहीं है, कुछ भी करती है। जानती तो है, भैंस मैं चराती हूँ और दूध तू पीती है। बेशरम कहीं की।'

घर की बहू से मुँहजोर लड़ाई!

रानी का अपमान!

उस रात घर में घमासान हुआ था। अम्मी के पाँवों के नीचे से जमीन निकल गई, लगा कि अब कहाँ रहेगी। इस लड़की ने कहीं का नहीं छोड़ा और यहाँ इस घर को छोड़ने के आसार...कोई लड़का इस पर रुपता नहीं। भाई अपना सा मुँह लेकर रह गया है। यह उसी की बेगम को लतियाने पर तुली है। हमारा क्या होगा!

मम्मी ने चप्पलों से ही शबनम की पिटाई की। नानी ने डंडा उठाया। मगर शबनम छोटी बच्ची नहीं थी। ये औरतें उससे क्या जीततीं? वह तो एथलीट थी और बॉस्केट बॉल प्लेयर भी।

उपाय यह सूझा, माँ मामा-मामी से अलग हो गई। अलग होने के लिए मामा को पंचायत बुलानी पड़ी। बिरादरी की पंचायत में शबनम के गुनाह रखे गए। मगर पंच तो पंच थे। अम्मी की हालत देखकर एक कोठा मामा से दिलवा दिया। उस रात मामी ने बहुत गालियाँ दीं। शबनम का सम्बन्ध कुत्ते और गधों से जोड़ा। माँ को मरने की दुआएँ दीं। खसमखानी बताया।

अब?

अब घरों काम बढ़ गया क्योंकि चूल्हा न्यारा हो गया। शबनम माँ के साथ ढांड़ी (खेतों में बने किसानों के घर) पर काम करने जाने लगी। जहाँ शबनम काम करती

थी, माँ उनको भाई कहती थी और शबनम मामा कहकर पुकारती थी। उनके लड़के को वह राखी बाँधती थी।

एक दिन उनके लड़के ने शबनम को भैंसों के पास बुलाया। बोला, 'शब्बो इन्हें चारा डाल दे।'

वह चली गई। जैसे ही लड़के के पास से निकली उसने बाँह पकड़कर खींच ली। कहने लगा, 'भैसों की सेवा करती रहेगी, हमारे लिए नहीं करती कुछ,' कहकर छाती पर हाथ ले गया।

शबनम घबरा गई। 'क्या करे क्या न करे' जैसे कुछ सोचने का समय नहीं था। सीधा धक्का दिया कि भैंस के ऊपर गिरे। मगर वह सँभल गया और शबनम को पीछे से पकड़ लिया।

ताकत ही थी, न होती ताकत तो बलात्कार होता। वह छूट आई।

मम्मी को बताना चाहे, मगर नहीं बता पाए। काम छूट जाएगा। क्या पता वह लड़का उसे ही लांछन लगा दे। गरीब लोग जल्दी फँस जाते हैं। बड़े घर का लड़का उस जैसी पर क्यों हाथ डालेगा, सभी मान जाएँगे।

माँ ने शबनम को इसलिए पीटा कि वह उनका अधूरा काम छोड़कर भाग आई और उसी समय कहा, 'तू तो हमें कहीं का नहीं छोड़ेगी। भाई के घर से निकलवा दिया, यह काम भी छुटवा दे। फिर रखना रोजा। भूखी रहेगी, किसी के भी काम को भागेगी। पेट की आग बड़ी बुरी होती है।'

'छोटी, कल से तू जाना ढांड़ी पर।'

शबनम से नहीं रहा गया, बोली, 'अम्मी, हम भूखों मर जाएँगे, वहाँ नहीं जाएँगे। तू छोटी को भेजेगी, मैं उस लड़के के बाप के पास चली जाऊँगी। बता दूँगी कि मैं क्यों आधा काम छोड़कर चली गई थी। अम्मी इतना चुप भी क्या रहना कि सब हमारी चुप्पी को 'हाँ' समझ लें।'

बारहवीं के इम्तिहान थे। शबनम के लिए अब काम करना मुश्किल था। माँ से कह दिया, 'एक घंटा ही काम करूँगी।'

जैसे-तैसे इम्तिहान पास किए। छुट्टियों में जमकर मँझे बनाए। पैसे इकट्ठे करती रही। आगे की योजना क्या होगी, सोचकर मँझे पर ही ढह जाती।

अब कॉलेज सामने थे। सभी साथी कह रहे थे, कॉलेज में दाखिला लेंगे। शबनम क्या कहे? जब कभी दाढ़ी वाला लड़का सामने पड़ जाता, वह इशारे करता, शबनम इधर-उधर हो जाती। मन में यह भी आता, कुछ पैसे इससे माँग ले तो कॉलेज में दाखिला हो जाएगा। इस शरीर का क्या बिगड़ेगा? मगर तुरन्त ही इस विचार को

झटका देती, गर्भ रह गया तो क्या होगा? वैसे शबनम जान गई थी कि गर्भ निरोधक क्या होते हैं, लेकिन कुँवारे शरीर का डर उसे बदनामी से दहलाए रहता। नेकनामी के लिए इतनी-इतनी यातनाएँ...वह आह भरकर रह जाती।

अब नौकरी करनी होगी, कैसी भी। नहीं तो जिन्दगी यहीं मिट्‌टी में रिल-मिलकर खत्म हो जाएगी। बस, इसलिए ही अखबार देखने लगी। अखबार पर उसी लड़के का चेहरा क्यों उभर आता है, जिसने उसकी बाँह पकड़ ली थी? शायद इसलिए कि वह लड़की होकर अपने आपको किस तरह बचा रही थी और लड़का सुशील होकर खुद को सरेआम प्रस्तुत कर रहा था। एक ही काम के लिए दो मनुष्यों में दो तरह का भाव क्यों? शबनम डर के मारे चीखने को थी और वह शर्म छोड़कर मुस्करा रहा था। अब समझ गई कि लड़कियाँ आगे क्यों नहीं बढ़ पातीं। उस जैसी लड़कियाँ, जो डर से और शर्म से माँ तक से कहने में हिचकिचाईं। क्षोभ इसी बात का रह-रहकर साल रहा था। कितना समय लगा दिया उधेड़बुन में, तब कहीं धीरे-धीरे अखबार पर ध्यान एकाग्र हुआ।

हाँ!

यह नौकरी तो है, कितनी माफिक बैठेगी, वह क्या जाने? एयरफोर्स में टेलीफोन ऑपरेटर के लिए फार्म निकले हैं। जाति का प्रमाणपत्र भी माँगा है। यह कहाँ बनेगा, शबनम को पता नहीं।

पता चला कोर्ट में बनेगा।

माँ को आशा दिलाई थी उसने कि उसकी नौकरी लगेगी। फिर दर-दर भटकना नहीं पड़ेगा। माँ के लिए सिलाई की मशीन ला देगी और बहनें पढ़ेंगी, स्कूल में या प्राइवेट।

नौकरी और नौकरी! एक जुनून यह भी था क्योंकि रोटी का सवाल देह से गुजरने पर आ जाता। आखिर कहाँ और किस-किस के सामने बिछा दी जाए देह? गाँव था यह, यहाँ किसी मर्द से बात करना तक तो मामा की नाक-मूँछ पर भारी पड़ता है, कोई सम्बन्ध बनाना कत्ल का मुद्‌दा बनेगा। मगर यही सवाल बार-बार क्यों खोंटता रहता है कि जब चाचा उससे वही हरकत कर रहा था, जो चाची से करता है, उनको दोष क्यों नहीं दिया गया। उसका कत्ल क्यों नहीं किया गया।

शबनम कोर्ट के चक्कर लगा रही थी। कोई सही जगह बताकर नहीं देता। क्या यहाँ सब लोग उसी तरह अनाड़ी हैं? माँ ने कहाँ-कहाँ से जोड़ निकालकर उसके हाथ में रुपए रखे थे, कहीं कोई उसे ठग ही न ले। वही अखबार साथ था, जिसमें विज्ञापन था। बराबर खोलकर देखती। एक आस बँधती, जैसे वह विज्ञापन उसी को बुलाने के लिए निकला हो।

शबनम को इस दौरान जो लोग मिले, उसे अब भी याद हैं। एक साहब से पूछा था कि सर्टिफिकेट कहाँ बनेगा? वे बोले, 'होटल में बनेगा। एक रात में बनकर तैयार हो जाएगा।'

'क्या मेरे चेहरे पर कुछ ऐसा लिखा है कि मर्द सेक्स के लिए निमन्त्रण देने लगते हैं? मैं लोगों से सही जगह पूछने का अपराध करती हूँ और वे मुझे होटल चलने की गाली देते हैं? क्या लड़कियों के साथ मर्दों का ऐसा ही व्यवहार होता है? मुझे नौकरी मिलेगी या नहीं, मगर ये अनुभव...जिन्दगी भर नहीं भूलने वाली।'

शबनम अब जूस कार्नर पर खड़ी थी और पानी माँग रही थी क्योंकि जूस के लिए पैसा खर्च करना उसके बस की बात नहीं थी। माँ ने पचास रुपए दिए थे, इन्हें कितनी देर चलाए?

बुजुर्ग से व्यक्ति! आशा बँधी पकी हुई उम्र से।

और शबनम को अबकी बार सही राय मिल गई। वे साथ गए और सर्टिफिकेट बनवाया। शबनम ने मन-ही-मन कहा, 'ऐसे लोगों के प्रताप से धरती टिकी है।'

वह सर्टिफिकेट बनवाकर आगे बढ़ी और बस स्टैंड पर आई तो वे लड़के मिल गए, जिनके साथ बारहवीं तक पढ़ी थी। वे सब कॉलेज में एडमिशन लेने आए थे यमुनानगर।

'मेरे जीवन के इस दूसरे पक्ष का क्या होगा?' शबनम ने सोचा। कॉलेज उसका सपना था तो नौकरी उसका यथार्थ। असलियतें, जरूरतें सपनों को रौंदने के लिए ही प्रकट होती हैं। कहाँ अभी तक फॉर्म भरना, सर्टिफिकेट बनवाना उसे ठीक-ठाक लग रहा था, मगर कॉलेज में जाना निःसन्देह आगे का रास्ता बनाना है।

वह अपने गाँव लौट गई। अब माँ से क्या कहेगी? यही कि वह नौकरी नहीं करेगी? यही कि अभी तुम्हारी मुश्किलें दूर नहीं होनेवाली? यही कि वह आमदनी का जरिया नहीं, खर्चे का साधन तैयार करनेवाली है।

इतना सोचा कि उसका दिल घबरा उठा। सिर घूमने लगा। गर्मी भरा दिन पानी पी-पीकर काटा। यह तो याद ही नहीं रहा कि उसने कुछ खाया नहीं है। होटल चलने का न्योता ठुकरा दिया। खाना, पेट भर खाना कीमती है और वह सोच रही है कॉलेज की पढ़ाई।

माँ से सामना हुआ। मँझे बुनकर जुटाए पैसों से आगे जाने की सोचने लगी। शबनम सच्चाई की हिमायती रही है और जिन्दगी उससे झूठ बुलवाने पर तुली है। माँ सच बात सुनकर सदमे में आ जाएगी। उससे वह न होटलवाली बात बता सकती है न कॉलेज में एडमीशन वाली। नौकरी का तो अभी कोई हीला ही नहीं।

सच्ची शबनम झूठ में छिपने लगी–

'अम्मी सर्टिफिकेट बनने में कमी रह गई। फिर जाना पड़ेगा।'

'जाना पड़ेगा? पर अब...'

'अम्मी, एक बार और पैसे दे दो, कुछ मेरे पास हैं। फिर तो नौकरी लग ही जाएगी।' कहते हुए नुकीला काँटा-सा शबनम के दिल में चुभा, परन्तु तुरन्त ही कॉलेज एडमीशन के सपने ने घाव ढक दिया।

शबनम एम.एल.एन. कॉलेज के प्रवेश द्वार पर थी। यह जगह अभी तक उसने कभी नहीं देखी थी। माँ ने फिर से पचास रुपए दिए थे, वही उसकी पूँजी थी। अपने साथ लाई मार्क्सशीट, जिसे वह बार-बार छूकर देख लेती। जब भी अम्मी का खयाल आता, वह अपने ही घर की घुसपैठिया सी ग्लानि से भर उठती। माँ को कितना-कितना तंग किया है बचपन से ही। जिन स्थितियों के बारे में अम्मी सोच भी नहीं सकती थी, उन्हीं से टकराने के लिए उनकी बेटी ने मजबूर कर दिया। सपने आदमी को कहाँ से कहाँ तक घसीटते ले चलते हैं।

प्रिंसिपल साहब से मिले बिना शबनम का काम नहीं चलनेवाला था। एडमीशन के लिए मार्क्स तो पूरे हैं, फीस के लिए रुपए बहुत कम हैं। यहाँ दोनों चीजें चाहिए।

'सर, मैं पढ़ना चाहती हूँ, लेकिन फीस नहीं दे सकती।' शबनम सफेद सफारी पहने लगभग पचास वर्षीय सज्जन के सामने हाजिर हुई थी।

'फिर क्यों आई हो यहाँ?'

'सर, आप रियायत कर दें।'

'यह कॉलेज मुफ्त में तालीम देने के लिए नहीं है। हम भी ऐसा कोई अधिकार नहीं रखते। क्या करें?'

'सर, हम जैसे लोग फिर कैसे पढ़ें?'

'तुम जैसे ही सोचें कि कैसे पढ़ें।'

इस वार्तालाप के बाद शेष क्या रह गया था।

बाहर निकल आई। निराशा ने बेदम कर दिया। जो कुछ देखा है, वह इस देश की शिक्षा पद्धति को दर्शाता है। स्त्री शिक्षा को लेकर कितने-कितने नारे लगते हैं, मगर स्त्री शिक्षा चाहे तो पैसे का सवाल उठ खड़ा होता है पहले।

कॉलेज के बाहर खड़ी रही गुमसुम।

'यहाँ नहीं हुआ? खालसा कॉलेज चली जाओ।' कहनेवाला कौन था? एक अपरिचित। लगा कि बहका तो नहीं रहा? यहाँ मित्र के वेश में दुश्मन मिलते हैं।

खालसा कॉलेज!

'इधर-उधर देख रही थी कि अचानक अंकल दिखाई दिए। ये मेरी क्लासमेट के पिताजी थे। चपरासी के पद पर लगे हुए। इससे ज्यादा पद पर मिलनेवाला कम-से-कम हमारा जानकार तो नहीं होगा।' शबनम याद करती है।

उन्हें देखकर उसका दिल भर आया। अब तक जितनी परेशान हुई थी, व्यथा आँखों में छलक आई। वह रो रही थी। अंकल को उसने सब कुछ सच बताया। माँ से झूठ बोलनेवाली बात भी और सच बोलकर उसे कितनी शान्ति मिली, लगा जैसे सफलता मिलनेवाली है।

फिर तो इस सूत्र से एक और सूत्र निकला। अंकल उसको गाँव की उस बहू के पास ले गए, जो इस कॉलेज में लैक्चरार थी। उस बहू को शबनम जानती थी। मामी कहती थी। अम्मा इन मामी के कपड़े सिया करती थी। छोटे कद की साँवले चेहरे वाली मामी की मुस्कुराहट कितनी अच्छी थी।

'मामी जी मुझे पढ़ना है।' कुर्सी पर बैठी मामी से विनय के साथ बोली।

जहाँ चाह, तहाँ राह...मामी ने उसको हरेन्द्र सिंह कंग से मिलवाया जो रिटायर लैफ्टिनेंट कर्नल थे। एन.सी.सी. इचार्ज थे यहाँ। शबनम ने अपने भाग्य सराहे, क्या वह इस भूमिका के उपयुक्त थी? इतने विशिष्ट लोगों से उसकी मुलाकात ही किसी शुभ अवसर के लिए संकेत है।

मामी के सामने अपने ड्राइंगरूम में सोफे पर बैठे कंग साहब शबनम से एक ही सवाल पूछकर रह गए, 'ईमानदारी से काम करोगी?'

'ईमानदारी, सर वह तो काम करने के बाद ही नजर आती है।' शबनम ने विनम्र भाव से कहा।

प्रवेश बी.एस-सी. स्पोर्ट्स में मिला। इस एडमीशन की फीस मामी जी ने भरी। कर्नल साहब ने पूछा, 'भाग लेती है? खेल-कूद सकती है?'

'सब कुछ सर। सब।' शबनम निहाल हो गई।

-

अब अम्मी से कैसे बताया जाए कि नौकरी नहीं लगी, एडमीशन हो गया। वह तो सुनकर बेहोश हो जाएगी। को-एड में पढ़नेवाली उनकी लड़की यमुनानगर में रहेगी, नामुमकिन। मामा मार डालेगा।

मामी जी को ही आगे कर दिया कि अम्मी को समझाएँ। माँ तो मानने के लिए ही बनी होती है औलाद के लिए, मगर गाँव में यह हल्ला था कि लड़की कहाँ चली गई। माँ किस-किस को जवाब देगी, यही तो मुसीबत है।

अभी तक शबनम गाँव से इसलिए आ रही थी कि यमुनानगर में रहने का न इन्तजाम था, न इजाजत। सुबह-शाम गेम जरूरी थे। नहीं शामिल होती तो एडमीशन

कैंसिल हो जाता। माँ ने अपने एक रिश्तेदार से मिन्नत की, जो जगाधरी में रहते थे। मगर वहाँ ज्यादा दिन नहीं रह सकती क्योंकि उनकी समझ में शबनम के गेम का समय न आता था। आवारा मानकर घर छोड़ने के लिए कह दिया। शबनम सड़क पर आ गई, 'क्या मैं आवारा हूँ?'

गाँव में बात यही थी कि शबनम भाग गई। उसने सोचा वही क्या, किसी भी लड़की के लिए इससे अलग लोग सोच ही नहीं पाते। यहाँ पढ़ाई के दिन कितने कठिन हैं, वह समझ सकती है।

गाँव गई तो लोग कानाफूसी कर रहे थे। इस बीच सारी बातें शबनम ने अपनी एक सहेली को बता दी थीं जिसे राजदार बनाया जाए और वह मदद के लिए आगे आए तो समझो कि तुम्हारे पुण्यफल उदय हुए हैं। उस सहेली के पिता वकील थे। माँ ने सुना तो उन्हीं के सहारे शबनम को मुँह अँधेरे ही गाँव से निकाल दिया, जब तक कि मामा न जागे और कहा, 'शब्बो, अब तभी आना, जब तू कुछ बन जाए।' थोड़े से पैसे देकर बस में चढ़ा दिया। शबनम ने माँ को सलाम किया, जहाँ तक माँ दिखे, देखती रही।

सहेली! अच्छा घर था, अच्छा रहन-सहन। शबनम को अब क्या कमी, क्या दुख? दोनों मिल-जुलकर रहतीं। खुद ही खुद से कहती शबनम—तुम सौभाग्यशाली हो शब्बो। देखो मामी जी ने कपड़े भिजवाए हैं, कॉलेज में पहनने के लिए। सोचो मैस में सहेली के साथ खाना मुफ्त है क्योंकि पैसे अदा वही करती है। ऐसी रहमत कहाँ मिलेगी?

शबनम को खटका लगता, रात में सहेली कहाँ चली जाती है? इसी ऊहापोह में थी और अपने गेम में ध्यान लगाती थी। उन्हीं दिनों गेम में जीत हासिल की। अखबार में फोटो छप गई। गाँव में पता चल गया। माँ कितनी खुश हुई होगी, शबनम कल्पना कर रही थी।

मगर दूसरे ही दिन अपने पास मामाजी को आया देखकर चौंक गई। शबनम की छानबीन करनी होगी मामा को। अब मन-ही-मन उससे छुटकारा पाने की रणनीति करने लगी। ओह! लड़की के विकसित होते जीवन में घरवाले राहू-केतु होते हैं। यहाँ जिन्दगी डगमग है, ये धक्का देने आ गए। क्या-क्या सोच रही है वह, क्या पता मामा फोटो और गेम की जीत देखकर खुशी-खुशी मिलने आए हों। मामा ने खुशी जताई न गम। उसने ही सोच लिया कि मामा खुशी-खुशी शबनम को गाँव लिवा गए हैं कि उसे अब गाँव के लोग देखना चाहते हैं। सारे रास्ते पर

जैसे फूल बिखरे हों। हवाओं में सुगन्ध फैली हो। शबनम को अपना गाँव स्वर्ग नजर आने लगा।

मगर!

हुआ वही जो मामा के घर होता रहा था। शबनम को मामा ने एक कमरे में बन्द कर दिया। ऐलान कर दिया, 'सलीके से बुर्का ओढ़कर रह। यहाँ बिरादरी में तेरे चर्चे हो रहे हैं। वह साला वकील जिसके घर तू रहती है अपनी लड़की से धन्धा कराता है। बिरादरी तुझ पर फतवा जारी करनेवाली है कि तेरे कारण हम भी बिरादरी बाहर कर दिए जाएँगे। हमारे बच्चों का क्या होगा।'

'नहीं मामा नहीं। मैं यहाँ नहीं रह पाऊँगी।'

शबनम चिल्लाती रही। खिड़की से खाना दिया जाता। पानी सरका दिया जाता। दिशा मैदान जाने के लिए माँ और मामी को साथ भेजा जाता। इन दोनों की जिम्मेदारी होती कि शबनम भाग न जाए। मामा भी जानता था, लड़की माँ को मिलने वाली सजाओं और लानतों के बारे में जानती है। उसकी हमदर्दी ही उसे यहाँ से भागने नहीं देती। इससे बेहतर पहरेदार कोई नहीं हो सकता।

तीन दिन जैसे तीन साल! शबनम ने इतना लम्बा वक्त अब तक काटा नहीं। जिन्दगी बीत नहीं रही थी, काटनी पड़ रही थी। कितना कुछ सोच डाला, पढ़ाई के जुनून ने ही उसे मुजरिम और कैदी बना दिया। पढ़कर आखिर वह क्या करनेवाली है? भविष्य में क्या करेगी, कुछ तय हो पाया? अगर कुछ तय होता है तो वह है शादी, जिसे घर के लोग ही तय करने लगते हैं। उसके हाथ में तो अब तब की पढ़ाई का हासिल भी कुछ नहीं है। यहीं क्यों नहीं रह जाती गाँव की लड़कियों की तरह? क्यों शहर और शहर के कॉलेज उसे खींचते हैं? क्या उसने यमुनानगर में जन्म लिया है, जो रहने की सुविधा वहाँ मिलेगी? उसे यकायक वह सहेली याद आने लगी जिसके पिता वकील थे। सारी सुविधाएँ थीं फिर भी वह रात को क्यों कहीं चली जाती थी? पैसे के लिए? उफ् वह भी कितनी पागल है, हर समय पैसे की बात सोचती रहती है।

'गुड्डी!' शबनम ने छोटी बहन को जंगले में मुँह डालकर धीरे से पुकारा। गुड्डी जैसे जंगले के नीचे ही बैठी हो, 'हाँ आपा' कहकर उसके सामने उपस्थित थी।

'गुड्डी दरवाला खोल।'

'मामा मारेंगे।'

'तो मैं मर जाऊँगी गुड्डी। फाँसी लगा लूँगी।'

'नहीं आपा, मरना नहीं। मैं दरवाजा खोल दूँगी। चाबी चुरा लूँगी। मैं मार खा लूँगी। मैं...' गुड्डी रोने लगी। शबनम बहन को देखकर और ज्यादा टूटने लगी।

अल्लाह, हमारी जिन्दगी क्यों बख्शी तूने? तेरी रहमत बस इतनी ही थी? हमने क्या गुनाह किया है? क्या इस दुनिया में हमारे हिस्से की रोटी नहीं है, पाँव रखने की जमीन नहीं है, पीने को पानी नहीं है? कुछ भी नहीं है तो हम यहाँ पैदा क्यों हुए हैं? या कह दे कि सब कुछ है हमारे हिस्से का, मगर यहाँ के इनसानों पर तेरा बस नहीं है। शब्बो सोचकर हलकान थी।

गुड्डी ने आपा से जैसा वायदा किया था, वही किया। माँ जिसे अंजाम न दे पाई, पन्द्रह साल की गुड्डी हिम्मत कर गई। उसे पता है इसकी सजा क्या होगी?

सबेरे-सबेरे कोठे में मामी ने ही देखा था। घर में हलचल मच गई।

शबनम फिर भाग गई।

माँ चुप थी, एकदम मौन, उसने अपनी बेटी से कहा था, 'जा, यहाँ से भाग जा। हमारा इस तरह तमाशा बनाने में इन लोगों को मजा आता है।'

'पंचायत हुई तो अम्मी?' शबनम ने पूछा था।

'मैं कह दूँगी मैंने शब्बो से नाता तोड़ लिया। तू क्या करेगी ऐसा नाता जोड़कर जो तेरे हाथ-पाँव बाँध दे और हर चीज के लिए मोहताज बना दे। सुन ले, तुझे किसी तरह मामा के हाथ नहीं आना है।' अम्मी ने शबनम के सिर पर हाथ रखकर बोला था।

यमुनानगर आकर पता चला कि टेलीफोन ऑपरेटर के लिए नियुक्ति पत्र आया है। यह भी मालूम हुआ कि यह एक प्राइवेट एजेंसी है। एयरफोर्स से इसका कोई लेना-देना नहीं। मगर नौकरी तो है। उसे तो नौकरी की ही जरूरत है, जिससे रुपए मिलें, उसकी कंगाली दूर हो। नौकरी की, बेकारी की मारी शबनम को ऐसी ही जरूरत है जैसे भूखे बेहाल आदमी को रोटी की होती है। प्यास से तड़पते हुए को पानी की होती है। मगर फिर कॉलेज का क्या होगा? कितनी मुश्किल से एडमीशन लिया है। एक साल पूरा किया है। पेपर दिए हैं, पास भी जरूर हो जाएगी। लेकिन किसी तरह दूसरा साल न कर पाई तो सब बेकार हो जाएगा। उसकी योग्यता सिर्फ प्लस टू रह जाएगी।

ग्रेजुएट होने के सपने ने शबनम को रात भर सोने नहीं दिया। हर महीने मिलने वाली पगार और बी.एस-सी. की योग्यता में से किसको चुना जाए? फिर खुद ही हल निकाल लिया जैसे कि हर इनसान निकाल लेता है, उसी पक्ष की ओर झुक जाता है, जो उसे करना होता है। सोच लिया, पेपर तो हो चुके हैं। छुट्टियों में देख लिया जाए कि वहाँ क्या मिलता है।

घर पता चला तो? तो क्या, माँ कुछ कहनेवाली नहीं। मामा फरसा उठाए घूमते हैं तो वे यहाँ भी रहना पसन्द नहीं करते उसका। गाँव में गरीब लोगों के पास क्या होता है सिर्फ मजहब। सड़े-गले रीति-रिवाज। वे इन्हीं को छाती से चिपकाए हुए अपनी हालत पर सन्तोष करते रहते हैं कि उनसे बड़ा मजहबी कोई नहीं। उनके पास अल्ला मियाँ की यही दौलत है और दीन यही, ईमान यही है।

जॉब! यमुनानगर से रुखसत हुई क्योंकि वह एजेंसी उसको गोवा भेज रही थी। यहाँ तो कुछ दिन ही उसे रहने दिया था। गोवा कहाँ है, शबनम भूगोल पढ़ते समय जान गई थी। कैसा है यह भी उसने किताबों में पढ़ा था। कभी जाएगी यह तो सपने में भी नहीं सोचा। अब अजीब-सी उत्तेजना थी कि जो उसकी हाथ की लकीरों में नहीं, अपनी तदवीर से पैदा किया है वह। उसने अपने कपड़ों पर गौर किया। ढीले सलवार-कमीज या तंग चूड़ीदार से वहाँ काम नहीं चलेगा। जींस और टॉप चाहिए होगा। वेतन मिलेगा तो अपना हुलिया बदलेगी।

यह बदलाव...इसी ने उसे घर से निकालकर कहाँ-कहाँ घुमाने के मुकाम बना दिए हैं। शबनम को अपने फैसले पर फख्र सा हुआ। वह पहली बार हवाई जहाज में बैठेगी। आसमान में उड़ेगी। यकायक उसे वह लड़का याद आ गया जो तीन साल पहले मंगेतर के रूप में मौसी के घर आया था और उसे गंवार कहकर छोड़ गया था। वह उसकी पत्नी होने के सर्वथा अयोग्य थी।

'अब मैं दिखाऊँगी, स्मार्ट कैसे होते हैं।' शबनम ने सोचा।

गोवा पहुँचकर देखा कि एक छोटे से आधुनिक घर में ऑफिस है। वहाँ दो औरतें और एक आदमी मौजूद हैं। इन लोगों ने उसका कमरा दिखाया तो शबनम ने थैंक्स बोला। पहली बार वह इस लहजे को अपनाकर गौरवान्वित हुई। एक मेज पर फोन इन्स्ट्रूमेंट्स का जमघट था। इसी मेज से उसे काम करना है। एयर-टिकिट्स की बुकिंग करना है।

दो दिन में उसने वहाँ की गतिविधियाँ समझ लीं। इतनी चुस्ती-फुर्ती बदन में उसे महसूस हो रही थी कि वह स्वयं ही रोमांचित हो उठी। दो में से एक औरत जो स्कर्ट ब्लाउज पहने थी, बालों का ऊँचा जूड़ा बनाए थी, अकसर ही उसके पास मँडराती रहती। उसे अच्छा लगा। ऐसा तो कभी नहीं हुआ। हमेशा वही मुँह जोहती रही है लोगों का। आज वह यहाँ महत्त्वपूर्ण है। कितना महान बोध है, महत्त्वपूर्ण होना। कितना आनन्ददायक है किसी का मेहमान बनकर आना और कितना आश्वस्तिदायक होता है, अपनी नौकरीवाली कुर्सी पर बैठना।

काम चलने लगा। वह दिन पर दिन टिकट बुक करने में निपुण होती जा रही थी। साथ ही उसके शरीर और चेहरे पर जींस और टॉप, स्कर्ट ब्लाउज ऐसे फब निकले कि वह आइने के सामने खड़ी होकर खुद को पहचान न पाती।

'गुडमार्निंग मैम।' दूसरी औरतों ने ऑफिस में आकर कहा तो वह भीतर से गुब्बारे की तरह फूल गई। कहाँ गई वह शब्बो, जो कॉलेज के सामने खड़ी-खड़ी रो रही थी? और जज्बाती ज्वार! उसे फुरफुरी आ गई। जगह और समय को लेकर उसकी चेतना गडमड थी।

एक महीना बीत गया।

इतने दिनों में जब-जब आँखें खोलकर देखा, यहाँ रहनेवाला अकेला आदमी, जो शरीर से मोटा है और कद से नाटा। उसके दाँत और आँखें लगता है लाल रंग से रँग दिए हैं। वह पान खाता रहता है। गोवा के मर्दों की तरह मछली और फैनी का शौकीन लगता है। दोनों औरतें उसके निर्देश पर काम करती हैं। शबनम को उसने पहले दो दिन काम समझाया था।

'कुछ गड़बड़ है।' शबनम क्यों सोचती है ऐसा। सब तो ठीक है। एक महीना होते ही उसे चौदह हजार रुपए मिले हैं। इतने रुपए एकसाथ उसने कभी देखे नहीं।

वह खामख्वाह ही चौकन्नी हो रही थी। रात को क्या होता है यहाँ? कुछ लोग आते हैं। टी.वी. कोई यहाँ क्यों देखने आएगा? दोनों औरतें उससे भी तो फिल्म देखने की बातें करती हैं। वह दिनभर की खिटखिट से इतनी थक जाती है कि सिवा सोने के किसी बात का मन नहीं होता।

'चलो देख लिया जाए।' एक दिन उसने खुद को ही मना लिया।

और।

लगा कि उसकी किस्मत का सितारा चमकने से पहले टूट गया। उसके सामने ब्लू फिल्म चल रही थी और जो दो लोग बैठे थे, वे उसका अभ्यास करने में ऐसे जुटे कि उन्हें होश नहीं था। शबनम ने आँखें बन्द कर लीं और उठने का उपक्रम करने का मौका मिलते ही चली गई। रात भारी थी। जो देखा उत्तेजना भरा और गन्दा था।

सबेरे उसने औरत से पूछा फिल्म के बारे में तो वह औरत बोली, 'यह गोवा है। यहाँ लोग एंटरटेनमेंट और एंजॉयमेंट के लिए आते हैं। मौज-मजा करने। यह कोई तीर्थ नहीं कि पूजा-पाठ करके आरती गाई जाएगी और हम जो टिकिट बुक करने की एजेंसी चलाते हैं, टिकिट के साथ मस्ती का भी इन्तजाम रखते हैं। मछली फैनी और लड़की तक। तुम अपना काम करो और पे लो, तुम्हें क्या?'

बात साफ हो गई। उसका गला सूखने लगा। यह वातावरण...उफ्! स्तब्ध और

सन्नाटे की स्थिति। यहाँ लड़कियाँ उसी तरह ही बुलाई जाती हैं।

'क्या किसी लड़की की जगह कभी मेरा नम्बर नहीं आ जाएगा?' शबनम ने सोचा तो उसे चारों ओर अँधेरा नजर आने लगा। उसके सामने उसके ही रूप में ब्लू फिल्मवाली लड़की...या अल्लाह! नौकरी के मंच पर उसका अवतरण ऐसे होगा? यमुनानगर की शबनम ने पाया, यह जगह उसकी नहीं। यही करना होता तो गाँव में मेहनत मजदूरी और शहर में लोगों के जूठे बर्तन, गन्दे कपड़े धोने की क्या जरूरत थी? यह धन्धा करके पैसे जरूर मिलेंगे, पढ़ाई और भविष्य का नाश हो जाएगा।

कोढ़ में खाज! फोन किया था यमुनानगर वाली सहेली को। वह मिली नहीं। मामी जी को मिलाया तो उन्होंने बताया, 'तू कहाँ है? कॉलेज खुल गए तो तेरा पता नहीं। कॉलेज से तेरे घर लैटर गया है कि तू लगातार एब्सेंट है। इस हफ्ते नहीं आई तो कॉलेज से निकाल दिया जाएगा।'

शबनम के पाँवों के नीचे से जमीन खिसक गई। एक तो कॉलेज से निकलने की नौबत आ गई। दूसरे गाँव में अब तो पक्के तौर पर मान लिया गया होगा कि शबनम, जावेद की भाँजी, किसी यार के संग भाग गई। माँ पर क्या गुजर रही होगी? नानी घर के बाहर कैसे निकलती होगी? गुड्डी को गाँव के शोहदे बेझिझक होकर छेड़ते होंगे। शबनम ने बड़ों के रास्ते बन्द कर दिए तो छोटी बहनों के लिए बेइज्जत होने के रास्ते खोल दिए।

'मेरे गुनाह को खुदा भी माफ न करेगा,' शबनम ने सोचा और उसकी आँखें भर आईं। रोने लगी फूट-फूटकर। अब वह क्या करे?

मेज पर टिका सिर ऊपर उठाया तो देखा, लाल आँखोंवाला आदमी जिसे वह 'सर' कहती है, खड़ा है सामने।

'सर, मैं जाना चाहती हूँ।' आवेग में यकायक उसके मुँह से निकला।

वह चुपचाप खड़ा था। घूर रहा था। इतने में दो में से एक औरत आ गई। आते ही बोली, 'क्या कह रही थीं आप मैडम?'

'मेरा जाना...मेरा इन्तजाम कर दीजिए।'

'ऐसे कैसे चली जाओगी?' कहनेवाली औरत का भारी चेहरा कठोर था।

'जाऊँगी। जाना जरूरी है।'

'हमारे नुकसान को कौन भरेगा?'

'इस महीने की पे मुझे मत दीजिए।'

'खेल समझ रखा है क्या कि तुम्हारा फैसला चलेगा।'

'अच्छा!' शबनम तन गई।

'अरे हेकड़ी दिखाती है?'

'सुनिए, फिर मैं पुलिस को फोन करती हूँ।'

'पुलिस,' यह शब्द उसके मन में कैसे आया? अब तक पुलिस से उसका कितना वास्ता पड़ा है? पुलिस आ ही जाएगी, क्या गारंटी है? वह सोचती रही।

अपराध करनेवाले लोग जितने कट्टर और मजबूत दिखते हैं, वे भीतर से उतने ही कायर और कमजोर होते हैं। ऐसा न हो तो वे अवैध काम क्यों करें? क्योंकि वैध रूप से काम करने की न उनमें योग्यता होती है और न हिम्मत। धैर्य तो खैर होता ही नहीं है।

'तुम्हें जान प्यारी है या नहीं।' यह लाल आँखोंवाले की आखिरी धमकी थी।

'नहीं।' शबनम ने कह दिया।

वह आदमी शबनम के शरीर में बिजली का करंट देने के लिए तैयार हो गया। तो शबनम चीखी, 'और तुम कर ही क्या सकते हो? मुझे जान का डर नहीं, इससे क्या डरूँगी? हाँ, तुम्हें जेल जरूर भिजवा दूँगी।'

किताब में पढ़ा था, वक्त आए तो 'करो या मरो' से गुजर जाओ। बहादुरी ही तुम्हारा साथ देगी।

निश्चित ही वे लोग डर गए। वे क्रूर तो थे, मगर धन्धेबाज थे। वे किसी लफड़े में पड़कर अपनी एजेंसी बन्द नहीं करना चाहते थे। उन्होंने एजेंसी के लिए शबनम को छोड़ दिया। बन्धक बनाकर हवस पूरी की जा सकती है, व्यापार नहीं चलाया जा सकता।

'ओ मेरे मनचाहे मिशन!' शबनम ने छोटी-सी आह भरी।

सुरेन्दर और कुलवीर।

पहला कमरा छूट गया था यमुनानगर में। नया कमरा था उस लेडी का, जिसको रुपए से ज्यादा काम करनेवाली लड़की की जरूरत थी। शबनम के ऊपर से 'मॉडर्न गर्ल' होने का भूत उतर गया था। इन आंटी के यहाँ वह पहले भी कुछ दिन रह चुकी थी। आंटी को पैसे चाहिए नहीं, शबनम भी पैसे खर्च करने की हालत में नहीं। गोवा से भागनेवाली लड़की को पे कौन देता? पिछली तनख्वाह टिकिट में लग गई। अब उसके पास सिर्फ अपना शरीर था, जिसके जरिए वह श्रम करती रही है। योग्यता के प्रमाणपत्र अभी मृग-मरीचिका हैं, उसने अनुभव कर लिया। अपनी औकात यही है, उसने मान लिया।

उसने माँ के नाम खत लिख दिया कि गाँव द्वारा लड़की की तरह रहने की पुकार पर चलने की कोशिश कर रही है। यह सच भी था क्योंकि उसने अब अपने पुराने कपड़े धारण कर लिए थे, जिन्हें नई आत्मा के निर्माण के चलते छोड़ गई थी, लेकिन

यह नहीं लिखा कि कुलवीर के प्रति उसका भावनात्मक लगाव उसकी इच्छा के विरुद्ध आगे बढ़ रहा है। यह लिख दिया कि यहाँ आंटी के घर रहने की शर्त क्या है, यह नहीं लिखा कि साथ के कमरे में सुरेन्दर और कुलवीर नाम के दो लड़के रहते हैं। असल में वह अपनी स्थिति जानकर दोनों लड़कों के साथवाले कमरे में रहने पर ऐतराज नहीं करना चाहती थी और अपने भावनात्मक लगाव को भी स्थायी मानकर नहीं चल रही थी। उसकी सहेली कहा करती थी, 'शब्बो, तू इन बातों को दिल से कभी न लगाना, ये सब तो चलता है 'टाइम पास' की तरह।

माँ की ओर से गुड्डी ने खत लिखा था—अपना खयाल रखना। यहाँ तो तेरे बारे में एक नई चर्चा रोज उठती है। क्या कोई सरदार तेरे साथ है? यह कैसी राह पकड़ ली है। तू घर की बड़ी लड़की है, तेरा फर्ज क्या है, तू जानती है। गुड्डी न हो तो मैं क्या करूँ? हमारा काम तो वही पुराना है। जो तुझे छेड़ते थे, अब गुड्डी के पीछे हैं। लोग यहाँ कहते हैं, शब्बो नहीं लौटेगी। कमान से छूटा तीर कभी वापस नहीं आता है? मुझे उम्मीद है ईद-बकरीद चाहे न आए शब्बो, माँ के बुलाने पर जरूर आएगी। बेटा, मैं क्या तुझे ऐसे ही बुला लूँगी? तेरी गाँठ में चार पैसे होंगे, तू मेरी पुकार अपने आप सुन लेगी।

माँ के खत को पढ़कर आँखें भर आईं।

'हाय शबनम!'

उसने पीछे मुड़कर देखा, कुलवीर खड़ा था। नहा-धोकर तैयार हुआ जैसा। आंटी के डायनिंग रूम में नाश्ता करने जा रहा होगा। सुरेन्दर और कुलवीर पेइंग गेस्ट हैं।

'तुम भी आ जाओ न नाश्ते पर।'

'मैं! मैं वहाँ इस समय नहीं खाती। कॉलेज से आने पर ही...'

'आओ तो। देखो, सुरेन्दर भी आ गया।'

'मैं नहीं आ सकती। तुम लोग खा लोगे, मैं तब आऊँगी। तभी वहाँ मेरी जरूरत होती है।'

'ठीक है, हम आंटी से बात कर लेंगे, तुम भी हमारे साथ नाश्ता करोगी।'

वह ताज्जुब में थी, क्या सचमुच लड़कों को लड़की से बात करने में चींटी भर की झिझक नहीं लगती। पहली बार बात की है और नाश्ते की दावत देने लगा। न जाने वह ऐसी चुस्त किस जनम में होगी।

उस दिन के बाद तीनों साथ-साथ नाश्ता करने लगे। बातों-बातों में बात इतनी बढ़ी कि सुरेन्दर ने शबनम का नाम 'रामू' रख दिया।

रामू! प्यार का नाम था...

कुलवीर ने बताया, प्यार से हम कहते हैं तुमको रामू और देखो दूर से भी पुकारेंगे तो कोई गौर न करेगा। अगर शबनम कहकर बुलाएँगे, लोगों के कान खड़े हो जाएँगे।

'Prevention better than cure' कहकर वह हँस पड़ा।

पहले दिन कुलवीर की मोटर साइकिल की पिछली सीट पर शबनम बैठी और उसकी कमर में हाथ डाला तो सारा शरीर सिहर उठा। पीछे से वह बोली, 'मैं ऐसे नहीं बैठ पाऊँगी।'

'तब आसानी से गिर पड़ोगे, रामू जी और गिर जाने के लिए मैंने तुम्हें अपने पीछे नहीं बिठाया।'

उस दिन के बाद एक सिलसिला चल पड़ा। उसके जीवन का नया अध्याय खुला। अब तक किसी के प्रति ऐसा लगाव नहीं हुआ था शबनम का। पहली बार महसूस हुआ कि पुरुष भी प्यार कर सकते हैं। यहाँ सेक्स की झपटमार नहीं, मन के रास्तों पर बिछी मनुहारें हैं।

सिनेमा साथ-साथ जाते तो बगल में बैठा कुलवीर पर्दे पर चलता-फिरता हीरो लगता और वह खुद उसकी हीरोइन। ऐसी कल्पनाएँ सजाने से ख्वाब तक कभी न देखे थे। इस जन्नत का पता अब तक कहाँ पाया?

कॉलेज से लौटते समय एक बहुत सुन्दर बगीचा पड़ता। उसमें रंग-बिरंगे फूल होते। शबनम को उन्हें देखते हुए कई बार ठोकर लगी थी। उसने वह रास्ता छोड़ दिया था और आज कुलवीर की मोटर साइकिल उसी ओर मुड़ी चली जा रही है। क्या वह उसके मन की बात बिना बताए ही समझ गया है?

'सुरेन्दर पढ़ाकू है,' कुलवीर कहा करता, जब-जब शबनम उससे कहती, 'तुम्हारा दोस्त मुझे गालियाँ देता होगा।'

कुलवीर ने उसी बगीची से लाल गुलाब तोड़कर उसके बालों में पिन से लगाया था (तब तक दो चोटियाँ वाले बाल स्टैप कट हो गए थे)। कुलवीर कितना भावुक हो उठा था! शबनम का चेहरा अपने हाथों मे लेकर बोला, 'तुम्हारा चेहरा आइना है रामू। इसमें मैं अपना चेहरा देख सकता हूँ।'

वे दोनों पार्क की ओर निकल गए थे। एकान्त क्षणों में वह तोहफा उन्हें इतवार की छुट्टी ने दिया था। शबनम ने आंटी से आज के दिन की छुट्टी माँगी थी और दोपहर के बर्तन शाम को माँजने का वादा किया था।

कुलवीर की बाँहों का घेरा उसके इर्द-गिर्द था, वह आंटी के काम को सिरे से भूल गई। अब प्रिय का चेहरा उसके चेहरे पर झुका हुआ था। ऐसे में ही कब उसके होंठों से कुलवीर के होंठ आ जुड़े, उसे पता न चला या उसने अपने होश खो दिए! शबनम की धड़कन सीने में समा नहीं रही थी।

उसे होश आया तो लगा कि कितनी बड़ी भूल कर बैठी। कुलवीर जैसे लोग अपनी इच्छा को कामुकता की सीमाओं में धीरे-धीरे बढ़ाते जाते हैं। आज उसे मामा का चेहरा अनचाहे ही याद आता जा रहा था।

दूसरे दिन...

'रामू, क्या बात है? कल के बाद दिखे ही नहीं?'

शबनम मुस्कुराने के सिवा क्या करे? इधर किवाड़ का पल्ला सरकाकर कुलवीर ने बाँहें फैला दीं। शबनम से कुछ न बना, बाँहों में समा गई। धड़कनों की लय में जो धुन बजी वह थी, 'मेरे पहले पहले प्यार!'

अपने घर के दरिद्र, वहाँ की मुसीबतें वह कुलवीर की बातों में गुम कर देती। खाते-पीते घर का लड़का, जिसके यहाँ बिजनेस होता है। बड़ा भाई विदेश में है। उसकी शादी होनी है। कुलवीर इन दिनों भाई की शादी के उत्साह में ऐसे ही था, जैसे उसकी अपनी शादी हो। वह अकसर कहता, 'रामू, भाभी को देखोगे तो दंग रह जाओगे। मेरा भाई भी लाखों में एक है।'

'मैं कैसे देखूँगी भाभी को?' शबनम ने शरारत से कहा था।

'अरे! तुम क्या समझ रहे हो, मैं अकेला जाऊँगा? तुम्हारे बिना रामू मैं सोच नहीं सकता जाने की। घर में मैंने फोन पर बता दिया है कि मैं रामू को साथ लेकर आऊँगा। देखोगे तो सब खुश हो जाओगे।'

शबनम के चेहरे पर चंचल मुस्कान थी। उसी समय आंटी ने दरवाजा खोल दिया, जो कि बिना कुंडी का था। आंटी के चेहरे पर वात्सल्य सा छलक आया, बोली, 'पुत्तर, आज तो नाश्ता करना भी भूल गए। मैंने पोहे बनाए थे। कल तो तुम शादी के वास्ते चले जाओगे।'

आंटी का हँसता हुआ चर्बीदार गोरा चेहरा शबनम को माँ मरियम के चेहरे से मिलता-जुलता लगा।

एकान्त में प्यार की एक रिहर्सल के दौरान शबनम सोच रही थी, दुनिया इतनी खूबसूरत है! खूबसूरत दुनिया में उसके बालों से पहली बार शैम्पू की महक आ रही थी।

आज उन्हें सारे दिन बाजार में रहना था। कुलवीर का पर्स मोटा था और वह रामू को अपने हाथों से सजाना चाहता था। महँगा सूट जिसमें सितारे जड़े हों। छोटा-सा वैनिटी बॉक्स, जिसमें क्रीम पाउडर से लेकर मस्कारा, नेल पॉलिश जैसी चीजें हों। पाँव में चप्पल, जिनमें पायलें सजी थीं।

'ऐऽऽ! तुम भाई की शादी में जा रहे हो और तैयारियाँ मेरी करा दीं।' शबनम ने उसके कन्धे पर सिर रखकर नाज से कहा।

और यह नाज नखरा! कुलवीर के कमरे में सजा बिस्तर।

गहन चुम्बन के दौरान शबनम को लगा, कुलवीर सीमाएँ लाँघ रहा है। दरवाजे की कुंडी किसलिए बन्द की है? सुरेन्दर कहाँ है?

'प्यार में सन्देह शोभा नहीं देते।' अन्त में शबनम ने सोचा, लेकिन कुलवीर

के हाथ स्तनों पर जाकर रुक गए। उसने अपने को नियन्त्रित करके ऐसी शालीनता बरती कि शबनम का सिर झुक गया। बस कुलवीर का मुँह उसके सीने से लगा हुआ था। यह अपनत्व उसे कहाँ नसीब था? उसे तो जब-जब पुरुष जाति में पैदा प्राणी मिले, तब-तब सआदत हसन मंटो की कहानी 'खोल दो' याद आती रही। पढ़ने का यही तो फायदा है, यातनाओं का वर्तमान ही नहीं, इतिहास भी ज्ञात रहता है।

शबनम की उमंगें शिखर पर थीं। उसकी जुबान पर मनपसन्द गाने थिरक उठते कि उसका भी कोई है, वह महबूबा बन गई है। प्यार ने उसको जिन्दगी का सुन्दरतम पक्ष दिखा दिया।

शादी में शबनम कुलवीर के साथ छह दिन पहले पहुँच गई। कॉलेज से जितनी छुट्टी कुलवीर ने ली, उतनी ही रामू से भी लेने को कहा।

घर में शादी का माहौल था। दो मंजिला शानदार मकान मेहमानों से भरने लगा। शबनम का सामान कुलवीर ने अपनी माँ के कमरे में रखवाया। इस व्यवहार से वह गर्वित होने लगी। लगा कि इससे ज्यादा अपना घर कहीं क्या होगा? कपड़े बदलकर तन-मन से काम में जुट गई। घर में सब लोग उसे रामू कहकर ही बुलाने लगे। बात भी ऐसी थी, शबनम नाम मुसलमान होने का सबूत था। घर में कई ऐसे थे, जो मुसलमानों का छुआ नहीं खाते। मेहमानों का हर तरह से खयाल रखना पड़ता है।

लेकिन शबनम ऐसी कमेरी निकली कि सबका मन मोह लिया। कुलवीर का बड़ा भाई अभी ऑस्ट्रेलिया से यहाँ पहुँचा न था।

शबनम प्यार में लगातार गोते खाती रहती। एकान्त में कुलवीर मिलता, दोनों एक-दूसरे को चूमकर ही मानते। शबनम अब कुलवीर के लिए हिन्दुस्तानी कुँवारी लड़की वाले नियम तोड़ चुकी थी। वह खुद चुम्बन लेती। सिहरन जो पहले शरीर में पैदा हो गई थी, प्यार की सौगात सी जहाँ-तहाँ ठहर जाती।

यकायक शादी के माहौल में उत्तेजना भरी खुशी दौड़ गई। पता लगा कि जिसका इन्तजार हो रहा था, वह आ पहुँचा। माँ की आँखों में आँसू आ गए।

सतवीर, जिसकी शादी का यह जश्न था।

आज नाचनेवाली बुला रखी थी कि नाच-नाचकर दूल्हे की बलाएँ ले और बख्शीश पाए। घर में आई मेहमान लड़कियों को डाँस के लिए तैयार देखकर कुलवीर ने शबनम को नाचने का न्यौता दिया और चाहा कि वह उन दो सूटों में से एक सूट पहने, जो उसने दिलाए हैं। शबनम की खुशी बाँसों ऊँची हो गई।

'रामू इधर आ।'

'रामू चाय-नाश्ता ड्राइंगरूम में रख। बड़े ताया जी आ गए हैं।'

'रामू, ताया जी वाले भइया बुला रहे हैं। उन्हें तौलिया देकर आ।'

'रामू, किचन के आगे पानी फैल गया है। पोंछा ले जा, नहीं तो कोई गिर जाएगा।'

रामूरूपी शबनम चकरघिन्नी की तरह सबके काम करती और खुशी से फूली न समाती, जैसे उसकी दरिद्रता ने उससे अलविदा कह दी हो और वही उँगली पकड़कर उसे इस घर के वैभव में प्रवेश दिला गई हो।

नाच गाना होने लगा, क्योंकि रात हो गई। कुलवीर रामू को खोजता हुआ वहीं पहुँच गया, जहाँ शबनम थी, यानी रसोईघर के पास। उसने इशारे से बुलाया और कान के पास मुँह रखके बताया, रामू पता है सतवीर भइया क्या कह रहे हैं, 'यार तेरी गर्लफ्रेंड तो बड़ी अच्छी है। मेरी होनेवाली वाइफ से भी अच्छी। तू तो बड़ा उस्ताद निकला।' यह कहकर कुलवीर छलाँग सी लगाते हुए बाहर निकल गया और शबनम ड्रैसिंग टेबल के पास मँडराने लगी कि उसको खुद की छवि देखने को मिल जाए। जब मौका जुटा लिया तो अपनी ही सूरत पर मर मिटी शबनम।

अब उसे लगातार शादी का हीरो सतवीर बुलाने लगा, 'रामू, कुलवीर से मेरे कपड़े निकलवाकर ला।'

शबनम तेजी से जा रही थी कि ताया जी के बेटे गुरजीत से टकरा गई।

'ओ सॉरी,' कहकर गुरजीत भाई साहब पीछे हट गए। जाते-जाते बोले, 'तू ही रामू है न? फ्रिज से बर्फ लेती आना और सुन, सलाद डायनिंग टेबिल पर रखी है, लेकर ऊपर आ जा।'

ऊपर की मंजिल पर बने कमरे में सतवीर और गुरजीत थे। रामू को कभी पानी, कभी नमकीन तो कभी सोडा की बोतल लेकर जाना ही था।

नीचे नाच होने लगा। डीजे के संगीत ने घर को जश्न बना दिया।

रामू को ऊपर ही रोक लिया। वह कैसे कहे कि कुलवीर उसकी राह देख रहा है। वह उसके साथ नाचना चाहता है। इनकी भी तो सुननी है, जो लगातार उसकी तारीफ किए जा रहे हैं।

तभी फुर्ती से सतवीर उठा और रामू की बाँह पकड़ ली। अपने शरीर से चिपटाता चला गया। गुरजीत की हट्टी-कट्टी हँसी कमरे में भर गई। नीचे का संगीत तेज शोर में बदल गया।

वह हड़बड़ाई हुई...सतवीर पगलाए हुए से चुम्बनों से उसके होंठ भींचे हुए था

और आतुरता भरे मजबूत हाथों से उसकी सलवार और पेंटी अलग कर दीं। इतना कुछ ही शबनम के बेहोश होने के लिए ही काफी था। मगर यहाँ दो-दो आदमी उसके बदन को दबाए हुए थे। मुँह पर हथेली की कसावट उस ढक्कन की तरह थी, जिसे प्रेशर कुकर का ढक्कन कहते हैं।

जहाँ तक होश रहा या याद रही, बिस्तर पर उसे उलट-उलटकर मनमाने तौर पर तोड़-मरोड़ डाला। बाँधा छेदा, काटा चींथा। जो कुछ स्त्री के साथ हवस का मारा पुरुष करता है, दोनों पुरुषों ने किया। इस घर का दूल्हा राजा और उसका तयेरा भाई...

होश आया तो देखा, कुलवीर उसके पास बैठा है। वह कुलवीर की माँ के कमरे में है।

माँ पूछ रही है, 'कैसे गिर गई थी तू बेटा? बता पुत्तर, बता। देख चोट तो ज्यादा नहीं आई। तू गिरने के सदमे से बेहोश हो गई।'

कुलवीर ने अपनी जाँघ पर शबनम का सिर रख लिया। इस समय वह वही सूट पहने थी, जो प्यार की सौगात थी। मगर उस पर अब खून के दाग थे।

शबनम की हालत अच्छी नहीं। वह पागलों की तरह कुछ बोलती है। कुलवीर ने माँ से कहा कि वह बारात में नहीं जाएगा और कुलवीर गया भी नहीं।

वह कुलवीर की बाँह पकड़कर एक ही बात बोल रही थी, 'मुझे जहर दे दो कुलवीर।'

'क्यों? ऐसा क्यों कहते हो रामू?'

'तुम सुन नहीं सकोगे।'

'मैं सब सुन सकूँगा, बता दो रामू।' कुलवीर का चेहरा उसके चेहरे पर झुक आया। कुलवीर रो रहा था।

शबनम ने अटक-अटक कर सारी बात बता दी।

कुलवीर की आँखें निकल आईं। उसने एक ही फैसला दिया, 'रामू, चलो हम यमुनानगर चलते हैं।'

बदन की जो चीरफाड़ हुई थी, कुलवीर की हमदर्दी मरहम का काम करने लगी। लगा जैसे वह इस घर का सदस्य नहीं। उसे इस घर में पैदा नहीं होना चाहिए था। पलभर आँखें मूँदकर शबनम कुलवीर के प्यार को महसूस करना चाहती थी।

आनन-फानन में टैक्सी आ गई और वह सोच रही थी, वक्त ने कैसा पलटा खाया, कल इस समय वह हुस्नपरी बनी हुई थी। कुलवीर के चुम्बन अब भी होंठों पर नाच रहे हैं, जबकि उसके भाइयों ने होंठों को ही रौंद दिया। यह क्षण, यह दिन, कितना कठोर है। गीत-संगीत उसके अन्दर ही सूख गया।

शबनम कुलवीर के साथ यमुनानगर आ गई। मगर अब वह अकेली...कुलवीर आंटी के सहारे यहाँ छोड़ गया। जरूर आंटी को अच्छी रकम दे गया होगा। इस मामले में आंटी किसी को नहीं बख्शती।

शबनम को याद आया, उसने पुलिस में भर्ती होने के लिए फार्म भरे थे। पुलिस में जाने की उसकी तमन्ना ने गोवा में जन्म लिया था। जब उसने एजेंसी के आदमी से कहा था, 'मैं पुलिस बुला लूँगी।' तो मन में यह बात भी आई थी कि पुलिसवालों की क्या गारंटी कि वे उसी का पक्ष लेंगे? काश महिला पुलिस हो यहाँ या उसकी पहुँच महिला पुलिस तक हो पाए। मगर कितनी है महिला पुलिस? उँगलियों पर गिनने लायक बस। उसकी जैसी कितनी ही लड़कियाँ इसी तरह असुरक्षा से घिरी हुई असहाय की तरह अपनी नौकरी छोड़-छाड़कर भागने लगती हैं और फिर नया सफर शुरू करती हैं यहाँ-वहाँ भटकते हुए...

भाई की शादी के बाद कुलवीर आया तो कहने लगा, 'रामू तू मेरे भाई पर इल्जाम लगा रही है, यही मेरे प्यार का बदला है? तू हमसे ज्यादा से ज्यादा पैसा ऐंठना चाहती है।'

'नहीं, तुम्हारे भाइयों ने बलात्कार किया है। मैं इसकी रिपोर्ट पुलिस में कर दूँगी। तुम कहते हो, मैं इल्जाम...यही मेरे विश्वास का बदला है?'

कुलवीर हँसा। एक खोखली-सी हँसी।

'तू जानती है रामू, पुलिस किसका साथ देती है? कर दे रिपोर्ट। वहाँ भी तेरा बलात्कार होगा, किसी का बाल बाँका न होगा।'

'रामू, तूने कभी यह नहीं पूछा कि हमने तेरा नाम रामू क्यों रखा था? तू रामू ही तो थी। आंटी के घर में झाडू बर्तन करे या किसी और के घर। अपने घर में यह बोलकर ही तुझे ले गया था कि शादी के काम के लिए नौकर ला रहा हूँ। रामू हो या बहादुर, काम तो एक-सा होता है दोनों का।'

शबनम को काटो तो खून नहीं। कुलवीर का यह चेहरा!

शबनम पुलिस में भर्ती होने की तैयारी में लग गई। अच्छा हुआ, फिजीकल टेस्ट पहले हो गया था। उसमें वह सलैक्ट हुई थी। अब इंटरव्यू की डेट आएगी फिर मेडिकल।

मेडिकल टेस्ट के बारे में सोचते ही शबनम को धक्का लगा। वह किसी तरह अपने आपको खत्म कर दे तो सारे झंझट खत्म हों। घर किस मुँह से जाएगी? माँ ने कहा था—कुछ बनके ही यहाँ आना। वह क्या बन गई? कहीं खुद माँ ही न बन जाए, जो हुआ वह माँ बनने के लिए काफी है। कितना सताया, कितना रुलाया घरवालों को कि वह ब्याह नहीं करेगी। क्या इसी हादसे के लिए पाकीजा बनी रही थी? अरे कुलवीर तू भी कितना डरपोक निकला! एक सज्जन इनसान अपने रामू की

इच्छा से चलता हुआ और अपने भाई के हाथों शबनम को लुटवा दिया। अब जो तू बोलकर गया है, वह तू नहीं, तेरे गले में तेरे भाइयों की आवाज भरी हुई है। तू हर हालत में शबनम का पहला प्यार...धोखा दे गया तो क्या?

शबनम दीवारों से सिर मारती थी। घरवालों ने भरी पंचायत में उससे नाता तोड़ने की बात कह दी है। उनकी गलती भी क्या थी? नए जमाने के तेवर गाँववालों को आगे तो क्या बढ़ाएँगे, डराकर पीछे धकेलते रहते हैं।

कुछ दिनों में शबनम सामान्य होने लगी। उसने यही सोचने का मन बनाया कि जो कुछ हुआ, उसमें उसका क्या कसूर? वह तो दोषी नहीं। कोई किसी के घर डाका मारता है, लूटपाट करता है तो डाकू लुटेरा भी वही कहलाता है। नापाक इरादे उसी के होते हैं। मन से यह बात निकालनी पड़ेगी कि जो शारीरिक शोषण या बलात्कार हुआ, उसमें लड़की का कोई हिस्सा होता है।

हिम्मत कुलवीर के दोस्त रतनदीप ने भी दी।

'भूल जा कि क्या हुआ था? तुझे मेडिकल क्लीयर करना होगा। कोई आशंका है तो चल मेरे साथ, अस्पताल में चैकअप करा लेते हैं। झिझकेगी तो तेरी जिन्दगी में आनेवाला अच्छा मौका हाथ से चला जाएगा।'

शबनम देखती रह गई। यह हमदर्द बनकर कहाँ से आ गया? इससे तो कुलवीर के यहाँ थोड़ी-बहुत बातचीत हुई थी। क्या कुलवीर ने इसे भेजा है यहाँ? असमंजसों के जाल में उलझती हुई शबनम।

दुख में माँ बहुत याद आ रही थी, फोन करके बता दिया, 'अम्मी, मैंने कुलवीर के यहाँ जाने की बात कही थी न? उसके भाई की शादी में जाने की बात...अम्मी, कुलवीर ने मुझे धोखा दिया है।' कहकर शबनम फोन पर ही फूट-फूटकर रोने लगी।

रतनदीप नींद की गोलियाँ ले आया था, उन्हीं को खाकर सो पाती। उसने अब आंटी का घर भी छोड़ दिया था। रतनदीप ने कांग्रेस सभा के अध्यक्ष से बात करके दूसरी जगह कमरे का इन्तजाम करा दिया था। रुपए उसने ही दिए। शबनम समझ रही थी, ये रुपए हों न हों, कुलवीर ने पहुँचाए हैं।

शबनम नॉर्मल होने के लिए जितनी कोशिश करती, उतनी ही बिखरती जाती। रतनदीप ने कहा, 'थोड़ी ब्रांडी ले लिया कर, नींद आ जाएगी।' और शबनम अंकल के घर से शराब ले लेकर पीने लगी।

रतनदीप झल्ला गया। उसने शबनम को खूब डाँटा, 'इतनी पीने को किसने कहा था? ये अंकल क्या सोचेंगे?'

'अंकल को जो सोचना था, सोच चुके रतनदीप। अंकल किसी शिकारी से कम नहीं। मैंने मना किया तो कमरा छोड़ने की बात करते हैं। मैं चाहती हूँ, एक बार

किसी अस्पताल में चैकअप करा लूँ क्योंकि मेरे इंटरव्यू की डेट आ गई है। चिन्ता ने मुझे चबा डाला।'

रतनदीप उसी दिन शबनम के साथ देहरादून के लिए रवाना हो गया। अस्पताल खोज लिया। शबनम सोच रही थी, अम्मी एक कहावत कहती है, 'आए थे हरिभजन को ओटन लगे कपास।' अम्मी को क्या पता कि उनकी बेटी जिस साहस के साथ घर से भागी थी, उससे कई गुना कायरता लिये इधर-उधर भटक रही है। माँ, इस शरीर के लिए ही तो उसको चेतावनी देती रहती थी। गर्भाशय को कोख कहती और कोख को लेकर उसे डराती।

'माँ डर ही तुम्हारी बेटी को अस्पताल तक ले आया।'

रतनदीप शबनम के पास लौट आया। बोला, 'डॉक्टर तुम्हारे हस्बैंड के साथ तुमसे मिलना चाहती थी। मैंने बताया, मैं ही हूँ हस्बैंड। उसको देख लीजिए, क्या गड़बड़ है।'

शबनम आँखें फाड़े रह गई।

'ऐसे क्या देख रही हो? यहाँ तुम्हारा नाम महक है समझी?'

'तुम कैसे मर्द हो रतनदीप? इतनी आसानी से शौहर बन गए और आज तक मुझे छुआ नहीं। क्या तुम्हें अल्ला मियाँ ने पैगम्बर के रूप में मेरे पास भेजा है? क्या हमारी ईमानदारी का हमें सिला दिया है? या कि तुम्हारे रूप में तोहफा!'

सफाई कराने गई थी, सफाई कर दी गई। शबनम को यह मालूम थोड़े करना था कि उसके गर्भाशय में ट्यूमर था या बच्चा? बेखबर रहना ही बेहतर है।

इंटरव्यू की तारीख आ गई। रतनदीप साथ खड़ा था। कुलवीर की याद आती, मुँह कड़वा और मन खूनी हो जाता, ठीक उसी समय रतनदीप सामने आ जाता जैसे कुलवीर ने ही उसे यहाँ प्रस्तुत कर दिया हो। ये सम्बन्ध, ये नाते-रिश्ते, ये आपसी व्यवहार रह जाते हैं, सो रह गए। दोस्त और दुश्मन न साथ-साथ हमेशा रहें न आमने-सामने। कुलवीर अलविदा...। रतनदीप को कैसे भूला जा सकता है?

इंटरव्यू में सलैक्ट होने की शबनम को उम्मीद नहीं थी। तैयारी ही क्या हुई? इतना खस्ता हाल दिमाग कभी न रहा होगा।

लेकिन उसका चुनाव हुआ। सलैक्शन, जैसे रात के बाद सबेरा हुआ हो। देर है, अँधेर नहीं, वाली कहावत उसे बार-बार याद आ रही थी और याद आ रही थी अपनी मम्मी की मुस्कुराती छवि। रातभर सोई नहीं।

दुख के कारण रात में नींद न आना सहा है उसने, मगर खुशी में जागना...जादू इसी को कहते हैं और जन्नत भी यही है।

कभी अकेले में बैठकर सोचा है तो लगा कि रास्ता बनाते समय रोड़े-पत्थर-पहाड़ मिलते हैं, उनसे घबराकर इनसान बैठ जाए तो नए रास्ते कभी न बनें। क्या यही बात शबनम के जेहन में रही? नहीं तो आज वह इस हरियाणा पुलिस एकेडमी मधुबन में इंस्ट्रक्टर के तौर पर कैसे काम करती? बेवा माँ और दो छोटी बहनों को बन्धुआगिरी से कैसे मुक्ति मिलती?

जवाबी कागज

मैं पिता को धोखा दे रही हूँ, यह बात पापा को कैसे पता चली?

उन दिनों मुझे दम लेने का भी अवकाश नहीं था। रिक्रूयट्स में अफरा-तफरी मची थी। मैं कहाँ रहूँगी आज, कैसे बता सकती थी? हमारे सीनियर ही हमें डरा रहे थे। अगर मैं अपने घर बता देती कि मैं अपने साथियों के साथ काम से जा रही हूँ, तो आगे सवाल उठता कि साथी लड़का या लड़की? काम, मतलब सिनेमा या सैर-सपाटा? नवयुवाओं के काम ऐसे ही होते हैं, बड़ों के लिए। अनकहे ही उसमें अय्याशी और जोड़ दी जाती है। मगर कौन विश्वास करेगा कि ऐसे मनोरंजन के लिए हमें छूट नहीं है यहाँ। पुलिस में आकर घर से अलग होने पर मान लिया कि आजादी मिली है और यह भी सच है कि हम इसे एन्जॉय करना चाहते हैं कि देखें तो सही इस उम्र की लड़कियाँ किस-किस तरह के लुत्फ उठाती हैं। सिनेमा हॉल भी यहाँ बीच शहर में है, जहाँ सम्भ्रान्त लोग रहते हैं और पुलिसवाली वर्दीधारी लड़कियों को अजूबों की तरह देखते हैं। बिगड़ी हुई लड़की मानते हैं।

पैसे के मामले में हमारे घर की स्थिति भी कोई अच्छी नहीं रही है, तभी तो मुझे कोठियाँ, बंगले अमीरों के शाही निवास लगते हैं, लेकिन इतना तो है कि हम तीन बहनों और एक भाई के माता-पिता ने अपने बच्चों के लिए पैसे की तंगी की उस परेशानी का दबाव हमारे ऊपर नहीं होने दिया, जिसे उन्होंने खुद झेला है। खराब आर्थिक स्थिति के चलते भी हमारे स्कूल का खर्च उदारता के साथ उठाया है। आज मैं अपनी मर्जी से पुलिस विभाग में...

इस तरह हम एक कार का यहाँ इन्तजार कर रहे थे, जो हमें लेने आनेवाली थी। मगर तभी मैंने अपने भाई को किसी दोस्त के साथ सड़क क्रॉस करते देखा। जैसे ही हम दोनों की नजरें मिलीं, ऐसा महसूस हुआ उसने मुझे खोज निकाला है। मैं अपने काम के लिए उद्विग्न थी और देखकर भी भाई को देखना नहीं चाहती थी। हमारे बीच से कितने लोग गुजर गए, सच मैं उन्हीं में गुम हो जाना चाहती थी, लेकिन भाई था कि चुँधियाई हुई सी आँखों से निशाना बाँधकर मुझे देख रहा था, जैसे वह अँधेरे से निकलकर रोशनी में आया हो।

वह पास आया और पास।

वह ऐंठी हुई सी मुस्कान के साथ मानो विश कर रहा हो। मेरा ध्यान अपनी ओर खींचने के लिए वह अकसर ऐसे ही तेवर अपनाता है और मेरा ध्यान अब पूरी तरह भाई पर केन्द्रित था। भूल गई कि उसे तो मैंने उसके दोस्त के साथ आते देखा था, मगर अब दोस्त कहाँ है? मैं देख रही थी तनाव से भरे उसके गाल, चेहरे पर प्रश्न, उत्तर पाने की जल्दबाजी, भोलापन, विश्वास और फरेब की निराशाएँ, हाँ ऐसे सभी भावों ने मिलकर उसके अन्दर सनसनी भर दी थी। अठारह साल का नवयुवा मेरा भाई अभय सिंह!

उसने फुसफुसाकर कहा, 'गुलशन शर्मा।'

इस शख्स का नाम...'हाँ, हम एक-दूसरे से परिचित हैं,' यह जुमला मेरे भाई की आत्मीयता ने मुझसे कहलवा दिया। मैं जैसे फिर रोहतक शहर में लौट गई। शहर, जो हमारे नारों से गूँज उठा था और हमें बच्चे की तरह समझाया जा रहा था कि अपनी उजड्ड जिद छोड़कर बड़ों से आदर से कैसे पेश आया जाता है।

'कुछ पता है तुझे तनुश्री?' उसने कहा और एक कागज निकालकर मेरे सामने कर दिया, जैसे वह मेरे लिए एटमबम हो। हाँ, उसी भयानक तरीके की मुस्कान उसने अपने चेहरे पर जुटा ली कि उसकी बड़ी बहन थर्रा जाए। एक भय, जिसने कागज के आदान-प्रदान को बहुत विशेष बना दिया। उफ्, मैं जिस कार का इन्तजार कर रही थी, वाहन के साथ अपना काम भी मेरे दिमाग से गायब हो गया। भाई से मुलाकात के ये क्षण बहुत भारी थे, जबकि मैं इन्हें अपने बूटों तले रौंदकर चूर-चूर कर देना चाहती थी। बड़ी सफाई से ऐसी स्थितियों को फलाँगने की कला मुझे आती है। बीच राह में उठ खड़े हुए झंझटों को खत्म न करती जाती तो यहाँ तक कैसे पहुँचती? गैर सरकारी संगठनों में जुड़ने का लाभ यही है कि वहाँ स्त्रियों में गजब का आत्मविश्वास आ जाता है। 'ए ड वा' को मेरा सलाम।

'ये लैटर्स!' वह दिखा रहा था।

'तेरे पास कहाँ से आए?'

'मम्मी ने दिए हैं।' मम्मी...मम्मी और भाई के मिले-जुले स्वरों की प्रतिध्वनि मेरे कानों को घेरने लगी। मम्मी की नपी-तुली सलाह होगी इन पत्रों के साथ या सजा की भी आशंकाएँ जताई होंगी। मम्मी की हिम्मत अपनी बेटी के लिए इतनी ही है। अब मन को मैं अपनी ताकत के हिसाब से साध रही थी और भाई को देख रही थी कि वह घर से किन स्थितियों में आया है? जल्दी-जल्दी या इत्मीनान से? अभय जींस और टी-शर्ट पहने था। गुलाबी रंग की टी-शर्ट मेरी ही है, जींस उसकी अपनी। मेरी जींस उसे बड़ी बनेगी। वह 5 फीट 6 इंच का है और मैं पाँच फीट आठ इंच। इस परेशान हाल स्थिति में अपनी लम्बाई के बारे में सोचकर सकून

मिला। मैं सब लड़कियों जैसी लड़की नहीं हूँ। हाँ मुझ पर किसान की बेटियों जैसी छाप जरूर है, हालाँकि मेरे पापा फौजी रहे हैं। पापा अपने सारे लक्षण अभय में देखना चाहते थे।

गुलशन शर्मा! मैं इस नाम के शख्स को अच्छी तरह जानती हूँ। यह जो पीला टॉप मैंने पहना है, उसी ने मेरे जन्मदिन पर पार्सल करके भेजा था। पहले सोचा–वापस कर दूँ, लेकिन यह देन-लेन, उलटफेर का खेल करना मैं चाहती नहीं थी। मेरा सिद्धान्त रहा है–भोजन और कपड़ा, दोनों चीजों का अपमान नहीं करना चाहिए, यह हमारी बेसिक नीड्स यानी बुनियादी जरूरतों की चीजें हैं। मैंने गुलशन शर्मा का विचार झटक दिया कि मुझे कुछ याद न आए, मगर अभय उसके पत्रों को ऐसे हाथ में लिए था, जैसे हिनहिनाते घोड़े की लगाम पकड़े हो।

मैंने पत्रों को उससे ले लिया और कह दिया, 'घर जाओ तुम। मम्मी ने ये पत्र दिए हैं, पापा ने पढ़ लिए हैं, बस!'

कार आई होगी, उसमें मेरे कौन-कौन से साथी बैठकर गए होंगे, मैंने कुछ भी तो नहीं सोचा। सीधी बस में बैठकर वहाँ गई, जहाँ आजकल मेरा बसेरा था। एक सहेली का कमरा। मैंने खुद को कमरे में कैद कर लिया। अपनी सुरक्षा से लैस मैं बुरी तरह सहमी हुई थी क्योंकि इस बन्द कमरे में गुलशन शर्मा पत्रों के रूप में मेरे सामने था।

मेरे सामने ही नहीं, वह मेरे पिता से मुखातिब हो रहा था–

यह पत्र मैं आपको सोच-समझकर लिख रहा हूँ। मैंने आपको पहले भी पत्र डाले हैं क्योंकि मैं आपसे मिल चुका हूँ। इसलिए अजनबी नहीं हूँ और इसलिए ही सोचता रहा हूँ कि मैं एक शुभचिन्तक के नाते आपको एक पिता की तरह बदनाम और तबाह होते नहीं देख पा रहा और आप हैं कि अपनी बेटी तनुश्री बातों में आकर अपने आपको धोखा दिए जाते हैं। मैं जो बातें यहाँ पर लिख रहा हूँ, अगर आप उनको ध्यान से सोचेंगे तो समझ जाएँगे कि आपकी बेटी आपको लगातार धोखा दिए जा रही है।

मैं तो वे ही बातें इस पत्र में लिख रहा हूँ, जो मैंने उसे करते खुद देखी हैं या खुद की हैं। उसके 'मिलने वालों' की लाइन लगी रहती है। वह एक-एक करके उनके साथ जाती है। समझ गए न अब तो? यह भी जान लीजिए कि एक दिन ऐसा आएगा कि इसके सारे आशिक इकट्ठे हो जाएँगे और इसके लिए मार-काट मच जाएगी। उसका नतीजा किसी का कत्ल होना ही होगा, जिसकी जिम्मेदार आपकी बेटी ही होगी। आप क्या सोचते हैं, आप बच जाएँगे? आप और आपके बेटे अभय की जान को पूरा खतरा है। यह न हुआ तो कोई न कोई इसके चेहरे पर तेजाब अवश्य फेंकेगा। इससे इसकी नौकरी और आगामी शादीशुदा जिन्दगी बरबाद हो जाएगी।

वह अपने पिता, भाई और माँ को बेवकूफ बनाती है, झूठ बोलती है, फरेब देती है, वह किसकी सगी होगी? आपके घर का नमक खाया है, इस लड़की की ऐय्याशियाँ देखी नहीं जातीं। उफ्...इसका सेक्स!

शुभचिन्तक आपका—गुलशन शर्मा।

उफ्...गुलशन शर्मा...मैं उसके पत्र को ऐसे मसलने लगी, जैसे उसकी गर्दन मेरे हाथ में हो। मेरे मुँह से गालियाँ निकल रही थीं, जिन पर मेरा जोर न था—

साले, तू हरियाणा सिविल सर्विस का कुत्ता निकलेगा मैं उस समय नहीं जानती थी क्योंकि वह समय हम पर इतना भारी था कि सिर उठाने नहीं देता था। हम सैकड़ों रिक्रूट्स हरियाणा पुलिस से केवल सात महीने की ट्रेनिंग के बाद निकाल दिए गए थे। क्या बीती थी हमारे ऊपर? वह सब ढह रहा था, जिसे लेकर माता-पिता गौरवान्वित हो रहे थे, यह तो हम ही जानते हैं कि वह अनपढ़ों का अहंकार नहीं था, वह तो था अपने गाँव से अपने ही जैसे किसान की लड़की के ऊपर पहुँचने का भाव। वह कैसे प्राप्त किया था, तुम जैसे लुच्चे लफंगे क्या जान पाएँगे? तुम्हारा दिमाग तो सेक्स के परे जाता नहीं।

गुलशन शर्मा...तू मिला था हमें, जैसे डूबते हुओं को तिनके का सहारा। तू हमें अब जानता नहीं कि हमें नौकरी से हटाए जाने का फरमान आया और हम इस हुक्केनामे को मानने के लिए तैयार नहीं हुए तो क्या देखा कि हमारे ही स्टॉफ हमें चोटी पकड़कर इस अकादमी से बाहर निकाल रहे थे। हमारे ऊपर लाठियाँ चलाई जा रही थीं और उन उस्तादों ने, जो अनुशासन की सीख देते नहीं थकते थे, लड़कियों से कहा, कहाँ से भर ली हैं, ये रंडियाँ—गुलशन शर्मा, तुझे तो पता है फिर क्या हुआ है?

दो लड़कियाँ नहर में कूद गईं। उस्ताद भी समझ गए होंगे कि उनका स्वाभिमान किसी पुरुष से हल्का न होकर, ज्यादा गहरा था। सरकारों का चलन इस लोकतन्त्र पर कितना भारी पड़ता है, जो स्वतन्त्रता के बाद स्वदेशियों ने यहाँ लागू किया है। ये ही बातें हमने तब भी बोलनी चाही थीं, लेकिन तब हमारे गले कबूतरों की गर्दनों की तरह फूल गए थे। अपनी आवाजों पर हमारा नियन्त्रण नहीं रह गया था। कैसे रहता, यहाँ भविष्य की अनिश्चिता हमारा गला दबाए हुए थी। बस क्या कर पाए हम? सिर इधर-उधर हिलते रहे। दर्द आँसुओं के साथ हवा में उछलता रहा।

पता लगा कि नहर में डूबनेवाली एक लड़की मर गई। दूसरी मरनेवाली है, जिसे साथियों ने अस्पताल में भर्ती करा दिया है। एक लड़के ने आत्मदाह की क्रोशिश में शरीर जला लिया है। यह शरीर, जो उसने माता-पिता के यहाँ गरीबी में भी मेहनत करके दूध-घी जुटाने हुए कसरत के आधार पर पुलिस विभाग के लिए बना था। भ्रष्ट नेताओं के लिए धन जुटाने की खातिर पिता ने पाँच बीघे में से दो बीघे खेत बेचा

था। ऐसे कितने थे हमारे बीच, इस दुर्दमनीय हालत में पता चला था। जब किसी के पिता मरे दिल के दौरे से, किसी की माँ ने प्राण त्यागे सदमे के कारण।

दूसरी लड़की भी मरणासन्न...और हम निकाले खदेड़े हुए सिपाही, मधुबन के आगे सड़क पर पड़े थे। हमारे कारण ट्रैफिक जाम हो रहा था, इसी कारण लाठीचार्ज जायज था और हम एक-दूसरे से विभिन्न अटपटे भाव से जुड़े हुए...हमारा सामान सड़क पर लुढ़क रहा था। वाहन उन चीजों के ऊपर से कुचलते हुए निकल रहे थे। यह महकमा कितना पसन्द था हमें...आज अपनी बन्द पलकों के पीछे आँसू नहीं, खून महसूस हो रहा है और हम खून की रौ में...सच सही था कि उस खून का पाट जल की तरह निरन्तर चौड़ा होता जा रहा था। हमने एक दूसरे से क्या कहा? कुछ नहीं। फिर भी लग रहा था कि हम एक दूसरे को सुन रहे हैं। इतना अन्याय, इतनी नाइंसाफी...हम भयानक विस्थापन को पहचान रहे थे कि कुर्सियों की हुकूमत क्या होती है? जनता इन कुर्सियों के दमघोंटू हाथी जैसे पाँवों के नीचे कैसे पिसती है? चुनाव में जीते हुए लोग सीटों पर बैठते ही वोटरों को कैसे उजाड़ते हैं। हम मुजरिम...क्या कसूर था हमारा? हम लड़कियाँ लड़कों का ही अनुसरण कर रही थीं। ऊँचे कदम उठाने के कारण हम विशेष थे क्योंकि प्रशिक्षण में कदमों को खासतौर पर देखा जाता है। यह प्रशिक्षण अत्यन्त कठिन था, यह सच था कि यहाँ से लड़के भगोड़ा हो गए थे, लड़की एक भी नहीं भागी। छह सौ लड़कियों का दल आज सड़क पर खड़ा कर दिया गया तो यह भी ज्ञान हुआ कि यहाँ भावनाएँ नहीं असर दिखातीं, हुक्म चला करते हैं।

हमें पुलिस वैन सामान की तरह भरने लगीं। पता नहीं कि हमें जेल में जाना था कि किसी लावारिस जगह पटक देना था। रोहतक जेल में जब हमें एक दिन रखकर रिहा किया गया तो फिर हम सड़क पर थे। निश्चित ही यह निर्वासन एक आन्दोलन की जरूरत महसूस कर रहा था और मैं खुद को उन दिनों पारिवारिक बातों तक सीमित पा रही थी। पापा कह रहे थे, 'तनु, यहाँ लौट आ। हमें नहीं करानी नौकरी। अब और इन्तजार नहीं। तुम्हारी मम्मी कितनी चिन्ता कर रही है। मम्मी से फोन पर बात करो।'

मैंने अपना मोबाइल कान से लगा लिया, मम्मी की बातें सुनीं, जिनमें अपनी बेटी की सुरक्षा की बात जोर देकर कही गई थी।

और इस घरेलू व्यवधान से मैं दुखी हुई। मैं कुछ कह नहीं पाई। न यह कि बाद में बताऊँगी कि अठारह साथी अभी बन्द हैं। मुझे वहाँ पहुँचने में एक घंटे की भी देरी नहीं होनी चाहिए।

और ठीक वक्त पर तुम आ गए थे गुलशन शर्मा। अपनी सफेद सैन्ट्रो कार लेकर तुम मेरे सामने खड़े थे। जब हम लोग कार में बैठे और द्वार बन्द किया, कार चलने

लगी। सच मानो मुझे लगा मैं हवा में उड़ रही हूँ और अब सिर्फ वक्त इतना ही रह गया है कि उड़कर ही पहुँचा जा सकता है। मैंने तुमसे रिक्वेस्ट की थी, 'तेज और तेज चलाइए सर।'

संकट की विकट स्थिति के बावजूद मैं यह नोटिस लेना नहीं भूली थी कि 'तेज और तेज' कहने पर तुम्हारी आँखों में शिकारी जैसा उत्तेजक भाव उभर आया था। मैंने यकायक गौर से देखा, तुम पचास साल से कम नहीं। लेकिन वहशी आँखोंवाले को उम्र का क्या लिहाज? यों तो मेरा स्वभाव शायद आग से बना है। अखबार पढ़ते समय औरत के प्रति अत्याचार देखती, खून खौल उठता। लगता ऐसे कि समाज को जला डालूँ, लेकिन देख लो आज स्थितियों ने मेरे भीतर उठते शोलों को कैसे दबोचकर रखा है, मैं तुम्हारी निगाह को ऐसे बर्दाश्त कर रही हूँ, जैसे तुम्हारा यह अधिकारपूर्ण देखना हो और मेरा कर्तव्य है इस समय आधिकारिक प्रतिनिधिमंडल की सदस्य के रूप में प्रदेश के सर्वोच्च नेतृत्व से मिलना। हम दोनों की स्थितियों में कितना अन्तर था मिस्टर गुलशन शर्मा!

अपने पिता को आज ये स्थितियाँ बताऊँ तो वे मेरा विश्वास करेंगे? उनका सहारा तो मुझे वैसे भी नहीं रहा। पापा का स्वभाव कड़ा था और उन्हें लगता रहा है कि मैं उनकी तीनों बेटियों में अलग क्यों हूँ? मैं घर के कामों में मन नहीं लगाती, फ्रेंड्स के साथ रहती हूँ। मैं कपड़ों में सलवार, कुर्ता, दुपट्टा न पहनकर स्कर्ट या पैंट क्यों पहनती हूँ? मैं तब भी सोचा करती, पापा फौजी हैं, बाहर रहते हैं। भाई छोटा है, मैं घर के सारे मरदाने काम करती हूँ, तब पापा को बुरा क्यों नहीं लगता? कैसी मजे की बात है, कपड़े जब नए बनते हैं, मुझे नहीं गिना जाता। आटा पिसना हो, मेरी पुकार पड़ती है। सब्जी लाना, गैस का सिलेंडर लाना और लगाना, मेरे जिम्मे...क्या मैं घर के लिए गधा हूँ?

मैं अपने पिता को कुछ न समझा पाऊँगी गुलशन शर्मा, तुम्हारा तीर निशाने पर लगेगा, मत घबराओ। जो रास्ता पिता ने बताया, मैंने माना नहीं, जिसके लिए मुझे डाँट पड़ती, अच्छी तरह पीटा जाता। मेरे पापा मेरे स्कूल कभी नहीं आए, मैं 'टीचर्स पैरेंट्स डे' पर इन्तजार ही करती रह जाती। तब से अब तक, मैंने अपना डोमीसाइल, ऐलजीबिल सर्टिफिकेट खुद ही बनवाए हैं क्योंकि पिता पूरे परिवार के सामने यह घोषणा कर चुके थे—तू अपनी जिन्दगी में कुछ नहीं कर सकती। तेरा काम है रोज सौ रुपए खर्च करना और दोस्तों के साथ घूमना...—पापा विश्वास कर लेंगे गुलशन शर्मा, जो कुछ तुमने बताया है कि मेरे मोबाइल फोन का खर्च ही रोजाना का सौ रुपया है और तुमने शंका जताई है कि ये रुपए मेरे पास कहाँ से आते हैं? सच, मैं जाटों की लड़की अपनी जीवनशैली के लिए गुनाहगार तो हूँ। इतनी शिक्षा सभ्यता और आगे बढ़ने की इस तरह हिम्मत हम जैसों के लिए नहीं होती,

भले खेत में अकेली ही दो मर्दों के बराबर काम करें। हाँ, मैंने घर परिवार की बाड़ें लाँघीं, नहीं तो शॉटपुट, लॉग जम्प, हाई जम्प और रेस का अभ्यास क्यों करती? मुझे बराबर पापा का डर रहता था क्योंकि वे मुझे लोअर और टी-शर्ट में मैदान के बीच देखकर आगबबूला हो जाते थे। मगर मैं वहाँ डटी रहती, बेशक घर लौटकर भी सामान्य स्थिति नहीं बन पाती। जब मुझे अपनी तरह से नहीं रहने दिया गया तो मैं चिड़चिड़ी हो गई। लड़की और चिड़चिड़ाए, कौन बर्दाश्त करेगा मिस्टर गुलशन शर्मा? मुझे तो तुम भी बर्दाश्त नहीं कर पा रहे, जबकि मेरा तुम्हारा वास्ता ऐसा घनिष्ठ नहीं, जैसा तुम मान बैठे। बस ऐसा ही होता है, घर के पुरुष लोग भी यह मानने को तैयार नहीं होते कि वे लड़की के विकास को रोक रहे हैं, जैसे उनका विकास रोकना ही परिवार के लिए आदर्श स्थिति हो। मैं अब अपने दादा जी से झगड़ा करने लगी थी।

दादा जी से झगड़ा! घर की मर्यादा क्या होती है? चली आ रही परम्परा को झटका लगा था, मैं आज समझ सकती हूँ। उस समय पापा और बड़ी बहन ने मिलकर मेरी पिटाई की थी, इतनी कि मेरे हाथ-पाँव सूज गए। मैं स्टेडियम नहीं जा सकी।

'चुड़ैल', मेरा यही नाम हो गया घर में। दादा जी को जब घर से ताऊ जी के पास भागना होता मुझ 'चुड़ैल' का बहाना लेकर वहाँ पहुँचते और कहते वे मेरे कारण हमारे यहाँ नहीं रह पा रहे। वे मम्मी से भी यही कहते–चुड़ैल को खाना बनाना तक तो आता नहीं, यह तुम्हें डुबोकर छोड़ेगी।

मैं समझ गई, लड़कियों के गेम को महत्त्व नहीं दिया जाता। मैं कबड्डी खेलती थी, छोड़ दी। स्कूल लेविल की अच्छी-खासी प्लेयर को घर के अनुशासन ने कच्ची उम्र में ही झुका लिया। मैंने लड़कों से बातें करना छोड़ दिया तो घरवालों को लगा, लड़की का आवारापन खत्म होने लगा। अब वह अच्छी और शालीनता के साथ शीलावती भी लगती है। मैं भी अब उछलती कूदती या खिलखिलाती नजर नहीं आती थी। उन दिनों ही मैंने एक पोस्टर पर अनगढ़ सी ड्राइंग बनाई। एक आकृति अपने ऐंठे हुए हाथ फैलाए हुए संघर्ष सा करती हुई...उस पर जगह-जगह लाल रंग छिड़क दिया। तनी हुई आँखें और बाँहों पर घाव। चेहरा था सूजा हुआ, बाल एकदम उलझे हुए, आँखों से ढलकते लाल आँसू। आकृति के नीचे लिखा था–चुड़ैल।

मैं इसी मनःस्थिति में पुलिस में भर्ती हुई थी मिस्टर गुलशन शर्मा और इससे भी ज्यादा कठिन हालात पार करके आ रही थी। कठोर सजा भुगतने का मुझे अनुभव था, तुम थे कि आशिकी की मौज में...

हाँ, जब मैं धरने पर बैठ गई थी (छूटती हुई नौकरी के लिए अनशन पर) तो तुम मुझसे मिलने आए थे मुझे अच्छा भी लगता था क्योंकि तुम्हारी दिलासाएँ

विश्वासभरी हुआ करती थीं। विश्वास भी उसका, जिसके लिए हम प्यासे से तड़प रहे थे। एक बूँद ही मिल जाए, हमारे पपड़ाए होंठ और सूखा रेतीला गला कहीं तो नम हो। नहीं तो तुम देख ही रहे थे कि हमारे आसपास क्या बचा था? पुलिस की डरावने हॉर्न वाली गाड़ियाँ और हमें मिलतीं गालियाँ गुलशन शर्मा, इन सिपाहियों ने हमें वहाँ से बराबर खदेड़ा, जहाँ कोई दीवार या छत न थी और हम सोच रहे थे कि यही वह जमीन है, जिस पर हमने जन्म लिया है। वहाँ जूते-चप्पल पड़े थे, उनके जो भूख-प्यास सहन न कर सके और बेहोश होने लगे। मैं देखती रह जाती, अपने कैरियर के विनाश के विरुद्ध हम बस एक दावा ही तो पेश करना चाहते हैं।

गुलशन शर्मा, तुम देवदूत की तरह रोज ही प्रकट होते और एक दिन तुम खुद देवता की दिव्यवाणी सुनाने लगे।

'तुम चाहो तो मैं उस मन्त्री जी के बेटे से मिलवा दूँ, जिन्होंने तुम लोगों को नियुक्त किया था और अच्छा-खासा पैसा वसूला था। वे कुछ तो करेंगे। कोई रास्ता अवश्य निकालेंगे। केन्द्र को भी लिख सकते हैं, इस नाइंसाफी के लिए।'

और तभी मुझे यह खबर मिली थी कि फिरोजशिखा नाम की लड़की ने कुछ खा लिया, वह पागल हो गई है। उसकी माँ ने डेढ़ लाख रुपए दिए थे इस नियुक्ति के लिए।

मेरी भूख हड़ताल का नवाँ दिन था। तुम्हारा आश्वासन हमारे लिए पौष्टिक खुराक की तरह था, मगर तभी पुलिस आ गई। फिर लाठी चार्ज हुआ और वे लोग हमें उठाकर, खींचकर चंडीगढ़ ले गए। मगर चंडीगढ़ में हमने फिर अपनी जिद की।

अब वकील की जरूरत थी। लड़कों ने वकीलों तक पहुँच बना ली। लेकिन कोई बताए कि आज तक वकील कितनी सरकारों से लड़ पाए हैं? हराना तो दूर की बात है। इधर राजनेताओं के चमचे हमें घेरने लगे।

गुलशन शर्मा, तुमने तो अपने खत में मेरे पिता के लिए बहुत कम लिखा है। लिखो कि दिन-रात फोन कॉल आते थे। प्यार का इजहार होता था। फिर कहीं मिलने के मनुहार। अब तुम्हीं बताओ कि लाठियाँ खाती लड़कियाँ, जेल जाते हम खफा हो जाएँ या मुस्कुराकर उनका न्योता कबूल करें? या यह उम्मीद करें कि इस विनाश से हम कुछ निकालकर लाएँगे, जो हमारे लिए होगा। हम तो उस समय अपने लहूलुहान बदरंग हाथ झुलाते हुए खड़े थे और बेहद थके भाव से अपने बालों को जब मुँह पर आने से सँभालते तो माथे के गूमड़ों से उँगलियाँ टकरा जातीं, लगता आँखें भीग रही हैं।

उम्रदार अफसर हमें देखते, आँखें कैसी-कैसी हो जातीं। लगता होंठों से लार टपक रही है। कितने दयालु होते हैं अफसर भी, हर भाव तरल हैं, हर मुद्रा लपकती हुई...हम जहाँ भी पकड़ में आ जाते।

मैंने सेक्स के लिए इन ऊँचे पुरुषों को कुत्तों की तरह पाँवों में लोटते देखा है।

सच ऐसी अवस्था में कहीं भी विश्वास जताना कठिन था। जब एस.पी. आए तो हमने उन्हें भी शक की नजर से देखा। डी.सी. भी जब सहयोग के लिए तैयार हुए, हम दुविधा में पड़ गए। हमारा काम आगे बढ़ेगा, समस्या सुलझेगी, एक बार यह सोचें, तो दूसरी बार यही कि भोली भेड़ के रूप में भेड़िया तो नहीं?

सच मानो गुलशन शर्मा, उनकी आकृति में हमें वह भाव दिखाई देने लगा, जिसे मनुष्य का चेहरा किसी सत्य के रूप में प्रकट करते हुए प्रस्तुत करता है। जो कुछ वे हमारे लिए सोच रहे थे, हमें विचित्र लगा और फिर उसी विचित्र के सामने हमारा कंठ खुल गया। यह सही अवसर हमारे हाथ लगा था। हाँ, अब हमें रास्ते से हटाने के वास्ते खदेड़ा नहीं जा सकता। लाठीचार्ज करके हमें नष्ट नहीं किया जा सकता। कोई प्रताड़ना हमें रोक नहीं सकती, क्योंकि मैं अब डी.सी. सर और एस.पी. सर की सलाह से आगे बढ़ रही थी। मंत्री जी से मिलने के अवसर आएँगे, एक बार नहीं बार-बार।

अरे! गुलशन शर्मा, तुम्हें एक और खत पापा को लिखना पड़ेगा कि मैं यहाँ खासी बदनाम हो गई हूँ। मुझ पर लांछन दागों की तरह चिपके हुए हैं। मैं लड़कों के साथ रहती-खाती हूँ। रात में हम एक ही हाल में सोते हैं। ओढ़ने और बिछाने के कपड़े कहाँ हैं, जितने थोड़े से हैं मिल-बाँटकर एक साथ इस्तेमाल करके गुजारा हो रहा है। हमारे आन्दोलन में न सुरक्षा है न मर्यादा। अभाव ही अभाव है, फासला कैसे रखूँ? सच गुलशन शर्मा, मैं बिगड़ी हुई लड़की...मेरी शादी का अब क्या होगा? बुरा होगा न? मेरी शादी नहीं होगी या शादी के बाद पति मुझे कुलटा कहकर निकाल देगा, यही न? ऐसा ही होता है, समाज की मान्यताओं के अनुसार।

मगर मिस्टर गुलशन शर्मा तुम भी अभी तक यह क्यों नहीं समझ पाए कि हमने ऐसी ही मान्यताओं को तोड़ा है, जिनके डर से हम घरों में बन्द रह सकते थे और ताउम्रअपने पति को अपनी वफादारी का यकीन दिलाने के लिए कर्मेन्द्रियों और ज्ञानेन्द्रियों को क्रमशः हुक्म की गुलाम या सुन्नत के हवाले कर देते।

तुम कितने नादान हो, पुरानी दुहाइयाँ दे देकर नई लड़कियों को धमकाने की कोशिश कर रहे हो। नई लड़कियाँ इसलिए कह रही हूँ कि जिसको तुम बदनाम करके खुश होना चाहते हो, ऐसी एक मैं ही नहीं, मेरे पीछे एक कतार है, किस-किसको धमकाओगे?

मेरी बात का यकीन न हो तो चले जाना मिजाज कौर के पास, उसे मैं उदाहरण के तौर पर पेश कर रही हूँ। वे पाँच बहनें एक भाई हैं, अपने परिवार में। मैंने खुद देखा है, वहाँ जाकर। पिता जैसे पिता, जो लड़कियों पर ध्यान नहीं देते। फौजी रहे हैं, शराब का शौक पाल लिया है। अब वे रिटायर हैं। चार लड़कियाँ पढ़ाई नहीं गईं।

वे मर्यादा के साथ घर में रहीं। माँ के साथ भैंसें पलवाती थीं कि घी-दूध बेचकर घर का खर्च चले। चारों की शादियाँ हुईं। दहेज का चलन भी समाज का आदर्श चलन है क्योंकि लड़की कम दहेज में भी टकराई जा सकती है और उसका पूरा हिस्सा उसके भाई का हो जाता है। सम्पत्ति बचाने का कैसा नायाब तरीका है। बहनें चीजें दुहाजू वरों की गईं। उनको पहले से ही तीन-तीन, चार-चार बच्चे मिले। सस्ते में निपट गईं। बाप ने अपना धर्म बेटियाँ ब्याहकर निभा दिया। अब गंगा नहाकर दारू पिओ मौज से।

और यह पाँचवीं मिजाज कौर? अलग निकल गई। हाथ ही नहीं आई, न भाई के न पिता के। घर से भागकर बी.ए. में दाखिला लिया था। मिस्टर गुलशन शर्मा, हम किसी यार के लिए घर से नहीं भागे। हमारा जुनून शिक्षा था, गेम थे। और यह लड़की भी अपनी सहेली के साथ गेम करने लगी। पिता से कितनी पिटी है, इसका हिसाब उसने रखा नहीं। यों तो वॉलीबॉल खेलते हुए भी भयानक चोटें आ जाती हैं। घर में पड़नेवाली मार को नजरअंदाज करने के बाद ही लड़की इंटर यूनिवर्सिटी और ऑल इंडिया लेविल की प्लेयर बनती है सो वह बनी। अगर पिता के गुस्से और मार को गले लगाकर बैठ जाती, तो क्या होता? जैसा कि उसने सोचा था कि पापा नाराज हैं, कहीं वह गलत तो नहीं कर रही, कैसा मखौल है यह भी हमारे जीवन के साथ कि जो लड़कों के लिए सही बताया जाता है वही हमारे लिए गलत सिद्ध कर दिया जाता है। इसी गलत के आधार पर उसके पिता उससे बोलते नहीं थे।

बहनें ससुराल चली गईं, लड़की अकेली। बहनें मायके आती भी नहीं, जीजा लोग भेजते ही नहीं। डटकर मेहनत कराते हैं। वैसे भी किसी शराबी के घर शराबी के सिवा कौन आना चाहेगा?

साहस के मुकाबले इनसान का इस दुनिया में कोई साथी नहीं। मिजाज ने जब दसवीं पास की थी, तब मुख्यमंत्री जी के यहाँ चैम्पियनशिप के लिए प्रतियोगिता हुई थी। यह लड़की उसमें चली गई, अब यह किससे आज्ञा लेती? यह तो प्लेयर थी, फीस सदा माफ रही। किसी का सहारा लिया ही नहीं। यह चैम्पियन चुनी गई, इसके बाद इसका पुलिस में सलैक्शन हुआ क्योंकि मुख्यमंत्री का बेटा उसे देखते ही पहचान गया था, उसने इसकी सिफारिश भी की। यह मेरे साथ थी, मिस्टर गुलशन शर्मा। लिख दो इसके घर भी कि इसका पता नहीं कितनों को फँसाकर यह नौकरी ली है। एक नहीं, दो-दो बार। तुम्हें याद होगा, बहुत ही चुस्त लड़की, धरने के समय चन्दा उघाया करती थी कि हमारा आन्दोलन चले। तुम्हारे पास तो सारी सूचनाएँ विस्तार से होंगी।

मेरे पास भी कुछ यादें हैं गुलशन शर्मा, जिसके लिए मुझे किसी को खत नहीं लिखना पड़ेगा। मैं तो तुम्हें ही याद दिलाना चाहती हूँ क्योंकि उस बात को तुम भी

जानते हो और वह वाकया भूलने लायक भी नहीं है। मैं मानती हूँ कि राजनीति से ताल्लुक रखनेवाले पुरुष यह मानकर चलते हैं कि वे ढलती उम्र में भी जवान हैं और उनका समय औरतों के साथ बिताने के लिए है। तुम अफसर थे, मगर अपनी अफसरी का मुँह राजनीति से जोड़े हुए...कितने चालाक चतुर हो तुम, इस तरह खुद को पेश करके कहीं से भी सुरक्षित निकल जाते हो।

अपनी सुरक्षा पर यकीन करते हुए तुमने मुझसे कहा था–

'क्यों दो महीने धरने पर बैठकर अपने आपको कष्ट देती हो? तुम्हारे साथियों को भी क्या मिलेगा? एक दिन धरना उठाना पड़ेगा। धरनों की यही नियति होती है।' कहते हुए तुम्हारे शब्दों में दृढ़ता थी।

'फिर क्या करें?'

'मैं मुख्यमंत्री के बेटे से तुमको मिलवा देता हूँ, चलो मेरे साथ।'

'देख लो। टीम को देखकर तो नेता जी खुद ही बिदक जाएँगे।'

'नहीं, समूह की अपनी ताकत होती है। बात एक की नहीं, हम सबकी होगी।'

'मैंने इतने सारों की बात नहीं की।'

इसके बाद बात आई-गई हो गई थी। मगर शायद तुमको मुझे अकेली को लेकर जाने में सुविधा थी। बराबर फोन करते रहे, आज चलो, कल चलो, परसों...

मैं आश्चर्य में पड़ गई कि क्या हर दिन मुख्यमंत्रीजी का बेटा, जो खुद भी मंत्री है, मुझसे मिलने के लिए फ्री रहता है? मुझे सन्देह होने लगा था इस हाईकमान के अफसर पर। इसलिए जब तुम्हारा फोन आता गुलशन शर्मा, मैं फोन काट देती।

'जल्दी, बहुत जरूरी बात है तनुश्री,' तुमने फोन किया और थोड़ी देर बाद ही मैंने पाया कि तुम गाड़ी लेकर मेरे सामने हाजिर थे। तुम अकेले नहीं, मैंने देखा गाड़ी में दो जने और बैठे हैं।

धरने की व्यस्तता के बीच ही तुमने बताया कि मुझे ऐसे प्रतिनिधिमंडल में शामिल किया गया है, जो नई सरकार से जवाब माँगने के लिए रोहतक बुलाया गया है। तुमने मुझे एक टाइप किया हुआ कागज भी दिखाया था जिसमें ग्रुप के छह सदस्यों के नाम थे।

उसी समय मेरे मौसाजी मुझसे मिलने आए हुए थे। वे देख रहे थे, तुम मुझ पर बड़ा दबाव डाल रहे हो। फिर से नौकरी बहाल होने का विश्वास दिला रहे हो। मौसाजी तुम्हें गौर से देख रहे थे, मैं सोचने लगी, मौसाजी आखिर ऐसे क्यों देख रहे हैं?

तुम चले गए खाली हाथ क्योंकि मैं चलने के लिए तैयार नहीं हुई। मौसाजी ने मुझे बताया था, 'यह आदमी फ्रॉड है। यह एक बार हमारे बैंक में लोन लेने आया था, फ्रॉड नाम से। इससे बचकर रहना।'

अब मैं चौकन्नी हो गई। तुम्हारा फोन आता, चौंक ही जाती। कैसी मुश्किल थी हमारी भी, एक ओर नौकरी के लिए लड़ो, दूसरी ओर तुम जैसे औरतबाजों से बचो। मगर यह बात तो है कि न जाने मैं क्या-क्या सोचती, विचलित होती, फिर भी मेरे भीतर आत्मविश्वास अत्यन्त महत्त्वपूर्ण भाव की तरह रहता था। लगता कि एक दिन इंसाफ के लिए इंकलाबं बोलना पड़ेगा। फटते हुए बम की तरह। इन लोगों की धूर्तता, चालाकियाँ, स्वार्थ और घनघोर लिप्साएँ जल जाएँगी।

तभी मेरा मोबाइल बोलने लगा। मैंने देखा—तुम्हारे नाम की रिंग थी! मैंने स्पीकर ऑन कर दिया, आवाज तुम्हारी थी—तनु तुम नहीं आई मेरे साथ! मैं सोचता हूँ, बता ही दूँ। जबसे तुम्हें देखा है, मेरा किसी काम में मन नहीं लगता। जब तुम्हारी आवाज सुनता हूँ, मुझे कुछ-कुछ होने लगता है। मैं तुम्हें प्यार करता हूँ, इसलिए कुछ भी करना चाहता हूँ, तुम्हारे लिए। मुख्यमंत्री जी के बेटे से मिलवाने का समय मैंने दिल्ली में उनके फॉर्म हाउस में लिया है। हाँ करो तो अभी गाड़ी भेज दूँ।

गुलशन शर्मा, उस समय मेरे साथी तुम्हें पीटने के लिए तैयार हो गए थे, तुम्हारे ऑफिस में आकर। मैंने ही उन्हें रोका क्योंकि हम इस समय अपने महत्त्वपूर्ण मिशन पर थे। मगर मैं किससे कहती कि मैं कितनी परेशान हूँ। मैं इन सिरसा, रोहतक जैसे शहरों की मरी हुई साँसों को ताजा हवा समझकर अपने अन्दर खींच रही हूँ।

एस.पी. साहब ने कहा था, 'तुम किस नौकरी के लिए लड़ रही हों, पुलिस की नौकरी भी क्या नौकरी है?'

मुझे लगा कि कहूँ—यदि आप यह मान रहे हैं तो मेरे सामने वर्दी पहनकर क्यों खड़े हो?

तो गुलशन शर्मा जी, आपकी आसनाई अपने जुनून पर थी और हमारा धरना तरह-तरह की समस्याओं से जूझ रहा था, रोटी, कपड़ा और सिर पर छाया, साथ ही पुलिस से बचना।

इन्हीं दिनों तुम्हारा पत्र-व्यवहार कुछ ज्यादा ही मचलने लगा। इतना कि मेरी आँखों से घायल होने का भाव तुम इस तरह दिखा रहे थे, जैसे राइफल की गोली लगी हो और छर्रा अभी तक बदन में ही घुसा हो। तुम्हारे पत्र मेरे शरीर के विभिन्न अंगों को मारक हथियारों की तरह एक-एक करके प्रस्तुत करते। शिनाख्त कराने के लिए तुम्हें और कोई नहीं मिला सिवा मेरे पिता और भाई के। जाहिर है मैंने तो अपना सिमकार्ड बदल ही दिया था। शायद इसलिए ही छटपटाहट ज्यादा बढ़ गई।

चारों ओर से हमला!

इधर तुम्हारी लड़की, तुम्हारा लड़का तुम्हारी पत्नी को लेकर मेरे पास तब आए, जब मेरी मम्मी मेरे पास रोहतक में थीं। तुम अफसर, वह भी राजनीति के गलियारों

के धुरंधर, अपने घर में तरह-तरह से मात खा रहे थे। इन लोगों ने मोबाइल फोन के आउट बॉक्स में वे मैसेज पढ़ लिए थे, जिनसे परेशान आकर मैंने अपना सिमकार्ड बदल लिया कि फोन नम्बर तुम्हारे पास न रहे।

गृहस्थ लोगों के यहाँ यही तो सुविधा होती है कि वे अपने बच्चों की उम्र की लड़की फँसाएँ और घरवाले मानें कि लड़की ने ही उनके घर के उम्रदार पुरुष को फाँसा है। मुझे लगा तुम्हारे घर में मेरे नाम का प्रवेश मैटल डिटेक्टर से गुजर रहा है और उस नाम में गड़बड़ी मिली है क्योंकि वे लोग मुझे धमकाने लगे।

इतने पर भी सन्तोष नहीं मिला तो वे मेरे पापा के पास गए, बड़ी बहन से मिले। तुम्हारी पत्नी ने अब साफ कहा, आपकी लड़की मेरे पति को फँसा रही है।

क्या मैं तुमको फँसा रही थी? मैं तो सोच रही थी, तुम्हारे आश्वासन का यकीन कर लेने की यह सजा है तो तुम्हारे साथ पर मेरा क्या हाल होता? यह मत सोचो कि मैंने तुम्हारे साथ जाना नहीं चाहा, सचमुच मैं उन दिनों बड़ी दुविधा में रही थी। मिजाज कौर से तो मेरा झगड़ा भी हो गया था। मैं कहती, चली जाऊँ। वह कहती–ऐसे हमने बहुत देखे हैं। मैं कहती, मैं भी तो देखूँ। वह कहती–क्या होगा मैं बताए देती हूँ। ये लोग कहेंगे, राजनीति में आ जाओ और आज रात उस उसके कमरे में...

गुलशन शर्मा तुम्हारी लड़की को पता नहीं था कि तुम मेरे घर आते रहे हो। पापा पर अच्छा प्रभाव कायम कर लिया था तुमने। जिस घर में चोरी करनी होती है, उस घर के किसी सदस्य से दोस्ती जरूरी होती है। तो उन दिनों तुम जैसा शुभचिन्तक कोई नहीं था पापा के लिए। अधेड़ पुरुषों पर लड़की के लिए सन्देह भी देर में ही जाता है। क्योंकि वे एक वाक्य में लड़की को चार बार बेटा-बेटा कहकर सम्बोधित करते हैं।

वह तो तुम्हारा लड़का भी खुल गया। आवेश में कि उसने मेरे पास आई चिट्ठियों को तुम्हें टाइप करते पकड़ा है।

परन्तु क्या किया जाए, लड़के के लिए घर की इज्जत बाप से भी बड़ी थी। उसका युवा चेहरा पीड़ा से तन गया। हम क्या बोलते, चारों ओर मौन ठहरा हुआ था। मैं भी क्या करती, सामाजिक कार्यों से जुड़ी हुई महिला की अलग ही प्रतिष्ठा होती है, लेकिन उसके लिए प्रतिष्ठा कदम-कदम पर भारी पड़ती है। मैं तो यही सोच रही थी, तुम्हारी तरह के जाने कितने पुरुष होंगे, जो घर से गद्दारी करते हुए पकड़े भी जाएँ और बाइज्जत बरी करने पड़ें।

क्योंकि तुममें अपने दोषों को, अपराधों को स्वीकार करने का हौसला नहीं, इसलिए गुपचुप ढंग से अपनी गतिविधियाँ चलाते हुए मस्त रहते हो। ओ सिविल सर्विस द्वारा सलैक्ट हुए अफसर, तुमसे तो वह लड़की बेहतर और साहसी थी, जो

पुलिस ट्रेनिंग के दौरान एक रात मेरे सामने आई। सुनो, क्या किया था उसने? उसने अपनी रूममेट के बक्से से रुपए चुराए थे, पूरे सात हजार! हमारी बैरकों में हलचल हुई, वार्डन ने सब जगह ढूँढ़वाए रुपए, मगर कहीं नहीं मिले। रूममेट रो रही थी क्योंकि उसे पैसे अपनी विधवा माँ के लिए भेजने थे। सी.डी.आई. (सीनियर उस्ताद) इन्क्वाइरी कर रहे थे। जब कुछ नहीं हो पाया तो लड़कियों को साढ़े ग्यारह बजे तक बाहर मैदान में खड़ा रखा। मुश्किल यह थी कि हमें साढ़े तीन बजे सबेरे उठना पड़ता था, परेड के लिए। बैरकों की तलाशी ली गई।

अगले दिन जब जी.आर.सी. (जनरल रोल कॉल) हो रहा था, मैंने सी.डी.आई. से कहा, 'आप लड़कियों को डरा दो कि फिंगर प्रिंट लिए जाएँगे, कुत्ते बुलवाएँ जाएँगे। तभी ये बता सकती हैं।

सर ने मुझे ही स्टेज पर बुला लिया और बोलने लगे, 'सुनिए सब लोग, तनुश्री कुछ कहना चाहती है।'

यह क्या? मैं तो अचानक गूँगी सी हो गई। साथ ही यह भी सोचा कि मेरी बात का असर लड़कियाँ कितना लेंगी?

अब क्या करती मैं? शुरुआत में तो चोरी पर ही लानत देने लगी और फिर कहा कि यहाँ दस हजार रुपए भी रख दिए जाएँ और यहाँ से तमाम लोग गुजरें, रुपए ज्यों के त्यों रहेंगे। इतनी ईमानदारी तो यहाँ है।

लड़कियों में ऐसा सन्नाटा था, जैसे कि मैदान में कोई न हो। बहुत देर बाद एक लड़की बोली, 'हम इसकी तनख्वाह चन्दा करके पूरी करेंगे।' हाँ, इसके अलावा चारा भी क्या था? लड़की समझदारी की बात कर रही थी। वह तो मैंने ही कहा, 'फिर एक तनख्वाह नहीं, दो तनख्वाहों का इन्तजाम करो। एक तो उसकी, जिसकी गुम हुई है, दूसरी उसकी जिसका अपनी तनख्वाह से पेट नहीं भरता। हर महीने दूसरों के रुपए चुराएगी।'

आगे कहा, 'सुन लो सब अगर एक दिन में तनख्वाह नहीं मिली तो कल रात से मैं इस चोरी की सजा खुद भुगतूँगी। पीठ पर पिट्ठू (बोरी में ईंट भरकर) लादकर पूरे दस दिन एक्स्ट्रा परेड करूँगी।' यह सब कहते हुए मैं काँप रही थी। फिर भी आवाज में दृढ़ता थी। सजा खुद ही तो कबूल की है। जब लड़कियाँ अपने बैरकों में जाने लगीं तो हँसते हुए बोलीं, 'इस गांधीगिरी से रुपए मिल जाएँगे?'

मैंने कहा, जरूर मिलेंगे। अनशन और सत्याग्रह से आजादी मिली थी। रुपए मिलें न मिलें, मेरा विश्वास फिर भी रहेगा।

मैं अपनी बैरक में तख्त पर लेटी थी। सात और लड़कियाँ कमरे में मेरी रूममेट थीं। रुपयों पर बात करने से हम सब कतरा रहे थे। लड़कियाँ सोने लगीं। मुझे नींद नहीं। यही सोच रही थी कि रुपए न मिलेंगे? सजा क्यों ली?

आधे घंटे बाद फोन आया। मैंने समझा सी.डी.आई. का है। मगर उधर से एक लड़की बोल रही थी, 'दीदी, मैं आपको उस लड़की के बारे में बताना चाहती हूँ, जिसने रुपए लिए हैं। आप आ जाएँ।' सुनकर मैं स्तब्ध रह गई।

'कहाँ?' मैं एकदम उठकर बैठ गई।

'मैं चौथी बैरक के ऊपरवाले पोर्शन में खड़ी हूँ।'

मैं फुर्ती से उठी और तेज कदमों से बाहर निकल गई, ऐसे जैसे बाथरूम जा रही हूँ। लड़कियाँ सो रही हैं, जाग न जाएँ। आखिर क्या होनेवाला है?

अब मैं और वह लड़की आमने-सामने खड़े थे। वह कह रही थी, 'दीदी, वह लड़की बहुत दुखी थी। उसके घर में पैसे की बहुत जरूरत थी। उसके पिता का ऑपरेशन होना है। जब वह उस कमरे में गई तो बक्सा खुला हुआ था। ऊपर ही पर्स रखा था। बस मन डगमगा गया। पहले तो सोचा नहीं लें। बक्सा भी बन्द कर दिया। फिर मन किया ले ले। जरूरत बहुत है। बस पैसे निकाल लिए।'

इतना कहते ही वह मेरे गले लगकर फफक-फफककर रो पड़ी। रुलाई में ही यह कि–'दीदी, वह लड़की मैं हूँ, मैं। मैं क्या करूँ अब?'

'तू भूल जा कि तू है। यह भी भूल जा कि तेरे सामने मैं हूँ। तेरा नाम मैं भूले से भी नहीं लूँगी और समझ ले कि मैं तेरा नाम भूल गई।'

सच कहती हूँ कि उसी लड़की से प्रेरित हुई थी मैं। सी.डी.आई. ने जब उसका नाम पूछा, मैंने कहा, 'वह लड़की मैं हूँ, समझ लीजिए।'

सब लोग स्तब्ध थे। मैंने तो इतना ही कहा सबके सामने, 'जो अपनी गलती मान ले, उसे हमें इज्जत देनी चाहिए। अब उसके लिए तालियाँ बजाओ।'

मिस्टर गुलशन शर्मा, तालियाँ बजाने का तो तुम्हारे लिए भी मन करता है। पुलिस डंडों के बल पर, आँसू गैस के जोर पर या दूसरी तरह की सख्तियों के कारण हमारा धरना हमसे नहीं तुड़वा पाई, लेकिन मैं मान गई तुमको कि तुम और तुम्हारे साथ रहनेवाले शोहदों ने हमारे इरादे अकसर ही कमजोर किए। मैं सोचा करती, अपने आन्दोलन की लड़कियों को तुमसे कैसे बचाऊँ? तुम्हारे साथ पैसा और पावर है और हम हैं निहत्थे!

मैं अपने पिता से नहीं हारी, उन्होंने मुझे घर देखकर कहा था, 'अब जाएगी तो मेरी लाश के ऊपर से जाएगी।'

मैंने कहा था, 'कहीं से जाना पड़े, मुझे जाना तो होगा।'

मैं अपने भाई से नहीं हारी। कहता था, 'तू चली आ। किसी भी कीमत पर चली आ।' मैंने आने से इनकार कर दिया, 'इस समय भाई से ज्यादा मेरे लिए मेरे साथी हैं, जो घायल पड़े हैं। मैं उनकी तीमारदारी में हूँ।'

मगर मैंने तुम जैसों के कारण धरना उठाने की सोची। तुम्हारी कामुकता ने हमको कितना डराया, लेकिन फिर भी कुछ था, कोई दबा-छिपा रहस्य या स्त्री की

जिद। तभी तो यह सोच लिया, तुम क्या करोगे, बलात्कार करोगे? हम तो सिपाही हैं, युद्ध क्षेत्र में डटे हुए, पीठ दिखाना कायरता होगी। तभी तो फिर-फिर आन्दोलन किए कि ठान लिया, 'छेड़ो मुक्ति का राग।'

और आखिर मुख्यमंत्री ने हमें बुला ही लिया। वादा भी किया कि तुरन्त ही पच्चीस प्रतिशत लड़के-लड़कियों को वापस लिया जाएगा और फिर इसी तरह साल दर साल नियुक्तियाँ जारी रहेंगी।

मिस्टर गुलशन शर्मा, क्या तुमने मुख्यमंत्री को मेरे चरित्र के बारे में कुछ नहीं लिखा? लिख देते तो शायद फिर से मेरी नौकरी...लेकिन इतना याद रखना कि मैं चुप्पा औरत नहीं हूँ, जो बिना सोचे-समझे हुक्म निभाती जाऊँ। लेकिन ऐसी लड़की भी नहीं, जैसे कि तुम मर्द हो। इतनी सी उम्र में मैं किसी के बारे में तुम्हारी तरह सोचने का समय नहीं पाती। क्या तुम इतने फालतू हो कि तुम्हारा दिमाग खाली घर शैतान का अड्डा हो गया है।

मेरे पिता को पत्र लिखने का क्या फायदा होगा तुम्हें? लिखना हो तो मेरी शादी के बाद मेरे पति को इससे भी ज्यादा गन्दा, कामुक और डरानेवाला खत लिखना, बताना कि मैं कितनी सेक्सी हूँ और तुमने मेरे साथ क्या-क्या किया है। सबूतों के साथ डॉक्टर का सर्टिफिकेट लगाकर भेजना कि मैंने कहाँ-कहाँ गर्भपात कराया क्योंकि तुम ही तो हो, जिसे मैं अपने सारे राज बताती रही हूँ और तुम्हारे बिना एक कदम भी अपने आप नहीं चल सकी। इस सौदेबाजी में तुम मुझसे क्या वसूल करना चाहते हो, मैं जानती हूँ। तुम पचास साल के बुड्ढे, तुम्हारी युवा अवस्था के समय लड़कियाँ इन हथकंडों से डर जाती होंगी। मगर तुमको मैंने बता ही दिया है कि ऐसे कामुक संकेत मैंने तुम्हारी आँखों में शुरुआत में ही पढ़ लिए थे और तुमसे निपटने का जो तरीका मैं अपना रही हूँ, उसका अंदाजा तुमको होना चाहिए था। अब यह समझ लो कि मैंने हमेशा जो कुछ सोचा है, वही किया है, इसलिए जो कुछ हुआ, उसके पीछे निश्चय ही कोई बड़ा कारण होगा।

अब इतना और सीख लो कि जमाना बदल रहा है। औरत ही औरत की दुश्मन वाली बात सिरे से गायब है क्योंकि यह साजिश भरा नारा तुम जैसे लोगों ने ही लगाया था। अब तो स्त्री-स्त्री की मित्र है। क्या तुमने रोहतक के स्कूल वाला कांड नहीं सुना?

तुम जैसा ही था उस स्कूल का टीचर, जो लड़कियों के साथ, उन्हें प्यार में लेकर अपनी हवस पूरी करता रहा। बाद में डराने धमकाने लगा कि कहीं कहोगी तो बदनामी तुम्हारी होगी। लड़कियाँ, जिनके माँ-बाप गुलशन शर्मा तुम्हारी ही उम्र के हैं, अपनी बेटियों को चुप रहना सिखाते हैं। अपने आदर के लिए उन्हें विनम्र और लज्जाशील बनाते हैं। नहीं समझते कि ये गुण लड़की की जिन्दगी के लिए सबसे बड़े

अवगुण हैं। लाजवन्ती की तरह तीन लड़कियाँ गर्भवती हो गईं। अब क्या करें माता-पिता? गर्भ तो किसी लाज या पर्दे को नहीं मानता। पेटों में शिशु बढ़ने लगे। एक उपाय, जो सदियों से चला आ रहा है—गर्भवती का गर्भपात। अगर गर्भपात नहीं होता तो गर्भवती लड़की की हत्या। हत्या का निर्णय लेनेवाले गाँव के मूँछवाले, जाति-बिरादरी के हुक्का की आन रखनेवाले पुरुष थे। ऐसे फैसलों में औरतों को नहीं पूछा जाता।

लेकिन उनको क्या पता था कि औरतें बिना पूछे, बिना बुलाए ही आ जाएँगी। महिला संगठन ने उन तीनों लड़कियों को बचा लिया। जब महिलाओं ने चौधरियों को गिरफ्तार कराने की धमकी दी तो वे खुद को बचाने के लिए इधर-उधर भागने लगे। अब कोई किस मुँह से कहेगा, औरत ही औरत की दुश्मन होती है। गुलशन शर्मा, संवेदनाओं को क्रूरता नहीं जीत सकती। मैं जब शादी करूँगी, तुम्हें भी निमन्त्रण दूँगी। सच कहती हूँ, हमें किसी के द्वारा दी गई सुरक्षा नहीं, अपनी ही सामर्थ्य चाहिए कि कोई गुलशन शर्मा हमारे चेहरों पर तेजाब फेंके या फिकवाए, उससे पहले हम उसे तेजाब के कुंड में डुबो-डुबोकर खत्म कर दें।

हाथों में तालियों की लय थी

12.8.08 शाम

'जनता एक पालतू कुत्ते पर विश्वास कर लेगी, मगर पुलिस पर नहीं,' मैम मैंने ऐसी ही पुलिस को ज्वाइन करना चाहा था, बताइए घर में कौन मेरे फैसले पर रजामन्दी देता?

खतरों से खेलना मेरा जुनून है। ऐसा न होता तो मैम हम पिता के जुल्म सहकर कुँआरापन काटते रहते और फिर किसी आदमी के गले बँधकर उसको पति मानते हुए रोटी कपड़े के जुगाड़ में उसकी सेवा करके जिन्दगी गुजारते। मगर हमारे ऊपर मार वहाँ भी पड़ती, लेकिन वहाँ एक आदमी मारता, जिसे हम अपना मालिक मानते। मालिकों का कर्तव्य होता है दासियों को सुधारते रहना।

मैम हमने ब्याह नहीं किया, सुधरने से रह गए, पिता का यह इल्जाम हमारे सर है। हमारे नहीं, मेरे सिर। मैं जो अपने फौजी पिता की बेटी आपके सामने बैठी हूँ, गाँव में बदनाम लड़की हूँ। शादी से मना किया तो मेरे द्वारा किए गए इनकार के कारण खोजे गए। मुझे यही लगा, शादी से मना करना, भगवान के विधान से मुकुर जाना है और उसकी सजा हमें भगवान के नुमाइन्दे देने के लिए फुर्ती से उठते हैं, चुस्ती से चलते हैं।

भगवान! मैम किसने देखा है भगवान? कुछ किताबें हैं पुरानी। कहते हैं ऋषि-मुनि लिख गए हैं, उन्होंने भगवान को देखा था, उसको पाया था। प्रभु को अपने अन्दर महसूस किया था, इसलिए वे महात्मा खुद प्रभु बन गए। बड़ा दुख होता है कि भगवान को सिर्फ मर्दों ने पाया, देखा और महसूस किया, किसी औरत ने नहीं। क्या एक भी औरत इस योग्य नहीं थी?

यह विश्वास मुझे इसलिए हो गया कि जैसे हजारों साल बीतने पर लड़की में योद्धा होने के नक्श दबे रहते हैं, औरत ने भी शास्त्र लिखने की ताकत दबाए रखी होगी। मैम मर्द की शारीरिक ताकतवरी औरत पर हमेशा भारी रही है, इसलिए मर्दों ने सारे फैसले अपने हाथों में ले लिए।

मैं ऐसे ही तो सोचती थी अपने घर में। देखती तो सबूत मिल जाता। आप देख रही हैं मुझे? कोई लड़की कहेगा मुझे? मेरा नाम ब्रजबाला था। था जब था मैम, मैंने पाँचवीं कक्षा में अपना नाम बदल दिया। वह दिन मुझे आज भी याद आता है, क्योंकि उस दिन ने मेरी जिन्दगी का रुख बदलकर लोगों के सामने रख दिया। प्राइमरी में हमारी एक टीचर थीं, उनका नाम शेरू गुप्ता था। उन्होंने ही कहा, पाँचवीं कक्षा की परीक्षा बोर्ड की परीक्षा है, इसमें जो नाम जाएगा, आगे भी वही नाम चलता जाएगा। अगर कोई अपना नाम बदलना चाहता है या चाहती है, अभी बता दे।

'मैं अपना नाम क्या रखूँ?' मैंने सोचा। वैसे ब्रजबाला नाम बुरा नहीं था, इसका अर्थ होता है गोपिकाएँ। ये औरतें कृष्ण के पीछे दीवानी थीं। दीवानापन बुरा नहीं होता मैम, यही वह भावना है जो कुछ कर गुजरने को उकसाती है। गोपिकाएँ प्रेमिकाएँ थीं। प्रेमिकाएँ अपने प्रेम के लिए सबसे ज्यादा ईमानदार होती हैं, मैं यह मान रही थी। मगर कृष्ण ने मुझे बहुत प्रभावित किया। देवताओं में मैं विश्वास नहीं करती। भगवान को भी क्या मानूँ, इतने रूप हैं कि पहचान गडमड हो जाती। महाभारत सीरियल आया था, मैं बहुत छोटी थी। यह सीरियल मैंने सी.डी. से देखा, मैम मैं कृष्ण की मुरीद हो गई। पाँचवीं कक्षा में मेरी उम्र ग्यारह साल थी। तभी मैंने अपना नाम ब्रजेश रखा।

ब्रजेश!

हाँ, मुझे कृष्ण की तरह अपना लक्ष्य साधना था। आप पूछेंगी उस समय लक्ष्य क्या था? यही कि मम्मी से बता दिया जाए ब्रजेश शादी के लिए नहीं, किसी महत्त्वपूर्ण काम के लिए पैदा हुई है/हुआ है।

'हुआ है यह क्यों?' मैं पूछती हूँ।

ब्रजेश बताती है–आपको मैं लड़की लग रही हूँ? इस पुलिस अकादमी में कोई भी अपने को स्त्रीलिंग में नहीं बोलती, आपने गौर नहीं किया क्या? नहीं किया तो करिए अब।

'किया है, सोचा शायद यों ही...किसी फैशन के तहत।'

नहीं मैम, फैशन के तहत नहीं, जरूरत के मुताबिक। हमारे समाज में मरदाना बोलचाल को इज्जत की निगाह से देखा जाता है। यहाँ तक कि उनकी दी हुई गालियाँ भी पराक्रम दिखाती हैं, गुप्त अंगों के नाम वे धड़ल्ले से लेते हैं और उम्मीद करते हैं कि हम शरमाकर आँखें झुका लें। यह दादागीरी नहीं है तो क्या है? तेरी माँ, तेरी बहन, उसकी बेटी के साथ अपना सैक्सुअल सम्बन्ध गुस्से के साथ बोलकर शब्दों द्वारा बलात्कार करते हैं। मैम, उन्हें माँ-बहनों की चिन्ता नहीं, उनके अपमान से वे दुखित नहीं होते। ऐसे ही होता तो ये मर्द लोग अपने मुँह से वह गन्द न निकालते,

जैसा कि दूसरे के मुँह से निकलता देख रहे होते हैं। ये तो उस भाषा का आनन्द उठाते हैं—सैक्सुअल प्लैजर।

ब्रजेश! मैं उसकी ओर देखती रह गई। क्या-क्या सोचती है!

वह आज चली गई। उसकी ड्यूटी का समय हो रहा था। बात तो अभी उस छोर को भी नहीं छू पाई, जिससे उसकी कहानी शुरू होती है।

आज प्लाटून नम्बर 18 और 19 की क्लास तीन घंटे चली। इससे भी ज्यादा चल सकती थी, लेकिन आठ बजे लड़कियों का रोल कॉल होता है।

पवित्रा ने यही बताया, जैसा कि बन्धन लड़कियों पर होता है। कह रही थी, उसे घूमने का शौक था और बाहर घूमना मना था। पापा से इजाजत माँगी तो उन्होंने अनुमति देने के बजाय उपाय बता दिया, ऊपर जानेवाली सीढ़ियों पर चार-पाँच बार उतरो-चढ़ो, हो गया घूमना।

भाई से कहा, वह सोच में पड़ गया। अब किससे कहें? क्या हमारी जिन्दगी बचपन में सुनी उस कहानी की चिड़िया की तरह है, जो अपने चना ठूँठ में फँस जाने पर बढ़ई, हाथी, कुत्ता और राजा के पास जाती है, लेकिन उसकी बात कोई नहीं सुनता। उसने यही सोचा कि जिन्होंने बन्धन लगाए हैं, उन्हीं से आजादी माँगना बेवकूफी है या मजबूरी। चलने-फिरने पर पाबन्दी, मनचाहे कपड़े पहनने पर बन्दिशें। पढ़ाई किस तरह हुई...और साहस देखिए कि पुलिस की नौकरी के लिए फार्म भर दिया। पापा भाई का फार्म भर रहे थे। भाई के लिए पापा रिश्वत देने को तैयार थे। मगर भाई नहीं आए, वह आ गई।

उसके लिए पैसे तो कभी न दिए जाते, अपनी योग्यता से आ गई, वह भी पसन्द नहीं आया। लड़की जात क्या करेगी? अपने पति के लिए कमाएगी। कौन कहता कि भाई लग जाता तो वह भी अपनी पत्नी के लिए कमाता। हाँ, पवित्रा सोचती यह भी है, पापा अपने बेटे को मानते हैं, उनके इस संस्कार को वह तोड़ नहीं पाएगी, भले पूरा वेतन पापा के हाथ पर धर दे।

'मतलब बहुत कर लिया, कहाँ तक अपने लड़की होने के अपराधबोध से घिरे रहें? हाथ-पाँव हमारे हैं, दिमाग भी हमारा है, फिर विचार और व्यवहार भी हमारे ही होंगे अब, यही मानकर यहाँ तक आ गए। पवित्रा कहती है और मीटिंग हाल तालियों से गूँजने लगता है।

अब बोलने की बारी नीलम की थी। पापा को दादी ने बेटा कहकर, आँखों की जोत कहकर, बुढ़ापे की लाठी कहकर इतना वश में कर लिया कि वे मम्मी से बात करने में भी हिचकिचाएँ। लगता कि दादी का ही बोलबाला है घर में। बूढ़ी औरत

का राज चलता है मगर यह भ्रम था। दादी ही कहती थी, जो पापा चाहते थे या दादी की सूँघने की शक्ति इस कदर बढ़ गई थी कि वह हर समय पापा के मन को थाहती रहती। इसलिए ही दादी मेरे विरुद्ध रहती क्योंकि मैं पापा से भी साफ-साफ बोलती। बेबाक होना, सच को खोलना है, सच। वह भी लड़की का सच जो किसी को बर्दाश्त नहीं होता। मैं जानती हूँ कि पापा मेरी बात काटते नहीं थे, लेकिन पसन्द भी नहीं करते थे।'

दादी ने मुझे घर से निकालने का बीड़ा उठा लिया, पापा से कहा था, 'इस मुँह जोर लड़की को पीले हाथ करके रवाना करो।'

'रवाना!' मैंने कहा। दादी कौड़ी-सी आँख निकालकर देखने लगी फिर बोली, 'हाँ, ब्याह। ब्याह करके भी यहीं बैठी रहेगी तू? मेरे बेटे की छाती खूँदेगी? चुटिया पकड़कर बाहर करा दूँगी।'

'ब्याह! ब्याह करके मैं हरगिज न जाऊँगी। दादी तू ही चली जाना मेरी जगह। बड़ा शौक है ब्याह का।'

पड़ोसियों ने कहा कैसी लड़की है। एकदम मुँहफट। लाज-लिहाज घोलकर पी गई। घर की बात बाहर गई, मम्मी मुझे मारने दौड़ी। मेरी चोटी पकड़ ली। उस दिन मैंने जाना लड़कियों के लिए चोटी कितनी खतरनाक है।

हमारे ताऊ जैसे गन्दा आदमी मैंने देखा नहीं। दादी को अपने घर रखता तो है नहीं, उसका पक्ष लेकर मुझे गालियाँ देने लगा। इसी की सलाह पर पापा ने दीदी की शादी कर दी थी। जब जीजा दिन-रात दीदी को पीटता है, किसी के कान पर जूँ नहीं रेंगती। मम्मी भी कहती हैं चित्रा के भाग्य। हम तो जनम के साथी थे, उसके करम (तकदीर) को क्या करें? मैंने तो जीजा को भी अच्छी सुनाई। घर में कैसा कोहराम मचा कि घर जाने के नाम पर खून सूखने लगता है। घरवालों को लानत देकर बाहर निकली तो ताऊ ने इतनी गन्दी जुबान बोली कि मैं मुँह से कह नहीं सकती।

ये लोग लड़की को कहीं आने-जाने से रोकते हैं और खुद कसाईगिरी करते हैं। इनके व्यवहार को देखकर ही मैं पुलिस में आई थी। अबकी बार परमीशन (छुट्टी) पर गई, आने के पहले घर में जमकर मार पिटाई हुई। लगा कि पुलिस में रिपोर्ट कर दूँ। अब तो कर ही दूँगी, पहले शायद ऐसी हिम्मत न करती। पहले तो मैं डर जाती थी, तभी तो खेल को अपना जुर्म मानती। चार बजे उठकर दौड़ ला आती फिर भैंसों को चारा सानी देती, गोबर उठाती, पानी भरती। इसके बाद भी पढ़ने की खातिर पापा के पाँव पकड़ने पड़े थे। पर कोई भी काम संघर्ष के बिना कहाँ होता है? तमन्नाएँ आदमी को अच्छी तरह नचाती हैं। अपने के हाथों पिटे हुए हम तिगनी का नाच नाचते आए हैं। एकदम रोए हुए चेहरे...

यहाँ आए तो देखा, सामने लिखा है—मुस्कुराइए कि आप मधुबन में हैं। सच में, हम मुस्कुराए यहाँ, तभी घर जाने का मन नहीं रखा।

'एकदम!'

मुकेश खड़ी हो गई अपनी बात कहती हुई। अब तो सकून है, बहुत शान्ति। मैं पहले भी यहाँ रह गई हूँ। पहली भर्ती के समय माहौल बड़ा खराब था। हमें सरकार ने जब निकाल दिया तो सोचा था, अब कभी ऐसी जगह नहीं आना है। वह तो पापा पीछे पड़ गए। मैंने पापा को बताया था कि वहाँ उस्ताद लोग हमें ग्राउंड में गालियाँ देते थे और हम बैरकों में एक-दूसरे को गालियाँ निकालते थे। वर्दी अच्छी लगती थी, गालियाँ किसे अच्छी लगती हैं?

मेरी किस्मत कि मेरा फिर सलैक्शन हो गया। मैं रोती हुई ही आई थी पुलिस के नरक में, मगर अब की बार सबसे पहले नजर पड़ी एक लिखित उक्ति पर—यहाँ तू का प्रयोग न करें, आप बोलें।

गालियों का क्या हुआ? उस्तादों की जीभ पर थिरकनेवाली उत्तेजक गालियाँ, उन उस्तादों का क्या हुआ? बहुत कुछ बदल गया। जो होता है, अच्छे के लिए होता है।

सुनीता ने खड़े होकर जोड़ा—हाँ, जो हुआ अच्छे के लिए हुआ, तरह-तरह की लड़कियों से जान-पहचान हुई। हमने एक-दूसरे के विचार जाने। संकल्प भी लिया कि पुलिस की छवि सुधारने की पूरी कोशिश करेंगे।

राजश्री अपने आपको कविता में व्यक्त करती है—

मैंने हर गम को खुशियों में ढाला है
मेरा हर चलन दुनिया से निराला है
जिन हादसों को लोग सह नहीं पाते
उन हादसों ने ही मुझको पाला है।

जै हिन्द!

इस प्लाटून की इंस्ट्रक्टर सुपरवाइजर ने अपनी बात कहने के लिए हाथ उठाया। मैं देख रही थी, यहाँ अब हर एक लड़की कुछ-न-कुछ बोलना चाहती थी। यह जाहिर भी किया—हमें शुरुआत में झिझक लगती है क्योंकि अब तक घर में, स्कूल में और सार्वजनिक जगहों पर हमें बोलने से रोका जाता रहा है। मन में यह बात घर कर गई कि हमारा बोलना, बहस करना, तर्क देना बड़े लोगों को मुँहतोड़ जवाब देना लगता है और यह बात तौहीन के समान मानी जाती है।

गीता इंस्ट्रक्टर बताने लगीं—इन लड़कियों जैसी ही मेरी कहानी है। माँ ने एकदम मना कर दिया था। हवाला अपने दुलार का दिया कि उनकी प्यारी गीता को पुलिस ट्रेनिंग की भारी मशक्कत नहीं करनी चाहिए। गीता ने उपाय निकाल लिया—माँ

लड़कियों से वहाँ हल्का काम कराया जाता है। पुलिस के लोग बदनाम ज्यादा हैं, नहीं तो समाज के लोग कोई कम तो नहीं। अपराध, चोरी, डकैती तो वे ही करते हैं। अपने गुनाहों को छिपाने और सजा से बचने के लिए पुलिस को नोट दिखाते हैं। लालच, जिस पर मनुष्य का काबू होना चाहिए, पुलिसवाले नहीं कर पाते, यही उनका गुनाह है, जिसके कारण तमाम गुनहगार बच जाते हैं और आगे के लिए अपराधियों का हौसला बढ़ता जाता है। एक गुनाह दूसरे गुनाह को जन्म देता है, मैंने यही महसूस किया है। माँ, इसे रोकने की कोशिश तो होनी चाहिए ही न? खाली निन्दा करके तो बात बननेवाली नहीं।

गीता मुझसे कह रही थी—मैम, मैं बदलाव की कोशिश कर रही हूँ। भ्रष्टाचार ऐसा रोग है, जो सारे विभागों में कैंसर की तरह फैल गया है। यहाँ लड़कियों को कोई पुरुष सिपाही या अफसर तंग न करे, यही चाहती हूँ। लड़कियाँ भी खुद अनुशासन को चुनें। ट्रेनीज के पास मोबाइल फोन हो, यह जरूरी है क्योंकि उन्हें अपने घर या अपने साथियों से बातें करनी होती हैं, लेकिन बातें करने का भी एक समय होता है, समय की तमीज चाहिए। जब यह सब नहीं होता तो मुझे मजबूर होकर मोबाइल छीनना पड़ता है। कितनी कशमकश से गुजरती हूँ, मैं, मोबाइल फोन छीनने की सोचकर...

छीन लेने के बाद कितना-कितना दुख होता है मुझे कि क्यों मैंने लड़की को बात करते हुए देखकर कठोर व्यवहार किया? मैम लड़कों से बातें करना जुर्म नहीं, जब साथ-साथ काम करना है तो बातें तो करेंगी ही, बस ये जेन्ट्स इन लड़कियों का गलत फायदा न उठाएँ। इनके काम में रुकावट न डालें, यही मकसद रहता है हमारा। कहते-कहते गीता भावुक हो गई। उनका गला भर आया। लड़कियों की आँखों में संवेदना पिघल रही थी। हाथों में तालियों की लय थी, जो कमरे में गूँजने लगी।

आज मेरे सामने 20-21 प्लाटून थी। ज्योति खड़ी हो गई, यह बताने कि पुलिस विभाग में कैसे आना हुआ। ज्योति गेहुँआ रंगत और औसत कद की लड़की है। कहने लगी, मम्मी-पापा से पूछना ही बेकार था, उनके सामने तो मुझे लेकर हमेशा खतरे ही खड़े रहते हैं। जबकि मैं बचपन से ही पुलिसवालों से प्रभावित थी। हमेशा उन्हें नमस्ते करती। मैंने देखा था, जब गाँव में लड़ाई-झगड़ा, मार-पीट, चोरी और लूटपाट हो जाती, पुलिस को बुलाया जाता। पुलिस ही वह ताकत थी, जिसका जिक्र चलते ही लोग डर जाते। ऐसे पुलिसवालों को मैं नमस्ते करती। मैं उनकी रिश्वतखोरी और अत्याचार तब क्या जानती? उम्र छोटी थी। इन अवगुणों को ग्रहण करने और समझने

का काम बच्चे नहीं किया करते, सब के सब बड़ों के काम हैं। बड़ों ने ही बताया, पुलिस बुरी होती है। बुरी होती है तो हम उसे बुलाते क्यों हैं? मेरी बातें घर में किसी के समझ में नहीं आती थीं।

बड़ी होकर जब मैंने अपने जॉब के रूप में पुलिस को चुनना चाहा तो कई तरह से डराया गया। सबसे ज्यादा डराया 'हार्डवर्क' का हवाला देकर। कमाल है, पढ़ाई में मेहनत करने को कहते हैं, घर के काम में जो मेहनत लगती है, उसे सराहते हैं। खेतों और पशुओं के लिए जितनी मेहनत करो, उनकी तारीफ मिलेगी, फिर पुलिस की मेहनत क्यों बुरी है?

'मैं हार्डवर्क करके दिखा दूँगी,' मैम, मैंने कह दिया और यहाँ आकर दिखा भी दिया। घरवाले अब तक सोच रहे थे, मैं ट्रेनिंग छोड़कर भाग जाऊँगी, उन्हें क्या पता ज्योति किस तरह की लड़की है, माता-पिता अपने बच्चे को पूरी तरह कभी नहीं जान पाते। इसलिए ही तो कहते हैं अब–देख, तू अच्छी रहेगी तो सब अच्छे रहेंगे। हमारी बदनामी न हो, बस।

मैंने कहा–मैंने जिस चरित्र को तुम्हारे लिए बनाया था, उसे यहीं छोड़े जा रही हूँ। इस दबे-ढके, डरे-सहमे कदम से वहाँ काम नहीं चलनेवाला और मुझे पता है बेबाक और खुला चलन तुम्हें बदनामी ही देगा क्योंकि शरमाना-झिझकना मैंने छोड़ दिया।

हाँ, मैंने ज्योति की बात का समर्थन किया था। अच्छे हम तो सब अच्छे...से तात्पर्य क्या है? हम सभझते हैं कि इस बात का विश्लेषण कर लेना चाहिए। आप सभी जानती हैं कि अपने घरवालों के लिए अच्छे होना एक बात है और समाज के लिए अच्छे होना दूसरी बात।

रिश्वत लेना घरवालों के लिए गुनाह नहीं है, वो तो इस धन को देखकर खुश ही होते हैं। अगर ऐसा न होता तो रिश्वत का चलन बढ़ता ही नहीं। वे तुमसे कभी नहीं कहेंगे कि इस गुनाह की गठरी को घर में मत लाओ। माता-पिता-पति या पत्नी, बेटा, बेटी सबको पैसे अच्छे लगते हैं कि वे अपने लिए खुले हाथ खर्च करें। इसी को कमानेवाले का कर्तव्य लेते हैं और अपना पुण्यफल, लेकिन आपको तो अच्छा बनना है समाज के लिए। लोगों को बिना लालच पूरा किए न्याय देना ही अच्छा होना है। यह अच्छा होना तुम्हारी संवेदना और मनुष्यता को दर्शाएगा। पुलिस के वेश में मिलनेवाले मनुष्यों की भारी कमी है इस समय।

'यस मैम!' यह ममता थी मेरे सामने, जो कह रही थी, गाँव में पुलिस के लोग आए थे किसी के पासपोर्ट के लिए तहकीकात करने। उनमें से एक ने सबके सामने पैसे माँगे। उन्हें रुपए दिए गए। जब वे चले गए तो लोगों ने मुझसे कहा, यहाँ तो ऐसी पुलिस है, तुम कैसी पुलिस बनाओगी?

मैं अगर संवेदी पुलिस की बात करूँ तो उनकी समझ में कितना कुछ आएगा? वह तो उन्हें तभी पता चलेगा, जब वे संवेदी पुलिस के सम्पर्क में आएँगे।

13.8.2008 सुबह

आज वह फिर मेरे सामने थी। सफेद कमीज-पैंट पहने हुए। गले में चाँदी की छोटी-सी चैन के साथ कृष्ण की मूर्ति लटकी हुई थी, जो उसकी गर्दन के ठीक नीचे चमक रही थी।

'तुम्हारा लॉकेट मुझे भी याद है, जब तुम मुझे क्लासरूम में मिले थे।'

मेरा वाक्य सुनकर ब्रजेश खुलकर हँस पड़ी। बोली, 'मैम, आप भी आखिर आ ही गईं मेरे रास्ते पर।'

बात क्या है मैम कि हमने जैसे कैरियर के उस क्षेत्र में पाँव जमाए हैं, जो अब तक मर्दों का था, उसी तरह उस उच्चारण को भी अपनाएँगे, जिसको मर्दाना समाज अपनी थाती मानता है। उनकी हेकड़ी जाती नहीं तो बराबर की हेकड़ी भी पैदा करनी होगी न? अगर हममें ताकत नहीं तो संवेदना किस काम की? ताकतवर को मुकाबला करने के लिए ताकतवरी ही चाहिए। औरत रोती रही है हजारों सालों से सो अब बोलना, बातें करना भी जुर्म में शामिल कर दिया जाता है। औरतों का रोना ही औरतपन है और वही समाज में वैध हो गया।

मैंने आखिरी बार कब आँसू बहाए थे, मुझे याद नहीं। बाप हमारे घर की बैठक (जो टूटी-फूटी थी) में बैठकर शराब पीते रहते थे सुबह से शाम तक। माँ जब देखे तब रोती हैं। बहनें मुझसे बड़ी चार थीं, सब की सब काम में लगी हुईं। कोई घास लेने गई है तो कोई उपले उठाकर ला रही है बेचने के लिए। कोई भैसों का दूध निकाल रही है तो कोई चूल्हा सुलगा रही है। धर-बाहर का खटराग दिन-भर चलता। भाई था एक, वह पढ़ने जाया करता।

माँ क्यों रोती रहती है? इसे कहाँ दर्द है?

रोने का कारण कोई दर्द नहीं, बाप का नशा है। वह होश खोकर माँ को पीटने लगता और हम बहनों में जो उसे बचाती उसे भी पीटता। मैंने ऐसा ही देखा। महाभारत में देखा था कृष्ण सुदर्शन चक्र चलाकर दुष्टों का संहार करते हैं। अर्जुन से कहते हैं—मारो भीष्म पिता को जो अन्यायी कौरवों की ओर से लड़ने को तैयार हैं।

'क्या मैं अपने बाप को नहीं पीट सकती?' मैंने सोचा और मैंने अपना शरीर देखा। शरीर ही मेरा साथी है। इसे मैंने स्वस्थ बनाया है, निःसन्देह इस स्वास्थ्य के लिए मेरी बड़ी बहन धन्यवाद की पात्र है। उसने भैंसों की सेवा करके घर का खर्च

चलाया है और साथ ही मुझे दूध देकर खेल में मेरा सहयोग किया है। वॉलीबॉल प्लेयर मैं यूँ ही नहीं बन गई।

माँ को पीट रहा था बाप। कह रहा था–तेरे बाप का क्या जाता है, मैं अपनी पेंशन की पीता हूँ। इन लौंडियों का मैं क्या करूँ? कह दे, भाग जाएँ किसी के साथ।

'ओ तेरे बाप की' मेरे मुँह से यही निकला मैम। स्कूल तक पढ़ने तो जाने नहीं दिया, नाक-मूँछ कटती थी, अब जवान लड़कियों के ब्याह की जिम्मेदारी आई तो किसी के साथ भागने की कह रहा है!

मैंने आव देखा न ताव, बाप के सिर को ऐसे धुनने लगी जैसे वॉलीबॉल में हाथ मार रही हूँ। इतना मारा इतना मारा कि जमीन पर लेट गया। माँ इतनी डरपोक कि मुझे ही रोकती रही। मैं चीख पड़ी–तू कायर है, इसलिए ही जिन्दगी भर पिटती रही। तूने ही हक दे दिया इसे कि मनमानी करे।

भाई एकदम चुप रहता। वह मुझसे छह-सात साल बड़ा है, मगर चुप्पी उसके स्वभाव का हिस्सा है।

आज भी वह वैसा ही है, इसलिए उसे कहीं नौकरी नहीं मिली। थोड़ी-सी खेती है, उसी के दम पर उसकी गृहस्थी है। बहनों की शादी माँ ने की। उनकी योग्यता बस इतनी थी कि वे लड़कियाँ थीं। उनको जिन्होंने अपनी पत्नी के रूप में स्वीकार किया वे ऐसे थे–किसी का दूसरा ब्याह था तीन बच्चे पालने के लिए थे। कोई खुद बूढ़ा हो चला था, सेवा की बहुत जरूरत थी। किसी के माता-पिता घर में खाट पकड़ गए थे, उनकी तामीरदारी के लिए दूसरी पत्नी की जरूरत थी क्योंकि पत्नी ही रोटी-कपड़े पर आ सकती है, नौकरानी इससे महँगी पड़ती।

माँ फिर भी सन्तुष्ट है, यह देखकर मुझे ताज्जुब होता। क्या ब्याह कर देना ही अपनी बेटियों के लिए सब कुछ कर देना है? यही बात मेरे मन में गड़ गई थी। मैं खेलने स्टेडियम जाती, पिता आँखें तरेरकर देखता। कई बार मेरे ऊपर झपटता और बताता कि मैं लड़की होकर उसकी इज्जत वॉलीबॉल की तरह उछाल रही हूँ।

'कर्मण्येवाधिकारस्ते मा फलेषु कदाचन्' कृष्ण के इस उपदेश को मैंने अपनी तरह लिया क्योंकि मैं भी ब्रजेश थी। कर्म किए जाओ, ऐसा मेरा अधिकार है, फल भी अवश्य मिलेगा यह मैं कभी नहीं भूलूँगी।

और मैं वॉलीबॉल में इंटर यूनिवर्सिटी लेवल से ऑल इंडिया लेवल की प्लेयर हो गई। हाँ, मैंने दसवीं क्लास से बी.ए. तक अपना रिजल्ट अपनी तरह हासिल किया। मैंने कभी स्कूल कॉलेज की फीस नहीं दी, यही खेल की उत्कृष्टता का फल था। मैंने शारीरिक ताकत हासिल की, पिता का आक्रोश शान्त था।

वह दिन भी आ गया, जब बाहर की प्रतियोगिताओं के अन्तर्गत राजनीतिक हलकों में मैंने कदम बढ़ा दिए। मैं जान ही रही थी कि मैं यहाँ तक अगर पहुँची

हूँ तो इसलिए कि मैंने अपने घर की, गाँव की, जाति और समाज की उन मान्यताओं को साहस की आग में धरकर फूँक दिया है, जिन पर शील, मर्यादा, परम्परा और आदर्शों के पुराने और मैले लेबिल लगे थे। इसलिए ही अब मैं न बेटी जैसी बेटी हूँ न बहन जैसी बहन तो फिर पत्नी जैसी पत्नी कैसे बनूँगी? हाँ, पत्नी जैसी पत्नी न बनने के लिए ही मेरा अभियान ग्यारह वर्ष की उम्र से जारी है। मैम, देख रही हैं आप कि मैं लड़की जैसी क्यों नहीं हूँ?

क्या करूँगी लड़की जैसी लड़की होकर? जाति व समाज के नियम इतने कट्टर व क्रूर हैं कि उनके सामने सेना व पुलिस की फोर्स भी घुटने टेक दे। सुना नहीं वह वाकया? फरीदाबाद का ही तो है। एक सिपाही की दास्तान...उसने अपनी पसन्द की लड़की से शादी करनी चाही। लड़की के घरवाले क्यों इजाजत देते? अपनी जात-बिरादरी की चिन्ता माता-पिता और भाइयों को लड़की के जीवन से ज्यादा हमेशा रही है। सदियों से चली आ रही तमाम मिसालों में दो दिन पहले का उदाहरण और जोड़ लो।

सिपाही ने अपने स्वतन्त्र देश का नागरिक और पुलिस सेवा का सदस्य होने के नाते मैम लोकतन्त्र के तहत शादी का अधिकार माँगा था। वह अधिकार कोई दे न दे, लड़की को देना होता है क्योंकि विवाह उसका है और वह विवाह के लिए वयस्क भी है। विवाह हो गया। दोनों की जातियाँ अलग थीं।

मैम, यहाँ मुझे महाभारत फिर याद आया, कैसे जुआ खिलाने का न्यौता देकर कौरवों ने पांडवों को बुला लिया था और धोखे, बेईमानी तथा छलपूर्वक चाल चलकर पांडवों का धनधान्य और राज्य जीत लिया था, साथ द्रोपदी को भी दाँव पर लिया। कांस्टेबल विक्रान्त को लड़की के दो भाइयों ने यह कहकर बुलाया कि अब वे अपने मतभेदों को खत्म करना चाहते हैं और अपनी बहन को देखना चाहते हैं।

विक्रान्त गया, पत्नी को नहीं ले गया, वह पांडवों के मुकाबले ज्यादा चौकन्ना और दूरदर्शी था। सामने लड़की के भाई थे जो दो और लोगों को साथ लाए थे। बस उन लोगों ने विक्रान्त को देखते ही फायर करना शुरू कर दिया। निशाना ठीक जगह पर लगा और वे मोटर साइकिलों पर सवार होकर भाग गए।

यह है, इस देश के लोकतन्त्र पर जाति व्यवस्था का शिकंजा। इस शिकंजे को तोड़ने के अपराध की सजा।

मैंने अपनी माँ से कहा था, मेरी शादी की चिन्ता मत करो। अगर मेरे लिए कुछ करना है तो बस एक छोटा-सा काम है, उसके लिए तुम मेरे साथ चलो।

'क्या काम है बेटा?' मम्मी ने पूछा था।

'तो सुन लो, गश खाकर मत गिर जाना। मैं जानती हूँ, तुम पापा की मार कितनी भी सह सकती हो, मेरी बात पर ही बेहोश हो जाओगी। यही है एक मर्द और औरत का फर्क।'

'बता तो,' मम्मी ने कमजोर आवाज में आग्रह किया।

'मैंने पुलिस में भर्ती होने के लिए फॉर्म भरे हैं, तुम मेरे साथ चलो।'

'कहाँ ले जाएगी मनें?'

'मंत्री जी के पास,' मेरी बात सुनते ही मम्मी का चेहरा सफेद पड़ गया। तब मेरे मन में यह बात पक्की हो गई कि मम्मी को मंत्री जी से झिझक नहीं, मेरे पिता से डर लग रहा है। अब आप समझ गईं मैम कि किसी भी फोर्स से बड़ी जाति है और किसी भी मुख्यमंत्री-प्रधानमंत्री से ज्यादा पावरफुल पति होता है औरतों के लिए। वह पति भी, जो दारू में धुतू होकर पौर में पड़ा रहता है। यहाँ मुझे एक सती की याद आई थी मैम। मेरी मम्मी जैसी ही सती थी, अपने कोढ़ी पति को डर के मारे कन्धे पर लादकर पति की मनचाही वेश्या के पास ले जाती थी। लगा कि सती ने अवतार लिया है मम्मी के रूप में। यह देश ही सतियों का है मैम। रूपकुंवर राजस्थान से लेकर हरियाणा तक पुज रही है क्योंकि पति की मौत के बाद उसका सिर अपनी गोद में रखकर चिता पर बैठा दी गई और मुर्दे के साथ जिन्दा जल गई।

मैंने सतियों को नहीं, पंचायत में चुनी गई सदस्यों से सम्पर्क किया। वे गाँव की राजनीति से जुड़ी थीं या नहीं, लेकिन अपने पतियों की राजनीति में दिलचस्पी के कारण तैयार हो गईं। आगे की जीत की आशा में भी उठ खड़ी हुई थीं। मैंने उनको दूसरे दर्जे की सती माना। इनके मन में किसी लड़की के सहयोग की भावना कतई न थी, फिर भी 'स्त्री-शक्ति' का आभास तो देती ही थीं।

मैंने किराए पर वैन ली। एक बार उन शुगर मिलवालों को मन-ही-मन धन्यवाद किया, जिन्होंने गर्मियों की छुट्टियों में मुझे नौकरी दे दी थी। अपनी बहन का अहसान/प्यार कभी नहीं भूलूँगी, जिसने अपने पति की बात न सुनते हुए मुझे रुपए दिए।

औरतों के साथ मैं उस फार्महाउस पर पहुँची, जहाँ मंत्री जी जनता से भेंट करते थे। मुझे यहाँ फिर महाभारत की वह घटना याद आई, जहाँ दुर्योधन कृष्ण के पलंग के सिरहाने खड़ा था और विदुर उनके पैताने खड़े थे। न्योता दोनों ही देने गए थे, लेकिन कृष्ण ने सबसे पहले देखा विदुर को क्योंकि दुर्योधन कृष्ण के सिर के पीछे थे। इसलिए ही विदुर का निमन्त्रण पहले स्वीकार कर लिया।

मैं औरतों के साथ कुछ दूर को एक पेड़ के नीचे खड़ी हो गई। अपने मंत्री लोगों की आदत होती है–औरतों की ओर देखने लगते हैं, लेकिन यह भी तो कि औरत सामने पड़े, भले दूरी बनाए रखे।

मुझे मन्त्री के बेटे ने पहचान लिया, अपने एक आदमी को मेरे पास भेजा, जो मुझे और मेरे साथ आई औरतों को वहाँ तक ले गया, जहाँ मुझे जाना था।

'तुम तो वही वॉलीबॉल प्लेयर हो, जो यहाँ कम्पटीशन में...अरे क्या गजब का खेल था। अभी तक याद है।' उनका यह कहना कि मेरी रग-रग उत्साह से भर गई। लगा कि हमारे हरियाणे में कुछ और हो या न हो, खिलाड़ी की कद्र बहुत है। उसके लिए प्यार है दिलों में। ऐसा न होता तो हम जैसी लड़कियों का क्या होता?

मैं सामने खड़ी थी। औरतें मेरे सामने थीं, जैसे एक पूरी नस्ल हो। हमारे गाँव की आधी दुनिया का प्रतिनिधिमंडल अपनी खिलाड़ी के साथ आया हो। पंचायत मुझ ब्रजेश को पुलिस की नौकरी के लिए प्रस्तावित और प्रस्तुत कर रही हो। नजारा कुछ ऐसा ही बना।

मैंने बताया पुलिस-फॉर्म के बारे में और यह भी कहा कि सब जगह हल्ला है, आपके लोग रुपए लेकर नियुक्त करेंगे या फिर तगड़ी सिफारिस। मेरे पास रुपए नहीं हैं। हो भी नहीं सकते क्योंकि इतने रुपए मेरी उम्र में कोई चोरी से ही कमा सकता हो या डाके से मिलें, यह भी मुझे विश्वास नहीं। लाखों रुपए तो रिश्वत घोटाले और गबन से ही मिल सकते हैं।

मैं क्या बोल गई! यकायक अपनी बोलने की आदत पर अफसोस हुआ। मगर यह भी लगा कि हमारे मंत्री जी भगवान की मूर्ति कैसे मुस्कुराते रहे। मुझे फिर पुराणों में लिखी बात याद आई कि भृगु ने गुस्सा होकर हरि की छाती पर लात मारी थी, भगवान बस मुस्कुराते रहे।

मुस्कुराने वाला आदमी आपकी सुनता नहीं है, ऐसा मेरा विश्वास था। मेरी बात भी इन भगवान जैसे व्यक्ति को कितनी याद रहेगी? नजरअंदाज करने की आदत इन लोगों को हम जैसों की मदद करने से साफ बचा ले जाती है।

मैंने सोचा, यह पहला और आखिरी समय है मेरे लिए। कितनी मुश्किल से यहाँ पहुँची हूँ। गाँव की औरतों को मनाते-मनाते बारह दिन निकल गए थे।

मंत्री जी के पी.ए. ने कहा, 'तुम आराम से बैठो। बायोडेटा हमें दे दो।'

मैंने गहरा साँस लिया। पहले सिर झुका लिया फिर इस तेजी से उठाया कि लगे मैं सिर झटक रही हूँ। मंत्री की निगाह मेरी ओर उठ गई और मैंने इसी लम्हे को अपनी गिरफ्त में कस लिया। मेरी आवाज में न प्रार्थना थी न पुकार। न विनय थी न मिन्नत। आवाज में ट्विस्ट था।

'आपको याद नहीं सर। एक बार आपने पहले भी कहा था, जाकर आराम से सोओ, तुम जैसे खिलाड़ी को हम जॉब नहीं देंगे तो किसको देंगे?'

'मैं आश्वासन पर ही रही और हाथ खाली हो गए, मैं बेकार।'

मंत्री जी आँखें बन्द किए सुन रहे थे या नहीं? कान खुले हैं, पता कहाँ चलता है क्योंकि कान आँखों की तरह नहीं होते।

'अबकी बार ऐसा नहीं होगा। ये पोस्ट खासतौर पर लड़कियों के लिए ज्यादा निकाली गई हैं।' सुनकर मैंने अपना स्वर ऊँचा कर दिया।

'मुझे नहीं पता आपका इरादा क्या है? इतना समझ लेना कि अगर मेरा सलैक्शन नहीं हुआ तो मैं फाँसी खा जाऊँगी।'

'अरे अरे अरे!' मंत्री जी का बेटा विचलित-सा हो गया।

'मेरे घर के हालात ऐसे ही हैं।'

मैं लौट आई थी। रास्ते भर पिछली जिन्दगी याद आती रही, अपनी स्थितियाँ यादों के रूप में दर्द के सोते बनकर फूटने लगीं। कहाँ-कहाँ ले गया मुझे वक्त...वहाँ, जहाँ मेरी सहेली अपने पिता और भाई के साथ सैक्सुअल सम्बन्धों को झेल रही थी और वे उससे अपनी सहेली लाने की माँग करते, नहीं लाती तो उसे पीटते। उस क्लासमेट के साथ जाना मेरी मजबूरी थी, जो मुझे गेम की प्रैक्टिस के लिए सिरसा ले गई। उसका चालिस-पैंतालीस साल का दोस्त हमें बस स्टैंड पर लेने आया था और सीधे एक होटल में ले गया। रात के दस बजे थे। मैंने उसे अंकल कहा, उसने तुरन्त टोका। उसे अच्छा नहीं लगा, मुझे खटका हुआ। होटल में हमने खाना खाया। खाना खाते समय उसने अपना परिचय दिया—मैं लोकसेवक हूँ। जनता के लिए काम करता हूँ। तुम्हारे लिए खेल की व्यवस्था करने का जिम्मा मेरा है। यहाँ का स्टेडियम बहुत अच्छा है।

आगे बोला, 'पहले तुम फ्रेश हो लो। मैंने रूम बुक करा रखा है।'

'रूम!' मेरे मुँह से झटके से निकला और आगे पूछा, 'शन्नो, तू तो कह रही थी, बुआ के यहाँ चलेंगे, वही रहेंगे।' मगर मेरी बात वहाँ किसी ने नहीं सुनी।

कमरे में आकर उस आदमी ने दारू की बोतल निकाल ली।

शन्नो ने मुझसे कहा, पहले ब्रजेश तू नहा ले। मैं नहाने के लिए बाथरूम में घुस गई। नहाकर मैंने बाथरूम का दरवाजा खोला तो देखती क्या हूँ कि वह आदमी और शन्नो बिस्तर पर...मैंने एकदम ही अपना दरवाजा बन्द कर लिया। मेरा दिल धड़कने लगा। निर्भीकता को बगल में दबाए फिरनेवाली मैं थर-थर काँप रही थी। कहीं इन दोनों ने मुझे भी बिस्तर पर पटक लिया तो?

मैंने खाना नहीं खाया। मैंने कहा, मैं जा रही हूँ। बुआ का पता मेरे पास भी था। शन्नो अब मेरे साथ आने को मजबूर हो गई। हम बुआ के घर पहुँच गए। वही आदमी हमें छोड़कर आया।

फिजीकल के लिए प्रैक्टिस करने का मन रहा नहीं। शन्नो दुनियाभर की बातें समझाती। कहती, जो आजकल चल रहा है, उसी में हमको भी चलना है। सिरसा राजनीति का गढ़ है। यहाँ हमारा सम्पर्क बड़े-बड़े और महत्त्वपूर्ण लोगों से हो सकता है। फिर काम बहुत आसान हो जाएँगे। उसने मेरे सामने कई ऐसी औरतों को फोन किए, जो राजनीति से जुड़ी थीं।

एक दिन वह मुझे राजनीतिक महिलाओं से मिलाने ले गई। उनमें से दो मुझे देखते ही पहचान गईं, 'अरे, यह तो वही है जो विद्युत-संस्थान के फंक्शन के दौरान जुलूस में सरकार का बैनर पकड़कर चल रही थी। विद्युतमंत्री भी ताज्जुब कर गए थे, पूछने लगे थे, यह कौन लड़की है जिसमें इतनी ताकत है कि तीन घंटे तक इतना भारी बैनर लिए लगातार चलती रही। इसका तो फोटो भी आया था। नारे लगाए थे इसने। अरे, इसको तो राजनीति में होना चाहिए, क्या गोरी-चिट्टी, ऊँची-पूरी लड़की है।'

हम वहाँ से चले गए। जितने दिन रहे, शन्नो रोज एक न एक नए आदमी से मेरी दोस्ती करना चाहती थी। मैंने तब बुआ से पूछा था, 'बुआ यह आपकी भतीजी है और मेरी दोस्त है, इसका गोरखधन्धा मुझे पता नहीं चल रहा।'

बुआ रोने लगीं। बोली, 'इसके बाप से कह दूँ तो काटकर फेंक देगा। मेरे घर चली आती है और बात मानती नहीं।'

शन्नो बहुत कुछ समझ गई तो मुझे यहाँ रोटी खाने के लिए ताने देने लगी। मैंने कह दिया, 'मैं तो खुद नहीं रहना चाहती तेरे साथ, तुझे पता तो है कि मैंने तुझे किस हालत में देखा है और तुझे शर्म भी नहीं आती।'

मैं चली आई। अच्छी दोस्त खो देने का बड़ा दुख था। फिजीकल टैस्ट की तैयारी के लिए चार बजे ही खेतों की ओर निकल जाती। बाप उठे उससे पहले आ जाती। कलह और मारपीट के लिए समय नहीं था। खेत में प्रैक्टिस करने से मेरे पाँव में मोच आ गई थी। वैसे भी स्पोर्ट्स के कारण अकसर खिलाड़ियों के पाँव खराब हो जाते हैं।

सारी स्थितियों के बावजूद रेस में मेरा दूसरा स्थान रहा। हाई जम्प मैंने अपनी परवाह एकदम छोड़कर की। एक ही जम्प में क्लीयर हो गया टैस्ट। लॉग जम्प मेरा चौदह फीट था, जो लड़कों के लिए होता है।

'मैम, लड़का-लड़की क्या होते हैं? यहाँ हम सब सिपाही हैं। हाँ, सिपाही उस समाज के लिए भी जो लड़कियों के लिए असंवेदनशील है। उनके हर बढ़ते कदम पर अंकुश लगाता है।'

'अच्छा! जै हिन्द मैम।' कहकर ब्रजेश ने पुलिस के कायदे से मुझे सलूट किया और चली गई। मैं उसकी कहानी से भरी हुई...

13.8.08 शाम

आज के लिए एक क्लास तय की गई, जो कि पुरुष सिपाहियों की थी। अब तक मैंने पुलिस में आई लड़कियों के जीवन में झाँकने की कोशिश की और उन लोगों

ने मेरे सामने बेझिझक अपना निजी संसार खोल दिया। मैं उसका जीवन लिखते समय यही सोचती कि मैं एक औरत हूँ, लड़कियाँ इसी कारण मेरे इतने नजदीक आती हैं।

लेकिन लड़के?

मैंने सोचा नहीं था, लेकिन 'संवेदी पुलिस' जैसा विषय यहाँ प्रशिक्षण के दौरान पढ़ाया जाता है तो फिर जरूरी है कि लड़कियाँ अपने घरों के सामन्ती वातावरण से, समाज के निर्धारित किए हुए संस्कारों से बगावत करके आई हैं। और उन दुख-दर्दों से पीड़ित रही हैं, जिनको वे थाने, चौकी और कोतवाली में आनेवाले सताए हुए लोगों में पाएँगी, स्त्रियों से दर्दभरी दास्तानें सुनेंगी तो उनकी हमदर्दी जरूर प्रताड़ितों के साथ होगी।

मगर यहाँ जो लड़के आए हैं, वे उन स्थितियों से नहीं गुजरे, जिनमें बंदिशें, रोक-टोक और मर्यादा के नाम पर बाहर निकलने पर सजाएँ दी जाती हैं। पुरुष सिपाही या अफसर आजीविका को प्रमुख मानकर आते हैं। पुलिस ही नहीं, हर प्रशासनिक विभाग में लोग अपनी रोजी-रोटी की खातिर आते हैं। भूल जाते हैं कि उनकी जिन्दगी में दी गई सेवाओं का कोई मकसद भी है। मैंने लड़कियों की बातें सुनकर पाया कि ये लोग आजीविका से ज्यादा अपने मकसद के लिए आई हैं नहीं तो इतनी जद्दोजहद की उनको जरूरत क्या थी?

मेरे सामने पुलिस अकादमी मधुबन परिसर में स्थित लाइब्रेरी का हाल है। कहा गया है कि आज क्लास यहाँ होगी।

लड़कियों की कक्षा की तरह यह क्लास नहीं है। जहाँ लड़कियाँ चुस्ती से 'जय हिन्द' कहती हुई उठकर खड़ी हो जाती थीं, वहीं ये पुरुष सिपाही बैठे-बैठे मुझे देखते हैं। मैं खड़ी हूँ और फिर बैठ जाती हूँ। अपनी कलम और डायरी निकालकर सामने रख लेती हूँ।

जानती हूँ कि ये लोग संवेदी पुलिस की कक्षाएँ चलानेवाले प्रशिक्षक हैं।

कहाँ से शुरू करूँ कि वार्तालाप का सिलसिला चले? संवेदना को ध्यान में रखते हुए मुझे संवेदी पुलिस की महिला कांस्टेबल रुचि डूडी के डायरी के पन्ने याद आते हैं।

'आज एक सामाजिक संस्था को पता चला कि एक होटल में धड़ल्ले से वेश्यावृत्ति चल रही है। कम उम्र की लड़कियाँ यहाँ मिलती हैं, जैसा विज्ञापन यहाँ अनलिखे ही प्रसारित होता है। समाज सेवी संस्था, इस होटल के कारोबार से परेशान है, क्योंकि कच्ची उम्र की लड़कियाँ होटल मालिक के दलालों के हाथों फँसकर यहाँ आ जाती हैं और जहाँ प्रगति के काम चल रहे हैं वहाँ लड़कियों की उपस्थिति घटती चली जाती है।'

मैं इस क्लास में यही सब बताने लग जाती हूँ कि समाजसेवी संस्था की महिलाओं ने इस होटल में रेड करने के लिए वहाँ के थाना इंचार्ज की रिपोर्ट की और मदद माँगी। एस.एच.ओ. बड़ी मुस्तैदी से रेड के लिए तैयार हो गए। आखिर लड़कियाँ जो बरगलाकर लाई जाती हैं या उनकी मजबूरी का फायदा उठाया जाता है, मुसीबत में तो हैं ही। एक थाना इंचार्ज की ड्यूटी है, उनको चकला-घर जैसे होटल से निजात दिलाएँ। ड्यूटी ही नहीं इन असहायों से हमदर्दी भी होगी। एस.एच.ओ. साहब अपनी टीम लेकर जाते, उससे पहले उन्होंने होटल मालिक को फोन कर दिया कि वे आ रहे हैं, होशियार हो जाओ।

रेड बाकायदा हुई। मिलने को वहाँ क्या मिला? बस दरोगा जी को मुँहमाँगी रकम मिली। अब होटल मालिक उस समाज सेवी संस्था पर मानहानि का मुकदमा करने के लिए तैयार है।

तो यह है पुलिस का चेहरा, है न? इस मामले में कितने अपराध शामिल हैं, जरा गिनिए। एक–भ्रष्टाचार, दो–मासूम लड़कियों की मुक्ति पर रोक, तीन–ग्राहक रूपी अपराधियों को छिपाना, चार–अपने विभाग के प्रति गद्दारी, पाँच–समाजसेवी संस्था को फँसाने का अपराध।

इस घटना पर शर्मसार होते हुए रुचि ने अपने पुलिस में आने पर अफसोस व्यक्त किया है। उसी ने नहीं, कई अन्य लड़कियों ने दुख व्यक्त किया क्योंकि पुलिसकर्मियों (पुरुषों) के साथ अपनी संगति के कारण लड़कियों को पुलिस में जाने पर घर और समाज में लानत मिली? जबकि पुरुषों को पुलिस में भर्ती होने पर पराक्रम और प्रशंसा की नजर से देखा जाता है। यह माजरा मेरे सामने लगातार प्रस्तुत होता रहा है, जब से मैं यहाँ आई हूँ।

जरा सोचिए मेहनत और हमदर्दी की धनी ये लड़कियाँ पुरुष-पुलिसकर्मियों की करतूतों के लिए अपने ही परिवारों में शर्मिन्दा की जाती हैं, इनके कैरियर पर रोक लगाई जाती है, अपने ही अभिभावकों द्वारा। क्या यह वही रवैया नहीं है, जो क्रूर और नाइंसाफी भरे संस्कार के रूप में सदियों से चला आ रहा है कि मर्द के कुकर्म (बलात्कार) के लिए औरत को सजा दी जाती है।

संवेदी पुलिस...आप कह सकते हैं एस.एच.ओ. साहब की जितनी हमदर्दी समाजसेवी संस्था और होटल में छिपी लड़कियों से थी उतनी ही होटल मालिक से भी थी। होटल मालिक भी तो अपने यहाँ अच्छा भोजन और लड़कियों द्वारा मनोरंजन परोसकर समाज की सेवा कर रहा है। दरोगा जी ने अपनी संवेदना मुक्ति अभियान के साथ जोड़ी उससे भी पहले होटलवाले को जाकर प्रदान की।

सबसे पहले रजनीश कुमार नामक युवक उठा और बोलने लगा, 'मैम, जितना हमने समझा है, संवेदना भी अपने सही अर्थों में होनी चाहिए। यों तो संवेदना मुजरिम

के प्रति भी होती है, लेक़िन वह आगामी सुधार के लिए कि वह फिर जुर्म करने से पहले सोचे। हम संवेदी होकर मुजरिम को भी संवेदी बनाएँ, तभी तो संवेदना शब्द सार्थक होगा।'

—हमें सुधरना होगा क्योंकि जमाना बदल गया है। लोग समझने लगे हैं कि हमदर्दी क्या है और स्वार्थ क्या है?

—मैम, पुलिस का संस्कार रहा है, डंडा चलाओ—सच उगलवाओ। मगर हमने देखा है कि डंडा चलाकर हम अपना मनचाहा उगलवा लेते हैं। वह चाहे सच हो या झूठ। यहाँ सोचने-समझने का न मौका होता है न किसी तर्क के लिए जगह क्योंकि 'पुलिस जैसा व्यवहार' इसका नाम है सख्ती करना और वह मारपीट का ही रूप होती है। इस नए समय में इस संस्कार को ढोना मुश्किल है। तभी तो वैज्ञानिक परीक्षण चल गए हैं।

नौजवान बारी-बारी बोलने लगे—

—स्वार्थ अपना नहीं, विभाग के लिए होना चाहिए कि पुलिस की अच्छी छवि बने।

—लालच ही भ्रष्टाचार की जड़ है। हम ज्यादा से ज्यादा धन आखिर किसके लिए कमाते हैं? सुख-सुविधाओं के लिए? लेकिन हमें तो रात-दिन का खयाल छोड़कर सड़कों पर गश्त करनी होती है, सुविधाएँ तो घर ही रह जाती हैं। परिवार के लिए? यहाँ मुझे वाल्मीकि की कहानी याद आती है, वे लुटेरे थे। राहगीरों को तरह-तरह की यातना देकर लूट लेते थे। एक दिन उन्होंने अपनी पत्नी से पूछा कि वे कितने अपराध कर चुके हैं, पाप का फल तो मिलेगा। तुम इसमें आधे ही भागीदार हो। पत्नी बोली कि वह क्यों भागीदार होगी, उसने तो कोई पाप नहीं किया। उसे क्या पता कि पति कितनों को मार-काटकर धन लाता है? गृहस्थी चलाना तुम्हारा काम है चाहे मारकूट कर कमाओ या मेहनत करके। अपने किए को तुम ही भोगोगे। यह सुनकर वाल्मीकि सन्न रह गए। उस दिन से उन्होंने लूटपाट और मारकाट छोड़ दी। उन्हीं वाल्मीकि ने रामायण लिखी, वे ऋषि वाल्मीकि कहलाए।

मैम, जिन दरोगा जी की आपने करतूत सुनाई, वह सबके प्रति तो गुनाहगार हैं ही, अपने प्रति सबसे ज्यादा गद्दार हैं। आप देखती होंगी टी.वी. पर आए दिन बड़े-बड़े दौलतमन्द जेल जाते हुए दिखाए जाते हैं, वे क्या हैं? अपने प्रति इतने बेरहम हो गए कि भूल गए जो वे कर रहे हैं, उसका हश्र यह होगा कि वे कैदी बनकर जिन्दगी गुजारेंगे। महल बँगले सजाए थे, जेल की मच्छर भरी बदबूदार कोठरी में रहने को मजबूर रहेंगे।

—मैम, मैं यह कहना चाहता हूँ कि भ्रष्टाचारी पुलिस वाला हो या नेता या कि व्यापारी, इनसे पूछा जाए कि क्यों इतनी दौलत? क्या होगा इतने पैसों का? क्या

सचमुच आपको इतने की जरूरत है? वे दलील देते हैं–कौन अपने लिए कमाता है? अरे हम तो यह चाहते हैं कि जो अभाव हमने देखे हैं वे हमारे बेटे-बेटी न देखें।

जबकि मैम, बेटा-बेटी सब जानते हैं कि बाप बिना मेहनत के मुफ्त में बेईमानी से पैसा बटोर रहा है, इसे मनचाहे और मनमाने ढंग से खर्चो, उलीचो, फेंको। Eat, drink and be merry, और आ जाएगा पैसा, रोज आता है, नोटों को बिछाकर सोओ या होटल में नोट देकर आराम और औरत खरीद लो। स्वर्ग यही है, स्वर्ग यही है। पिताजी को क्या पता कि उन्होंने अपने लिए कब बबूल बो दिए? मदहोशी की तन्द्रा टूटती है रिटायर होने के बाद और औलाद बिछा देती है फिर शूलों की शैया।

मैं देखती हूँ, संवेदी पुलिस के नौजवान इंस्ट्रक्टर, ये लड़के जोश में हैं, क्योंकि दिल में ईमानदारी का जज्बा है। चेहरों पर पुलिसवाली मक्कारी नहीं, खुद्दारी दमक रही हमदर्दी सी।

युवक अपना अनुभव सुनाने लगा–

'मेरा मोबाइल खो गया था। मैं थाने गया, एक एफ.आई.आर. लिखवाने के लिए। मैं सादा कपड़ों में था, क्योंकि गाँव जा रहा था होली के लिए। मैं इंस्पेक्टर के पास पहुँचा और बोला, 'एक एफ.आई.आर. लिखवानी है।'

'बैठो बाहर,' उसने कहा तो मैं बाहर बरामदे में बेंच पर बैठ गया। मगर बैठे-बैठे सवा घंटा बीत गया। मैंने फिर भीतर झाँका, आगे बढ़ा। वह बोला, फुरसत नहीं है, कहाँ बढ़े आ रहे हो? मैं फिर बैठ गया, जहाँ पहले बैठा था। एक घंटा और बीता। गाँव जाने में देर हो रही थी। बस भी दूसरी पकड़नी थी। जाकर फिर कमरे के दरवाजे पर खड़ा हो गया, साहब, वो एफ.आई.आर.!

'अबे, बैठा नहीं जाता। तेरी रेल छूट रही है क्या? बड़े-बड़े केस देखें या तेरी एफ.आई.आर. लिखें। भैंस खो गई क्या?'

'सर, मेरे लिए मोबाइल भैंस से ज्यादा है। इतने पैसे नहीं कि दूसरा खरीद लूँ।'

'तो फिर तुझे मोबाइल की जरूरत क्या है?'

'जरूरत न होती तो क्यों आता यहाँ।'

'अबे तू जाएगा कि हमारा दिमाग ही खाएगा? करता क्या है तू?'

मैं चुप रहा।

'बिना खर्चे के एफ.आई.आर. नहीं लिखी जाती।'

'खर्चा? कितना खर्चा? एफ.आई.आर. लिखने का खर्चा?'

'अब तुझे ताज्जुब क्यों हो रहा है? पुलिस के कानून पढ़कर आया है? सुन ले। हजार रुपए लगेंगे।'

'मेरे पास नहीं हैं।'

'तो हमारा टेम फालतू है क्या?'

हमारी बातें एक सिपाही सुन रहा था। वह मुझे बाहर मिला, पूछने लगा कि मैं कहाँ काम करता हूँ?

'हरियाणा पुलिस अकादमी करनाल में।'

'मुधबन में?'

'हाँ बिलकुल सही। संवेदी पुलिस में।'

सिपाही तेजी से दौड़ा कि मैं देखता रह गया। चलने लगा था कि वह सिपाही दौड़ता हुआ लौट आया। मुझसे बोला, 'चल तुझे साहब बुला रहे हैं।'

'मैं नहीं जाता।' मैंने कहा तो वह बोला, 'यार पहले बता देता।'

मैंने कहा, 'अब तो मैं तुम्हारे खिलाफ रिपोर्ट लिखवाऊँगा कि तुमने मुझे कितना सताया है। जनता के साथ यही करते हो, तब तो हम पर थूकते हैं लोग। तुम्हीं हो, जो चलते ट्रकों पर चढ़ जाते हो और पैसा वसूल करके ही मानते हो। तुम्हीं हो जो बसों में बिना किराए चढ़ते हो, इसलिए बसें तुम्हें देखकर रोकी नहीं जातीं। इतना अपमान जनता में होता है तुम्हारा और तुम्हें शर्म नहीं आती।'

'अरे यार हम एक महकमे के हैं। भाई-भाई हैं, गुस्सा थूक दो।'

'ए, मिस्टर सिपाही, मैं तुम्हारे महकमे का नहीं, संवेदी पुलिस का हूँ और तुम्हारा किसी तरह से भाई नहीं, न चचेरा न मौसेरा।'

वह दौड़कर फिर दरोगा के पास गया और उसी तेजी से मेरे पास आया।

'सुनो भाई साहब, दरोगा जी बुला रहे हैं। हमारी आँखें खोलने के लिए धन्यवाद। दरोगा जी तुम्हें पाँच सौ रुपए इनाम दे रहे हैं।'

'इनाम! अरे चल यहाँ से। संवेदी पुलिस पाँच सौ में क्या पाँच लाख में नहीं बिकती। मोबाइल तो मेरा खो ही गया, पर तुम लोगों के कारण संवेदी का प्रैक्टीकल करने को खूब मिला।

कोने की सीट पर गोरे रंग का लम्बा-सा लड़का बैठा है। अपना हाथ उठाया और बोला—मैम देख लिया बाहर थानों में क्या हाल है। हम भी आउटडोर ड्यूटी करते हैं। ये लोग इनडोर वाले संवेदी पुलिस हैं। बताइए, हमें क्लास में बैठने का मौका नहीं दिया जाएगा तो हम वही फॉलो करेंगे न, जो वहाँ हो रहा है। प्रेशर जैसा होगा वही निभाते जाएँगे क्योंकि हमको इसके सिवा सिखाया ही नहीं गया कुछ नया। माना

कि विषय 'संवेदी पुलिस' लगा है, लेकिन वह तो अब शुरू हुआ है। प्लीज हमें भी मौका दिया जाए। हम क्यों खूँखार पुलिस बने रहें? साथ ही हमारे जो पुराने उस्ताद हैं न, उनकी क्लासें ली जाएँ। हरदम गाली देकर बोलते हैं।

उसी समय दूसरा लड़का बोला, 'बूढ़े सुग्गे ने कौण पढ़ावे?'

'ना जी, सेरों के मुँह खूंण लग गया सै।'

'जड़ ठहरे, पाणी दो या छाछ गेरो।'

मैंने मुद्दा बदला।

देखिए अब तक मेरा लड़कियों से संवाद रहा है। उनमें से अधिकतर ने पिताओं के लिए कम और भाइयों के लिए ज्यादा शिकायतें की हैं। आपको मैं उनके भाइयों के रूप में ही देख रही हूँ क्योंकि आप सब उसी उम्र के हैं। आखिर अपनी बहनों को आप लोग इतना क्यों धमकाते हैं कि बाहर निकलने के नाम पर उनकी रूह काँपती है। आप इतना डराते हैं कि उनके कैरियर को धक्का लगता है।

कई भाइयों ने बहन के पढ़ने और स्टेडियम जाने पर इतना गुस्सा किया कि घर में कोहराम मच गया, बाहर लोग तमाशा देखने लगे। आप ही बताइए ऐसी सुरक्षा क्या काम की, जो लड़की के लिए बन्धन हो जाए?

'मैम, हम जवाब दें कि आप और भी मिसालें देंगी?'

सुनते जाइए।

एक भाई ने तो हद कर दी। उसने कहा, बहन खेलने दूसरे शहर जाएगी तो वह सल्फास की गोलियाँ खा लेगा। आत्मदाह करनेवालों या बहनों को जान से मारनेवालों की कमी नहीं। महिला रैक्रूट्स की दास्तानें खौफनाक बना दी हैं भाइयों ने। भाई, जिन्हें वे राखी बाँधती हैं, दौज का टीका करती हैं और उनके लिए चुपचाप अपना हिस्सा छोड़ देती हैं।

मुझे सन्देह हुआ, बहनें जो यह कहती हैं, भाई से सम्पत्ति में हिस्सा क्या बँटाना, वह हमारा बहुत प्यारा बहुत अच्छा भाई है, झूठ बोलती हैं। वे अच्छी तरह जानती हैं कि जो भाई उनकी खिलखिलाहट भरी हँसी, जोश भरी बातें और मेले-ठेलों में उमंग भरी उछल-कूद को बर्दाश्त नहीं कर पाते थे, वे जिन्दगी के आर्थिक आधार सम्पत्ति का हिस्सा हरगिज न देंगे। वे सदा से डराते-धमकाते आए हैं, बड़े होने पर कुशलतापूर्वक ठग लेते हैं।

मैं आप लोगों से पूछती हूँ, यही होता है भाई का रूप?

उत्तर में जिस युवक ने अपने विचार रखे, उसका नाम रमेश कुमार था। उसने कहा—मैडम, जो लोग अपनी बहनों को बाहर जाने से रोकते हैं, वे डरे हुए होते हैं

या तो वे खुद लड़कियों को छेड़ते हैं या छेड़छाड़ चुपचाप देखते रहते हैं। वे लोग मर्द का स्वभाव इसी रूप में जानते हैं और लड़कियों की जिन्दगी इसी तरह बचाना चाहते हैं, छिपाकर। वे नहीं जानते कि लड़कियाँ कहाँ-कहाँ तक जा सकती हैं। माँ-बहन-पत्नी-बेटी कहकर घर में बन्द रखना बड़ा आसान है और उन्हें नागरिक की तरह स्वतन्त्र छोड़ना बड़ा मुश्किल है।

दूसरा नवयुवक–किरन बेदी आई.पी.एस. हुईं, हमारे लिए दूर की बात थीं, शानदार चित्र की तरह। मगर अब तो आई.पी.एस. सुमन मंजरी हमारे पास हैं। लड़कियाँ सैकड़ों की तादाद में कन्धे से कन्धा मिलाकर परेड करती हुई, ड्यूटी देती हुई हमारे साथ-साथ हैं। इनके साहस से हमें प्रेरणा मिलती है। हम जानते हैं, जो रास्ते हमारे लिए शुरुआत से ही खुले हुए हैं, लड़कियों के लिए सदा से बन्द हैं। सुविधा देकर हमें आगे बढ़ाया जाता है, वहीं मार-पीट डर दिखाकर इन्हें रोका जाता है। इनका यहाँ आना बहादुरी की मिसाल है, हम मानते हैं।

और मैडम...

संवेदी पुलिस नागरिक समाज के लिए ही नहीं, हमारी साथी सिपाहियों के लिए भी काम करती हैं। कुछ लोग इस एकेडमी में ऐसे हैं, जिनको हम इस तरह नहीं छोड़ सकते कि वे कुछ भी बकें। कुछ सिपाही लड़कियों के लिए स्कैंडल फैलाते हैं। वही मर्दानी शान कि 'फलाँ मुझको प्रपोज करती है। ढिकां मुझ पर मरती है।' कुछ महिला पुलिस की सदस्य भी अभद्र बोलती हैं। वैमनस्य पालकर जुबान बेलगाम छोड़ देती हैं। मैम संवेदना तो हर एक के लिए जरूरी है, इसका जितना फैलाव हो, विस्तार हो, इंसानियत के लिए संजीवनी है।

अन्तिम सवाल था–अभी हमारे साथ ए.डी.जी.पी., वी.एन. राय सर हैं। जो हमदर्दी मनुष्यता के लिए चाहिए, जो इस पुलिस विभाग के दाग धो सकती है, वह संवेदना उन्होंने यहाँ इंट्रोड्यूस की है। निर्मम पुलिस को संवेदी पुलिस में बदलने के लिए जी-जान से मेहनत करना सिखा रहे हैं।

मगर लोग कहते हैं, यह माहौल तब तक ही है जब तक कि वी.एन. राय हैं। उसके बाद इस विषय को ही हटा दिया जाएगा। लोग हमदर्दी के साथ नहीं, सुख-सुविधा से सम्पन्न होकर जीना चाहते हैं। उनको सॉफ्वेयर नहीं, हार्डवेयर सूट करता है। मैम क्या होगा बाद में?

मैं आश्चर्य से उसकी ओर देखती हूँ। क्या होगा। आप लोग नहीं जानते कि दिए से दिया जलता है और इस तरह ही उजाला होता जाता है। जब एक वी.एन. राय ने इस कदर माहौल बदल दिया तो आप लोगों के रूप में जब सैकड़ों वी.एन. राय होंगे, संवेदी पुलिस अपने आप बनती चली जाएगी, जो संवेदी समाज का निर्माण करेगी।

हमारा समय ही दूसरा है

29.8.08 शाम

आज़ मुझे जो लड़कियाँ मिलीं उनके पुलिस तक पहुँचने के, यहाँ भरती होने के कारण और तरीके भिन्न होते हुए भी मकसद एक था। वह यह कि अपनी जिन्दगी के निरर्थक बन्धनों से मुक्ति।

तृप्ति कहती है—माँ-बाप ने मुझे लड़के की तरह पाला यानी कि खान-पान में कोई भेदभाव नहीं, पढ़ाने-लिखाने में भी कोताही नहीं, फिर भी लड़की होने के नाते मरदाने क्षेत्र में जाने की बात पर हिचकिचाहट। मैं जानती थी कि मुझसे वह उम्मीद नहीं, जो एक लड़के से की जा सकती है, भले वह उम्मीद कभी पूरी न हो।

प्रीति कहती है—घरवाले पुलिस महकमे को अच्छा नहीं मान रहे थे। कहते थे, ये लोग किसी के सगे नहीं होते। क्रूर, भ्रष्टाचारी और व्यभिचारी होते हैं। मगर मेरी समझ में नहीं आ रहा था कि ऐसे लोग कहाँ नहीं होते? क्या मेरा भाई पुलिस में क्वालीफाई करता, तब भी ऐसी ही बात उठती? उसको तो 'किसी भी तरह' इस महकमे में घुसाने की कोशिश की जाती। समाज सारी बुराइयों को लड़की के लिए पोसता है क्या? और उसी के लिए देखता है।

मैं सोचती थी कि ये तर्क लड़कियों को किसने सिखाए? मेरे खयाल में किसी के सिखाए तर्कों को वे इतने अधिकारपूर्वक नहीं रख पातीं। ये तो उनके जीवन के अनुभवों से निकले सवाल हैं। मेरे सामने साँवले रंग की **नीलम** खड़ी थी। बॉयकट बाल, कमीज पैंट वाला वेश। कद औसत और शरीर हृष्ट-पुष्ट। बोली, 'मैम हम अपने पिता के घर अपनी शादी तक रहने का वीजा लिए होते हैं, बस। इस दौरान घर के कामों के लिए हम कितने सहायक हैं, यह हमारा मुख्य गुण माना जाता है, जिसके तहत घर के हर बड़े सदस्य और छोटे भाइयों की आज्ञाओं और सुख-सुविधाओं का ध्यान रखना होता है। मेरी तीन बहनें इन्हीं नियमों के तहत घर में रहीं और देखती रहीं कि इस घर में वे ससुराल जाने तक रोटी कपड़ा पा रही हैं। छत के नीचे सो सकती हैं।'

मैं उस तरह की नहीं हो सकी। लगता है, उनका गाय की तरह दूसरे के खूँटे की ओर हाँका जाना और उनका सिर झुकाकर गीली आँखों विदा हो जाना मेरे दुख का कारण नहीं, आक्रोश का कारण बना। आक्रोश सबसे ज्यादा दादी के ऊपर था। वही बहनों की शादी जल्दी कर डालने के लिए जिद बाँधकर खड़ी नजर आई। दादी का क्या ले रही थीं मेरी बहनें? दादी क्या जानती है कि अब उनका क्या हाल है वहाँ? शायद दादी जानती है कि ससुराल में लड़कियों का हाल अकसर बिगड़ जाता है। तभी तो बहनों के सामने यह बात हर बार रख देती है दादी–'बेटी, अपने सासरे की बात यहाँ न कहियो। अपने घर के सुख-दुख अपने हिये में छिपाकर रखियो। नहीं तो तेरा बाप नाहक ही दुखी होगा। तेरी माँ की रातों की नींद गायब हो जाएगी। कहते हैं न कि जाकी धिय सुखी ताकी माय सुखी।'

यही दादी मेरे भाई को देखकर फूली न समाती। उसको दूध-घी में कमी न होने देती। मैं दूध माँगती तो कहती, 'लड़की जात को क्या दूध-घी खाना? चिकनाई खाकर दाढ़ी-मूँछे निकल आती हैं।' दादी की बात पर विश्वास तो नहीं होता मगर दाढ़ी-मूँछ निकलने का अंदेसा मन में जरूर घर कर लेता। चलो दूध-घी नहीं खाते।

मैं पढ़ रही थी। पास ही मेरा भाई बैठा पढ़ रहा था। दादी आई और भाई को घी के मेवे के लड्डू देकर बोली, 'खा ले दिमाग बढ़ेगा,' कहने के बाद भाई के सिर पर हाथ फेरने लगी। उन्नति के आशीर्वाद देने लगी। दादी की आँखों में ऐसी ममता थी कि मैं भी आकर्षित हुए बिना नहीं रह पाई। मैंने कहा, 'दादी, मुझे लड्डू नहीं दिए, कोई बात नहीं, मेरे सिर पर हाथ तो रख दो। मुझे भी आशीष दे दो, मैं तरक्की करूँ।'

दादी को कुछ सोचना नहीं पड़ा, एकदम से बोली, 'चल, तू तो पराई है। यह तो मेरा पोता है। वंश का खेवनहार।'

फिर क्या था, मैं उखड़ गई। मैंने दादी को खूब सुनाया, 'तू है सारी नाइंसाफी की जड़। तू है हमारी दुश्मन। तू ही पापा को मेरी शादी के लिए रोज उकसाती है। वे रोज लड़का देखने चल देते हैं। यह बात बता दे आज कि हम तुझे क्यों बुरे लगते हैं? पराई-पराई कहती है, यह बता कि हमें पराया कौन बनाता है? क्या हम अपने आप अपनी इच्छा से पराए बनते हैं? भाई की भी शादी होगी, वह पराया क्यों नहीं हो जाएगा? सिर्फ लड़कियों को ही घर से क्यों निकाल देते हो? क्या हमने तुम्हारे घर पर कालिख पोती है? यह तुम्हारा पोता दादा का नाम रोशन करेगा, इसकी गारंटी कैसे मान ली? मैं इस घर का नाम रोशन क्यों नहीं कर पाऊँगी।

दादी तू झूठी है। हमारे खिलाफ चुगली भी करती है। मैं कॉलेज में एडमिशन लेना चाहती हूँ, तू पापा को भड़काती है। और अब देख लेना कि मैं पढ़कर रहूँगी, चाहे तू नाराज हो, चाहे पापा। तुम्हारे कहने से मैं पराई नहीं होनेवाली, चाहे जितने

दूल्हे खोज लाओ।'

मेरी घर में उठती आवाज पर दादी की आँखें कौड़ी की तरह खुली रह गईं। तीन बहनों को देखा था दादी ने, कितनी शील-सुशील रहीं।

'आग लगा दूँगी झोंटा में।' दादी पूरे जोर से उफनी।

'और मैं पुलिस में भर्ती इसलिए ही होना चाहती हूँ कि खुद को ही नहीं, अपनी जैसी दूसरी लड़कियों को भी बचाऊँ। दादी, तू मेरे बालों में आग लगा देगी, नहीं लगा पाई तो ऐसे घर में ब्याह देगी, जो मुझे जला डालें। मैं तो जन्म से पराई जो ठहरी। दूसरे की चीज का तुम जैसों को क्या मोह?'

'पुलिस!' अब पापा की बारी थी। बोले, 'क्या बोली, पुलिस, पुलिस में तो मैं तुझे कभी न जाने दूँगा।'

'मैं जाऊँगी पापा।'

इसके बाद मैं चारपाई पर लेटी रो रही थी। दादी चुपके से पास आई और खाट की पाटी पकड़कर जमीन पर बैठ गई। मेरे सिर को सहलाने लगी और काँपती आवाज में बोली–'लीलू बेटी, देख लिया तैने? तेरे बाप की मंशा क्या है? बेटी, इस घर में हमारी मंसा कब चली है? सो बस हमने अपनी इच्छाएँ उजागर ही नहीं करी। तू बुरा मान गई लीलू, मैंने जेई तो कही कि पोता अपने दादा का नाम रोसन करेगा। जे तो नहीं कही कि दादी का नाम रोसन करेगा। बेटा, मैं हूँ या तू हो, सबको एक ही राह जाना है, जो राह घर का मर्द बता दें। अब तू ही बता कि इस घर में मेरा क्या है? कौन-सी जगह है मेरी? तेरे दादा मरे तो घर, द्वार, खेत-खलिहान तेरे बाप के नाम आ गए। जनम जिन्दगी से जेई रिती आ रही है हमारे लिए।' कहते-कहते दादी रोने लगी।

'दादी मैं पुलिस में जाऊँगी। ब्याह नहीं करूँगी। सौ रुपया चइये दादी। सौ रुपया दे दे।' मैं पता नहीं दादी से कैसी शय पा गई कि उसी से जिद करने लगी। उससे ज्यादा अब अपना कोई न था।

मैंने सोच लिया, तीन बहनें जिस रास्ते चली गईं, वह पापा का, पापा के पितामहों का बनाया हुआ था। मुझे तो अपना रास्ता खुद बनाना है, एक अलग रास्ता, जिस पर किसी लड़की के चलने का इस गाँव में रिवाज नहीं।

नीलम की देखा-देखी **सुनीता** ने अपनी बात मेरे सामने रख दी, 'मैम अपने बनाए रास्ते पर चलना आसान नहीं। मैं खेतों में प्रैक्टिस करने जाती थी, लोग कहते 'किसी यार से मिलने जाती है, पीछा करो इसका।' मम्मी से कहते पुलिस में जाएगी, रात की ड्यूटी करनी होगी। रात की ड्यूटी में क्या-क्या शामिल होगा, खुद सोच लो। भला चाहो तो इसकी शादी करके रवाना कर दो। इसका आदमी सारी पुलिसबाजी निकाल देगा। मगर मैं जैसे बहरी हो गई थी। मम्मी की बातें सुनना

छोड़ दिया था।

मैम, जो रास्ता बनाया था अपने लिए, उसी पर अब दस लड़कियाँ दौड़ लगाती मिलती हैं।

ममता ने सबके सामने जब यह स्वीकार किया कि उसको प्रेम यहाँ तक ले आया, मुझे उसकी ईमानदारी पर गौरव लगा। बिना किसी छद्म के अगर लड़की बोल पाती है तो मैं समझती हूँ कि उसने रूढ़ियों से मुक्ति पा ली। बताने लगी—बहन के देवर से लगन-जुड़ाव हो गया। उसी के प्यार के लिए पुलिस में आ गई। गेम नहीं करती थी। फिजीकल होना था। वह मोबाइल फोन पर कहता, 'दौड़ और सोच आगे मैं खड़ा हूँ। मैं, मेरा प्यार...'—मैं दौड़ती जाती उसका हँसता हुआ चेहरा मुझे भगाए लिए जाता। प्यार का जुनून कैरियर का सबब बना। अपने पाँवों खड़ी हो गई अब मेरी इच्छा को मेरे विरुद्ध मोड़ भी कौन पाएगा? लगता है, जिन लड़कियों की इच्छाएँ कुचल दी जाती हैं, उनके लिए जरूरी है आर्थिक रूप से मजबूत होना। मेरे खयाल में लड़कों को इसलिए ही छूट मिली रहती है और लड़कियाँ घरवालों का मुँह जोहती रहती हैं।

30.8.08 सुबह

आज सामने लड़कियाँ नहीं, सब-इंस्पेक्टर लड़के थे। संख्या लगभग 100 की थी। मैं जो कहना चाहती थी, कहा। स्पष्ट किया कि लड़कियाँ आपके बारे में क्या सोचती हैं? वे बहनें हैं, बेटियाँ हैं, पत्नियाँ हैं।

आप लोग सुरक्षा देने के नाम पर उनकी स्वतन्त्रता छीन लेते हैं। मेरी बातों का आशय समझकर पुरुष पुलिसकर्मी एक-एक करके खड़े होते गए और अपना मत व्यक्त करने लगे।

—हाँ, सुरक्षा देना तो बुर्के पर बुर्का उठाना है। यह सुरक्षा लड़की से स्वावलम्बन छीन लेती है। वह आत्मनिर्भर नहीं, आश्रित होती जाती है। हमें अपने बल की नुमाइश नहीं करनी, विश्वास देना है।

—हाँ, क्यों लड़कियों को बोलने का मौका नहीं दिया जाता? क्या हम यह चाहते हैं कि हमारे साथ लड़कियाँ पूरी बहरी जैसी बनकर रहें? सच हम ऐसी कल्पना भी नहीं कर सकते। हमारा समय ही दूसरा है।

—जैसा होता आया है, वैसा ही क्यों होता रहेगा? क्या हम लोग पुराने ढर्रे की जिन्दगी गुजार रहे हैं? किसान के खेतों में बैल नजर नहीं आते, ट्रैक्टर थ्रैसर आ गए हैं, भले किराया देकर चलवाना पड़े। क्या हम पुरानी पोशाक धोती-कुर्ता पहनते है? हम क्यों कम्प्यूटर पर काम करना चाहते हैं? गतिशीलता में तेजी लाने के लिए

ही न? हम क्यों इंटरनैट पर बैठते हैं? दुनियाभर के बारे में जानने और सूचना लेने के लिए ही न? फिर लड़कियों को क्यों अँधेरे कोने में ढकेले रखना चाहते हैं? सिर्फ अपने स्वार्थ और स्वामित्व के लिए। दासों का जानकार होना मालिकों के लिए खतरे की घंटी साबित होता है, हमें यह नुस्खा संस्कार में मिला है। संस्कार गैर बराबरी के हिमायती रहे हैं। फिर भी हम उन्हें महान संस्कृति का वाहक क्यों मानते हैं?

—समय बदल रहा है, अपने आप नहीं, इसे हम ही बदल रहे हैं। आप जो कह रही हैं न कि लड़कियों को पुलिस में आने के लिए लानत दी जाती है। आप ठीक कह रही हैं क्योंकि पुरुष का व्यवहार ही इस बात के लिए जिम्मेदार रहा है। मगर हम वादा करते हैं कि नई पीढ़ी के हम युवा लोग आ गए हैं। अब यह विषय लड़कियों के लिए लानत का नहीं, शौर्य का होगा।

एक लड़की खड़ी हो गई।

क्या आप इस रवैये को बदलेंगे कि महिला पुलिसकर्मी अपनी कुलीग से बात करती है तो दूसरा साथी सोचता है या जलता है, 'तू उससे बातें कर रही थी, हमसे क्यों नहीं? अरे हम क्या बुरे हैं?'

मैं पूछना चाहती हूँ कि क्या हम महिला पुलिसकर्मी किसी आकर्षणवश अपने कुलीग या अफसर से बात करते हैं? क्या हम यहाँ आशनाई करने आए हैं? क्या हमसे बस आपका इश्क और सेक्स ही जुड़ा है? क्या हमें पुलिस महकमे से सम्बन्धित जरूरी काम नहीं हो सकता? दरअसल बात यह है कि आप लोग सिवाय हमारे जवान शरीरों के और कुछ देखना ही नहीं चाहते। हममें कौन-सी वह विशेषता है जो पुलिस को मदद देगी, इंसाफ को परवान चढ़ाएगी, उसे आप सिरे से नजरअंदाज करते हैं।

इसमें आपका कसूर भी नहीं। संस्कारों की बात आप लोग खुद स्वीकार कर रहे हैं। मान रहे हैं कि हम लड़कियों के साथ हमारी माँओं ने अन्याय किया है। उन्होंने हमें कमजोर बनाते हुए पाला है। जो लड़कियाँ कमजोर सिद्ध होती हैं, घर के माहौल में उनको पालतू होना सिखाया जाता है।

आप ठीक कह रहे हैं कि लड़की पिता और भाई को बाहर जाते देखती है। बाहर जानेवाले की सुख-सुविधा का ध्यान घर की स्त्री रखती है। इसलिए ही लड़की पिता और भाई को विशिष्ट और ताकतवर मान लेती है। मगर अब तो लड़कियाँ भी घर से बाहर आ रही हैं, उन्हें आप क्या कहेंगे? उन्हें किस माँ ने पाला है, जिनको आप निरन्तर शिकार बनाने की कोशिश करते रहे हैं और वे मजबूती से यहाँ जमी हैं। मेरे खयाल में इसमें ज्यादा पिता-भाई ही जिम्मेदार होते हैं, जो अपने घर की औरतों को डराने के लिए तरह-तरह के हथकंडे अपनाते हैं।

एक लड़का बोला।

माता-पिताओं को यहाँ बुलाया जाए, हमसे मिलवाया जाए, हम समझते हैं यह मीटिंग अच्छे नतीजे लाएगी। हम बताएँगे कि आपने नहीं, हमने लड़कियों को नई नजर से देखा है और हम नए-नए संकल्प ले रहे हैं।

हम अपने इरादे सबसे पहले घर में ही बताना चाहते हैं कि वे क्या-क्या हैं? एक्सप्लायटेशन सबसे पहले घर ही शुरू होता है, उसके लिए हम क्या सोचते हैं? हम घरेलू श्रम बाँटना चाहते हैं स्त्री से? हम सेक्स में स्त्री की इच्छा को क्यों नहीं महत्त्व देते? हमने अपनी माँओं, बहनों के साथ ऐसी नाइंसाफी देखी है, उनकी गुलामी को सराहा है, विरोध नहीं किया। हम निश्चित ही पत्नी के साथ भी ऐसा ही सलूक करेंगे और इसे परम्परा कहेंगे...क्या यह इरादा हमें मनुष्यता से गिराता नहीं? यह सब करके भी हम खुद को लोकतान्त्रिक मानते हैं? हमें तो नागरिक का अधिकार भी नहीं मिलना चाहिए क्योंकि हम स्त्री-नागरिक के पूरे हक मारे बैठे हैं।

अब ऐसा नहीं होगा क्योंकि औरत अब समझौते करने से इनकार करती है। औरतें बेबसी छोड़ रही हैं। नहीं तो अपने इरादे में मजबूत आज वे यहाँ तक कैसे आ गई होतीं?

एस.पी. **सुमन मंजरी**—कुछ अनुभव कुछ आशंकाएँ!

पुलिस ट्रेनिंग से निकली हुई लड़कियों की ड्यूटी मैंने ट्रैफिक लाइट पर लगा दी। कारण कि मैं लड़कियों से ईमानदारी की उम्मीद लगाए बैठी हूँ। मुझे यकीन है कि कोई महिला पुलिसकर्मी उस सिपाही की तरह जनता से व्यवहार नहीं करेगी, जो रेड लाइट पर जाते हुए ट्रक को रोककर उस पर चढ़ जाता है और ड्राइवर को धमकाकर चालान काटने के बहान रुपए ऐंठ लेता है और आराम से दूसरी लाइट पर उतर जाता है या फिर कोई वारदात होने पर या दुर्घटना घटने पर सोता रहता है या मुँह फेरकर मजे से बीड़ी पीता रहता है।

अब लड़कियाँ ड्यूटी कर रही हैं। शिकायतें आना एकदम बन्द हो गईं। चुस्ती-फुर्ती और मुस्तैदी के साथ ईमानदारी और बहादुरी, यही पुलिस के गुण हैं। मगर अब शिकायतें आने लगीं दूसरी तरह की। महिला सिपाही के घरवाले ऐतराज जताने लगे—देखिए जी जेठ-ससुर शहर जाते हैं। गाँववाले भी रास्ते से गुजरते हैं। हमारी बहू चौराहे पर खड़ी है, ट्रैफिक को हाथ घुमा-घुमाकर इशारा देती रहती है। हमारी तो नाक कटती है जी। इस ड्यूटी से हटा लीजिए। गाँववालों के सामने क्या मुँह दिखाएँ, बहू तो एकदम बेपर्दा...

दूसरे लोग दूसरी तरह की शिकायत लाए—इस लड़की की शादी तय हो रही थी जी। लड़के वालों ने लड़की देखनी थी। लाइट वाले चौराहे पर देखकर चले गए और मना भिजवा दी। ऐसे तो इसकी शादी कभी नहीं होगी। वैसे ही पुलिसवाली से लोग

बिदकते हैं।

तीसरी शिकायत थी–यह क्या किया आपने? इसकी तनख्वाह चैक से क्यों जाने लगी? अब यह तो हमको तुरन्त पैसे निकालकर देगी नहीं। पैसा नहीं देगी तो हम इसे नौकरी क्यों करने देंगे? वह भी पुलिस की नौकरी!–तमाम कानून औरत को सम्पत्ति देने की बात करते हैं और यहाँ वेतन तक अपनी इच्छा से खर्च करने का अधिकार नहीं। हम यहाँ घर के मामलों में लड़की की राय लेने पर जोर देते हैं और वहाँ लड़की को अपने विवाह के फैसले के बारे में पता ही नहीं चल पाता। जो माँ-बाप अपनी बेटी के साथ सहयोग करते हैं, वे उसके सामने चुनौती भी कम नहीं रखते कि यदि तू सफल नहीं हुई तो चटपट शादी कर डालेंगे। साथ ही यह भी कि तू अच्छी रहेगी हर हाल में। अच्छी माने? चाल-चलन से अच्छी अर्थात पुरुषों के आसपास न जाना।

क्या इस तरह वह सर्विस हो सकती है, जो पुरुषों के बीच करनी हो?

लगता है कि लड़की को 'अच्छी' का मतलब भी चलती आ रही 'अच्छी लड़की' से भिन्न करके समझना पड़ेगा।

□ □ □